ウディ・アレン 著
金原瑞人
中西史子 訳

Woody Allen. Apropos of Nothing.

唐突ながら
ウディ・アレン自伝

河出書房新社

唐突ながら　目次

装丁：木庭貴信＋青木春香（オクターヴ）
写真：ダイアン・キートン

唐突ながら　ウディ・アレン自伝

最高の人、スン・イーに
この手で食べさせてあげてたら
いつの間にか、手を食べられていた

第1章

ホールデンじゃないけど、デイヴィッド・カパフィールド的なくだらないあれこれを語る気にはなれないが、ぼくの場合は、両親について少し話しておこう。ぼくについてより面白い読み物になるかもしれない。見渡すかぎり畑だった頃のブルックリンに生まれた父は、初期ブルックリン・ドジャーズのボールボーイ、賭け玉突き師《ハスラー》、ノミ屋だったこともある、小柄だがタフなユダヤ人で、小洒落《こじゃれ》たシャツを着て、エナメル革のようにてからせた髪を後ろになでつけ、俳優のジョージ・ラフトを気取っていた。高校へはいかず、十六歳で海軍に入隊、銃殺隊としてフランスに駐留した。隊の標的は地元の少女をレイプしたアメリカ海軍兵だった。勲章をもらった射撃兵は生涯、引き金を引くことを愛し、肌身離さずピストルを持ち歩いた。享年百歳、最期までふさふさの白髪で、視力もよかった。第一次世界大戦中のある夜、父の乗っていた船がヨーロッパ海域の氷に覆われた沖合で砲弾を受け、海に沈んだ。ほとんど全員溺れ死んだが、何マイルも泳いで陸にたどりついた男が三人いた。父は大西洋に飲みこまれなかった三人のうちのひとりだ。あやうく、ぼくが生まれなくなるところだった。戦争は終わった。金持ちだった祖父はいつも父を甘やかし、ほかのうすのろの子をそっちのけに臆面もなく父を可愛がった。父のふたりのきょうだいは本当にうすのろだった。子どもの頃、ぼくはおばをみるたびにサーカスの小頭症芸人《ピンヘッド》を思い出したものだ。おじはというと、軟弱で、青白くて、人相が悪く、フラットブッシュの街でぶらぶら新聞を売り歩くうち、オブラートみたいにどんどん薄くなって、やがて消えた。まあそれで、祖父は海軍に入隊したお気に入りの息子に本格的な高級車を買い与え、父は第一次世界大戦後のヨーロッパ中を乗りまわした。父が帰国すると、この老人、つまりぼくの祖父は父の預金にゼロをいくつか足して、コロナの葉巻をふかしていたらしい。祖父は大手のコーヒー会社の外交員として働く唯一のユダヤ人だった。祖父の使い走りをしていた父が、ある日、コーヒー豆の入った麻袋をえっちら運んでいたときのこと、裁判所の前を通りかかると、往年のギャング、キッド・ドロッパーが階段をゆうゆうと下りてきた。キッドが車に乗りこんだところで、ルイ・コーエンというチンピラが車上に飛び乗り、窓から四発の弾丸を撃ちこんだ。父は目を丸くしてその場に立ちつくしていたという。ぼくはベッドのなかでこの話を何度もしてもらった。フロプシーにモプシーにカトンテールにピーター〔ビアトリクス・ポター『ピーターラビットのおはなし』〕よりよっぽどわくわくした。

ところで、祖父は事業に興味を持ち、タクシーを何台も抱え、映画館をいくつも買った。そのうちのひとつがミッドウッド劇場で、子どもの頃のぼくはここに入り浸って現実逃避していたわけだけど、その話はまたあとで。まずはぼくが生まれなければね。残念ながら、その前に、祖父は見当外れの大勝負に出て、異様な高揚感にかられ、ウォール・ストリートに乗り出した。どうなるかは予想がつくだろう。ある木曜日、株が大暴落し、大金を投資していた祖父はあっという間に惨めな貧乏人になった。タクシーも映画館も手放し、コーヒー会社の上司は次々と窓から飛び降りた。ぼくの父は突然、自力でカロリー摂取を賄《まかな》うために、闇雲に働かなければならなくなった。タクシー運転手をしたり、ビリヤード場を経営したり、様々な詐欺行為に手を出しては失敗したり、賭博の胴元になったり。夏になると、サラトガ競馬場に出向き、マフィアのアルバート・アナスタシアのために、いかがわしいギャンブルを仕切って金をもらっていた。北部での夏の物語〔ニューヨーク北側のサラトガ競馬場では夏に大きなレースが開催される〕はまた別のベッドタイム・ストーリーだ。父は自分の人生をこよなく愛していた。洒落た服、十分な日銭、セクシーな女性たち、そして、どういうわけか母ネティに出会った。頭がのぼせていたのかもしれない。どうして母で手を打ったのかは暗黒物質と同じくらいの謎だ。このふたりはハンナ・アーレントとネイサン・デトロイトくらい不釣り合いなんだ。意見が合った話題はヒトラーとぼくの成績表についてくらい。だけど、血をみるような熾烈《しれつ》な言葉の応酬を繰り返しながらも、結婚生活は七十年続いた。お互い当てつけのつもりで一緒にいたのかもしれない。まあ、彼らなりに愛し合っていたんだろう。ただ、この関係を理解できるのはボルネオの首狩り族くらいだと思う。

母のためにいわせてもらうと、ネティ・チェリーは素晴らしい女性だった。気が利いて、働き者で、自己犠牲も厭《いと》わない。信心深く、愛情があって、きちんとした人なんだけど、なんていうか、造形的に魅力があったとはいいがたい。のちのことだが、ぼくの母はグルーチョ・マルクスに似ているといっても、だれも本気にしてくれなかった。晩年の母は認知症を患い、九十六歳で死んだ。呆けていようと、最期までことあるごとに愚痴をこぼし、その話術を芸術の域にまで高めた。父は九十代になっても元気で、悩みも心配事もなく、いつもぐっすり眠っていた。起きているときも思い煩うことは何ひとつなかった。父の信条は「元気がなければ、どうにもならない」。どんなに小難しい西洋の思想より深遠で、フォーチュンクッキーくらい分かりやすい格言だ。こんなふうだからずっと健康でいられたんだろう。父が「悩みなんてないさ」としたり顔でいうたびに、母は「あなたは単細胞で能天気なだけじゃない」と辛抱強く諭していた。母には五人の姉がいて、いずれ劣らぬ不器量ぞろいだが、まず間違いなく母が一番不器量だった。別の言い方をすると、フロイトのエディプス・コンプレックスでは、男はみんな無意識のうちに父を殺して母と結婚したいと思っているとされるが、ぼくの母に関していえば、この理論は成り立たない。

申し訳ないとは思うけど、ぼくは、はるかに親らしく、はるかに責任感もあって律儀でしっかりした母より、モラルに欠けた女癖の悪い父のほうが好きだった。父はだれからも愛された。たぶん、優しい男だったからだろう。思いやりがあって、とても愛情深い父に対し、母はまわりへの気配りもなく突き進む人だった。沈没寸前の船に乗る家族を支えたのは母だ。花屋の帳簿係をしながら、家事を切り盛りし、料理を作り、生活費を支払い、ネズミ捕りにフレッシュチーズを仕掛けるのも忘れなかった。父はといえば、余裕もないくせに懐から二十ドル札を抜きとって、眠っているぼくのポケットに入れてくれた。

　長い年月のなかでめったにないことだったが、父が賭けに勝つと、一家そろってその恩恵にあずかった。父は降っても晴れても、一日も欠かさずギャンブルをした。人生における宗教的儀式といっていい。そうそう、父は出かけるとき財布に一ドルあろうが百ドルあろうが、帰ってくるときにはすっかり使いきっていたんだ。何に？　服やなんかの必需品、いかさまゴルフボールとかだ。妙な動きで転がるボールがあれば、仲間をだませるだろう。それから、ぼくや妹のレッティのためにも使った。父が自分の父から甘やかされていたのと同じように、惜しみなく自由を与えてぼくらを甘やかしてくれたんだ。例をひとつ。父は一時期、バワリーの酒場でウエイターをしていて、毎晩、無給で働き、チップしかもらってなかった。それなのに、毎朝ぼくが目を覚ますと――あの頃は高校へ通っていた――ベッド脇のナイトテーブルに五ドル置いてあった。まわりの連中は週に五十セントかせいぜい一ドルの小遣いだったのに、ぼくは一日に五ドルだよ！　それで何をしたかって？　外食をしたり、手品の道具を買ったり、カードゲームやクラップス〔サイコロの出目を競うゲーム〕といったギャンブルだ。

　そう、ぼくはアマチュア・マジシャンになっていたんだ。魔法《マジック》が大好きだったからね。いつだってぼくが夢中になるのは独りで取り組むものばかりだ。手品の練習をしたり、ホルンを吹いたり、書きものをしていれば、これといった理由もないのに、好きでもなければ信用もしていない連中と関わらないですむ。〝理由もない〟といったのは、親族もふくめた愛すべき大家族全員からよくしてもらっていたからだ。ぼくは遺伝学的にみて根っからのろくでなし《シラミ》らしい。まあそれで、ぼくはよくひとりきりでカードやコインを移動させる練習をし、フォールスシャッフル、フォールスカット、ボトムディール、パーミングといったカードの技を磨いた。いずれにせよ、帽子からウサギを出そうとしていたら、生粋のろくでなし《シラミ》らしくちょいとジャンプして、カードでいかさまができることに気づいてしまった。父から不誠実なＤＮＡを受け継いだぼくは、そのうちポーカーでいかさまをして、疑うことを知らない連中から金を巻き上げるようになった。一番上のカードを配るとみせかけて二番目のカードを配り、カードを切っているとみせかけて並びを変えず、まんまとみんなの小遣いをちょろまかした。

だけど、ぼくの悪ガキ時代の話はここまでにしておこう。両親の話の途中だったし、まだ母のお腹から小さなごろつきが生まれる場面にもたどりついていない。父は人生を謳歌《おうか》していたが、母はやむなく、その日その日を生き延びていくために、一切の深刻な問題を引き受けなければならず、働き詰めでなんの楽しみも趣味もなかった。母は学はないが頭はよく（母なら真っ先にそのことを伝えただろう）、自分の〝常識〟に誇りを持っていた。腹蔵なくいって、ずいぶん厳しく強引な人だったが、それはぼくに〝ひとかどの人物〟になってほしかったからだ。ぼくは五、六歳の頃、ＩＱテストを受けた。点数はふせるが、母はその結果をひと目みて感動した。ぼくはハンター・カレッジにある優秀な生徒のための特別な学校にいってみてはどうかと勧められた。だが、毎日ブルックリンからマンハッタンまで長いこと地下鉄でぼくの送り迎えをするのは、母とおばが交代で行なっても、じつに大変だった。まあそれで、ふたりはぼくをパブリックスクール99にもどした。時代遅れの教師ばかりの公立学校だ。ぼくはどんな学校も大嫌いだったから、おそらくハンターへ通ったところで得られるものは、ほとんど、いやまったくなかっただろうけど。母はいつまでもプレッシャーをかけてきて、そんなにＩＱが高いのに、どうして学校でこんなにも落ちこぼれるんだ、としつこかった。ぼくが学校でどれだけばかだったかという話をひとつ。高校では、スペイン語を二年間勉強した。ぼくはニューヨーク大学に入るとすぐ、はりきって一年生が受けるスペイン語の授業をとった。まるで、生まれて初めて習う科目ですよ、みたいな顔をして。そして、見事、落第した。

とにかく、母は頭はよかったが教養はなく、両親ともに学術的な話題といえば、野球、ピノクル〔米国で親しまれているカードゲーム〕、そしてカウボーイのホパロング・キャシディものの映画くらいで、一度も、ただの一度も、ショーや美術館に連れていってもらったことはなかった。初めてブロードウェイのショーをみたのは十七歳の頃で、絵画に接したのは、ひとりで学校をさぼって、入り浸れる暖かい場所を探していたときだった。美術館はただか、安く入れた。大げさじゃなく、両親はどちらも芝居をみたことも、ギャラリーを訪れたことも、本を読んだこともなかった。父の持っていた本といえば、『ギャング・オブ・ニューヨーク』一冊だけ。少年時代、ぼくが拾い読みしていた唯一の本でもある。この本から、ギャングスター、犯罪者、悪事の魅力をたっぷり教わった。たいていの少年が野球選手に詳しいように、ぼくはギャングスターに詳しかった。野球選手についても知識はあったが、ギャングスターのジップ・ザ・ブラッド、グリージー・サム・ジェイク・グージック、ティックトック・タネンバウムほどじゃない。あと、いとこのリタのおかげで、映画スターにも詳しかった。リタは「モダン・スクリーン」誌から切り取ったスターのカラー写真を部屋の壁一面に貼っていた。リタについてはあとで話そう。少年だったぼくに心から楽しい時間を与えてくれた人だから、特別に紙幅を割かなきゃならない。だが、ハンフリー・ボガートやベティ・グレイブル、名投手サイ・ヤングが挙げた勝ち星の数、ハック・ウィルソンがワンシーズン中に記録した打点数、それからシンシナティ・レッズで二連続ノーヒットノーランを達成した投手の話もあるし、歌えるが飛べなかった殺し屋エイブ・レルズや、ギャングのオウニー・マドゥンがどこでくたばったかとか、殺し屋ピッツバーグ・フィル・ストラウスが武器にアイスピックを選んだのはなぜかとか、話したいことは山ほどある。

『ギャング・オブ・ニューヨーク』のほか、ぼくの本棚に並んでいたのは漫画だけだ。十代後半まで漫画ばかり読んでいた。ぼくにとって文学的ヒーローといえば、『赤と黒』のジュリアン・ソレルでも、『罪と罰』のラスコーリニコフでも、フォークナーが描いたヨクナパトーファ郡で暮らす人々でもなく、バットマン、スーパーマン、フラッシュ、サブマリナー、ホークマンだった。もちろん、ドナルドダック、バッグス・バニー、アーチー・アンドルースも。そう、この自伝の主人公は、厭世《えんせい》的で、ギャングスターを愛する、無学な男だ。で、三面鏡の前に座ってトランプで練習を重ねたおかげで、スペードのエースをどの角度からもみえないように手に隠せるようになり、かなりの賭け金を稼げるようになったような、教養のない一匹狼だ。確かに、そのうちセザンヌの存在感あるリンゴや、ピサロが描く雨に濡《ぬ》れたパリの大通りに感銘を受けるようになるわけだが、さっきもいったように、それは学校をさぼって、雪の降る冬の朝に避難場所を探し求めた結果にすぎない。行き場がなくなっていた十五歳のぼくは、マティスやシャガール、ノルデやキルヒナーやシュミット＝ロットルフ、『ゲルニカ』、ジャクソン・ポロックの壁いっぱいに描かれた狂気、マックス・ベックマンの三枚続き《トリプティク》の絵、ルイーズ・ネヴェルソンの漆黒の彫刻作品と出会った。そのあと、ニューヨーク近代美術館のカフェテリアで昼食をすませ、階下にある映写室で昔の名作映画をみた。キャロル・ロンバード、ウィリアム・パウエル、スペンサー・トレイシー。シュワブ先生の感じの悪い陰気な顔を拝みながら、印紙法が成立したのはいつだとか、ワイオミングの州都はどこだとか質問攻めにされるよりよほど楽しい。こうして、家に帰ると嘘を並べ、翌日学校で言い訳を重ね、いかさまゲームで金を巻き上げ、うまく取り繕い、偽造した手紙を学校に提出し、またばれて、親にこっぴどく叱られる。そのくせ親は「ＩＱはこんなに高いんだから」などという。ところで、ぼくのＩＱはそれほど高くないんだけど、本書を読んで、母の熱心な主張に乗せられて、ぼくがひも理論を説明できると思われてもこまる。ぼくの映画をみれば分かるはずだ。なかには面白いものもあるけど、目新しい宗教的意図なんてないんだから。

　あと、恥とも思わないからいっておくと、読書は好きじゃなかった。妹は本好きだったが、怠け者のぼくには本なんて楽しくなかった。そりゃそうだろう。ラジオや映画のほうがはるかに刺激的だ。お手軽なうえに強烈だ。学校は読書の楽しみ方を生徒にどう伝えたらいいのか分かっていなかった。読まされる本や物語は、退屈でウィットに欠けた無味乾燥なものばかり。

ご丁寧に少年少女向けに選ばれた物語で、プラスチックマンやキャプテン・マーベルに匹敵するものはひとつもなかった。ボガートやキャグニー、量産型のセクシーなブロンドが活躍するギャング映画に夢中の、興奮しやすい男の子（またもやフロイトの理論に逆らうことになるが、ぼくに潜伏期はなかった）が、「賢者の贈り物」を百回も読み返すとでも？　だって、妻が自慢の髪を売って夫のために金時計の鎖を買い、そうと知らない夫は大切な金時計を売って妻の髪をとかす櫛《くし》を買いましたって話だよ。ぼくはこの話から、金を渡せば間違いないという教訓を得た。コミックブックは大好きだったが、文字のお話も添え物程度ながら載っていた。のちに学校でシェイクスピアの授業を受けたときは無理やり詰めこまれたおかげで、授業が終わる頃には、「耳を傾けよ《ハーク》」も「なにとぞ《プリジー》」も「おや待て《バット・ソフト》」も生涯二度と耳にしたくなかった。

とにかく、本を読まなかったぼくは、高校の最後の最後、確実にホルモンが分泌されだした頃になって、初めて気づいた。長いストレートヘアで化粧っ気がなく口紅もつけていない若い女の子たちは、黒のタートルネックとスカートに黒のタイツを合わせ、大きめの革のバッグにカフカの『変身』を入れて持ち歩き、本の余白に「そう、そのとおり」とか、「キェルケゴールを参照」といった注釈を書きこんでいたんだ。理性なき性欲の不可思議がどんなものであれ、ぼくは彼女たちに夢中になった。デートに誘おうと、映画や野球の試合に興味があるかたずねてみたところ、彼女たちはセゴビアのギターや、オフ・ブロードウェイでやっているイヨネスコの戯曲に興味を持っていることが分かって、しばらく気まずい沈黙が流れた。ぼくは「また連絡するから」といって、あわててセゴビアやイヨネスコについて調べた。彼女たちは『キャプテン・アメリカ』の次号も楽しみにしていなければ、ぼくが引用できる唯一の詩人、ミッキー・スピレインの最新作さえどうでもいいらしい。

ついに魅力的で自由奔放な金柑《きんかん》みたいに可愛い子とデートすることになったんだけど、どちらにとっても散々な結果に終わった。彼女は夕方の早い時間には、スティーヴン・ディーダラス〔ジェイムズ・ジョイス『若き芸術家の肖像』の主人公〕が何者かも知らないような無学で愚鈍な男に引っかかってしまったことに気づいたはずだ。ぼくはぼくで、自分は本当に頭が悪いなあと自覚させられた。もしその口紅も塗っていない唇へのキスとか二度目のデートを望むなら、スピレインの『キッスで殺せ!』よりも深い文学にちゃんと手をつけなきゃだめだと思った。ラッキー・ルチアーノやルーブ・ワッデルにまつわるマフィアや野球のネタじゃしのげない。会話を引き延ばすためにはバルザックやトルストイやT・S・エリオットでもめくっておかなければ。このお嬢さんは突然、黄熱病にかかっちゃったからまたね、といいだして、ぼくは彼女を家まで送ることも叶わなかった。まあそれで、ぼくは土曜の夜には〈ドゥブローズ・カフェテリア〉で、三振をくらったほかの敗者たちと傷のなめ合いをしたものだ。

しかし、こうした失敗談は先の話だ。もうぼくの両親のことはある程度分かったと思うから、ぼくの唯一のきょうだい、妹についても触れておこう。そのあと折り返して、ぼくの生まれた日までもどれば、いよいよ物語がはじまる。

レッティは八歳下の妹だ。両親は当然のように、レッティがこの世に生を享《う》けるにあたり、これ以上ない間違ったやり方で、ぼくに兄になる心構えを説いた。「妹が生まれたら、もうお前は一番じゃなくなる。プレゼントもない。妹がもらう番なんだから。家族はみんな妹をかまわなくちゃならなくなるし、必要なものもそろえてあげないといけなくなるんだ。だからもう二度と、真っ先にかまってもらえるなんて期待しちゃだめだよ」。八歳の男の子ならだれでも、これから生まれてくる赤ん坊のために、いきなりほったらかしにされるという予告には多少なりともショックを受けるんじゃないだろうか。だけどぼくは両親のことが心底好きだったし、ふたりが子育ての才能などない素人カップルであることにも気づいていた。この恐ろしい予言は愚かで中身のないものだと思ったし、事実そのとおりだったことは両親によって証明された。正真正銘の愛を注いでくれた両親には感謝の言葉を贈るべきだろう。ふたりが悲劇の予言者カッサンドラーのように振る舞ったときも、ぼくを絶対に捨てることなく、これからもぼくの幸福と安らぎを心から願ってくれるのは分かっていたし、実際にそうだったからね。

ぼくはベビーベッドにいる妹と目があったとたん、すっかりまいってしまった。可愛くてしかたなくて、世話を手伝ったし、妹が両親のけんかを目の当たりにしないように守った。ふたりはつまらないことで言い争うことが急激に増えていたんだ。争いといっても、ゲフィルテ・フィッシュ〔ユダヤ教徒の伝統的な魚料理〕をめぐる口論の類《たぐ》いだ。ホメロスだって叙事詩にうたう気にはなれないよ。ぼくは友人と出かけるとき、しょっちゅうレッティも連れていって一緒に遊んだ。みんなもレッティが可愛くて賢い子だと分かっていたし、妹とぼくはいつでもとても馬が合った。グルーチョ・マルクスと交わした手紙が忘れられない。彼とは長年にわたって親しくしていたんだ。ディック・キャヴェットがきっかけを作ってくれたんだけど、彼のことはまたあとで話そう。ぼくはグルーチョの弟のハーポが死んだとき、彼に手紙を書いた。グルーチョからきた返事には、ハーポとは一度も深刻な言い争いになったことも罵り合ったこともなかった、とあった。妹との関係もずっとそんな感じで、今はぼくの映画のプロディースをしてくれている。

さあ、生まれる準備ができた。ついに、ぼくがこの世に現れる。ただの一度だって居心地がいいと感じることも、理解することも、賛同することも、許すこともないこの世界に。アラン・スチュアート・カニグズバーグ、一九三五年十二月一日生まれ。実際にぼくが生まれたのは十一月三十日だが、間もなく深夜〇時だったから、両親は日付をずらすことにして、ぼくは月の初日からスタートを切ることができた。だからって、人生で得をしたことは一度もない。巨額の財産を信託してくれたほうがずっとありがたかった。こんな話をしたのはただ、意味のないちょっとした皮肉なめぐりあわせで、八年後のまったく同じ日に妹が生まれることになったからだ。すごい偶然だろう。なんの役にも立たないけれど。家族はブルックリンに住んでいたが、ぼくが生まれたのはブロンクスの病院だった。なぜ母が身重の体でわざわざブロンクスまでいってぼくを産んだのかはきかないでくれ。その病院は食事代が無料だったのかもしれない。ともあれ、母は身軽な体でブロンクスから家に帰れたかといえば、病院で死にかけたらしい。実際、予断を許さない状況が数週間続いたが、母の話では、こまめな水分補給で乗り切ったそうだ。父だけに育てられていたらと思うとぞっとするよ。おそらく今頃ぼくは、ユダヤ教の経典くらい膨大な前科を持っていたんじゃないだろうか。現実には、愛情あふれる両親のもとで驚くほど神経質な子どもに育った。なぜかは知らない。

ぼくは唯一の男の子だったから、母方のおば五人の注目を一身に浴び、おしゃべり好きの優しいおばたちからちやほやと可愛がられた。食事を欠かすこともなければ、着るものや住む場所に困ることも、当時流行《はや》っていたポリオのような深刻な病気にかかることもなかった。クラスにひとりダウン症の子がいたけど、ぼくはそうじゃなかったし、小さなジェニーのように猫背でもなければ、シュワルツのとこの子のように脱毛症に悩んだわけでもない。ぼくは健康で、人気者で、運動神経も大変よく、野球のメンバーやランナーを選ぶ際にはいつも真っ先に声をかけられていたのに、どういうわけか、神経質で、怖がりで、メンタルが弱く、いつもいらいらして、人嫌いで、閉所恐怖症で、孤独で、不満だらけの完全に厭世的な見方をする人間になってしまった。グラスの水をみてもう半分しかないという人もいれば、まだ半分もあるという人もいる。ぼくの場合は一貫して、棺桶に体をもう半分もつっこんでいるという見方をしてしまう。肉体につきまとう千の苦しみのうち、六百八十二番だけは避けようがなかった。つまり、死に対する拒否権はないんだ。母には分かってもらえず、「五歳頃までは可愛くて優しい元気な男の子だったのに、気難しくて不機嫌で、ふくれっつらをした嫌な子になってしまった」としょっちゅうこぼされた。

とはいえ、トラウマになるような経験があったわけでもなければ、釣り竿を手にしてパンタロンをはいたそばかす笑顔の少年を慢性的不満症のうすのろに変貌させるような恐ろしい出来事があったわけでもない。五歳かそこらのとき、死すべき運命に気づいてしまい、その事実が頭の中心に居座ってしまったんだ。あれぇ、こんな契約してないのに。限りがあるなんて同意したことはない。すみませんけど、返金してくれませんか。成長するにつれ、消滅する存在どころか、存在することの無意味さをよりはっきりと感じるようになった。

かつてデンマーク王子を悩ませたのと同じ問いにぶち当たったというわけ。なぜ矢弾《やだま》をじっと耐えしのぶのか、ただ鼻先を濡らして電球のソケットにつっこむだけで、不安、苦悩、あるいは母の鶏の煮こみ料理ともう二度と向き合わずにすむというのに？　ハムレットが死を選ばなかったのは、死後の世界で何が起こるか分からないのを恐れたからだ。一方、ぼくは死後の世界を信じてないし、人間のあり方や耐えがたい不条理に対して、完全に憂鬱《ゆううつ》な見方をしているというのに、なぜ生きることを選ぶのか？　結局、筋の通った理由はみつからず、ようやく行き着いた結論は、人間はただ生まれつき死に抵抗するようにできているということだった。血は脳より物をいう。生に固執する論理的な理由はない。脳の声などどうでもいい。大切なのは心の声だ――ローラのミニスカート姿はもうみたか？　弱音を吐いて不平を並べ、さも偉そうに、人生とは苦悩と涙でできた空虚な悪夢だ、とことあるごとに主張していようとも、もし突然部屋に男が乱入してナイフで襲いかかってきたら、とっさに反応するものだ。男につかみかかり、全力で抵抗して、ナイフを取り上げ、生き延びようとする（ぼくなら逃げるけど）。この反応は、人間の細胞にしっかり備わっている性質ではないか、というのがぼくの見解だ。ここまで読めば、ぼくが知識人でもなければ、面白味もない人間だということに気づかれているだろう。

そうそう、ぼくはちょくちょく〝知識人〟といわれることに驚いている。ネス湖の怪獣くらいインチキな話だ。ぼくの頭のなかに知的な神経細胞などあるはずがないっていうのに。無教養で、学術的なことに関心がなく、典型的なぐうたら人間に育ち、テレビの前に座ってビール片手に、フットボールの試合で全力疾走する選手たちをみたり、「プレイボーイ」の折りこみページを壁に貼ったり、教養もないくせにオックスフォード大学の教師にありがちな肘当ての付いたツイードのジャケットをこれみよがしに着たりしている。見識もなければ高尚な考えもないし、「バラはあかいスミレはあおい」ではじまる子ども向けの詩くらいしかほとんど理解できない。とはいえ、ぼくには黒縁眼鏡がある。思うに、この眼鏡と、ぼくのある才能が結びついて知識人なんてイメージができたんじゃないだろうか。ぼくには学問的な資料から情報を切り取って私物化する才能がある。深遠すぎて自分には理解できないくせに、作品のなかで使って、あたかも分かっているかのようなインチキの印象を与えて、おとぎ話を破綻させないようにしているんだ。

　まあそれで、ぼくは母やおばたち、ぼくを溺愛してくれるたくさんの女性と四人の優しい祖父母に囲まれ、たっぷり甘やかされて成長した。ここで家族について整理しておこう。父方の祖父はもともと、競馬だけのために船でロンドンにいくような金持ちで、オペラのボックス席まで持っていたけれど、やがて困窮し、何をしていたか知らないが、はした金のために働くようになった。祖父の妻も移民で、結婚を機にふたりしてアメリカに入国することができた。祖母はロシアの大量虐殺から、祖父は兵役義務から逃れてきたんだ。祖母は干しブドウのようにしなびた、糖尿病持ちの年寄りで、夫と子どもと一緒に古ぼけたぼろ家に暮らしていた。だれも弾かないアップライトピアノが置いてあった。祖母はぼくを可愛がり、小遣いをこっそり持たせてくれたり、ドミノ砂糖会社の黄色い箱から角砂糖をとってくれたりしながら、たまには家においで、というほかはなんの見返りを求めることもなく、貧しい生活だったのに、いつも気前がよかった。

　母方の祖父母にも可愛がってもらった。祖母は太っていて耳が遠く、くる日もくる日も一日中、ただ窓際に腰かけていた（その姿をみていると、スイレンの葉の上のほうがくつろげるんじゃないかと思った）。祖父は元気いっぱいでたくましく、しょっちゅうユダヤ教会《シナゴーグ》にいた。ぼくは優しかった祖父にクズらしい恩返しをしたことがある。友人と組んで、偽の五セント白銅貨を手に入れたことがあったんだ。純鉛製。ライカーズ島の刑務所へ送られるのはごめんだったし、ぼくらにそれを菓子屋で使う度胸はなかった。そこで、ぼくはその偽銅貨を祖父につかませる役目を買って出た。年も年だし、バレないだろうと思ったんだ。実際、気づかれることなく、祖父のバネ口財布にあった一セント銅貨五枚を偽の五セント白銅貨と交換してもらった。祖父は映画に出てくる老人のように、悪巧みを知って含み笑いをしつつ茶目っ気たっぷりに目を輝かせながらぼくのいたずらに付き合ってくれた。なんていうのは嘘で、祖父はまんまとだまされたんだ。ぼくは偽の五セント白銅貨と交換に一セント銅貨五枚をいただき、ピーナッツチョコのグーバーズを買いにいった。

ここでようやく、少年時代にかかった本物の虹、いとこのリタの登場だ。ぼくより五つ年上で、ブロンドで、グラマーで、たぶん、彼女との交流はぼくの人生に極めて深い影響を与えてくれた。リタ・ウィシュニックの父も亡命してきたロシア系ユダヤ人で、ヴィシュネツキという姓を英語風のウィシュニックに変えていた。リタは魅力的な少女で、ポリオを患ったせいで足を少し引きずっていたが、お気に入りだったぼくのことをどこへだって連れていってくれたし――映画、ビーチ、中華料理屋、ミニゴルフコース、ピザ屋――トランプもチェッカーもモノポリーも一緒に遊んでくれた。リタは友だちみんなにぼくのことを紹介し、男の子も女の子もぼくより年上だったけれど、みんなは非常にませたガキを面白がってくれたようで仲間に入れてくれ、そのおかげで幼くしていろんなことを知り、ぼくの子ども時代は大きく前進した。

同い年の友だちもいたが、リタや彼女の仲間の男の子や女の子と過ごすことが多かった。みんな頭のいい中流階級のユダヤ人の子で、ちゃんとした教育を受け、教師やジャーナリスト、大学教授、医者、弁護士へとなっていった。

おっと、いきすぎた。リタの情熱、映画の話をしなければ。いいかい、ぼくは五歳で、リタは十歳だった。リタはハリウッドスターのカラー写真を壁一面に貼るだけじゃなく、決まって毎週土曜には正午の二本立て映画をみにいった。たいていはミッドウッド劇場で、友だちも一緒だったけど、必ずぼくも連れていってくれた。おかげで公開されたハリウッド映画は長編も併映のB級作品もすべてみた。スクリーンの人物たちは見知った顔で、端役や性格俳優にも詳しくなったし、なんの音楽が使われているかも分かった。ポップスで知らない曲はなかった。リタと床に座ってラジオの音楽番組『メイク・ビリーヴ・ボールルーム』『ユア・ヒット・パレード』なんかを延々ときいていたからね。あの頃、ラジオは目が覚めた瞬間から寝るまでずっとつけっぱなしだった。音楽、ニュース、音楽。

当時のポピュラー音楽といえば、コール・ポーター、ロジャーズ&ハート、アーヴィング・バーリン、ジェローム・カーン、ジョージ・ガーシュウィン、ベニー・グッドマン、ビリー・ホリデイ、アーティ・ショウ、トミー・ドーシー。こんなふうにぼくは、美しい音楽と映画にどっぷり浸かっていた。最初は週に一度の二本立てだったが、そのうち映画館へ訪れる回数はどんどん増えていった。土曜午前にミッドウッド劇場に入るときのあのわくわく感といったら。まだ照明がついている客席に、砂糖菓子を買った客たちがめいめい連れだって入ってくる。席を取り合う客が暴動を起こさないよう、照明が薄暗くなるまでポピュラー音楽のレコードが流れている。ハリー・ジェイムズの「アイル・ゲット・バイ」。壁の照明のシェードは赤、その取り付け部分は金色の真鍮《しんちゅう》、カーペットは赤。ようやく場内が暗くなり、幕が開いて、銀幕にロゴマークが映し出されると、心臓からよだれがたれる。ぼく流のメタファーにパブロフの犬を混ぜてたとえるとそんな感じだ。手当たり次第に映画をみた。ありとあらゆるコメディ、カウボーイ映画、ラブストーリー、海賊物、戦争物。数十年後、ある通りに面した空き地の前で、ディック・キャヴェットと立ち話をしたことがあった。そこにはかつてとても立派な劇場が立っていた。ふたりで何もない土地を眺めながら、その真ん中に座っていたかつての自分を懐かしみ、陰謀に満ちた外国の街、神秘的なベドウィン族に包囲された砂漠、船、塹壕《ざんごう》、宮殿、インディアン居住地へと思いを馳《は》せた。ずいぶん前に取り壊されたリックス・カフェ〔映画『カサブランカ』の舞台となったリックス・カフェ・アメリカーノ〕の跡地には、まもなくコンドミニアムが建つことになっていた。

　少年時代に大好きだったのは、ぼくがシャンパン・コメディと呼んでいる映画だ。ぼくはペントハウスを舞台にした物語が大好きだった。エレベーターが開くとそこは室内で、ポンと音を立ててシャンパンのコルク栓が抜かれる。そこではウィットに富んだ会話をする洗練された男たちが美しい女を口説いている。部屋のなかをさまよい歩く女が身につけているのは、今だったらバッキンガム宮殿で開かれる結婚式のために着ていくようなドレスだ。

　こうした部屋は大きく、たいていメゾネットタイプで、何もない空間がたっぷりある。なかに入るや、そこの住人あるいは客人はほぼ決まって、こぢんまりとした便利なホームバーに直行し、デカンタから酒を注ぐ。みんな飲みっぱなしなのに、だれも吐かない。だれも癌《がん》にならないし、ペントハウスでは雨漏りもなく、真夜中に電話が鳴っても、パーク・アヴェニューや五番アヴェニューの北側に住む人々は、ぼくの母みたいに、ベッドから跳び起きて暗闇のなかで膝をぶつけながら手探りで黒電話を捜し、たった今親戚が急死した、なんてきかされることもない。だって、キャサリン・ヘプバーンもスペンサー・トレイシーもケーリー・グラントもマーナ・ロイもベッドのなかから手を伸ばせばナイトテーブル上の電話に届くんだ。電話はたいてい白くて、その知らせだって、癌細胞の転移とか長年にわたる牛の胸肉《ブリスケット》の過剰摂取による冠状動脈血栓とかじゃなく、「なんですって？　私たちが法律上、夫婦じゃないってどういうこと!?」といった解決可能な難問である可能性が高い。

ここでちょっと、焼けるように暑い夏の日のフラットブッシュを想像してみてほしい。気温は三十五度を超え、湿度が高くて息苦しいほどだ。エアコンはない。映画館にいけば話は別だが。朝食は狭いキッチンで、コーヒーカップに入れた半熟卵を食べる。リノリウムが敷かれた床に、オイルクロスをかけたテーブル。ラジオから流れてくるのは「ミルクマン・キープ・ゾーズ・ボトルズ・クワイエット」や「テスズ・トーチ・ソング」。両親はいつものばかばかしい、母がいうところの〝議論〟を戦わせている。撃ち合い寸前まで終わることはないが、きっかけは、母が父の新品のシャツにサワークリームをこぼしたとか、父が家の前にタクシーをとめて母に恥ずかしい思いをさせたとかだ。母は近所の人たちに、自分の結婚相手が連邦最高裁判所の判事じゃなくタクシー運転手だとばれるのがいやだった。父は飽きることなく、ベーブ・ルースを乗せた話をぼくにきかせた。「チップがケチだった」ということだけが、父の記憶に残ったサルタン・オブ・スワット〔ルースの愛称〕だ。のちにぼくは、〈ブルー・エンジェル〉でコメディアンの仕事をしていたとき、この父の話を思い返した。ドアマンのサニーがビリー・ローズのことを教えてくれたんだ。ビリー・ローズは大物ぶったブロードウェイの派手好きな金持ちだが、「二十五セント硬貨の男だ」。心づけの額で全人類を分類することを学んでいたサニーは、そういってばかにしていた。この回顧録で、両親をからかってはいるけれど、ふたりに教わった知識は、何十年にもわたって、役に立っている。父の教えは、ニューススタンドで新聞を買うとき一番上からはとらないこと。母の教えは、服を着るときタグは背中側。

それで夏の暑い日、朝の時間つぶしに、小売店に空き瓶を持っていくと一本二セントで買ってもらえるから、〈ミッドウッド〉、〈ヴォーグ〉、〈エルム〉といった近所にある三つの映画館のチケットを買うことができる。およそ五千キロ離れたヨーロッパでは、ユダヤ人たちが理由もなく普通のドイツ人たちの手によって銃や毒ガスで殺され、たいそう楽しそうに実行するドイツ人を支持する声は大陸全土から上がっていた。汗だくになりながらコニー・アイランド・アヴェニューを歩いていく。中古車置き場、葬儀場、金物屋などが連なるこの薄汚れた通りをいけば、わくわくするような劇場の大きな看板がみえてくる。もう日は高く、日差しが容赦なく照りつける。路面電車がうなり、車がクラクションを鳴らしあうなか、渋滞にはまっていらいらを爆発させた男がふたり、ばかげた身振りで怒鳴り声をあげ、殴りあいを始める。背が低くて弱そうなほうがタイヤレバーを取りに駆けだす。さあ、チケットを買おう。劇場に入った瞬間、厳しい暑さも日差しも消え、涼しくて真っ暗な代替現実の世界だ。分かってる、たかが映像にすぎない——だがその素晴らしさ！　白い服を着た年配の女性が懐中電灯を手に、席まで案内してくれる。わずかに残った金で、ジュジュビーズやチャクルズといった夢のある名前がつけられた幸せな砂糖菓子も買ってある。さあ、いよいよスクリーンをみあげる。コール・ポーターやアーヴィング・バーリンの息をのむほど美しい曲に合わせて、マンハッタンの街並みが映し出される。ぼくにとって、ここは安らぎの場所。農場で働くつなぎを着た男たちが出てくるような映画には興味ない。早起きして牛の乳絞りをし、人生の目標が品評会で賞をとることや、馬を訓練して数々の苦難を乗り越えさせ、地元の繋駕《けいが》競走で一位をとることであるような男の話はごめんだ。幸い、犬が人を助ける映画でもなければ、鼻声の登場人物がジョッキの持ち手をにぎって最後の一滴まで飲み干すこともなく、古びた釣り堀で居眠りしている少年のつま先に釣り糸が絡まることもなさそうだ。

　今でもそうだが、映画のファーストシーンがイエローキャブの空車表示板《フラッグ》だったら、そのままみるし、田舎の郵便箱の上の旗《フラッグ》だったら、席を立つ。だってぼくのみたい映画は、主人公が目覚めて寝室のカーテンを開けば、目の前に広がるのは高層ビルが建ち並ぶニューヨーク、そこはぞくぞくするようなチャンスがいくらでも転がっている街。朝食はベッドから出ないで、朝刊も置けるベッドトレイで。それか、白いテーブルクロスをかけたテーブルに銀食器がセットされていて、エッグカップに入った半熟卵が運ばれてくるから、スプーンで殻を叩いて割って黄身をすくって口に運べばいい。新聞に絶滅収容所の記事などなく、一面を飾るのはセクシーな美女と男の写真、彼女と恋仲の俳優フレッド・アステアがこの男に激怒しているんじゃないか。それか、もし夫婦の朝食シーンなら、ふたりは長年連れ添い、互いを心から大事に思っているから、妻が夫の失敗をくどくど責めることもなければ、夫が妻をアバズレと呼ぶこともない。一本目が終わったら、二本目は探偵物だ。ハードボイルドな私立探偵があらゆる人生の問題を拳《こぶし》で解決し、グラマーな美女と逃避行。学校には実在しない類いの美女で、結婚式や葬式やユダヤ教徒成人式《バルミツヴァ》〔ユダヤ人男子が十三歳になったら迎える成人式〕でもお目にかかれない。そういえば、ぼくは葬式にいったことがない。ずっと現実から逃れてきたんだ。ぼくがみた最初で最後の遺体は、ジャズピアニストのセロニアス・モンクだ。〈エレインズ〉に夕食にいく途中、三番アヴェニューの葬儀場に立ち寄り、安置されていた尊敬する故人に最期の別れを告げた。ミア・ファローも一緒だった。付き合いはじめたばかりの頃で、ミアはおとなしくしていたが、かなり引いていた。そのときにミアは、自分にふさわしくない夢想家との交際を始めてしまったことに気づくべきだったんだ。だけど、あの騒動の一部始終はあとで話す。

　さて、二本立てが終わると、映画館の快適な暗闇の魔法も解け、コニー・アイランド・アヴェニューへ逆もどり、炎天下の往来を抜けて、アヴェニューKの粗末なアパートメントへ。ふたたび、現実というぼくの最大の敵の渦中へ。映画『スリーパー』に、ぼくが演じる主人公が幻覚剤を打たれ、自分のことを『欲望という名の電車』のブランチ・デュボアと思いこんでしまうという喜劇的シークエンスがある。ぼくは南部訛《なま》りの女言葉でそのシークエンスを面白くしようと苦戦したが、対するダイアン・キートンはマーロン・ブランドが演じたスタンリー・コワルスキー役を完璧にこなした。「ああ、こんなのできない。マーロン・ブランドの真似なんて無理よ」なんてごねていたくせに。テストが全然できなかったといいながら結果はオールAだったって女の子みたいだ。当然、彼女のブランドはぼくのブランチよりいい出来なんだけど、ここでいっておきたいのは、現実世界でぼくはブランチだってことなんだ。ブランチはこういった。「現実なんて嫌いよ。魔法がいいわ」。ぼくもずっと現実を嫌悪し、魔法がほしくてたまらなかった。マジシャンになろうとしたが、ただカードとコインを操れるようになっただけで、宇宙は操れなかった。

まあそんなふうにして、ぼくはいとこのリタのおかげで、映画や銀幕スターに出会い、ハリウッド映画で描かれる愛国主義の教訓や奇跡的なラストを知ったんだ。両親からスペイン語の先生までだれが何を教えようと上の空で（二年間、スペイン語の授業を受けていた）、ハリウッド一色だった。「モダン・スクリーン」誌。「フォトプレイ」誌。ボガート、キャグニー、エドワード・G・ロビンソン、リタ・ヘイワース——俳優たちが彩るフィルムの世界がぼくの学びの場だった。本物よりすごくて、うわべだけで、偽りの魅力の世界だが、裏切られることはなかった。ぼくの映画の登場人物のなかでぼくに一番似ているのはだれかといえば、『カイロの紫のバラ』のセシリアをみてくれたらいい。

なんの話をしてたっけ？　そうそう、ぼくが生まれたんだ。間違いなくぼくは生まれた。こんなふうにいうのは、ぼくの生を無きものにしかねなかった出来事が三度もあったからだ。一度目は船が沈んで、父がはるか遠くの陸まで泳ぎきった、たった二人のうちのひとりになったとき。二度目も父が関わっているが、あまり褒められた話じゃない。父は婚約者だったぼくの母と一緒に何かの家族パーティーに参加した。母方の家族の集まりだった。まともな家柄のにぎやかなユダヤ人家族で、その場しのぎのライフスタイルを送っていた。どんなスタイルだったか例をひとつ。フィル・ワッサーマンという親戚がいた。またあとで話すけど、のちにぼくのキャリア上、大きな役割を果たしてくれた。それはさておき、もうひとりフィル・ワッサーマンという名の親戚がいた。彼もまた家族のなかで等しく重要な人物だったから、いつも〝もうひとりのフィル・ワッサーマン〟と呼ばれていた。というわけで、フィル・ワッサーマンの名を会話に出すときは、どちらのことかはっきりさせるために、「マンハッタンを歩いていたら、もうひとりのフィル・ワッサーマンにばったり会ってね」とか「もうひとりのフィル・ワッサーマンにプレゼントを買わなくちゃ」とかいっていた。子どもの頃、彼からの電話をとると「もしもし、もうひとりのフィル・ワッサーマンです」と挨拶されるのが不思議だった。奥さんは夫のことを「もうひとりのフィル・ワッサーマンです」と紹介するんだろうか？　墓石には「もうひとりのフィル・ワッサーマンここに眠る」と刻まれるのか？　まあ、こんないいかげんでも問題なかったんだ。

ともあれ、そのパーティーでいとこのひとりが新しいダイヤの指輪をみせびらかしていた。「おお」とか「ああ」とか、そのサイズや美しさを誉《ほ》め称《たた》える声が次々にあがった。確実にホープダイヤモンドにはおよばないだろうけど。こうして一時間がたったところで、指輪が消え、大パニックになった。大切な宝石はどこにもみつからない。どのようにしてこの謎が解明されたのか知らないが、ぼくの父が盗んだことが判明した。まあ、想像に難《かた》くないと思うが、みんな信じられず唖《あ》然《ぜん》とした。目を見開いて両手を頭に当てるさまはイディッシュ劇場さながらで、「やれやれ」の声がいっせいにあがるとともに、甘口ワインのグラスはテーブルにもどされ、骨付き鶏もも肉は食べかけのまま放置された。当然ながら母は卒倒し、その夜、結婚式は取りやめになった。またしても、ぼくの誕生は危機にさらされたわけだ。最終的にこの難局を乗り越えられたのは、父の父が一席設けてその魅力的な話術で母の父と話し合ってくれたおかげにほかならない。父の父は約束した。こそ泥のばか息子はもう絶対にこんなことはしないし、悪事からも足を洗って、マフィアのために賭博場を仕切るのもやめ、まっとうに生きるから、と。それで父の父は手をつくして、フラットブッシュ・アヴェニューにある経営難の食料雑貨店を買おうとしていた父に手を貸した。ところが父は綿密な計画を立てて激務をこなした末、記録的な速さで損失を二倍に膨らませてみせた。もう気づいていると思うけど、父には一家を支える才能なんてない。それが長年にわたって夫婦げんかの種になり、父は幾度となく腹立ちまぎれに一切合切の服をスーツケースにつめこんでは、荷ほどきをして眠りについたものだ。

ぼくの存在を脅《おびや》かした三度目は生後間もない頃にやってきた。少なくとも、ぼくはピンピンしていた。前にも話したけど、母は父が手を出した儲けにならない数々の事業の埋め合わせをするため常に働きに出ざるをえず、ぼくの世話はメイドに任せるほかなかった。紹介所から送られてくる素性のしれない若い女は、だいたい日によって違う人だった。母は彼女たちに、タラ肝油の置き場所とか、ぼくはチョコレートミルクしか飲まないとか、どんなに可愛くみえてもいたずら好きだからだまされないようにとか説明した。幼児用の椅子《いす》に座ったぼくは、母が出かけるといつも不安になったが、今でもなぜか分からない。母はとても不機嫌な人で、女優のビリー・バークやスプリング・バイイントンみたいな楽しい親じゃなかったからね。いずれにせよ、知らない人と毎日ふたりきりでいるというのは、命取りになることがあるもので、ある日、ぼくはメイドに毛布のなかに押しこめられて、こういわれたんだ。「このままあんたを窒息させるのは造作もないよ。死体は毛布ごとゴミ箱にポイさ」。毛布にくるまれたまま、熱くて息も苦しくなっていった。ぼくにとって幸運だったのは、このメイドが実行に移さないタイプの狂人だったということ。クロザピン〔統合失調症の治療薬〕をのみ忘れてオレンジ色の囚人服でゴシップ欄をにぎわすタイプじゃなくてよかった。

さっきもいったけど、ぼくはついていた。これまでずっと幸運に恵まれた人生を送ってきた。幸運の力をみくびっちゃいけない。ぼくのキャリアを持ち出して、運ばかりではないという人もいるだろうが、それはどれほど多くのことが時の運に助けられ、それ以外の何ものでもないことなのか分かっていないだけだ。

まあとにかく、ぼくは生まれる前から誕生の危険にさらされ、生まれてすぐに危ない目にもあったが、生き延びてブルックリンのアヴェニューJから十四番ストリートに入ってすぐのところに落ち着いた。幼少時代の思い出はあまりなく、せいぜい、搾りたての牛乳を飲んだこと（牛の乳房は気持ちいいだろうと思っていたら、生暖かくて気持ち悪かった）と、映画館でディズニー映画をみていたとき、母の目を盗んで通路に出てスクリーンに駆け寄って触れようとしたことくらいで、ほかに語るに足る退屈なエピソードはない。そうそう、ぼくは生まれつき偏執症的なところがあったみたいだ。記憶にある最初の住まいはアパートメントで、両親はエイブおじさん、母の姉シールおばさんとその家を共有していた。ぼくは世界中の自分以外の人々、母と父とおばとおじもふくめて全員が別の惑星からきたエイリアンで、いつか仮面を取って怪物の正体を現し、ぼくを切り刻むんだなんて思っていた。なぜそんな恐ろしい想像をしたのかは分からない。話したとおり、両親もおばもおじもみんな優しくて、ぼくを可愛がってくれていたんだ。

最初に暮らした家はとてもいい地区にあったんだけど、失ってはじめてそのありがたさを実感した。アヴェニューJはどうってことない商店街だったが、今にして思えば楽園のような場所だった。わくわくするような菓子屋、ジューシーな肉料理の並ぶ惣菜店《デリカテッセン》、おもちゃ屋、金物店、美味しい中華料理店、ビリヤード場、図書館。小さな店が無数にあって、服、焼きたてのケーキ、パンを売っていた。忘れてならないのが、野菜の酢漬け《ピクルス》売りのご婦人。ピクルスの入った大きな樽《たる》の横でミノタウロスみたいに腰かけていたおっかない人だ。何枚ものセーターを着こんだずんぐりで、極端な重ね着ファッション。五セント払うと、彼女は片手を樽のなかにつっこんで、五セントサイズのピクルスを探して渡してくれた。何十年もくる日もくる日も一日中、漬け物用の塩水に手をつっこんでいたから、彼女の手はよく漬かっていた。子どもの頃のぼくは、ジャーゲンズのローションをどれだけ使えば、あの手は元にもどるんだろうなどと考えていた。それから、ミッドウッド劇場があった。ぼくはこの映画館に住んでいたといってもよかった。じつにありがたいことに、当時ぼくが暮らしていたちっぽけな街には、歩いていける距離に映画館がいくつもあり、どこも二本立て上映をしていた。うらぶれた映画館では映画二本に加えて、短編アニメ五本、『バットマン』のような週替わりの連続活劇、それに短編コメディもやっていた。ロバート・ベンチリーが出ていれば面白くて、『ジョー・マクドークス』シリーズはつまらなかった。

運悪く、ときたま紀行映画にあたることがあり、ぼくらがいってみたい土地かどうかにかかわらず、ミスター・フィッツパトリックがセイロン島やジャワ島のような時に忘れられた世界へ案内してくれた。あと、ときどき劇場の入口で景品を配っていた。紙鉄砲なんかで、勢いよく上から下に振ると大きな音が出る。すごいだろ。これで入場料が十二セントだったんだ。これはぼくが小さかったときの話だ。小さいといっても、映画にいけないほどではなかったけど。しゃれた映画館の入場料は二十セントだったが、それが二十五セントになり、三十五セントになった。ついに五十五セントになったときには、近隣の住人が『戦艦ポチョムキン』の乗組員のように立ち上がったもんだ。今に二十ドルになるぞ、という者もいた。二十ドル稼ぐには、空瓶を何本持っていけばいいんだ？

映画館はどこにでもあったし、みるものがない日なんてなかった──『クライムドクター』や『ザ・ホイッスラー』でもよければね。ぼくにはどれも面白かった。そしてある日、人生の転機が訪れた。父にマンハッタンに連れていってもらったんだ。今日は特別な日になるぞ、と父はいっていたが、おそらくノミ屋の借金を完済しにいったんだと思う。ぼくは七歳くらいで、まだブルックリンしか知らなかった。

父と地下鉄に乗り、タイムズスクエアで降りて階段を上がると、ブロードウェイと四十二番ストリートの交差点に出た。ぶったまげたよ。子どもの頃のぼくの目に映ったのはこんな光景だ。ものすごい数の人々。大勢の兵士や水兵や海兵。ブロードウェイは見渡すかぎり映画館で、四十二番ストリートの両側に立ち並んでいた。ダンスホールもあった。女の人たちはお洒落だった。気のせいかもしれないけど。楽器を演奏して金を稼いでいる男たち。紳士服店ボンドの看板。男が大きな煙の輪っかを吐き出しているキャメルの看板。

干からびた男が人だかりに向かって「木曜に世界の終わりがやってくるぞ」と叫んでいた（おいおい、本当か）。そういえば、あの紙人形は糸もないのにどうやって踊っていたんだろう？　四十二番ストリートにはコメディ専門の映画館があって、建物の外側に歪《ゆが》んでみえる鏡が張られていた（ほんとのところ、七歳のぼくですら笑えなかった）。それからヒューバートの博物館では両性具有者《ふたなり》を売りにしていたが、いったいそれがなんなのか知るよしもなかった。そのあたりに寄り道したのは、父が二十二口径のライフルを撃ちにいくためだった。父はキャンドルの火を消すための弾代に五ドルくらい使っていた。

　父は銃とみればなんでも好きで、射撃場があれば入られずにはいられなかった。当時の射撃場にはライフル銃や実弾が置いてあった。そのうち父は銃の携帯許可証をとり、宝石を持ち歩いているからなと言い訳をしていた。あの頃、父は宝石を売り歩いていて、毎晩、給仕もしていたから帰りが遅かった。銃は必要なかったようだが、二回だけ引き金を引いたことがあった。一度目は危険人物を市バスから追い出したときで、二度目は夜中三時の地下鉄で、ひとりでいた父の前に四人の若者が立ちはだかったときだ。父は銃を取り出し、真っ暗なトンネルに向かって一発撃ったそうだ。彼らは回れ右して逃げたらしい。襲われたわけではなかったが、嫌な予感がしたという。父が分かっていたのは、彼らが男声四重唱団《バーバーショップカルテット》だったということだけ——そんなものきたくもない、追っ払って正解だ。

　さて、父とふたりでブロードウェイを歩いていった。建ち並ぶ映画館に、数々のレストラン——〈マクギニス〉、〈ロスズ〉、〈ジャックデンプシーズ〉、〈ターフ〉、そして〈リンディーズ〉。いろんなゲームセンターに立ち寄り、フランクフルトソーセージを食べ、ピニャコラーダを飲み、それからたぶん映画もみた。あまりにも子どもだったから、思い出せるのはあっという間にマンハッタンに魅了されたことくらいだが、その後は機会あるごとにその街に出かけていった。ぼくにとって最高に至福の思い出は、この街のことばかりだ。学校をさぼって、ブルックリンのアヴェニューJから地下鉄に乗って、マンハッタンの街へ繰り出し、新聞を買って、オートマット〔自動販売式の食堂〕に駆けこみ、チェリーパイを頬張ってコーヒーを飲み、ジミー・キャノンのスポーツ記事を読む。やがて、パラマウント劇場の開場時間になると、映画やステージショーをみにいくんだ。お気に入りはいつもコメディだった。忘れられないのは、ロキシー劇場にいったときのこと。デューク・エリントン・オーケストラがきていて、映画が終わると、オーケストラ・ピットが迫《せ》り上がって「A列車で行こう」の演奏が始まり、脳天を撃ち抜かれるほどの衝撃を受けた。このときから、ニューヨークを舞台にしたあらゆる映画にはまったんだ。ぼくは観客席に座って幾度となく、マンハッタンのきらびやかなナイトクラブの一夜がモンタージュで描かれるシーンを目にし、そんな夜をすごした脚線美の女が帰宅する姿にうっとりしたものだ——とんでもなく高価な毛皮を肩にかけ、五番アヴェニューにそびえる建物のロビーに入り、エレベーターのボタンを押して上層階のアパートメントへ帰り、夜明けとともに眠りにつく、流れているゆったりしたメロディーは「アウト・オブ・ノーホエア」だ。

　ブルックリンに帰るたびに、川の向こうの街で暮らしたいと思った。いつかマンハッタンのバーで「いつものやつを」というのが夢だった。のちにコメディアンのモート・サールが、ぼくらの人生を台なしにした咎《とが》で映画に対して集団訴訟を起こそうなんて斬新なアイデアを思いついたことがあった。いや、この話はここまでにしておこう。

　まだブルックリンのアヴェニューJにいた頃の話をしているんだ。ぼくは日中、幼児用のサンスーツを着ていたが、ようやくベビーベッドから出て、ひとり用のベッドに寝るようになった。当時のささやかな通過儀礼をはっきり覚えている。とても怖がりの子どもだったぼくは、新しいベッドになった一日目の夜、〝眠りの姿勢〟を編みだしたんだ。右向きに寝れば、もしクローゼットからオオカミ人間が出てきても、すぐにはね起きて立ち向かえるからね。ベッドから飛び起きる姿勢で眠って、何をするつもりだったのかって？　いい質問だ。当時は戦時下で、柔術がかなり流行っていたんだ。まずオオカミ人間にぼくと握手をさせてから、背負い投げをくらわすつもりだった。いずれにしても、ぼくは年齢とともに成長していると思う。だって今じゃそれがどれほどばかげているか分かるんだから。手の届く位置にルイビルスラッガー製のバットを用意して眠るほうがよっぽど賢い。

　小洒落たマンハッタンの生活の空想に浸って現実逃避していただけのことはあるだろう。〝小洒落た〟という言葉を使ったのは、まわりの男の子が映画をみてあこがれた俳優はジョン・ウェインやゲイリー・クーパー、アラン・ラッドだったのに対し、ぼくはレジナルド・ガーディナー、クリフトン・ウェッブ、さらにはもっとなよなよした登場人物に共感していたからだ。あと、なんといってもボブ・ホープ。彼の映画もラジオも逃したことはなかった。ぼくはラジオが大好きだった。ぼくにとってのもうひとつの至福の時間は、病気か仮病で学校を休んで家にいるときだった。病気のふりをするのはなかなか難しい。熱がなければ学校にいかなくちゃならないわけだけど、いつだって母はぼくの口に体温計をつっこんだあと、そばに座っているから、体温計を暖房機や電球にあてて水銀の目盛りを上げようとしたら、ほぼ確実にぶん殴られる。でも病気となったら、ベッドのなかで、ラジオ三昧《ざんまい》だ。『ブレックファスト・クラブ』、『ヘレン・トレント』、『サーディーズで昼食を』、『クイーン・フォー・ア・デイ』、ロレンツォ・ジョーンズと彼の妻ベル、そういえば、アンドレ・バルークは一緒にラジオ番組をやっていたビー・ウェインと結婚したんだ。やがて夕方になると、『ホップ・ハリガン』、『トム・ミックス』、『キャプテン・ミッドナイト』、さらに夜が更けてくると、『ジ・アンサーマン』、『ベイビー・スヌークス』、『ローン・レンジャー』。食事もベッドでとった。父は仕事帰りに新しい漫画を十冊買ってきてくれた。全部で一ドルだ。当時の人々にとって、ラジオは生活に欠かせないものだった。思い返してみると、あのけんかっ早かった父がコメディ好きで、ジャック・ベニー、チャーリー・マッカーシー〔腹話術師エドガー・バーゲンの人形〕、のちにはグルーチョの番組を欠かさずきいていたのは興味深い。てっきり『ギャングバスターズ』や『カウンタースパイ』をきいているかと思っていたら、なんと『ライフ・オブ・ライリー』や『フィバー・マギー・アンド・モリー』だったんだ。

　どんな番組も大好きだったが、かかりつけの医者のいいつけで『イナー・サンクタム・ミステリー』や、怖そうな番組は絶対にきかせてもらえなかった。ぼくみたいな神経質な子どもは悪夢をみることになるからフランケンシュタインやドラキュラの映画をみせてはいけないと、母はコーエン先生に忠告されていたんだ。先生は育児全般の助言を母に授けてくれる近所の開業医で、聴診器でぼくの心音をきき、指で胸をトントンし、ゴム製のハンマーで膝を叩き、いかにぼくがしょうがない子か訴えかける母の話に耳を傾け、ぼくを精神分析し、コシラナ咳止《せきど》めドロップと数回分のケシ泥湿布を処方してくれる。なんでもかんでも往診でやってもらえる便利さで、受診料は二ドルだった。母は先生の診断を偉大な医学者アヴィセンナが下した言葉のようにありがたがっていた。身体面でも精神面でも診断が仰げるならば、どんな医者でも母にとってはかまわなかった。それどころか医学界にわずかなりともなんらかの接点がある人ならだれでもよかった。母はしょっちゅうパン屋の北にある地元の歯医者に通っていたが、相談内容は大臼歯《だいきゅうし》や歯茎のことにとどまらない。近所の薬剤師にも通っていた。処方箋《しょほうせん》の調合や魚の目パッドの販売ができる相手なら、脳の手術だってやらせるような母である。本物の医者なら、神様だ。医者の名前を口にするときは、ラビ〔ユダヤ教の聖職者〕に対するのと同じくらいうやうやしく発音していた。

それでぼくは病気になってベッドのなかでラジオや漫画、チキンスープを堪能するのが大好きだった。ただ、ここでいっておきたいのは、三十八度の発熱が思いがけない幸運といえるのは、前にもいったが、ぼくは学校が大嫌いでたまらなかったし、軽蔑もしていたからだ。ぼくが通っていたパブリックスクール99は、愚かで差別的で頭の固い教師ばかりで褒めるところはまったくない。ただしこれは一九四〇年代初頭の話だ。戦後、一部の教師の質は向上した。この点は慎重にいっておきたい。学校の職員は青く髪を染めたアイルランド人女性で、映画のキャスティングディレクターが、体罰を与える厳格な修道女の役に起用するようなタイプだった。教頭のミス・リードに耳をひっぱられて、階段を引きずり上げられるなんてこともあった。彼女はもう〝土《セイル》〟のなかで朽ち果てているかもしれない。縮みあがっているぼくに彼女はそう発音したんだ。

「あなたみたいな虫けらは〝土《セイル》〟のなかがお似合いよ」って。〝土《ソイル》〟って発音すんだよ、このデブ、そういって埋めてやりたかった。

気さくでリベラルなユダヤ人男性教師も数人いた。一番いい先生は考え方が進歩的すぎたせいで馘《くび》になってしまった。合唱会があって、クラスごとに選んだ曲を講堂の舞台で歌うんだけど、その先生が選んだのは世紀の変わり目に生まれた「ブープス・ア・デイジー」という曲だった。歌詞に合わせて「ハンズ」（手を合わせる）や「ニーズ」（膝を叩く）、「ブープス・ア・デイジー」（ふたり組になって背中合わせになり、おしりをぶつけあう）をしながらダンスするんだ。どうなったかというと、口やかましいばあさん連中はまるで講堂で乱交パーティーを披露されたかのように愕然《がくぜん》として立ちすくんでしまった。いつもの「あなたは偉大な古い旗」や「二人乗りの自転車」といった消毒済みの演《だ》し物じゃなかったからね。堅苦しい考えの反ユダヤ主義者たちからすれば、みだらなにおいがぷんぷんしたんだ。今日《こんにち》なら、〝適切〟を重んじる警察によって〝不適切〟とみなされる類いのものだろう。当然ながら、異端派のヘブライ人教師は速やかに学校から放りだされた。彼が政治的に左寄りであることを公表していたせいで、校長のミス・フレッチャーや彼女の下劣な手下によく思われていなかったんだ。

だが、そこは単に魔女のような教師が集まった場所というだけじゃなく、学校生活における何もかもが枠にはめられ、生徒が何も学んでいないのを確認することを目的とした場所だった。まず決められた時間に登校して、地下フロアか、天気がよければ校庭で整列しなければならない。整列中の私語は禁止——なぜしゃべっちゃいけないんだ？　ほかの生徒たちと足並みそろえて教室に向かい、「両足を床にしっかりつけ、まっすぐ前をみて」着席。おしゃべりも、ジョークも、手紙の回しっこも、人間存在という厳しい務めに耐えるためのどんな息抜きも許されない。知識を頭に詰めるだけで、頭は養われない。週一で全校集会が行われていたが、まずは右手を左胸の上に置き、忠誠の誓いを唱える。教師たちはぼくらが枢軸国の側についていないか確認したかったんだろう。次にくだらない祈りの言葉が続くが、何を祈っても神からの返事はない。

あとで返事をするから、とさえいわないんだ。ぼくはよくいったものだ。神は沈黙してるんだから、教師も黙っててくれよって。

そのあとは音楽が流れる。よくもまあ退屈なのばかり選べるものだ。ラジオではあんなにコール・ポーターやリチャード・ロジャーズ&ローレンツ・ハートが流れてるのに。ガーシュウィンの美しい曲だってたくさんあるし、素敵なメロディと心躍るリズムの歌だってある。「エニシング・ゴーズ」、「レディ・ビー・グッド」、「マウンテン・グリーナリー」。心地よい時間をくれて、音楽って楽しいんだなって本当の意味で感じさせてくれる曲は山ほどあるじゃないか。それなのに、まずぼくらのクラスはジョン・マクレーの詩を暗《あん》誦《しょう》する、「フランダースの野にポピーの花が揺れる……」。たぶん、ぼくらの気分を盛り上げようとしていたんだろう。そのあとに歌うのは「退場賛美歌」や「日暮れて四方《よも》は暗く」だ。このあたりでぼくはてんかん発作のふりでもしたら、家に帰らせてもらえるだろうかと考えだす。ひたすら抜け出したかった。体温計を暖房機にかざさせてくれ。ずる休みさせてくれ。マンハッタン行きの地下鉄に乗って、〈マクギニス〉で貝料理をたいらげ、エスター・ウィリアムズが国境の南で背泳ぎを披露している映画をみにいきたいんだ。

いまだに、校舎内の地下フロアで並ばされていたときのことを思い出すと気分が暗くなってしまう。屋内なのは雨や雪の日だから。ぼくらのセーターはずぶ濡れで、湿った毛糸の嫌なにおい。それに、なんでもないことで注意される。友だちとこそこそ話をしたり、クローゼットに隠れて女の子にキスをしたりしたら、母親が呼び出しをくらう。

「しょっちゅう女の子にちょっかいをだすんです」と枯れた口うるさい教師のひとりは母にいった。そのとおり、ぼくは女の子が好きだった。何が好きならいいんだろう。九九《くく》？　死ぬほどうんざりするような感謝祭の起源に関する長々しい説明？　それとも、黒板消しを両手に持ってパタパタ叩いて、チョークの粉を払い落とすのが好きだったらいいんだろうか？　あんなのはのろまな子どもたちの間で取り合いになるご褒美だ。やだね、ぼくが好きなのは女の子なんだ。幼稚園のときから、マザーグースの「マフィン売りの男」にも椅子取りゲームにも興味がなかった。ぼくの夢はバーバラ・ウェストレイクと地下鉄に乗ってマンハッタンまでいき、五番アヴェニューにあるぼくのペントハウスに招待して、ドライマティーニ（ドライの意味なんて知るもんか）を飲みながらテラスに出て月灯りの下でキスすることだった。いうまでもなく、こんな思いつきはパブリックスクール99の教職員にも、母にも、さらにいえばバーバラ・ウェストレイクにだって歓迎されない。バーバラは当時六歳で、ドライマティーニなんて興味ないし、バンビの母鹿が殺されたといってヒステリックに泣きじゃくるような子だった。そんなわけで、どれだけアスター・バーに誘っても、実現に至らなかった。ぼくは口先ばかりなんだ。そこがどんなところか分かっても、ひとりではマンハッタンにいけないし、アスター・バーも探せないし、店に入れてもらえないし、エッグクリーム〔牛乳と炭酸水にお好みのシロップを加えた飲み物で、ユダヤ系移民によりブルックリンで発祥したといわれている〕よりもアルコール度数が高い飲み物は出してもらえない。当然、地下鉄代の五セントを工面するのにも苦労しただろうし、彼女の分も合わせて十セントなんてとても無理だ。

母は何度も教師から呼び出されるうちに、みんなに顔を覚えられ、生徒はみな、大人になって結婚したあとまでずっと、街で母をみかけると挨拶をしていた。みんなが初めて母を知ったのは、「数字のzero《ゼロ》は正しくはaught《オトゥ》」（ぼくはzero《ゼロ》で結構）といった役に立たない事柄を暗記させられるような、授業というあのいまわしい儀式の最中だった。教室のドアが開いて、そこに母がいた。授業は五分間中断され、髪を青色に染めたしわしわの老婦人が廊下で母に「息子さんにはとても手を焼いているんです。ジュディ・ドアズにラブレターを書いて、カクテルを飲みに誘うんですよ」と話していた。母は「あの子はどうかしているんです」と返して、すぐさまぼくの敵側についた。確かに、どうかしていた。ぼくは女の子が好きだった。女の子の何もかもが好きだった。そばにいると楽しかったし、笑い声や体のつくりも好きだったから、一緒にマンハッタンの〈ストーク・クラブ〉にいきたかった。バランスの悪いネクタイかけを作っている世捨て人のような地元の男たちがいく安っぽい店なんてごめんだ。

一部の教師は罰として生徒を放課後に居残りさせて

いたが、いつだって居残り組はユダヤ系の子どもだった。なぜか？　ぼくらはずる賢いちびの高利貸しだからだ。放課後、学校に居残れば、ヘブライ語学校に遅刻するか、出席できなくなってしまう。ところで、教師たちは気づいていなかったが、ぼくにとってこの罰は、イディッシュ語の言葉でいうところの善行《ミツヴァ》だった。ヘブライ語学校もパブリックスクールと同じくらい大嫌いだったんだ。今からその理由を話そう。そもそも、ぼくは宗教的なものを一切受けつけなかった。すべて大掛かりな詐欺だと思っていた。そもそも神がいるとは思えなかったし、いたとしても、ユダヤ人を特別扱いするなんて都合のいい話があるとは思えなかった。豚肉はうまいし、ひげはごめんだ。ヘブライ語はかすれた発音が好みじゃない。しかも、右から左に書くなんて。そんなのいらないよ。学校で左から右へ文章を書くだけでも手一杯なんだ。それに、罪を償うために断食《だんじき》する意味も分からない。ぼくの罪って何？　上着をかけるときに、バーバラ・ウェストレイクにキスしたこと？　祖父に偽の五セント玉をつかませたこと？　それくらい大目にみてくださいよ、神様、世の中にはもっと悪いことがあるでしょう。ナチスはユダヤ人を焼却炉で焼いたじゃありませんか。まずはそっちの問題からよろしく。とはいえ、さっきもいったように、ぼくは神を信じていなかった。そういえば、なんで女性はユダヤ教会《シナゴーグ》の二階席に座らなければならないんだ〔伝統的にシナゴーグでは、男性席は一階に、女性席は二階や入り口の横にある〕。男性よりも魅力的で頭もいいのに。毛むくじゃらの狂信者たちは祈禱《きとう》用のショールをまとい、一階席で首振り人形みたいに首を上下させ、ツィツィットと呼ばれる紐《ひも》にキスをして、架空の力を得ようとする。もし神がいたとしても、どんなに懇願しようがおだてようが、授けてもらえるのは糖尿病や胃酸の逆流だ。

　こうしたことに自分の時間を費やすのは無駄だと思ったし、大きな悩みの種でもあった。ぼくは三時のベルが鳴り学校から解放されて、街や校庭に繰り出して、野球をするのを心待ちにしているんだ。なのにそれをあきらめて、ヘブライ語の授業を受けなきゃならないなんて。ヘブライ語を読まされても、その意味を教えてもらえないし、いかにしてユダヤ人が神と特別な契約を交したかを教わっても、残念ながらその内容は書面に残されていない。まあでも、通ったよ。親の圧力に屈したんだ。小遣いのこともあるし、ラジオが禁止されたら困るし、いかなきゃ当然ぶんなぐられる。母には毎日一度は叩かれていた。当時、体罰は日常茶飯事だったが、父に叩かれたのは一度だけだ。父に向かって「うるさい」といったとき、かっとなった父から顔を軽く叩かれたんだ。あのときははっきりとオーロラがみえた。母からは毎日引っぱたかれていた。作家で教師だったサム・レヴェンソンの昔のジョークにこんなのがある――「君がこの罰に値するどんなことをしたのか知らないが、君は分かっているはずだ」。こうして、ぼくはついにバルミツヴァを迎えることになり、そのための特別な授業を受けたり、ヘブライ語で歌ったりしなければならなくなった。確かに、旧約聖書にあるとおり、ぼくはおおいに泣きわめいて歯ぎしりをした〔『マタイによる福音書』第二十二章、「あの者の手足を縛って、外の暗闇にほうり出せ。そこで泣きわめいて歯ぎしりするだろう」より〕。

母は戒律を遵守する人だった。そのおかげで、家ではコーシャ〔ユダヤ教で食べてよいとされている食物〕を食べていた。母は食事規定を厳守し、豚肉、ベーコン、ハム、ロブスターなど、幸運なる異教徒が味わっているいろんな美味しいごちそうを禁じていた。母を怒らせないよう、父も遵守するふりはしていたが、めっぽう味のいい密売品への依存を隠せるわけもなく、羊の群れに襲いかかるアッシリア人のように、豚肉や貝や甲殻類をむさぼっていた。そういうわけで、たまにレストランにいくと、ぼくは唯一神ヤーウェ（父の友人たちはそう呼んでいる）が認めていない食事にありつくことができた。記憶にあるごちそうといえば、八歳のとき、父に初めて連れていってもらった〈ランディーズ〉だ。ブルックリンで有名なこのシーフードレストランで貝やカキやカニやエビで腹をいっぱいにしながら、シープスヘッドベイ周辺に神はいないことをこの日、確信した。フィンガーボウルが出てきたのも〈ランディーズ〉が初めてだった。フィンガーボウルなんて驚くべき存在はきいたこともなかったから、うきうきしながら手を洗った。自分専用のプールを手に入れた気分だった。あまりに感激したもんだから、二年後、アンおばさんと海の幸を食べにそこを訪れたとき、ここはフィンガーボウルの店だということしか頭になかった。そのせいで、注文した蒸し貝についてきたスープをてっきりフィンガーボウルだと勘違いしてしまった。ぼくは大興奮で、戸惑いつつけげんな顔を向けてくるおばさんを自信たっぷりに説き伏せ、ふたりそろって貝のスープで手を洗った。食事の終盤で本物のフィンガーボウルが運ばれてきてやっと、おばさんは自分が正しかったことに気がつき、愛情をこめてぼくの頭を何度も、十二回か十四回くらい、ハンドバックで叩いた。

　まあ、つまり、ぼくはまだ少年で、映画を愛し、女性を愛し、スポーツを愛し、学校が大嫌いで、ドライマティーニに憧れていた。そうそう、ぼくは確かに落ちこぼれだったが、昔から書くことだけはできた。読むより先に書くことを覚えた。小学一年生になるまで字が読めなかったのに、幼稚園のときから家に帰ってくると書きものをしていた。何を書いていたかというと、物語を作っていたんだ。書きとりもできないのに物語を書く。口頭伝承ってやつだ。たとえるならバラッド。『ベーオウルフ』や『ロード・ランダル』は残酷な物語だが、ぼくのは華やかなディナーパーティーを舞台にした物語で、丸一日必死に働くような未来とは無縁のものだった。

　しばらく科学者になりたくて、顕微鏡を買ってもらったこともあった。やがてこの気高い志を捨て、MGM映画が焚《た》きつけたライフスタイルに魅了されるようになっていく。成績優秀で素敵な字を書くキュートな女の子たちからは次々にふられた。「ほんとにごめんね。デートはママに禁止されてるの」「地下鉄でニューヨークにいくのはだめっていわれてて」。もう少し大きくなると、こういわれた。「ごめんなさい。同い年の男の子とは絶対に出かけないことにしているの」

第2章

さて、ユダヤ教徒成人式《バルミツヴァ》だ。今日《こんにち》では、『スター・ウォーズ』やアーサー王、西部開拓時代などをテーマにしたバルミツヴァだって行われる。ぼくのときはゴーリキーの『どん底』がテーマだった。ぼくの大人への通過儀礼は豪華な会場じゃなく、鉄道線路のそばの自宅で行われた。おじたちやほかの男どもはどいつもこいつも重度の心臓発作や脳卒中の病みあがりのくせに煙草を一日に二箱吸い、ウィンクしながら得意気にぼくと握手をして、十ドル紙幣をくれた。大げさなんだよ。まるで千ドルを握らせたみたいな態度なんだから。おばたち、いとこたち、リタ、リタの姉フィリスもいた。フィリスは看護師だったからキュリー夫人みたいに尊敬されていたよ。それからフィル・ワッサーマンと、もちろん、もうひとりのフィル・ワッサーマンもいた。フィル（ひとりめのほう）はとても愉快な人で、広報の仕事をしていた。数年後、ぼくが初めてジョークを書いたとき、フィルにみてもらったところ、ブロードウェイの新聞のコラムニストたちに送ってみるといい、と勧めてくれた。そうしたコラムでは有名人がいったとされるジョークがよく取り上げられていた。ぼくはフィルにいわれたとおり、出来の悪いジョークを送ったことで、新しい世界への扉が開いた。

だけど十三歳になっても、ぼくは相変わらず感じの悪い、皮肉ばかり口にする生意気な少年で、ショービジネスへの思いを募らせていた。ショービジネスといえば、アシュケナージ系ユダヤ人によるささやかな宴《うたげ》にも余興があったんだ。バルミツヴァを迎えたユダヤ人の若者は一人前の男になるとされているが、ぼくはガキのままだった。あの頃、父はウエイターをしていた。無数の職を渡り歩いた父は、成功間違いなしの一獲千金計画として〝美しい箱入りの真珠のネックレス〟の通信販売に手を出したことがあったが、事業はひとりの客もみつからず真珠ひとつぶ売れないまま、美しい箱入りネックレスで家のなかが何カ月もあふれかえり、最終的には一ドルあたり十五セントかそこらで在庫処分された。そんな父が〈サミーズ・バワリー・フォーリーズ〉のウエイターとして、毎晩六時から翌朝五時までせっせと働いていたんだ。

　バワリーにあった〈サミーズ〉は陽気な九〇年代《ゲイ・ナインティーズ》を体現したような酒場で、床にはおがくずが敷かれ、歌手のソフィー・タッカーっぽい豊満な身体の女たちが派手なロングドレスに身を包んでつば広の帽子をかぶり、世紀末前後の流行歌を歌っていた。そこにマーベル・シドニーという胸元を強調するドレスを着た歌手がいた。彼女はきょうだいに女優シルヴィア・シドニーとハリウッドで成功をおさめた監督ジョージ・シドニーがいる。当時のぼくは彼女の家系図について何も知らなかったけど、彼女が「フーズ・ソーリー・ナウ」や「ユー・テル・ミー・ユア・ドリーム」といった古い名曲の数々を力強く歌いこなせる人だってことは知っていた。父への親切心から、彼女はぼくの十三歳のお祝いにきてくれたんだ。彼女が盛り上げてくれなければ、リバーサイド教会に眠るエイブおじさんの葬式と変わらなかったんじゃないかな。あの頃、父がバワリーで働いていたおかげで、あのあたりの通りや酒場や高架鉄道下の安宿にたむろしていた大勢の飲んだくれと交流があり、ぼくら家族はしょっちゅうその恩恵にあずかっていた。たとえば、家の塗装が必要になったとする。飲んだくれのなかには大工から考古学者まで、株式仲買人から商船の船員まで、役者から住宅塗装業者まで、あらゆる専門家がいた。夢を追って力尽き、今や絶望的なアルコール依存症。この哀れな男たちが求めるものは一杯の酒代だ。というわけで数ドル出せば、酔っぱらいたちが刷毛《はけ》を持って集まり、わずかな金でわが家の壁を塗り替えてくれるんだ――もし彼らが姿をみせたらの話だけど。途中で泥酔して作業が長引くこともあるが、絶対に途中で投げ出すことはない。母はいつも食事をたっぷりふるまっていたが、グラスは家族用から隔離した専用のものを使わせていた。のちにあのグラスはマーシャル諸島に送られて、アメリカ政府の有害廃棄物と一緒に埋め立て処分されたかと思う。

　バワリーにたむろする哀れなアルコール依存者と付き合っていると、もうひとつ特典がついてきた。彼らの多くは盗みを働く。単純に次の一杯にありつくための金が目当てで、だからあの界隈《かいわい》で何かを置きっぱなしにしたら秒でなくなった。ジョン・バナナ〔アルコール依存者の意味で用いられるスラング〕——と呼ばれることもあった——たちは父が働いていたような酒場によく姿をみせたし、通りにいる父に近づいてきて、盗品を買わないかと声をかけてくることがあった。丈の長いコート、テープレコーダー、ステーキ肉ひと袋。こんな盗品をこそ泥連中はウイスキー一杯分の金で売りつけようとするから、父はいつも進んで取引に応じていた。こうして、ぼくら家族は一ドル五十セントでアンダーウッドのタイプライターを、それからミックスマスターのミキサーや母の毛皮のコートといった人気商品を手に入れた。これらはほんの数例にすぎない。ぼくが初めて考えたひと言ギャグ《ワンライナー》を打ちこんだのは盗品のタイプライターだったし、初めて飲んだ麦芽乳を作ったのは盗品のハミルトンビーチの調理器具だった。そんな次第で、ぼくのバルミツヴァはマーベル・シドニーが雄牛のような低音で、ひげ面のヘブライ人男性の寄せ集めのために、「マイ・マン」を歌ってくれたおかげで、つつがなく終わった。

　この祝宴でぼくが手に入れたいろんな戦利品のなかにマジックの本があった。その本には面白いマジック道具の写真が載っていた。チャイニーズボックス、消える鳥かご、ビリヤードボールとシルク、ギロチン、こういった多種多様の道具を眺めているうちに、好奇心をかきたてられマジックにのめりこんでいった。ほどなくして、暇さえあればマジックの練習をするようになり、ジョン・バナナがバーボンを求めるように、小銭をせびったり借りたり盗んだりしてはマジックの道具に注《つ》ぎこみ基本的なものは全部そろえた。リンキングリング、カップ・アンド・ボール、赤いベルベッドの不思議な袋、パスパスボトル。どれもびっくりするような仕掛けで、名前は知らなくてもだれもがよくみるマジックだ。欲張りの夢《マイザーズ・ドリーム》といわれてもなんのことか分からないだろうが、空中に手を伸ばしてコインをつかみとっては、バケツの底に投げ入れるあれだ。そのうち、ラインストーンをちりばめた飾り房付きの二重底の箱のような、見た目が派手な道具の魅力だけでは物足りなくなった。

マジックの本こそ価値があると気づいたんだ。マジックの本は最初に読んだ本ではないが読書を始めた頃にけっこう読んだ。だれでも手に入れられて、だれでもできるようになる市販の道具に時間や金（学校で空腹に耐えながら貯めた昼食代）を費やす値打ちはないと考えるようになった。本物のマジシャンは本からマジックの秘訣《ひけつ》を学び、練習に練習を重ねて、手のひらにコインを隠し持つ技、パックの一番下のカードをこっそり取る技、切ったロープをつなげる技、シルクのハンカチやビリヤードボールや煙草を操る技を身につけている。同じようにぼくも指先の器用さに磨きをかけた。相当上達したと思っていたんだけど、今日《こんにち》のマジックのレベルをみると言葉を失う。ヴァイオリニストのヤッシャ・ハイフェッツやピアニストのグレン・グールドに負けないくらい練習をしているマジシャンはいくらでもいて、彼らはこの非常な努力を必要とする魅惑の芸術分野に身を捧げているのだ。まあでも、ぼくはそういった芸術家ではないし、これはぼくの物語だから、ぐずぐずせずに先へ進むとしよう。

熱狂的なマジックマニアであり、すでに映画狂でもあったぼくは、五番アヴェニューの生活に憧れ、シェーカーを振って自分のカクテルを作り、パラマウントの映画に出てくるような美しい女性とぼくのペントハウスで同棲して、ウィットに富んだ会話をするところを想像していたが、またひどい出来事を経験した。その数年前、十一歳の頃、ぼくは地下鉄に乗って川の向こうの大好きな街へちょくちょく出かけ、マンハッタンで一日過ごし、小遣いを使うようになっていた。その年齢の子どもがやることじゃないけど、時間は有り余っていたんだ。それに、両親はぼくが誘拐されるなんて心配していなかったしね。ぼくについてきてくれるデート相手はみつけられなかったが、たまに友人のアンドルーと出かけていた。アンドルーもショービジネスの世界に少し憧れていた。顔立ちのいい男の子で、両親から小遣いをたっぷりもらっていた。ぼくも甘やかされていたが、それよりもずっとひどい甘やかされようだった。どれくらいひどいかというと、二十代になって現実の世界が不気味な笑みを浮かべて姿をみせたとき、それに耐えきれず窓から飛び降り自殺したほどだ。かわいそうなアンドルー。麻薬に依存して現実逃避し、最終的に病院の窓を開け放した。それはさておき、あの頃ぼくらは夢見がちなませガキで、たまに地下鉄でタイムズスクエアまでいくと、街をぶらつき、映画を物色し、〈ロスズ〉か〈マクギニス〉で腹を満たして、へそくりを使い切るまで遊びまくった。ぼくはパーク・アヴェニューや五番アヴェニューを散歩しながら、セントラルパークに入っていくのが大好きだった。ハリウッド映画に出てくるマンハッタンで現実逃避しながら、ぼくは大人になったんだ。

　そんなある土曜日、ぼくらは気になる映画がみつからなくて新聞の映画欄をさがしていたところ、ブルックリンのフラットブッシュ・アヴェニューにフラットブッシュ劇場という映画館があることに気づいた。リッツ兄弟やオルセンとジョンソンのコンビが出ているB級コメディ映画をやっていた。ぼくらのみたいやつだったから、あわてて地下鉄に乗りこみブルックリンへもどった。フラットブッシュ劇場は、フラットブッシュ・アヴェニューとチャーチ・アヴェニューの角にあって、映画だけじゃなく、ヴォードヴィルを五演目も生でみることができた。というわけで映画が終わって幕が開くと、舞台上にフルオーケストラがスタンバイしているんだ。アル・グッドマンやウィリー・クリーガーがいた。そのあと五演目のヴォードヴィルが続く——歌手、タップダンサー、曲芸師、また別の歌手、そしてコメディアン。雷に打たれたような衝撃だった。二流芸人の演《だ》し物に瞬きを忘れるほどひきつけられた。「帰れソレントへ」を感傷的に歌いあげる歌手もいれば、「二人でお茶を」に合わせてタップシューズの靴底を鳴らすダンサーもいた。また、古くさいジョークを飛ばし、ジェームズ・キャグニー、クラーク・ゲーブル、ビング・クロスビー、ベティ・デイヴィスをそっくり真似てみせる芸人もいた。ぼくはすっかりヴォードヴィルに夢中になり、何年にもわたって週末になると、劇場に足を運んだ。閉館するまで土曜日は一度も欠かさず通い詰めた。ここはその後、『スリーメン・オン・ア・ホース』を柿落《こけらお》としに正統派の劇場として再開する。ぼくが一番はまったのはコメディアンたちの演目だった。そのうち鉛筆を持参して、キャンディの箱を破った裏側に彼らのネタを書き留めるようになった。おかげで、いろんな演し物やハリウッドスターの物真似ができるようになり、やがてコメディとマジックの間をいったりきたりしながら、自分はいつか舞台に立つことになると確信したんだ。

十四歳になるまでに、この確信は現実になった。その経緯は次のとおり。ぼくのステージデビューは地元の社交クラブだった。エイブ・スターンという親切な男がオーディションもせずに純粋な好意から雇ってくれたんだ。出演料は二ドル。予算を想像するに、おそらくまっとうな金額だったと思う。ぼくは独創性のないマジックを披露し、妹にサクラを頼んだ。妹の役割は客席から「わきの下に卵を隠したよ！」とか叫んでもらうことだ。もちろん、そうみせかけたんだけど、観客は暴徒と化して「腕を上げろ」と要求し、種を見破ってぼくに恥をかかせようとしてくる。だけど、腕を上げてみせても卵はない。不思議な袋のなかに消えてしまったというわけ。このほかに六種類のマジックを披露したけど、どれも卵袋と似たり寄ったりの反応しかもらえなかったし、観客は居眠り病《ナルコレプシー》の発症と戦っていたから、ぼくは舞台袖にはけると、エイブが二ドルの元を取れていますようにと願うはめになった。日曜朝にやっていた小さな子ども向けテレビ番組『ザ・マジック・クラウン』のオーディションを受けたこともある。そのときはパスパスボトルという、二本のウイスキーボトルを使ったマジックを披露して、もちろん落ちた。でも、ぼくは救いがたいマジックで観客を苦しめながらも、舞台上を歩きまわりながら、ぺらぺらと成り行きまかせの弁舌を神経質そうにまくしたてては、いつも会場を爆笑させていることにそのとき初めて気づいたんだ。だからといって、自分にコメディアンとしての素質があるとは思わなかったが、落ちこぼれのマジシャンであることはよく分かった。鏡の前でマジックの練習をするのは時間の無駄だから、カード技術を使って金を巻き上げることにした。マックス・シェルマン――彼とミッキー・スピレインくらいしか読んでいなかったけど、とても面白い作家だ――の言葉に従ったんだ。「金持ちになって昼まで眠り、まわりのことは気にするな」

　学校で演芸コンテストが開催されることになった。ぼくは物真似でもやってみようかと思った。ところで、当時は〝なりきり芸《インパーソネーション》〟と呼ばれていたが、不思議にもいつのまにか〝物真似《インプレッション》〟に変わっていた。ぼくは俳優のジェームズ・キャグニー、クラーク・ゲーブル、ピーター・ローレの物真似をした。オーディションの順番を待つ間、別の少年の芸をみていた。その少年はコメディアンとしてオーディションを受けていたが、「リーダーズ・ダイジェスト」誌や「1000ジョークス」誌からパクったネタじゃなかった。堅物教師みたいに「どうやら、ふたりの歯医者が……」と話しだして徐々に場を温めようとしてドン引きさせることもない。その少年、ジェリー・エプスタインはプロ級の演し物を披露した。前口上、面白いひと言ギャグ《ワンライナー》、戦争映画やギャング映画のネタ。本物の芸だった。放課後、ぼくはパブリックスクール99のそばの通りにできた大きな雪の吹き溜まりの近くで彼に声をかけた（言い忘れていたが、季節は冬で、その年は大雪に見舞われていた）。ぼくらは雑談を交わし、コメディだけじゃなく、野球の話でも気が合うことが分かった。同じ少年野球チームにも入ることになった。ジェリーは優れた左利きの一塁手で、ぼくは二塁を守った。

　ぼくは知識人と誤解されているが、ここにもうひとつの誤解がある。小柄だし、黒縁眼鏡をかけているせいで、あまり運動神経がよくないと思われている。だが、それは間違いだ。ぼくはメダルをとれるくらい足の速い有能な野球選手で、プロになる道も考えていたんだが、思いがけずギャグライターとして雇われることになって、その夢は消えてしまったんだ。校庭でバスケットボールをしていたとき、飛んできたフットボールをキャッチして、およそ一・五キロ先まで投げることだってできたんだから。信じてもらえるなんて期待していないが、もしこの本の読者であの界隈出身のやつにたまたま会うことがあったら、きいてみてくれ。昔の顔なじみはぼくにばったり会うと必ず、ぼくの野球選手としての才能について話しだし、どういうわけか、ぼくの映画の話はしてこない。彼らの多くはポーカーテーブルについたぼくの腕前についても話してくれるはずだ。三十代の頃は、毎晩のように夜九時頃から太陽が昇るまでポーカーをしていたから、暮らしもぜいたくで、エミール・ノルデの水彩画やオスカー・ココシュカの素描を買えるくらいの金を稼いだ。だけどプロデューサーのデイヴィッド・メリックが「自分も昔はさんざんやったけど、ある日、時間の無駄だって気づいたんだ」というのをきいて、ぼくもあっさりやめてしまった。それもそうだと思ってね。

野球も急にやめた。年を取ってからも相変わらずブロードウェイ・ショー・リーグのソフトボールの試合に出ていたが、ちっとも楽しくなかった。あるとき、守備につこうと外野に向かっていると、若い選手から「アレンさん、大丈夫ですよ。取れそうになかったら、ぼくに任せてください」と声をかけられた。ぼくは思わずそいつの顔をみた。からかっているのか？　どんなヒット性の当たりが外野に飛んできても、追いかけていって、サインを書いてから、キャッチできるんだぞ。その直後、ライナーがぼくのそばを通り抜けていった。もっと若い頃だったら、背面キャッチできた球なのに。ぼくはグローブをはずしてグラウンドを去り、守備を代わってもらって、もう二度とバットにもボールにもグローブにも近づかなかった。この屈辱はあまりにも強烈で、この原稿を書きながらもあの恥ずかしさが蘇《よみがえ》ってくる。

ぼくはドジャー・スタジアムで行われた、セレブリティとメジャーリーグのオールスター選手によるソフトボールの親善試合でも恥をかいたことがある。ぼくのチームはぼんくらな俳優集団——俳優としては立派だが野球選手としてはぼんくらって意味——で、対する相手は、ウィリー・メイズ、ウィリー・マッコビー、ブーグ・パウエル、ジミー・ピアソール、ロバート・クレメンテといったそうそうたる顔ぶれ。なぜだか予想屋連中の本命は相手チームだった。あいにく、ぼくはドン・ドライスデールの球を打って、ウィリー・メイズのフライを取るとだった。だけど、ウィリー・メイズのフライを取るという栄誉にあずかったのは、ほかでもないぼくなんだ。一年後、少年時代の野球仲間と偶然会ったとき、「テレビでソフトボールの試合をみたよ。君ならドライスデールの球を打てると思ったのに」といわれた。そうなんだよ、ステップ幅をもう少し狭めておけば、ジャストミートできたはずなんだ。そうしたら、真夜中に目を覚ましてあの試合を思い出し、悔恨にさいなまれ後悔に溺れて、憤懣《ふんまん》やるかたなく自己嫌悪に陥ることもなかったのに。ドライスデールからヒットが打てたはずなんだ。もう一度打席に立ちたい。次こそステップ幅を狭めて、絶対にヒットが打てる。そんなことを考えていると、激しい呼吸困難に襲われて部屋がぐるぐる回りだす。畜生、なんであの日打てなかった――もう一度打席に立たせてくれ――ぼくは八十四歳――手遅れか？　ここはどこだ？　なんの話だ？

ああ――そうだ――雪の吹き溜まりの通りへもどろう。ジェリーにはサンディという兄がいて、「兄さんは家族のなかじゃ本物のコメディアンで通ってるんだ。大学のイベントで司会をしてるから、会いにいけばいいよ」といってくれた。こうして、かなり早い段階で大きな影響を与えてくれる人物に会いにいくことになったんだ。サンディ・エプスタインはアヴェニューJに暮らし、ディキンソン大学に通っていた。舞台に立つ彼は、見た目もしゃべり方もプロのスタンダップコメディアンのようだった。「どうもどうも、遅れてすみません。さっきまでベッドで寝てたもので。麻疹《はしか》の彼女と一緒に」。オスカー・ワイルドやバーナード・ショーとはいわないが、プロのコメディアンのお決まりのネタそっくりだった。ぼくはサンディから定番ネタや寸劇やギャグをたくさん教わった。パブリックスクールを卒業してミッドウッド高校に入学してからは、教室がサンディの教えを実践する唯一の場となり、そのせいで先生からは煙たがられた。そのうち母は頻繁に呼び出されるようになり、ぼくが校長にジョークを使って言い訳をしている横で、きまり悪そうにしていた。「彼女は砂時計みたいな体型だったから、砂遊びがしたかっただけなんです」。とても堅苦しい時代で、風紀警察がそこら中にいたからね。ぼくは地元のユダヤ人の集まりでネタを披露して大成功を収め、三年生になる頃には、いっぱしのコメディアン気取り、マジシャン気取り、野球選手気取りだったが、とどのつまりはただの落ちこぼれだ。映画館では知ったふうな顔をして、緊張感のあるシーンやロマンチックなシーンになるとジョークを飛ばし、それを耳にした観客を爆笑させていた。笑いの数だけ「黙ってろ」といわれたけど。友人のジェリーがテープレコーダーを買ってきて、自慢げに曲をきかせてくれたことがあった。

「これ、なに?」とぼくはたずねた。

「ジャズコンサートを録音したんだ。ラジオの『テッド・ヒュージング・バンドスタンド』って番組」とジェリー。

「サイコー」。ぼくはそういって、教科書をゴミ箱のほうへポイと投げ捨てた。

「フランスでやったコンサートなんだ」

「だれが演奏してるの?」

「シドニー・ベシェ」

「だれそれ?」

「ニューオーリンズ出身のソプラノサックス奏者」

このとき、初めてニューオーリンズ・ジャズをきいた。なぜあんなにもフィーリングが合ったんだろう。ぼくはニューヨークから出たことのない、ブルックリン育ちのユダヤ人で、ある種国際的な嗜好《しこう》の持ち主で、ガーシュウィン、ポーター、カーンといった非常に洗練された大衆音楽家を愛好していながら、深南部《ディープサウス》のアフリカ系アメリカ人のミュージックに触れたとたん、共通点はゼロなのにたちまち夢中になって、あっというにコメディアン気取り、マジシャン気取り、野球選手気取り、そしてアフリカ系アメリカ人のジャズ・ミュージシャン気取りになった。ぼくはソプラノサックスに続いてクラリネットも買ってきて、どちらも習得した。ビクトローラのレコード・プレーヤーを手に入れたおかげで、だれにも習わずに練習できたんだ。ぼくはレコードのほかに、ジャズの歴史書やルイ・アームストロングの伝記も買った。ぼくはジャック、ジェリー、エリオットとつるんでいたんだけど、はたからみると変な四人組にみえたに違いない。ほかの生徒はパティ・ペイジ、フランキー・レイン、ザ・フォー・エイセスといった当時の商業的なポピュラー音楽にどっぷりはまっていたが、ぼくらはレコード・プレーヤーの前に座ってジャズを毎日何時間もきいていたからね。

四人でいろんなジャズをきいたが、お気に入りは伝統的なニューオーリンズ・ジャズだった。バンク・ジョンソン、ジェリー・ロール・モートン、ルイ・アームストロング、それからもちろんシドニー・ベシェ。ぼくは彼らに心酔し、演奏するときの手本にした（この話が退屈なら、この先も同じだと思うよ）。自分の部屋にひとりこもってベシェのレコードをききながら練習した。そのうちにジョージ・ルイスも流すようになった。彼もまたぼくが尊敬してやまないジャズマンだ。彼ともうひとりの天才クラリネット奏者ジョニー・ドッズのおかげで、ついに自分の道をみつけた気がした。ジャズが心から楽しくて、人生をジャズに捧げようと決めたんだ。ぼくはベシェ、アームストロング、ジョージ・ルイス、ジョニー・ドッズ、ジェリー・ロール・モートン、ジミー・ヌーンが音楽の天才だということをまったく分かっていなかった。音楽のスタイルは原始的だったが、彼らはニューオーリンズ・ジャズという枠のなかでじつに魅惑的なものを持っている。彼らの演奏をきくと、音のひとつひとつにその魅力が感じられる。ぼくは世間知らずのばかだったから、自分にはそんな才能がないことも、ジャズへの熱意と愛があったところで、下手の横好き止まりだということも理解していなかった。だれかにきいてもらえるのも、大目にみてもらえるのも、映画監督としてのキャリアのおかげであって、ジャズに関してはなんの値打ちもない。

だが今でも練習は続けている。毎日、自分で納得できるまで練習しているんだ。凍えるようなビーチでも、教会で撮影班が照明の準備をしている間も、仕事を終えてホテルの部屋にもどり、深夜、ベッドに入ってからも練習した。頭からキルトをかぶってほかの宿泊客を起こさないように。だけど、ジャズをどれだけきいても、刺激的なミュージシャンたちの伝記を読んでも、マウスピースやリードをとっかえひっかえしながら吹いて、吹いて、吹きまくって、音がよりよく響く組み合わせを探し続けても、お粗末なまま。ぼくはずっとテニス選手フェデラーとナダルに混じって週末だけテニスを楽しんでいる平凡な選手だった。残念ながら、ぼくには素質がないんだ。耳も、音感も、リズム感も、フィーリングもない。それなのに人前で演奏している。数々のナイトクラブ、コンサートステージ、ヨーロッパ中のオペラハウスのステージに立ち、アメリカではいろんな会場を満席にした。ニューオーリンズではパレード、バー、ジャズ&ヘリテッジ・フェスティバル、〈プリザベーション・ホール〉でも演奏したが、映画監督としてのキャリアが物をいって実現したにすぎない。何年も前、ウィットに富んだ作家のドットソン・レイダーから、夕食の席でいわれたよ。「君には恥ってものがないのか?」

ぼくはジャズを愛する一方、プレイヤーとしての限界も感じているから、演奏したいなら、他人の目なんか気にしていられないんだ。ぼくは彼に、以前は何人かのミュージシャンと自宅でしか演奏しないようにしていたと言い訳をした。週一でポーカーをするように楽しんでいたが、やがて、音楽仲間からバーやレストランで演奏してみないかと提案され、少ない観客の前でやってみることになった。長年にわたってナイトクラブで経験を積んだ。観客を増やそうとは思わなかったが、仲間からもっと大勢の前でやらないかといわれて了承した。狭くて薄汚いステージから始めたが、数十年後にマンハッタンのカーライルホテルで定期ライブを行うようになった。さらにヨーロッパではどこのコンサートホールのチケットも完売で、八千人規模の観客が雨のなか、ぼくらの演奏をきくために待っていてくれたこともあった。さて、話をもどすと、ぼくはジャズに夢中で、必死でクラリネットを吹いていたブルックリン育ちの少年だった。偉大なジャズ音楽家ジーン・セドリックに電話をかけたことがある。ピアニストのファッツ・ウォラーと組んでいたこのクラリネット奏者に、「ぼくは毎週ステージ前のテーブル席に座って、あなたがコンラッド・ジャニスのバンドとやっているジャズコンサートをきいている若者です。ぼくにクラリネットを教えてもらえませんか?」と頼んでみたんだ。断られると思っていたら、「一回二ドルでレッスンを引き受けよう」といってくれた。こうして、彼は数ドルのために、毎週ハーレムからフラットブッシュまできてくれるようになった。彼は譜面の読めないぼくのために、自分のクラリネットを組み立て、フレーズをひとつ吹くたびに「真似してくれ」といった。

真似ようとしても、音楽家としての耳も音をききわける才能もなかったぼくには、できなかった。根気よく、何回もレッスンをしてくれたおかげで、よくはなったけど、いつまでたっても〝本物の才能〟は開花させられなかった。ぼくらは親友になり、彼は最期までずっと励ましてくれた。ただし、ぼくの演奏をきいた人なら、彼のことをお節介なやつだと思うかもしれない。

何年もレコードに合わせて演奏するだけだったぼくが、ほかのプレイヤーと演奏する気になったのは、サンフランシスコのクラブ〈ハングリー・アイ〉でコメディアンをしていたときだ。出番の合間に近くをぶらついていると、〈アースクエイク・マグーンズ〉というクラブで、天才ジャズトロンボーン奏者ターク・マーフィーのバンドがライブをしていた。毎晩、店の外に座って演奏をきいていると、ある日バンドメンバーの男から「なかできかないか？」と声をかけられた。内気で哀れなジャズ愛好家であるぼくは、「ありがたいけど、ぼくは路地に座って扉にもたれて、なかから漏れきこえてくるジャズの楽しみをほんの少しくすねるのが好きなんです」と返した。しかし、タークは耳を貸さず、ぼくが〈ハングリー・アイ〉の人気コメディアンだったせいか、なかで演奏を楽しんでくれといってきかなかった。

なかに入ってタークと話しているうちに、ぼくがジャズについてかなり詳しいことや、クラリネットを吹くことまで話してしまった。すると彼はどんな災難に巻きこまれるかも知らずに、「楽器を持ってきな、一緒にやろう」としつこくいってきた。何度も頼みこまれて、とうとうある夜ステージに立った。ほんとのところ知っている曲ばかりだった。タークは、「気が向いたらいつでも参加してよ」と熱心にいってきた。バンドのメンバーはずいぶん気を遣って励ましてくれて、ぼくが吹きだすと、できるだけさりげなく、両手で耳をふさいでいた。ぼくはターク・マーフィーのバンドに参加してから、ひとりで演奏するのが物足りなくなってしまい、ニューヨークにもどると、週一回、だれかの家に何人かで集まってセッションするようになった。ここから先の話は知ってのとおり――ホロコーストのようなもんだよ。

のちにタークがニューヨークにやってきたとき、

〈マイケルズ・パブ〉でやっているぼくのバンドのライブに参加しないかと誘ってみた。彼は乗ってくれたが、ぼくはそのときの皮肉な出来事をつい思い出してしまう。というのも、ぼくが緊張しながら彼のバンドに参加し、月日が流れて今度は彼が驚くほど緊張してぼくのバンドで演奏したからだ。でも、こんな愚かで陳腐な皮肉になんの意味もないね、話題を変えようか。最近では、ステージの前に出てソロパートなんかやっていると、ふたりの偉大な音楽家ジーン・セドリックとターク・マーフィーがどこかにある墓のなかでめまいを起こしている姿を想像せずにはいられなくなるんだ。

　ところで、ぼくは十五歳の頃、将来の夢を山ほど抱えた落ちこぼれ生徒なうえ、男性ホルモンが臨界量に達し、性的な目覚めの時期を迎えていた。人によってはそれを不条理劇と呼んだかもしれない。ぼくはテストステロンの海を漂いながら、セックスを心待ちにしていた。というか、もっとはっきりいってしまえば、リタ・ヘイワースの色気と、ジューン・アリソンの献身的態度と、イヴ・アーデンの皮肉なウィットを兼ね備えた相手を探していた。地球上のどこを探したってそんな相手をみつけるのは難しいのに、まして近所の十五歳の女の子のなかにいるわけがない。彼女たちにとってのデートといえば、映画をみて、炭酸ソーダを飲んで、家に帰ることだったから、自宅から六ブロックも離れた場所で早くも鍵を取り出し、キスされる前にドアを開けてうちに飛びこむ準備を整えているんだ。まあでも、ぼくとデートをしたラッキーな子も数人いた。飾り気のない美しい女の子たちで、頭がよくて教養があり洗練されていて、神経質なところも魅力的だったけど、不器用で退屈な男には飽き飽きしていた。ぼくはロード・ピクチャーズ〔ビング・クロスビー、ボブ・ホープ、ドロシー・ラムーア主演の『シンガポール珍道中』、『南米珍道中』などのシリーズ作品〕やスライダーの打ち方以上に複雑な話題にはついていけなったからね。ある女の子から、オー・ヘンリー原作の映画『人生模様』に誘われたんだけど、ぼくが知っているオー・ヘンリーといえば、チョコバーだけ〔「Oh Henry!」というチョコバーがある〕。『失われた時を求めて』の第一篇「スワンの家のほうへ」の話題を振ってきた女の子もいたけど、ぼくは俳優でコメディアンのミルトン・バールが足の片側を床につけながら歩く様子がどれだけ面白いかを必死に説明するだけだった。彼女たちはフランス語を読むことも話すこともできたし、なかにはヨーロッパでミケランジェロのダビデ像をみた子もいた。

「そうだよね」といいつつ自分の得意な話題に変えようと必死で、「そういえば、俳優のS・Z・サカールが顎の肉を揺らしたとき……」などと続けたものだ。こうした女の子にはぼくをひきつける何かがあった。実際、生まれつき美しく、黒の服にシルバーのイヤリングを合わせた姿は、いつも驚くほど魅力的だった。大衆的なタイプじゃない。ぞくぞくするほど知性的で、政治的にはリベラル。ぼくの政治的知識はリンカンの奴隷解放を除けば、薄っぺらいものだ。彼女たちはバッハのブランデンブルク協奏曲をハミングすることもできた。経験豊富という噂《うわさ》もあったが、ぼくには知るよしもない。というのも、ぼくらはデートを夕方早めに切り上げることがほとんどだったから。にわかには信じがたいが、彼女たちはオランダ領東インド諸島での約束に遅れそうとか、ペットのエミューに餌《えさ》やりをしなければいけないとかいいいだすんだ。ぼくはフランス料理の先付《アミューズブーシュ》のような可愛い女性のリクエストに応えて、彼女とグリニッジ・ヴィレッジへ出かけたことがあった。確か、彼女に連れられてタイの人形劇版『マクベス』をみた。運よく、幕が下りる前に目が覚めた。そのあと、キャンドルが灯るこぢんまりした店にいったんだけど、彼女が詩人チェスワフ・ミウォシュや彼の弁証法的曲解について雄弁に語る間、ぼくは頭のなかで彼女の服を脱がしていた。それから、煉《れん》瓦《が》壁のフォーク・クラブにいって、ジョシュ・ホワイト〔マッカーシー時代に政府ににらまれていたフォークシンガー〕が歌う、鎖でつながれた囚人や名前を書き留めていた男《ティクン・ネイムズ》の歌をきいたんだけど、その間、会場の後ろでは、FBIの男が名前を書き留めていた。いよいよデートが終わり、家まで送っていくと、彼女はぼくのキスをかわそうと大あわてで家のなかに駆けこんでドアをバタンと閉めたものだから、ぼくの鼻がはさまっちゃった。

常に話題についていこうと必死だったが、荒野の狼《ステッペンウルフ》ってだれなんだ？　哲学者シドニー・フックの何に同意したらいいんだ？　こんなふうだったから、二度目のデートはあるはずもない。だけど、恋をしていたぼくは、彼女の話題についていくためにやれることがあると気づいて、これからは『フィリックス・ザ・キャット』や『リトル・ルル』といった漫画の代わりに、スタンダールやドストエフスキーを読もうと決めた。そして、読んだ。気に入ったのもあったけど、そうじゃないものもあった。ぼくは文字に目がない乱読家というわけじゃなかった。しょっちゅうスポーツ、映画、ジャズ、カードマジックに気をとられ、読書まで気がまわらない。文字がぎっしり詰まっているような本はまったく読まない。いまだに『魔の山』の行間の狭さには身のすくむ思いだ。それでも、『らせん階段』の絞殺犯や「ラグモップ」の歌詞を知っているだけでは社交的とはいえないだろうと不安だった。だから小説も詩も哲学書も読んだ。フォークナーやカフカには苦戦したし、T・S・エリオットやもちろんジョイスはもっとつらかったが、ヘミングウェイやカミュはとても面白かった。シンプルだから感情移入できたんだろう。ただ、ヘンリー・ジェイムズは、かなり努力したものの最後まで読めなかった。メルヴィル、エミリー・ディキンソンの詩は大好きで、時間をかけてイェイツの生涯について学んだおかげで、彼の詩を楽しめるようになった。フィッツジェラルドはまあまあだったけど、トーマス・マンやツルゲーネフは大好きだ。『赤と黒』もとても面白くて、特に若い主人公が人妻を口説きに出るかどうか悩み続ける件《くだり》は夢中で読んだ。この部分を参考にして、ブロードウェイの喜劇『ボギー！俺も男だ』を書いて、ダイアン・キートンと共演した。社会学者チャールズ・ライト・ミルズの本や、J・P・ダンリーヴィーの『ザ・ジンジャー・マン』も読んだし、多形倒錯《たけいとうさく》については古典学者ノーマン・オリバー・ブラウンの本で学んだ。

　手当たり次第に読み漁ったけれども、知識があちこち大きく欠落していたが、ジャズのほかにクラシックをきいたり、美術館へいく回数も増やしたりして、できるかぎり知識を得ようと努力した。それは学位を取るためでも、高い志があったからでもなく、ただ好きな女の子に鈍くさく思われたくなかったからだ——でも多くの点で、ぼくは鈍くさいままだった。今日《こんにち》に至るまで、ぼくにとって詩人といえば、ティン・パン・アリー〔かつてニューヨークにあった大衆音楽出版社が集まった通りの呼称〕の詩人だったから、『荒地』やエズラ・パウンド、W・H・オーデンのいずれも、コール・ポーターの「君は季節外れのアスパラガスのほどの値打ちもない」という歌詞ほど心を動かされることはない。

　イーディス・ウォートン、ヘンリー・ジェイムズ、フィッツジェラルドがニューヨークを書いたことは知っているが、ぼくにとって一番馴染みのあるニューヨークを描いたのは、感傷的なアイルランド系アメリカ人のスポーツジャーナリスト、ジミー・キャノンだ。ぼくの知らないことや、読んだりみたりしたことのないものを知ったらみんな驚くと思う。なにしろぼくは映画監督であり、作家なんだから。『ハムレット』の生の舞台をみたことも、『わが町』のどのバージョンもみたことがない。『ユリシーズ』、『ドン・キホーテ』、『ロリータ』、『キャッチ＝22』、『1984』、ヴァージニア・ウルフ、E・M・フォースター、D・H・ロレンス、ブロンテ姉妹、ディケンズも読んでない。一方で、ぼくは仲間内でヨーゼフ・ゲッベルスの小説を読んだ数少ないひとりでもある。そう、あのゲッベルス、脚の不自由な背の低い座薬のような男、ヒトラーの宣伝マンは『ミヒャエル』という小説を書いた。意外だろうが、この主人公は神経質な男で、あらゆる不安に駆られながら恋人に好かれたくて思い悩んだ。

　映画だと、チャップリンの『担《にな》へ銃《つつ》』や『サーカス』、バスター・キートンの『海底王キートン』、それから『スタア誕生』のどのバージョンもみていない。毎週土曜はミッドウッド劇場に通っていながら、『わが谷は緑なりき』、『嵐が丘』、『椿姫』、『情熱の航路』、『ベン・ハー』、そのほかみていない名作がたくさんある。『夜までドライブ』も『呪いの家』も『フランケンシュタインの花嫁』もみていない。こうした作品を軽んじているわけじゃない。ぼくがいいたいのは、自分が無知だということと、眼鏡をかけたからって特別教養のある人物にも、まして知識人になんかなれやしないということだ。こうした知識の欠落はほんの一例にすぎない。今でもまだ『オペラハット』や『スミス都へ行く』をみていないんだ。

　本と同じく、映画もある程度はみてきた。特に成人するまでの時期にね。外国映画はかなりみた。とはいえ、ぼくの好みを知ったら驚くだろうな。たとえば、ぼくはキートンよりチャップリンが好きだ。多くの映画評論家や映画を学ぶ学生は納得しないだろうが、監督としてはキートンのほうが優れていても、チャップリンのほうが面白いと思っている。チャップリンはハロルド・ロイドより面白い。ロイドが繰り広げる偉大な視覚的ギャグは見事だけど、ぼくははまらなかった。また、女優のキャサリン・ヘプバーンにはまったこともなかった。『夜への長い旅路』でみせた演技には圧倒されたし、『去年の夏 突然に』の彼女は最高だったけど、ずいぶんわざとらしく感じてしまうことがたびたびあった。泣きの演技が彼女の武器だ。好きな女優はアイリーン・ダン。それにジーン・アーサー。スペンサー・トレイシーの演技は常にとてもリアルだったが、『パットとマイク』はいただけない。

レニー・ブルースにはあまりひかれなかったが、ぼくの世代が熱狂したコメディアンだ。ところで、ぼくは一瞬でも自分を優れたコメディアンだと思ったことはない。自分のスタンダップコメディについてはかなり批判的な見方をしているんだが、スタンダップ時代の話はもう少しあとで話すよ。ここではただ、大衆は魅了されたが、意外なことにぼくは魅了されなかった作品や人々をいくつかあげておこうと思う。『お熱いのがお好き』や『赤ちゃん教育』はどちらも面白いと思わなかったし、『素晴らしき哉《かな》、人生!』も好みじゃなかった。正直、かわい子ぶった守護天使なんて絞め殺してやりたいくらいだ。『めぐり逢い』もまったく好みに合わなかった。ヒッチコックは崇拝しているが、どうしても『めまい』はみていられないし、ルビッチにもほれこんでいるが、『生きるべきか死ぬべきか』を面白いと思ったことはない。でも『極楽特急』は、宝飾職人ファベルジェが作ったインペリアル・エッグくらい感動した。

ぼくの大好きなミュージカルは――『雨に唄えば』、『恋の手ほどき』、『若草の頃』、『バンド・ワゴン』、『マイ・フェア・レディ』。『巴里《パリ》のアメリカ人』は好きになれない。レッド・スケルトンはもちろん、エディ・ブラッケンやローレル&ハーディに笑わせてもらったことはなかった。いうまでもなく、マルクス兄弟やW・C・フィールズは絶対的に偉大だ。『殺人幻想曲』の映画に出ているレックス・ハリソンや、レスリー・ハワードが監督と主演を務め、ウェンディ・ヒラーと共演した映画版『ピグマリオン』も好きだ。『ピグマリオン』は史上最高の喜劇だと思うし、シェイクスピアやオスカー・ワイルド、アリストパネスのどんな喜劇よりもずっと好きだ。ただアリストパネスの喜劇はときどき、ぼくの敬愛するジョージ・S・カウフマンやモス・ハートを思い出させる。『ボーン・イエスタデイ』にはすっかり夢中になったけど、その主な理由はジュディ・ホリデイとブロデリック・クロフォードが出ているからだ。一方で、『独裁者』や『殺人狂時代』は全然面白くなかった。ぼくはチャップリンが蹴ったゴム風船の地球が上がったり下がったりするのをみても、このシーンが喜劇の天才を証明する一例とはまったく思えないんだ。もちろん、ぼくが何を思おうがちっとも気にしなくていい。好みの問題なんだから。ほっそりしたランジェリーモデルを美しくてセクシーと思う人もいるが、ぼくはそう思わないかもしれない。ただし、好きになったら、自分ではどうしようもないことなんだ。ぼくの好みについてはこのくらいにしておこうか。

さて、高校生活はだらだらと続き、ぼくは、いつかそう遠くない将来、人生の決断をしなければならないことに徐々に気づきはじめていた。大学？　どこの？　進学はしなければならない。さもないと、母はオイディプスのように自ら両目をえぐるだろう。何を目指す？　二塁手？　カードのいかさま師？　音楽の才能がないことは明々白々だった。舞台に上がり、本気でコメディアンになる度胸があるだろうか？　ひとりで部屋にいるときが一番幸せなこのぼくが？　ぼくは舞台に立つ人間じゃない。落第点のくせに生意気な口をきくただの神経質な若者だ。一方、ぼくのまわりは男女ともに合格点を取っている真面目な生徒ばかりで、カードやサイコロでいかさまをすることもなく、地に足をつけ、人生の試練から目をそらさず立ち向かおうとしていた。こうした同級生は読書好きなうえ向学心もあったから、よく本を読んでいたし、頭のおかしな職業を視野に入れることもなく、将来の志望は医者、弁護士、教師、実業家。こっちには看護師、あっちには精神分析医や建築家。そしてぼくはといえば、時間を持て余した気難しい生徒で、愚にもつかない空想に浸って現実逃避していた。本の虫になったのは、切りっぱなしの髪型をした、出っ歯でキュートな文学少女の会話についていくためだけだった。

確かに、ぼくは少しずつ学んでいたが、興味の向くままやみくもに知識を吸収していただけで、実質的な準備は何もできていなかった。愚かで非現実的な例をひとつあげると、カウボーイになるのもいいと思っていた。西部へいって、牛の世話をすることを本気で考えた。星空の下で眠りにつく。いいね。タランチュラと一緒に地面の上で。そのうち本当に、投げ縄を買い、家の地下室でバケツを的にして雄の子牛に縄をかける練習をしだした。マスターできなかったけど。それにたぶん、雄牛と面と向かったら遁走《とんそう》状態に陥っていただろう。雄牛は隣にベークドポテトが添えられた形になっていないとぼくには駄目だ。情けないことに、犬も怖い。犬種に関係なく、ヨークシャーテリアまで怖い。こんなことをいうときっと軽蔑されるだろうけど、ぼくはペットが好きじゃない。いうまでもなく、嚙まれるのが嫌だし、抜け毛だらけになるのも、なめられるのも、吠《ほ》えられるのも勘弁してほしい。進化論的観点からみれば、すべての動物は人間のなりそこないだと常々思っている。カナリアが歌うのも、水槽の魚が振り返ってこっちをみるのも寒気がする。つい先日、ぼくの娘がペットのネズミを連れて大学から帰ってきた。その後、娘はぼくらにネズミを任せて、週末の間、友人たちと避暑地ハンプトンズへ出かけてしまった。そのネズミが病気になった。緊急事態だったから、スン・イーと一緒に深夜の救急動物病院にネズミを連れていくはめになった。ペット主が怪我《けが》をした犬や猫を連れて病院を出入りするなか、ぼくはぜんそくのネズミを抱えて座っていた。スン・イーのおかげでこの窮地を乗り越えられたものの、午前二時の緊急治療室で齧歯《げっし》動物を抱えながら、くしゃみの止まらないオウムとその飼い主の男の隣に座って順番待ちをした身にもなってくれ。ところで、ぼくはカウボーイが無理なら、FBIに入るつもりだった。もちろん弁護士か会計士になるって読者は、そんな選択肢は見送ってくれ。だが、ぼくは正気にもどるまで、FBIの捜査官になることをかなり真剣に考えた。必要な道具を買いそろえ、指紋を採取して三角州から蹄状紋まで識別する方法を身につけた。

さらにちょっとこじらせて、私立探偵になりたいと思うようになった。『ブロンドの殺人者』も『マルタの鷹』もみたし、ミッキー・スピレインの小説も読んだ。どの私立探偵の人生も十分に刺激的だった。数々の事件を解決し、セクシーな女たちがそばにいて、報酬は時給五十ドルプラス諸経費。ぼくは職業別電話帳をめくって探偵事務所に電話をかけ、見習いとして働かせてくれないかとたずねてまわった。受け入れてくれるところはなかった。とにかく、退屈な生活を避けられる仕事ならなんでもよかったんだ。タイムカードを打つのも、一日中机の前に座って帳簿の決算をするのも、患者に「口を大きく開けて下さい」というのも、顧客に「この靴は履き心地がとてもいいんですよ」と声をかけるのも嫌だった。

時は過ぎていくが、ぼくに期待できるスキルはなかった。そこで、賭博師なんていいかもしれないと考え、なかにおもりを仕こんだいかさまサイコロを買ってきて、本物のサイコロと一緒に転がす練習をした。ふたつのサイコロを箱の枠にあて、ねらいどおりにサイコロを転がして、ゲームを有利に進めることができるようになった。ぼくはギャンブルでカモたち相手に数ドル巻き上げたが、憧れの女の子たちは芸術家や詩人に熱を上げていた。教養のある可愛い子にとってはプロボクサーのシュガー・レイ・ロビンソンより詩人リルケのほうが価値が上なんだ。文章については、とりとめないことを書き続けていたが、初めの頃に書いたものは喜劇でないばかりか、不気味で恐ろしい内容だったのは興味深い。だけど、学校で作文を書かされるといつもコメディを書いた。やむをえずみんなの前で読むことになったら、クラスメイトを笑わせていたし、教師たちが回し読みすることもあった。それはさておき、ここでちょっと話を変えよう。

もう知ってのとおり、何年も前にぼくの家族はブルックリンに落ち着いた。アヴェニューJからアヴェニューLに引っ越したんだ。大移動だ。アルファベット二文字分。その後、一九四四年、ぼくらはロングビーチのバンガローを借りて夏をすごした。建物のまばらな未開の地だったから、安く借りられたんだ。夏の間、ロングビーチの街でエイブおじさんからキャッチボールを教えてもらい、それから年々ぼくは腕を上げた。あの夏は最高に楽しかった。海やたった数ブロック先にある穏やかな入り江で泳ぎ、父や友人と魚釣りをした。ほんと、ぼくは素敵な子ども時代を過ごしていたし、こんな人間になるはずじゃなかったんだ。こうして夏は終わったが、戦争は続いていたし、父の稼ぎはほんのわずかだったから、両親は冬の間もそこにとどまることに決めた。バンガローには暖房がなく、父が電気ヒーターを何台か買ってきたけど、案の定、火事になるような不良品ばかりで、一家全員眠ったまま焼け死ぬところだった。

ぼくはロングビーチにあるパブリックスクールに通ったが、授業はずっとやさしくて、それほど悪くない学校だった。放課後、友人たちと二ブロック先の海まで歩いていくとビーチは貸し切り状態だった。入り江にいって、カニ捕りの罠《わな》を仕掛けたり、魚釣りをしたりすることもあった。近くの映画館は夜か雨の日しか開いていなかった。春になると、仲間と一緒に裸足《はだし》で外に出た。学校も裸足でいった。想像してほしいんだが、ぼくが夢みていたのは、五番アヴェニューの家で絶妙な匙加減でベルモットをジンに加えたあと、厚手のカーテンのそばにあるシルクの長い紐《ひも》を引いて呼び鈴を鳴らし、アラン・モウブレイ〔*God's Gift to Women* の執事役でデビューした俳優〕を呼ぶような生活だった。そんな少年が劇作家で俳優のダンディなノエル・カワードの対極、ハックルベリー・フィンや頬が小麦色に日焼けした裸足の少年顔負けの生活をしていたんだ。

ロングビーチでいくつかの季節を過ごしたが、そろそろ、脱線してまでいいたかったことを話そう。十歳のときに書いた学校の作文で、フロイト、イド、性的衝動《リビドー》について言及したことがある。自分でも何を書いているのか分かっていなかったが、妙な勘が働いて、薄っぺらい知識、この場合は専門用語を使ってちょっとした面白いものを書けば、自分を実際よりもはるかに物知り読者や聞き手に印象づけられることが分かったんだ。教師たちはぼくが書いたものを大変面白がり、回し読みをして、ぼくについてこっそり話をしていたよ。これまでずっとぼくはこの特異な才能に支えられてきたし、文献を援用する力に磨きをかけて有効な武器としてきた。さて、余談はここまでにして、読者が多少なりとも話についてきていることを祈って、この本の主題にもどり、無意味で暴力的な世界で神を探し求める男の話をしよう。

　こうして、ミッドウッド高校の最後の学期が迫ってきた。ひどい成績だったし、犯罪者としての人生があらゆる選択肢のなかで一番楽しいかもなどと空想に浸っている場合じゃなかった。そして、あの運命的な午後、映画上映中のスクリーンに向かって特別出来のいいギャグを連発して映画館を出ると、こんな声がきこえたんだ。「お前のギャグ、紙に書き留めておけよ。面白いぜ」。何気ない言葉だったけど、その声がフラットブッシュの街の喧噪《けんそう》を縫ってぼくの耳まで届いた。ぼくは父が買った盗品のタイプライターを持っていたから、家に帰るとその前に腰かけ、いくつかジョークを作って、アンダーウッドのタイプライターで打ってみた。勢いに乗ってしまえば、幸運はいつもぼくの味方だ。ぼくの母は堅物で、液体窒素で凍らせた心臓の持ち主だったけど、何を思ったか、日課だったぼくの頬への平手打ちを中断して、意外なことをいった。

「お前のその減らず口、フィル・ワッサーマン（もうひとりのフィル・ワッサーマンじゃなく、広報の仕事をしているほうだ）にでも披露して、意見をもらったら？　あの人はいつもブロードウェイのひょうきんな連中とつるんでいるから」

　ぼくは母のアドバイスに従った。フィルはぼくのギャグに感心し、「新聞社のコラムニストたちにギャグを送ってみるといい――ウォルター・ウィンチェル、アール・ウィルソン、『ヘラルド・トリビューン』紙のハイ・ガードナーとかね。面白いギャグが分かる人たちだ」とアドバイスをくれた。一応いっておくが、ここで話しているひと言ギャグ《ワンライナー》とは、哲学者ヴォルテールやモラリストのラ・ロシュフコーの名文句ではなく、姑、駐車場、所得税なんかをネタにしたジョークのことだ。時事ネタのこともある。たとえばこんなのだ（出来が悪いのは大目にみてほしい。十六歳のやったことだ）。「ラスベガスの学校に通うギャンブラーの息子は、なかなか試験結果を受けとろうとしないんだ。『まだ降りないぜ。全点、次回に持ち越しだ』」。ぼくはブロードウェイのいろんなコラムニストにこんな感じのアコヤ真珠をいくつか送ってみたが、返事はなかった。

それでも、人生は続く。ぼくは両親から爪の間に竹ひごを突っこまれるほどのプレッシャーをかけられ、漠然と薬剤師はどうかと考えた。この頃、ジャネット・Sというクラスメイトの素敵な女の子とデートした。顔はラファエロが描いた聖母のようで、髪型と服装はジュールズ・ファイファーの漫画みたいだった。だけど、ジャズコンサートに連れていったせいで散々な結果に終わった。ジャズが大嫌いだと知らなかったんだ。それはおいても、彼女はシェルダン・リップマンという男に夢中だった。そいつは人類学者を目指していて、それが彼女にとっては〝息をのむほど魅力的〟だったらしい。ぼくが乳鉢と乳棒で薬を調合する男との華やかな生活をどんなにアピールしても、彼女はそんな未来に興味はなく、ぼくの恋はまたひとつ終わった。ぼくは学校から帰ってくると、十二ドルで買ったビクトローラでジョニー・ドッズを流しながらクラリネットを練習した。

そしてふたたびバッターボックスに立ち、エレン・Hという名の女の子にうつつを抜かした。その子もまたとびきりの美人だったから、ぼくは話しかけられるたびにウルドゥー語でもしゃべっているような状態になった。だけど、彼女はマイロン・セフランスキーという、新進のジャーナリストで非の打ちどころのない立派な男と交際していた。彼女は彼に連れられてヴィレッジ劇場でブラザー・セオドアの舞台をみた話を夢中で語っていた。セオドアはストーリーテラーとして、舞台でアンブローズ・ビアスやH・P・ラヴクラフトの物語を見事に語り、黒い服にシルバーのイヤリングを合わせた女性たちの新たなスターになっていた。彼の得意とするドラマチックな演技は観客を魅了した。のちに、ぼくが初めて手掛けてあまり受けなかった舞台劇『ドント・ドリンク・ザ・ウォーター』で彼をキャスティングした。ところが、彼には前の夜と同じ演技をする技術がなく、プロデューサーのデイヴィッド・メリックは解雇せざるをえなくなった。リハーサルの間、セオドアとチェスをしたとき、彼は恐ろしい話をいくつも語ってぼくも心を奪われた。それらの話は彼がワンマンショーで披露していたラヴクラフトやビアスの物語ではなくて、ヨーロッパでナチスが彼の家に押し入り、淡々と、彼の身内を窓の外に放り投げて殺していったという彼の実体験だった。

まあそれで、ぼくは家に帰るとエレンのことを考えてぼんやりしていた。口紅を引いていないきれいな丸顔。革のショルダーバッグのなかには、ペール・ラーゲルクヴィストが書いた『こびと』の赤い表紙のペーパーバック。そして、存在しないはずの神に悪態をついた。デートに誘ったとき、彼女が映画『ノートルダムのせむし男』のカジモドをみるかのようにぼくをみて、にべもなく断ったときの光景が蘇ってきたんだ。その夜、拒絶されて打ちひしがれながら、眠りに着こうとしていた矢先、友人から電話がかかってきて、こういわれた。「おい、お前の名前がニック・ケニーのコラムに載ってるぞ」

ニック・ケニーは「ニューヨーク・デイリー・ミラー」紙の甘口コラムニストだ。このスカスカのくず新聞はウォルター・ウィンチェルのコラムが載っていなければ廃刊になっていただろう。ウォルター・ウィンチェル（映画『成功の甘き香り』の主人公のモデルだ）と違って、温和でお人よしなケニーは短い詩をコラムのなかで書いていた。たとえば、ある詩はこんな終わり方だ。「そして犬《dog》の逆綴《つづ》りは神《god》」。なんとなくどんな感じか分かるだろう。ケニーは毎日、数本のギャグを掲載していたから、ぼくはベッドから飛び起きるとアヴェニューJまで駆けつけて「デイリー・ミラー」紙を購入し、印刷された自分の名前を初めてみた。アラン・カニグズバーグがいうには――幸いなことに、どんな出来の悪いギャグが掲載されていたかは覚えていない。心臓がジーン・クルーパの「ドラム・ブギ」みたいに激しく打っていたのは覚えている。まるでノーベル文学賞でも受賞したみたいだ。妄想のなかのぼくはすでに、憧れのコメディアン、ボブ・ホープの座付き作家になるためにハリウッド行きの便に乗っていた。五番アヴェニューのペントハウスの頭金については、数年間、ボブと軍人慰問の地方巡業をこなしてから考えよう。当然、住まいはビバリーヒルズ。テニスコート。ポルシェ。マルホランド・ドライブを走るんだ――あそこの展望台は眺めが最高なんだよね？　とりわけ、駐車された車の後部座席のなかの眺めが――いや、そうじゃなくて、ぼくがいいたいのは……ようやく、両親に薬局でプレパレーションH〔痔の治療薬〕やバイタリス

〔男性用の液体整髪料〕を売る以外の人生もあるかもしれないってことが分かってもらえると思ったんだ。ふたりはぼくがいずれゴミ箱から食べ物をあさるか、ＦＢＩの十大最重要指名手配犯リストに載るものと確信していたからね。こうして次の朝がくれば、シャワーを浴びて学校へいく。相変わらず落ちこぼれのままだが、それがなんだ？　ぼくの未来地図はぼくのために描かれている。

　授業中、教師が同位角でも錯角でも対頂角でもない角についてだらだらと説明するのを生意気な顔でききながら、ふと、クラスメイトのだれかがぼくの名前が新聞に載っていることに気づいたかもしれないと思った。恥ずかしくてたまらなかった。だけど、なぜそう思うんだろう？　なぜ自慢しない？　これはぼくが理解できない人間の奇妙な感情のひとつだ。ただ分かっているのは、ぼくはシャイなガキで、有名人になるのが恥ずかしかったということだ。

「有名になりたいという願望があまりにも強く、それを恥じているんですよ」なんて精神科医の声がきこえてきそうだ。もっともらしい分析だが、たとえ真実だとしても、それがなんの役に立つ？

　いずれにせよ、ぼくが名前付きで送ったギャグがまだ数本ほどほかのコラムニストの間で出回っていることを考えると、すぐにでも名前を変えなければならないと思った。改名はショービジネスの世界に入ることを夢みていた自分にふさわしい気がしたというのもある。当時はあらゆるパフォーマーのほかに、一部の作家やディレクター、プロデューサーでさえ名前を変えていたから、自分も名前を変えることで業界人の仲間入りができるだろうと思ったんだ。何年にもわたって、多くの人々の間で、ウディ・アレンに名前を変えた理由について様々な憶測が飛び交っている。クラリネット奏者のウディ・ハーマンにあやかったのだろうという人もいた。ウディ・ハーマンは好きだが、名前を使わせてもらおうと思ったことは一度もない。信じられないほどばかげたことを考える人がいるもので、ぼくがブルックリンの通りでしょっちゅうスティックボール〔棒とゴム球で遊ぶ野球のようなスポーツ〕をしていたときに柄《え》が木製《ウッデン》のほうきを使っていたから、なんて説まであった。本当のところ、でたらめな思いつきだったんだ。本名の一部は残しておきたかったから、アレンをラストネームとして使った。J・C・アレンという名を考えてみた、ジェイと呼ばれてしまうだろうと思った。メルという名も考えたが、メル・アレンという有名なニューヨーク・ヤンキースのスポーツキャスターがいた。最終的には、ADHDの症状が出て、どこからともなくウディが浮かんできたんだ。短くてアレンともよく合い、軽くてどことなくコミカルで、たとえば、ゾルタンやルヴィキオとは対照的だ。この名前にしてとてもよかったと思う。ただウディ・ハーマンと同じ楽器を演奏しているから、たまにハーマンさんと呼ばれることがある。あと昔、老舗百貨店ブルーミングデールズの女性店員がぼくのことを『ザ・トゥナイト・ショー』でみていたようで、緊張した面持《おもも》ちで接しながら「すべておそろいでしょうか、ウッドペッカー様？」といわれたこともあった。

　改名を後悔することは極めてまれだが、本名も申し分ないと思っていた。Konigsberg《カニグズバーグ》にはゲルマン語の重々しい響きがある。カントはKonigsberg《ケーニヒスベルク》出身なんだ。近年、ケーニヒスベルク〔現在のカリーニングラード〕に、ぼくの記念像が建てられたが（サダム・フセインの銅像のように、怒り狂った市民によってロープで引き倒されてなければ、まだあるはずだ）、あの街にぼくを称える理由は何もない。出身地でもなければ、いったこともないし、住民の生活を向上させるようなことも絶対にしていない。ただぼくと名前が同じなだけ。たぶん英雄がいなくてこまっていたんだろう。銅像のデザインコンテストが開催され、たくさんの応募作品のなかから気に入ったものを選ばせてもらった。どれもセンスがよく、気が利いていて驚いたが、最終的に選んだのは一番シンプルかつ控え目なデザインの、棒に眼鏡をかけた作品だった。本物はぼくの説明よりもずっとよくできている。また、スペインにある美しい街オビエドには、ぼくに生き写しの記念像がある。この像については意見を求められなかったばかりか、建つことさえ知らないうちに、ある日突然、ぼくの像がその街に設置された。鳩たちが羽を休めにやってくるような本物のブロンズ像だ。これも、憎しみに駆られた暴徒によって引き倒されていなければ、まだそこにあるはずだ。ただ、建てられてすぐ、心なき破壊者によってぼくの像がかけていた眼鏡が盗まれた。そのブロンズ製の眼鏡は等身大の彫像にくっついているから、かけさせるにはトーチランプが必要だ。だが何度修復しても、何者かに盗まれてしまう。ぼくはオビエドでこの名誉に値する気高く勇気ある行いをした、といいたいところだが、その街を訪れ、ちょっとだけ映画を撮り、街を散歩し、素晴らしい天気を楽しんだくらいで（ロンドンのように、暑い夏の間も涼しくて、空は曇っていて、天気は変わりやすかった）、そっくりの彫像を作ってもらうような功績は何もない。吊し上げ人形にされるほどの悪事も働いてはいないけど。ぼんくらのブロンズ像の不自然な存在は、楽園のような小さな街オビエドにとって唯一の汚点である。

第3章

さて、ニック・ケニーのおかげでウディ・アレンの時代が始まり、不名誉なものとして人々の記憶に残ることになった。どうにかあと数回ニック・ケニーのコラムに採用してもらったが、快挙だったのは高校在学中にぼくのギャグが初めてアール・ウィルソンのコラムで紹介されたことだ。ニック・ケニーのコラムが感傷的で野暮ったいのに対し、アール・ウィルソンはブロードウェイの声だった。彼の綴《つづ》る物語やゴシップには、ショービジネスに生きる人々、演劇、映画スター、ショーガール、ナイトクラブ、サパークラブが描かれていた。〝真夜中のアール〟と呼ばれる時の人のコラムに、ウディ・アレンの皮肉のきいたジョークが載ったとき、ぼくは華やかなブロードウェイの夜の世界の一員になった気がした。現実のぼくはブルックリンのアヴェニューKにある家の自分の部屋にいながら、空想のなかではマンハッタンの〈トゥーツ・ショアズ〉でふたりのコパガール〔ナイトクラブ〈コパカバーナ〉のダンサー〕を両腕に抱いて冗談を飛ばしていた。ほどなくぼくは片っぱしからコラムニストにジョークを送り続け、あちこちで活字になった。「デイリー・ニューズ」紙のボブ・シルヴェスター、「ニューヨーク・ワールド・テレグラム」紙のフランク・ファレル、「ポスト」紙のレナード・ライオンズ、「ヘラルド・トリビューン」紙のハイ・ガードナー、それからアール・ウィルソンとニック・ケニーも引き続き使ってくれた。学校の課題もそっちのけでこうした自己満足に浸っていたせいで、成績は急激に落ちていった。ほかの生徒は大学見学を始めていた。ぼくの目に映るのはすでに成功した未来の自分で、ギャグの原稿料ももらっていないくせに、ペントハウスを買える気でいたし、もしかしたらトルーカレイクにあるボブ・ホープ邸のランチに招かれるかもしれないなどと思っていた。

当時、マディソン・アヴェニューに〈デイヴィッド・O・アルバー・アソシエイツ〉という広告代理店があった。そこの仕事は顧客リストに載る有名人をできるだけ世間に売り出すことで、クライアントにまつわるコラム、テレビ、記者会見、雑誌の表紙といった思いつくかぎりの手段を確保して、クライアントの名前が常に世間の目に触れるように仕掛けていた。そうした宣伝手段のひとつが新聞のコラムにたびたび名前を登場させることで、引用されるためには何か気の利いたジョークを言わせる必要がある。だれかのコラムで「〈コパカバーナ〉で小耳に挟んだ話だが……」などとして、ドライブ、姑、大統領、どんなテーマでもいいから面白い台詞《せりふ》が引用され、発言主としてクライアントの名が出るわけだ。もちろんクライアント自身が作ったジョークじゃないし、自分の生活がかかっていると思ったら、たぶん作れないんじゃないかな。おそらくクライアントは〈コパカバーナ〉にいってさえいないだろうが、そうやって活字になればクライアントもナイトクラブも金を払うことになっている。そうしたジョークのネタをコラムニストに送りつけるのが広告代理店の役割で、コラムニストたちの筆によって、ブロードウェイでは有名人がグルーチョ・マルクスやオスカー・レヴァントを彷彿《ほうふつ》とさせるジョークを飛ばしあっているかのような、きらびやかな夜の神話が築かれていた。そんなわけで、広告代理店〈デイヴィッド・O・アルバー〉の原動力として活躍していたジーン・シェフリンが、ウディ・アレンという無名の人物に気がつかないわけがなかった。なにしろ毎週毎週、あらゆる新聞のブロードウェイのコラムで目にする名前だ。シェフリンはアール・ウィルソンに電話をかけ、「この男は何者なんだ?」とたずねた。

アール・ウィルソンは「ブルックリンの高校生で、学校から帰るとタイプライターに向かって、数日ごとにギャグを数本送ってくるんだ」と返した。そのあとぼくはアール・ウィルソンの事務所から連絡をもらって〈アルバー〉社に電話するように伝言を受けた。いわれたとおりにすると、仕事の面接に呼ばれた。放課後、毎日オフィスに通って、盗品じゃないタイプライターでクライアントのためにギャグを作ることに興味はないかという。クライアントはヴァイオリニストのガイ・ロンバード、社交ダンサーのアーサー・マレー、歌姫のジェーン・モーガン、音楽家のサミー・ケイといった話術を売りにしていない有名人で、彼らの名前でぼくのネタを掲載する。報酬として、週四十ドルを提示された。当時、ぼくは精肉店に肉を、仕立屋にドライクリーニングずみの衣類を運んで、時給三十五セントとチップをもらっていた。

このアルバイトは、運にもよるが一生懸命働けば週三、四ドルは稼げた。以前はたっぷりもらっていた小遣いは干上がっていた。というのも、あるバスケットボールの試合結果について予想がはずれたせいで、父の金回りがかなり悪くなっていたんだ。母は週五日、一日八時間働いて四十ドルの稼ぎだった。ぼくはというと、朝八時から昼一時まで学校の授業を受けたあと、ブルックリンから地下鉄に乗ってオフィスにいき、小気味よいギャグを書いて、家に帰るだけで週四十ドルももらえることになる。ぼくは気のないふりも、考える時間が必要なふりもせず、相手の言葉をさえぎって「やらせてください」と即答した。こうして、ぼくは週五日オフィスへ通い、一日五十本くらいギャグを書いた。離れ業のように思うかもしれないが、そういうのが得意ならば、どうってことない。地下鉄に乗っている約三十五分間で、ほぼ二十本のギャグを書いて、残りはオフィスで書いた。職場の人たちからはしょっちゅうからかわれていた。若造だったし、働きはじめて数週間後におたふく風邪にかかって休んでしまったせいで、そのイメージをなかなか払拭できなかったんだ。だけど、数年間そこで働いた。クライアントの名前はそこら中のコラムに掲載され、ぼくら全員が面白いと思うジョークを飛ばしまくったが、振り返ってみれば、間違いなく相当ひどかった。ぼくは高校を平均七十二点で卒業したが、仕事は続け、やがて一、二度昇給した。大学に興味はなかったし、ショービジネスの世界でキャリアを築く自信はあったけど、母が仏教徒の僧侶のように焼身自殺したりしないように、ニューヨーク大学に挑戦することにした。

ひどい成績だったのに、どういうわけかニューヨーク大学はぼくを受け入れた。大学での勉強を最小限に抑えるために策をめぐらし、履修科目を三つに絞った。映画学科を専攻したのは、単に映画鑑賞は楽しいし、楽そうに思えたからだ。あとはスペイン語と英文学をとった。相変わらず出来が悪く、最初に提出した英文学のレポートは、教師から落第点をつけられたばかりか、余白に「まずは基本を学ぶこと。君は未熟な若者で、ダイヤモンドの原石ではないのだから」と書かれていた。当時、ぼくの文体は概して滑稽な感じで、ユーモア作家のマックス・シュルマンの影響をもろに受けていたが、もちろんシュルマンのような作家におよぶわけもない。専攻の映画学もだめだった。昔からのサボり癖が抜けなかったせいもあるだろう。アヴェニューJから地下鉄に乗って、八番ストリートにあるニューヨーク大学に通っていたが、地下鉄の扉が開くと、よくこう思った――授業に出るべきか、サボるべきか？　頭のなかでそんな議論を長引かせているうちに、扉は閉まって降りそびれてしまうと、気分はうきうきした。その頃、ぼくはタイムズスクエアに出ると、ブロードウェイをぶらついて――パラマウント劇場、ロキシー劇場、〈リンディーズ〉、〈サークル・マジック・ショップ〉――時間をつぶし、昼にはオートマットでうまい食事にありついた。一時になると、ジョークを書きにマディソン・アヴェニューに姿を現した。授業に出席しても、ジャズが頭から離れなくて、授業中にドラムの練習をしていた。自分の席でフットペダルを左・右、右・左・右・左、左・右と踏んで、パラディドル〔左右交互に連打する打法〕のリズムパターンを安定して叩けるよう頑張ったから、動詞の時制の活用も中世イギリスの宗教詩『農夫ピアズの幻想』もきいちゃいなかった。こうしてすべての教科で落ちこぼれ、大学から追い出されそうになった。ぼくは母を焼身自殺から救うために、最後のチャンスをもらえるように頼むと、大学からはサマースクールで成績がよかったら再検討するといわれた。ぼくは歯を食いしばって、その条件をのんだ。

職場では、デイヴィッド・アルバーがボブ・ホープのマネージャー、ジェイムズ・サファイアーとなんらかの形でつながりがあったか、知り合いだったかで、親切心からぼくにホープ用のギャグのサンプルをいくつか書かせ、マネージャーに送ってくれた。するとこんな返事が届いた。「君のところの若者はかなりいいものを書くと思う（青くさい世間知らずにありがちなくだらなさもない）。秋になったら、ホープのために書いてもらってもいいかもしれない」

　ぼくにとってボブ・ホープがどんな存在かはいくら語っても大げさにはならない。幼い頃から大好きで、今でも彼の映画を飽きずにみている。全作品というわけではなく、後期の作品も、ごく初期の作品でさえそれほどではない。だが、たとえば『吾輩は名剣士』、『豪傑カサノヴァ』、『腰抜け大捕物』だ。確かに、ばかばかしい映画だし、バーナード・ショー的ユーモアもないが、ホープ本人のイメージがとても魅力的で面白いし、話し方がずば抜けて魅力的だ。ぼくはよく、コールリッジの詩に出てくる老水夫のように、見知らぬ人の胸ぐらをつかんで、ホープについて熱弁を振るったが、「それって、カンペに書かれたジョークを棒読みして、米兵の前でミス・ユニバースのジョークを飛ばすあの田舎っぽい共和党員のこと？」などと返される始末だ〔ホープは軍人慰問公演を積極的に行っていた〕。いいたいことは分かるが、ぼくがいっているのはその頃のホープじゃない。『アラスカ珍道中』や『腰抜け千両役者』に出ていたあのコメディアンだ。ばかばかしい映画だってことは分かっている。ホープがゴリラに抱かれて運ばれていくシーンがあったかもしれないが、そんなのもどうだっていい。彼の演技、個性、作品への打ちこみ方、間《ま》の取り方、数々の偉大なるひと言ギャグ《ワンライナー》に注目してくれ。巨大な才能をばかばかしい映画作りに費やした点では、ジェリー・ルイスに似ているが、ホープの映画のほうがずっと面白かった。まあそういうわけで、ぼくは天にも昇る心地だった。なにしろホープの仲間からぼくの採用を検討するほどジョークを気に入っているといわれたんだから。とはいえ、ただの大学一年生であることに変わりなく、ぼくはサマースクールで難儀しながら、キーツやシェリーにどっぷり浸かっていた。だけど、「真は美にして、美は真なり」なんて詩はぼくに合わない。また、教授がプドフキンの映画や拝金主義の構造について語っても楽しめず、その間ずっと『バリ島珍道中』のようなコメディを作りたいと思っていた。

ぼくはまたもや、ほんの少しだけコメディアンになることを考えていた。そんなとき、マディソン・アヴェニューにある職場で一緒に働いていたマイク・メリック――かつてコメディアンだった男で、恰好いい黒縁眼鏡をかけていた――から、彼が昔、ルーズリーフに書きとめたスタンダップコメディのネタ帳を貸してもらった。こうしてぼくはふたたび地元の社交クラブの舞台に立ち、観客を笑わせて大きな高揚感を味わった。だが、マイクからは「厳しい道だ。ほかのことに目もくれず、コメディアンになることだけに集中しなければならないよ」と諭された。それはぼくには無理だった。というのも、作家になりたい気持ちのほうが強かったんだ。作家の匿名性にひかれたし、デートをした女の子たちの多くが夢中になっていたのはジョン・アップダイクやノーマン・メイラーで、バディ・ハケットや太っちょのジャック・E・レナードといったコメディアンじゃなかった。将来の方向性が微妙に変わった。しばらくはギャグライターをやってみる気もあった。もしかしたら、ホープだって、ミルトン・バールやジャック・ベニーだって、ぼくの書いたものをみれば使ってくれるんじゃないか。だけど、たぶん、ぼくが書きたいのはただのギャグじゃなく、もっと深いものだった。この頃、遠い遠い姻戚のエイブ・バロウズに相談してみたらどうかと親戚から勧められたんだ。バロウズは名の知れたコメディライター兼ディレクターで、たとえば『ガイズ&ドールズ』の脚本を共同執筆していた。たぶん、結婚してぼくらの家系に入ったおばがバロウズと入り組んだ親戚関係にあったと思うが、その血筋についてはは把握できていない。おば自身、分かっていなかったが、彼がベレスフォードにある洒落《しゃれ》たウェストサイド・コープに住んでいるとだけは教えてくれた。ぼくが「どうやって連絡をとればいいかな?」とおずおずとたずねると、母はパットン将軍よりも大胆不敵にこういった。「連絡なんてとる必要ないでしょ。住所は分かってるんだから、家までいってみなさい」

不本意ながら、ロイヤルウェディングにも出席できそうな正装で、ベレスフォードへ向かった。ぼくはドアマンに「エイブ・バロウズに会いにきました。ネティの息子がきたと伝えてください」といった。

ドアマンが呼び出してくれるというので待っていると、ちょうどダークスーツにフォーマルな中折れ帽をかぶったエイブがぶらぶら歩いてきた。ドアマンがぼくを指し示しながら「この方が、あなたに会いにいらっしゃいましたよ」といってくれたので、ぼくは挨拶した。「遠い親戚にあたる者です。たぶん十次の隔たりくらい薄っぺらいつながりですが」

バロウズは待ち合わせ場所に向かうところだったが、予定を変更して、ぼくの肩をつかんで上の階の部屋に引き返した。中折れ帽をポイと脇に置いてから、ぼくと一時間話をして、ご馳走までしてくれたうえ、ぼくのジョークを読んで大きな興味を示した。彼はとても親切で、とても慎み深く、とても聡明な人だった。ぼくはそのあと何度も彼のアパートメントを訪ねていった。彼はぼくのジョークの意味を読み取って楽しみ、出来が悪いと思えばこき下ろした。ぼくのために、『ザ・フィル・シルヴァーズ・ショー』の腕のいいコメディ作家、ナット・ハイケン宛に推薦状を書いてくれたこともあった。採用には至らなかったが、バロウズは力になろうとしてくれたんだ。彼と雑談をしているとき、テレビの脚本家になりたいという野心を話したことがあった。バロウズは「君は一生、テレビの台本を書きたいわけじゃないだろ」といった。「じゃあ映画は？」「いや、舞台だね」「でも、脚本家はみんな映画の脚本を書きたいものじゃないんですか？」「いや、脚本家はみんな舞台作品を書きたいんだ」

劇はそれまでに一度しか、しかも部分的にみただけだったくせに、ぼくは演劇に注目することにした。〝部分的〟というのは、幕間《まくあい》に帰ったからではなく、全体の半分しかみられなかったからだ。数年ほど前のこと、学校にいた美しいブロンドのロクサーヌという子に恋をしていた。ケーリー・グラントやタイロン・パワーだってうっとりするような天使のような女性だったから、ぼくみたいな本質的にエドワード・エヴェレット・ホートンに近い若者に好意を示すなんてありえないことだった。哀れな空想にふけっているうちに、ある日突然ひらめいた。ロクサーヌがヤン・デ・ハルトグの『ザ・フォーポスター』をみたがっているという噂《うわさ》を耳にしたんだ。ふたり芝居で、抜群の演技力を持つヒューム・クローニンとジェシカ・タンディが出ていた。ずる賢いぼくは、勇気を奮い起して彼女に電話をかけて、こんなふうに切りだした。「もし土曜の夜、暇なら、『ザ・フォーポスター』のチケットがたまたま二枚手に入ったんだけど、興味ある?」

電話の向こうで沈黙があった。かなり迷ったんだろう。どうしてもみたい舞台でも、相手が変人なんだから。結局、彼女は断らなかった。ところで、ぼくはブロードウェイで観劇したことがなかったから、舞台によってはチケットが売り切れて手に入らないこともあるなんて知らなかった。チケット売り場の男性から、数カ月先のチケットしか確保できないといわれて初めて知った。もうパニック状態で友人に電話をかけたところ、ダフ屋をあたってみろとアドバイスをもらった。いわれたとおりにすると、二十ドルでボックス席のペアシートのチケットが手に入ることが分かったが、二十ドルの手持ちはなかったし、ガソリンスタンドに強盗に入る以外に金を用意する方法は思いつかなかった。

とうとうぼくは父に頼むことにした。大金だったうえ、使い道は舞台のチケット二枚分だ。早急に二十ドルが必要だなんて恥ずかしくていえるわけがなかった。ところが、父は何もきかず、いつものようにぼくの力になってくれて二十ドル札をくれた。当日の土曜夜、ぼくは彼女を迎えにいった。ロクサーヌは魅力たっぷりに興味のあるそぶりをみせて、ぼくがレット・バトラーさながら矢継ぎ早に披露した自慢話に付き合ってくれた。劇場についてボックス席に案内されると、そこは二階の最も右端の舞台の上に張り出した席だった。このタイプの席でリンカンは暗殺されたんだけど、それほどいい席じゃないばかりか、舞台の半分しかみえなかった。

初めてのブロードウェイ・ショーだというのに、視界に入るのは舞台下手《しもて》の役者だけ。ダフ屋にボックス席といわれたとき、ぼくの頭に思い浮かんだのはヤンキー・スタジアムやエベッツ・フィールドの眺めのいいボックス席だった。とにかく、ぼくらはその舞台をみた。ロクサーヌは優しい子で、文句ひとつ言わなかったが、劇場を出たとき、飲みにいこうと誘うと断られた。突然、謎の病にかかったんだって。たしか、人食いバクテリアに感染したとかいってたな。自宅まで彼女を送る途中、彼女はお兄さんに電話をかけ、六分後には家に着くからと伝えていた。妹を迎えようとドアを開けて待ち構えていた彼は、ぼくにちょっかいを出す隙を一切与えなかった。お兄さんにお休みのキスでもしてあげたら面白かったかな。こんなわけで、エイブ・バロウズに舞台は好きかときかれたとき、舞台の半分しかみていなかったから、口ごもってしまった。とはいえ、一生、テレビや映画の脚本家に甘んじるべきではないという彼の言葉を深く心に刻んだ。そして、新たに没頭できるものができたぼくは、長年にわたってありとあらゆる戯曲を読み、ブロードウェイのあらゆる新作をみた。おっと、またもや先走ってしまった。

ぼくは相変わらず〈デイヴィッド・O・アルバー〉でタブロイド紙用のギャグを量産していた。もしボブ・ホープの座付き作家になれたらいうことなしだった。だけど、将来的には劇作家になりたかった。不思議なことに昔から憧れていたジョージ・S・カウフマンじゃなく、ユージン・オニールやテネシー・ウィリアムズみたいになりたかった。そんなだから当然、サマースクールを落第することになり、学部長たちが集まる部屋に呼び出された。学部長たちは高揚したヒバリの群れどころか墓荒らしの一味に近かった。このユーモアに欠けた四人組は退校を告げるためにそこにいた。ぼくは礼儀正しく耳を傾け、無断欠席したことや全教科で落第点をとったことなどについて叱責を受けた。人生の目標をたずねられ、ぼくはこう答えた。ぼくの族《やから》のまだ創られていない意識を、ぼくの魂の鍛冶《かじ》場《ば》で鍛《きた》えること、さらに、それをプラスチックで大量生産できないか確かめることです、と。学部長たちは顔をみあわせ、精神科医に診てもらってはどうかと勧めてきた。ぼくはプロとして働いているし、まわりともうまくやっているのに、なんで精神科医が必要なんですか？　そうたずねると、君のいるショービジネスの世界は頭のおかしな連中の集まりだから、と説明してくれた。精神科医にかかるのは一考に値する。だってぼくは愛情たっぷりに成長して、クリエイティブな仕事に興味を持ち、コメディ作家として幸先のいいスタートを切ったというのに、それでも漠とした不安に襲われていたんだ。生き埋め状態のような不安感といったらいいだろうか。ぼくは幸せじゃなかった。憂鬱《ゆううつ》で、何かに怯《おび》え、憤っていた。なぜだか分からない。それがぼくの血脈なのかもしれないし、フレッド・アステアの映画が虚構であることを知ってしまったがための精神状態なのかもしれない。

大学を除籍されてすぐ、ピーター・ブロスといううたいそう評判の精神科医に週一で通うようになった。素晴らしい医師だったが、ぼくにはあまり役に立たなかった。彼はたまりかねて週四回、受診するよう勧めてきた。そして寝椅子《ねいす》に横になって頭に浮かんできたことを、夢の内容もふくめてすべて話すよう促された。八年間通ったが、ぼくは改善の見込みを巧みに避け続け、ついに粘り勝ちし、ある日、彼は白旗を掲げた。ぼくはその後の人生で三人の精神科医に診てもらった。ひとり目はルウ・リンという、とても立派な男性で、週二回、彼の対面カウンセリングを受けた。優れた医師だったが、ぼくは苦もなく彼を出し抜き、難なく現状を維持した。ふたり目は非常に頭の切れる女性で、十五年くらい診てもらった。効果的な治療をしてくれたおかげで、いくつかの人生の苦難を乗り越えられたが、実際にぼくの人間性がよい方向へ変わることはなかった。三人目はまわりから高い評価を得ている医師だった。彼は対面療法、一定期間の寝椅子を用いた精神分析療法、さらにふたたび対面療法を試したが、そのときもまたぼくは、どんな意味のある改善もかわしてみせた。

こうして長年治療を受けてきて、どうだったかというと、助けにはなったけど、期待していたほどでも、想像したとおりでもなかった。深刻な問題についてはまったく改善がみられなかった。今も十七歳や二十歳のときの恐れや葛藤や精神的な弱さを抱えたままだ。いくつかの点、たとえば、それほど根深くない問題や、背中を押してもらうくらいのちょっとした助けでなんとかなる問題からはいくらか解放されたと思う（たとえば部屋を買い取らなくても、トルコ式公衆浴場に入ることもできるようになった）。ぼくにとって、苦しみを共有できるだれかがそばにいるというのが重要だった。なにしろプロのテニスプレイヤーを相手にボールを打つようなものだからね。さらに、自分のために何かをしているという幻想を抱けたことが大きなプラスだった。人生の最も暗い時期に、自分がただじっと横たわっているわけじゃないと思えたら気分がいい。不合理な宇宙の狂気や自らが招いた困難に直面してさえも、なされるがままの愚図じゃないんだ。大切なのは、自ら問題に対処しようとしていると信じること。この世界や世間の人々から喉元を足蹴にされ、人生を踏みつぶされたかもしれないが、そうしたあらゆる状況を変えようと、英雄のように行動を起こしているんだ。自由連想法も行なっている。夢の数々を記憶し、書き留めておくのもいい。少なくとも週一回、経験豊かな専門家と話し合っているんだ。プロの力を借りて、悲しみ、不安、怒り、絶望、自殺願望を引き起こしている恐ろしい感情の正体を突きとめてやろう。

　本当のところ、こうした問題を解決できると思うのは錯覚にすぎず、いつまでたっても悩みの尽きない不幸な人間のまま、パン屋でシュネッケン〔ドイツ語で「カタツムリ」を意味する渦巻き状のデニッシュ〕の名前を口に出すのが恥ずかしくて買うこともできない。でも構わないんだ。自分でなんらかの手を打っているという錯覚が救いになって、なぜか気分が少し晴れ、いくらか元気を取りもどせるから。待ち望むゴドーは決してこないが、彼が答えを持って姿を現すかもしれないと思えば、悪夢に包まれた状況を打破するための励みになる。宗教と同じで、錯覚の力によって乗り越えるんだ。芸術の世界に生きる者として、ぼくがうらやましく思うのは、カトリック教徒のようにともかく自分が死んでも自分の作品は生き続け、広く語りつがれることを信じて、慰めを得ている人たちだ。芸術家の〝遺産《レガシー》〟が自らに永遠の命を与えてくれるというわけだ。ここでの問題は、芸術家の遺産《レガシー》や作品の魅力について語りあう人たちはみんな元気にパストラミを注文しているが、芸術家のほうは骨壺《こつぼ》のなかかクイーンズ区の墓地の地下あたりという点だ。だれがシェイクスピアの墓の前で彼を誉《ほ》め称《たた》えようとも、このエイボンの詩人にとってはなんの意味もない。いつの日か――その日は遠い未来だが確実にやってくる――シェイクスピアのすべての戯曲は、その秀逸なプロットや気取った弱強五歩格のリズムにもかかわらず、スーラの点描画の一点一点もろとも、宇宙の原子とともに消えてなくなる。それどころか、この宇宙もいつかなくなり、帽子の型取りをしてくれる店もなくなる。所詮、人間は物理学的な偶然の産物だ。しかも、お粗末な偶然だった。知的設計《インテリジェント・デザイン》の産物ではなく、あえていえば、ぶきっちょのこさえた失敗作だ。

なんであれ、ぼくはニューヨーク大学のサマースクールから追い出されたが、そのときにはもうコメディ作家として働いていた。〈デイヴィッド・O・アルバー・アソシエイツ〉以外にも、エイブ・バロウズが推薦してくれたおかげで、ラジオ番組を持っていたピーター・リンド・ヘイズの座付き作家もしていたんだ。しばらくアーサー・ゴドフリーに雇われて彼のラジオ番組の構成作家をしたこともある。その間にもタレント事務所をまわって売りこみをしていたところ、〈ウィリアム・モリス〉社の親切なエージェント、ソル・レオンから、ハーブ・シュライナーという才能あるコメディアンを紹介してもらった。彼は同時放送《サイマルキャスト》と呼ばれる、テレビとラジオの同時放送をやっていた。とても軽妙なコメディアンで、ウィル・ロジャーズのような田舎っぽい芸風だが、ずっとうまかった。気の利いたジョークを飛ばす彼はぼくのネタを気に入って雇ってくれた。彼の座付き作家のなかでも筆頭ライターはロイ・カマーマンという親切な男で、優秀なコメディ作家だった。ぼくはとんでもない新参者で、初めてハーブ・シュライナーの番組の構成作家を務めた――というか、実際にはいくつかのギャグを提供しただけだが――とき、デート相手を連れて番組が放送されるテレビのスタジオにいった。そうすれば成功者のように振る舞えるから、彼女の寝室まで順調に事が運ぶと期待したんだ。それでぼくはスタジオにいって、何百もの見物人の後ろに並んだ。そこへ突然ハーブ・シュライナーのマネージャーがぼくに気がついて、「なんで列に並んでるんだ?」と声をかけてきた。

「この番組を担当させてもらったんです」とぼく。

「そう。でも並ばなくていいよ。舞台裏にくるといい」と彼。

「いいんですか?」

「ついておいで」と彼はいい、ぼくとぼくのデート相手を舞台の入り口に連れていき、VIPルームから番組を鑑賞させてくれて、ぼくは大物ぶることができた。

そのあと彼女を〈リンディーズ〉に連れていくと、そこでも列ができていた。ぼくはドアマンにチップを渡すよう教えられたことがあったから、彼に二ドルの賄賂を渡して、すぐになかに入れてもらった。最高の夜は彼女を家の玄関先まで送っていったときに終わりを告げた。彼女は手に鍵を握って、バスケットでいうところのシュートフェイクをぼくにしかけてきたんだ。彼女の素早い動きにつられて、ジャンプシュートをブロックするかのように跳びあがると、彼女はぼくの右脇をすり抜けて家のなかへ入ってしまった。

十八歳の頃、ぼくには両親の稼ぎを合わせた三倍の収入があった。特に父は賭けに負けっぱなしであちこちのノミ屋に借金だらけだったから、ぼくは家に金を入れていた。成功したい意欲に駆り立てられていたぼくが新たな局面を迎えたのはこの頃だ。近所の共同住宅に住むハーヴィ・メルツァーという男が近隣住民から神童と呼ばれるぼくの噂をききつけ、マネージャーをしたいといってきたんだ。ぼくはショービジネスのビジネス面には疎くて、ホッジ予想のほうがまだ少しは分かるくらいだった。彼のおじはハリウッドの〈ウィリアム・モリス〉の重役で、作家養成プログラムという、NBCが前途有望な放送作家を養成するために作ったプログラムに対して伝手《つて》があるという。どうやらテレビ局のお偉いさんは「はじめに言葉ありき」という言葉を知っていたらしい。NBCの目論見としては、脚本、特にコメディを書ける有望な作家を発掘し、週百七十五ドルという固定給を与えて、ベテラン作家のもとで番組の台本を書かせ、利益を生み出す作家に育てあげようというわけだ。ぼくはぜひこのプログラムに参加したく思った。〈アルバー〉の給料はこれにくらべたらわずかな額だったし、ラジオ番組の給与も司会者の人気に左右されるからね。週百七十五ドルの固定給は魅力的なうえ、トップレベルの番組に参加できるんだ。ささやかながらひとつ言い落としていた。ぼくが絶大な信頼を寄せていたハーブ・シュライナーと彼の素敵な妻が車の事故で亡くなったんだ。これほど善良なカップルはいなかった。もっとほかに、どこかで来院時死亡《DOA》になってくれたらこの世界がよりよい場所に変わるような連中がいっぱいいるだろうに、この愛すべき夫婦がこんなことになるなんて。

まあそれで、ぼくはハーヴィにマネージャーになってもらうことにした。チック症で顔の筋肉が万華鏡のなかの飾りのように動く以外は、体格的に見劣りするトロンボーン奏者のトミー・ドーシーといった感じの男だった。はたして、彼はNBC作家養成プログラムに入る手はずを整えてくれた。そのお礼としてぼくは、彼から提示された七年のマネジメント契約にサインした。これは彼が犯した多くの罪のひとつであり、ぼくもこんな骨までしゃぶられるような契約を結ぶべきじゃなかった。まず七年は長すぎた。彼はぼくの未熟さにつけこんだわけだ。そのうえ、エージェントの取り分は通常十パーセントだが、自分はエージェントではなくてマネージャーだからもっとよこせという。「三十パーセント」と彼。「いいよ」とぼく。だって、しかたないじゃないか、十代のときのことなんだ。本当に何も知らなかったんだ。それだけじゃない。スライド制と呼ばれるものがあり、普通この制度は、稼ぎが増すごとに、エージェントのパーセンテージは下がっていく。稼ぎが大きくなれば、エージェントの報酬率は低くてすむ。でもぼくがサインした契約書では、このスライド制が逆になっていた。つまり、ぼくが稼げば稼ぐほど、彼の報酬率が上がっていくんだ。七年間に、いろんなことが起こり、真実に気づいた。それでもぼくは契約を破棄しようとはせず、きちんと七年の務めを果たした。あの頃のぼくがどれだけ世間知らずだったか、ひとつ例をあげれば、かつらをかぶった人をみたことがなかった。ある日、かつらをつけたコメディアンに会った。彼はコント一作に百ドル支払いたいといってきたが、その交渉中、ぼくは彼の髪の生え際から網目状の布の縁が細くのぞいているのに気がついた。自分の目が信じられず、布が頭から生えていると思いこんでスタンダップよりサーカスのほうが向いているんじゃないかしらと考えていた。

さて、NBC作家養成プログラムについて話そう。参加したのは約八名。オーディション用の作品や人柄を厳しく審査されたあと、NBCが投資するにふさわしいと判断された精鋭だ。ところがそれだけ吟味《ぎんみ》したというのに、NBCの選択は賢明だったとはいえず、やがて投資に対してほんのわずかしか回収できないと悟ることになる。結局、ほとんどのメンバーはNBCが想定しなかった仕事に就いた。メンバーのなかで一番の変わり者は、リチャード・ニクソンの演説のために〝場を温めるスピーチ〟を書く仕事に行き着いた。彼はさておき、みんな才能のある人たちだったのに、どういうわけか、脚本家にもテレビのコメディ作家にもならなかった。このプログラムを率いるは、あるいは当時の報道によれば羊の群れを牧するは、〈ウィリアム・モリス〉の元エージェント、レス・コロドニーだ。面白い人だったが、行き当たりばったりの授業で、不器用な夢想家たちをプロのコメディ作家に化けさせるためにどこから手をつけるべきか分かっていなかった。ぼくは固定給を使って文章の書き方を学んだり、寸劇やジョークを書く練習をしたりしながら、独学に励んでいた。NBCに雇われたものの、ほかの者たち同様、ぼくもわけも分からずもがいていたが、長年にわたる母からの厳しい躾《しつけ》のおかげで野心に取り憑《つ》かれていたから、分別をわきまえ、時間と金を無駄にすることはなかった。NBCに集合させられることもあり、一同が着席している部屋に、若手のコメディアンたちが姿をみせ、それぞれがネタを披露していき、ぼくらはそのなかからだれにネタを提供したいかを選ぶ。たぶん、これが作家とコメディアンを育成するやり方だったんだろう。ほとんどのコメディアンは生ける屍《しかばね》だったけど、なかには若かりし頃のドン・アダムズ、ジョナサン・ウィンターズ、ケイ・バラードもいた。当然、この三人は作家の手をほぼまったく必要としていなかった。本物の才能を持つ人たちは自分でネタを作るから、作家を使うことはないんだ。ぼくはドン・アダムズのためにジョークをひとつ書いた。ジョナサン・ウィンターズは一切だれの手も必要としなかった。文句なく天才だった。

この頃、間もなくぼくの妻となる女性、ハーリン・ローゼンと出会った。また別の社交クラブでのことだ。ぼくは催し物の進行係として、マイク・メリックのルーズリーフのネタ帳にあったジョークを披露したりしていたが、観客を楽しませるためにソプラノサックスを演奏することを思いついた（のちにある音楽評論家からコンサートでのぼくの演奏は〝極めて不快〟と書かれてしまった）。ニューオーリンズ・ジャズに熱中していたぼくは、「ジャーダ」や「アット・ザ・ダークタウン・ストラッターズ・ボール」の曲を選んだ。それで、だれかからジェームズ・マディソン高校にピアノが弾ける上級生の子がいたと教えてもらい、どういう経緯だったか忘れたが、会うことになったんだ。彼女は可愛くて、聡明で、家柄もよく、素敵な家に住んでいて、クルーザーもあって、クラシックの曲も弾けたし、演技のレッスンも受けていた。端的にいって、ぼくにはもったいない人だったが、そのことがはっきりしたのは結婚したあとだった。

一緒に二曲練習するうちに、デートするようになった。本当の話、大学生くらいの年齢の子どもにしては、彼女をとてもロマンチックで洗練された場所へ連れていった。オフ・ブロードウェイの舞台をみたり、マイルス・デイヴィスやジョン・コルトレーンをききに〈バードランド〉へいったり、マンハッタンのレストランで、キャンドルライトに照らされて食事をしたりもした。魅力的な恋人にみえるよう頑張ったが、彼女の家族に誘われてクルーザーに乗せてもらった日だけはそうもいかなかった。好青年で通していい印象を残したかったのに、海に出て、ビールを一気に飲み干したとたんに、「せーので《ヘブン・ホ》 そいつをぶっ倒せ《ブロー・ザ・マン・ダウン》」と船乗りの歌を歌いだし、まっ青になってデッキに倒れこんで、うめきながら「安楽死させてください」と頼みこんだ。横になったままメビウスの輪について講釈をたれているうちに、船酔いは間もなくギネス世界記録級に悪化し、もう二度と船には乗るまいと誓った。ぼくが次に船に乗ったのは十年後のことだ。いいところをみせようとして、というか、へなちょこに思われたくなくて（確かにそうだったから、しょっちゅうそれを隠すためにあれこれ画策していた）、とびきり美しいジャネット・マーゴリンから熱心に勧められ、小型クルーザーに乗ることにしたんだ。あれはぼくらが『泥棒野郎』を撮っていた頃だった。ぼくは成長していなかった。海に出てから自慢話を繰り広げ、クルーのことを「きょうだい」なんて呼んでいたくせに、早々にデッキに横たわって、ジャネットをあきらめてコンパジン〔吐き気止め〕を手に入れようとしていた。そこはサンフランシスコ湾内で、岸はほんの目と鼻の先だったから、ヘリコプターを呼んで病院へ運んでくれ、と必死に頼んでも相手にされなかった。岸にもどると、ぼくはおぼつかない足取りでクルーザーから降り、まっ青な顔で震えながら、「最近、中耳炎にかかって、そのせいで具合が悪くなったんだ。スーダンでヌバ族に『フォーグル・ストリート』や『一塁手はだれ』〔いずれも古典的な寸劇〕を教えにいったときにもらってきたみたいで」と下手な言い訳をした。

ところで、ハーリンもぼくも実家暮らしだったから、毎晩彼女を外へ連れだして、交際中のカップルがするようなことは全部やってしまった。そうそう、その頃には車を持っていた。一九五一年型プリマスのオープンカーを六百ドルで購入したんだ。ぼくは車を持てば人生が変わるだろうなんて、愚かな妄想に取り憑かれていた。車があれば自由になれると思った。気が向いたらいつでも橋を渡ってマンハッタンへいけるし、ロングビーチまで遠征して昔懐かしい場所をめぐることも、春の朝にコネティカット州へいって自然と戯れることもできる。いったい何を考えていたんだろう。自然なんて大嫌いだし、それ以上に車を持つのもいやだというのに。ほかの機械製品と同様、たちまち車はぼくの宿敵となった。ぼくはガジェットに興味がない。腕時計は着けないし、傘も持たないし、カメラやテープレコーダーも持ってないし、今でも妻にテレビの調整をしてもらっている。コンピュータも持ってないし、ワープロには決して近づかないし、ヒューズを交換したことも、だれかにメールを送ったことも、皿を洗ったこともない。ぼくのような頭の鈍い老人は、テレビのボタン全部にテープを貼って使えなくして、電源ボタンと音量ボタンだけしか操作できないようにしておかなきゃならないんだ。

十六歳のとき、自分へのごほうびに新しくオリンピア社のポータブル・タイプライターを買った。これまでの作品は、脚本も戯曲も短編小説も気軽な読み物《カジュアルズ》(『ニューヨーカー』に掲載されたユーモラスな小品はそう呼ばれている)も、すべてこれで打ってきた。それなのに今でもインクリボンの交換ができない。妻が代わりにやってくれるが、独身時代は、インクリボンを交換する時期になるといつも、知り合いをディナーに招待した。食事のあとで、それとなくタイプライターの話題を持ち出して、どれほどわくわくするものなのかを語り、ぼくのタイプライターのインクリボンを交換するのはとても楽しいよと持ちかけるんだ。そして書斎にいって、音楽をかける。作業時の彼のお気に入りはハチャトゥリアンの「剣の舞」だった。彼がこの曲の激しいリズムに乗ってきたところで、ぼくは新しいインクリボンを渡して、「まだ腕が鈍ってないとこをみせてくれ」と話しかける。彼は挑戦に応じ、頭から湯気を立ててインクリボンを交換する。見事に最後の工程を終えて堂々とお辞儀をすると、ぼくはその手先の器用さに驚いたふりをしてみせる。そのあと、彼は汗まみれなうえ息も荒いが、少なくともぼくは崇高な滑稽話を打ちこむことができるようになるものの、タイプの文字がまたかすれてきたら、ミートローフを食べにこないかと彼を招待しなければならなかった。

第4章

なんの話をしてたっけ？　ああ、そうだ、だからぼくが車を持つなんて、三歳児に大陸間弾道ミサイル《ICBM》を与えるようなものだった。進路を逸れて、曲がり角でもないところで急カーブを切ったりもした。バックで車庫入れはできなかったし、スピンしてコントロールを失ったこともある。交通渋滞につかまると我慢ならず、プリマスから出て、そのまま数珠《じゅず》つなぎの列の真ん中に乗り捨ててしまおうかと思った。駐車スペースを探して延々と車を走らせ、やっとみつけても駐《と》められない。車と車の隙間に車をねじこもうとしては、しょっちゅうヘッドライトやテールライトにぶつけてしまい、そのたびに大あわてで犯行現場から走り去った。よく道に迷った。方向音痴なんだ。あるときサンライズ・ハイウェイを走っていると、ハーリンから「パパもママも留守だしうちにいこうよ。寝室が使えるから」といわれた。ぼくはその提案にはやる気持ちを抑えられず、とっさにUターンしたせいで電柱を倒してしまった。午前三時、ウェストサイド・ハイウェイでタイヤがパンクしたときは、見知らぬ人の優しさに救われた。縁もゆかりもない人が真っ暗闇のなか車をとめて、タイヤ交換のやり方を教えてくれるくらい親切だったからよかったものの、もしそれほど忍耐強くないうえ、ゾディアック・キラーだったりしたら、ぼくはここにいなかっただろう。

　まあ確かに、車っていうのは、娘を持つ母親ならみんな心配するように、車輪付きのホテルのようなものだけど、いざ始めようとするたびに、窓ガラス越しに懐中電灯で照らされて、警官から立ち去るよう命じられた。大勢のドライバーに怒鳴られたし、アトランティック・アヴェニューで他車の側面にうっかりぶつけてしまったときには、ギャングのボスのボディガード兼運転手らしき怪物が怒り狂って、ぼくの車の窓に向かって突進してきた。ふと頭によぎったのは、ぼくのためにろうそくを持ってキャンドル・ビジルに集まる人々の光景だった。あわてて窓を閉めたせいで、怪物の手を挟んでしまった。彼はベスビオ火山の噴火のような咆哮《ほうこう》をあげ、その手をイワシの缶詰の蓋《ふた》みたいに反らせた。大勢の人が仲裁に入ってくれなければ、割れたガラス瓶みたいに三十七個の破片になっていただろうな。それでも運転をやめなかったのは、みんなが乗りこなしているんだから、ぼくにできないわけがないと思っていたからだ。ところが、いつまでたっても乗りこなせず、間もなくして、あきらめた。数年後、一、二度試しに運転してみたが、結果は同じだったので、二度と手を出さないことにした。

プリマスを売り払ったときは、まるで腫瘍《しゅよう》を摘出したような心地だったよ。

さて、ハーリンとぼくはなんでも経験し、ある日ふと天を仰ぎ、ぼくらは結婚を決めた。ふたりとも子どもだった。ほかに何もやることがなかったんだ。あらゆる映画や劇をみたし、美術館にもいったし、ミニチュアゴルフもやったし、〈オルシーニズ〉でカプチーノを飲んだし、ファイアー・アイランドで一日過ごした。まだやってないことは？　それで婚約した。ぼくはNBC作家養成プログラムで固定給をもらっていたし、ナイトクラブのコメディアンたちに書き下ろしのネタを提供して稼いでいたから、所帯を持つだけの余裕はあった。ネタの提供はコメディ作家の営業品目のひとつだが、裏方仕事だから、一般的にはなかなか理解してもらえない。コメディアンはそこら中に何百といる、少なくとも、ぼくがキャリアをスタートさせたときには間違いなくいた。ナイトクラブ、テレビ、民間のイベントなどで芸を披露し、みんなネタ――ジョーク、ギャグ、コント、ちょっとしたひと言――を探していた。あまりぱっとしないコメディアンがほとんどだった。自分が話すネタを他人に作ってもらう必要があるのだからそれも当然だ。自分ひとりでは、笑気ガスを吸った躁病の太っちょをくすりとさせることさえできないんだ。当然ながら、マイク・ニコルズ、エレイン・メイ、モート・サール、ジョナサン・ウィンターズといった真の天才はだれの手も借りる必要はない。わざわざジョークを買わなくていい。根っからおかしい連中だから自分でネタを作っていた。

時代を象徴するボブ・ホープやジャック・ベニーのような前時代の象徴的存在もまた、自らの手でコメディアンとしての強力な個性を創りだし、大スターになる頃には作家を雇って、初期に自ら確立したキャラに養分を与えていた。まあそれで、作家たちは様々なコメディアンのひよっこに雇われ、必死に開けているその口に面白いネタを放りこんでやることで懐を暖めていたが、ぼくもまたひよっこたちから注文を受けてネタを書いていた。ぼくはナイトクラブの席に座って、退屈なコメディアンの哀れな泣き言を延々ときいた。彼は自分がなぜ行き詰まっているのか理解できずにこんなことをいう。「芸風がほしい。自分にはそれがない。アラン・キングには芸風がある。なんとかしてものにしたいんだ」。彼の求めに応えられる作家はいない。ぼくらにできるのはコメディアンにジョークやコントを売ることだけだ。コメディアンはそうしたネタを覚えて、それぞれの力量に応じて演じるが、客の心には何も残らない。家に帰れば忘れている。存在そのものを忘れているんだから、面白い人がいたなんて記憶があるわけない。ただ外交的なやつがネタを仕入れて、ステージで笑いと拍手をもらったあと、〝成功への道〟はどこにあるかと悩んでいるだけなんだ。「ほしいのは、当たり前の事実なんだ」と哀れな男は不器用な表現でぼくにいい、酒をあおった。「観客は当たり前に共感するんだ」。おそらく、彼は観衆に受けるジョークはだれしも覚えがあるような経験を題材にしているといいたいんだろう。それでも、ネタの提供でぼくら駆け出しの作家の多くは小遣い稼ぎをしていたわけだが、これは危険も孕《はら》んでいる。たまにこんな感じのことがあったんだ。まずコメディアンと作家が顔合わせをする。コメディアンは新ネタがほしい。作家はいくつかアイデアを提案する。コメディアンは気に入ったのをひとつ選び、作家に手付金を支払う。

作家がネタを書いて、コメディアンがそれを試す。だがうまくいかない。コメディアンは作家の原稿を責め、作家はコメディアンの力量を責める。激しい怒りがぶつかり合う。コメディアンは手付金を払いながら何も得られず、数百ドルがふいになる。結果、作家は悪口雑言を浴び、訴訟と両脚骨折のどちらで脅されるかはコメディアンの良心に委ねられる。

　この時期、NBCより、養成作家たちをロサンゼルスに送りこむことになったという知らせを受けた。人気番組『コルゲート・コメディ・アワー』の視聴率が落ちてしまい、ぼくらならその状況を変えられるかもしれないし、この経験でぼくらも成長できるかもしれないからという話だった。それまでぼくは家を出たことも、ハーリンとの仲を妨げるものも、何より飛行機に乗ったこともなかった。当時の飛行機にはプロペラが付いていて、一気に目的地までいけないばかりか、最悪なことに、空を飛んでいくんだ。その一方で、ぼくはボブ・ホープの漫談に出てくるロサンゼルスしか知らなかったから、その街へいくのが楽しみだった。ハリウッド大通りとヴァイン通りの交差点、マルホランド・ドライブ、天然アスファルトの池《ラ・ブレア・タールピッツ》。ホープのラジオ番組やのちのテレビ番組が好きな人はみんな、彼のジョークでこれらの場所を知った。毎週日曜の夜、ぼくらはラジオをつけて、ビバリーヒルズにあるジャック・ベニーの家にいる気分を味わっていたんだ。ひょっとしたらホープやベニーにだって会えるかもしれない。遠足の前日のようにわくわくしたよ。ところが出発日が近づくにつれ、少しパニック状態になってきて、空港でほかの作家たちが自動販売機の航空保険を購入しているのをみたときには（コインを入れると保険契約証書が出てきて、飛行機が墜落すると、指定された受取人が保険料を受け取れる）、血の気が引いた。ぼくが恐れたのは墜落事故で死ぬことよりも、どこかの山の原生林に墜落して何週間も食料もなくさまよった挙句、作家たちのなかでぼくが一番若くて肉が柔らかいという理由で食料として選ばれてしまうことだった。

　運よく飛行機は墜落を免れ、ぼくはだれのメインディッシュになることもなくロサンゼルスにたどりつき、保険購入者たちは二十五セント分の損をした。空港で灰色がかった外の景色をみながら、イングリッシュマフィンと淹れたてのスモッグでひと休みしたあと、待機していたリムジンに乗りこみ、間もなくハリウッド大通りにあるホテルにチェックインした。そこで航空機事故よりもずっと恐ろしい知らせを受け取った。ミルト・ローゼンという男と相部屋だったんだ。彼は年上の恰幅のいいコメディ作家で、ほかのベテラン作家六人と『コルゲート・コメディ・アワー』を救うために奮闘していた。ぼくは彼とバスルームを共有するだけじゃなく——ああ、神よ、なぜぼくにこのような仕打ちを？——ダブルベッドで一緒に眠ることになった。悲嘆にくれたぼくはふらふら歩きまわりながら、個室を借りようと考えた。だけど、支払えるだろうか？いっそ家庭の事情を口実にニューヨークにもどるべきか？　だけど、ぼくはコメディ作家として絶好のチャンスに恵まれ、ハリウッドにやってきた。ここにはすべてがある——映画館、プール付きの豪邸、ボガートとバコール夫妻、ほんの数ブロック先には『風と共に去りぬ』を撮影したスタジオ、ボブ・ホープの自宅、サンセット大通り。ここは努力し、成功をつかむ場所だ。ぼくは踏みとどまり、バスルームとベッドを共有した（心理学者ブルーノ・ベッテルハイムは、どのようにして人は強制収容所の悲惨な環境にたやすく順応できたかを記している。拷問や死の脅威を経験していなかったら、長年にわたって分析したところで疑わしい結果に終わっていただろう。もちろん、彼はミルト・ローゼンと同じベッドで眠ることについては頭になかった）。

結局、ミルトは親切で頭の切れる面白い男だと分かり、ぼくは彼のことが好きになった。その後ずっと音信不通だったが、五十年後、彼が病気を患い困窮していると知って見舞金を送ったところ、ぼくが彼を覚えていたことに驚かれた。とはいえ、XY染色体の太っちょの他人と同じ寝床で寝るのは相当きつかった。仕事が始まるまでには数日休みがあり、ゆっくり過ごした。ハリウッドを散歩し、ヤシの木や夕陽を楽しみながら、子どもの頃から魅了されてきた歴史の一部になるチャンスが与えられた喜びにひたっていた。地元産のオレンジジュースを飲み、スイートロール（ぼくらはデニッシュと呼んでいる）を食べた。そしてある日、数人の作家とともに部屋に呼ばれ、筆頭ライターを紹介された。彼は瀕死の番組を立て直すためにこの街に送りこまれ、ぼくらをいくらかでも利用できればと期待していた。男の名はダニー・サイモン。テレビでよく放送作家としてクレジットされていたので名前は知っていた。ダニーと弟のドクはチームを組んで素晴らしいコメディを共同執筆し、高い評判を得ていたから、この業界でふたりを知らない者はいなかった。たとえば、ふたりが担当したバラエティ番組『ザ・レッド・バトンズ・ショー』はだれもがみていたし、並はずれた面白さはさすがだった。ちょうどこの時期、兄弟はチームを解散し、弟のドク・サイモン、本名ニール・サイモンは劇作家の道へ踏みだそうとしていた。

ダニーはぼくら能なしを調べあげ、過去の作品をいくつかみせてくれといった。ぼくらが何ページ分もの作品を手渡すと、彼は「家に持ち帰って読ませてもらう。また作品について話し合う時間をとるから」といった。そのなかで間違いなく一等若いぼくに対し、ダニーは丁重に接してくれたが、バインダーに綴《と》じたぼくの作品を受け取ったとき、わずかに懐疑的だったのがみてとれた。ぼくは落胆することもなく、自信を持つこともなく帰ったが、チームに貢献できればいいと願っていた。そこでは、ほかにもベテラン作家が働いていた。ベテランというのは、ぼくよりも経験があり、すでに世間に認められているということで、老人というわけじゃない。ノーマン・リアとエド・シモンズがコンビを組んでいた。コールマン・ジェイコビーとアーニー・ローゼンも同様だ。アイラ・ワラックも力を貸そうとしていたし、様々な特色を持つコメディアンが番組を盛り上げるために集められていた。新進気鋭のジョナサン・ウィンターズから、往年のボードビリアン、ジョー・フリスコまでいた。ぼくはひとりで食事をとり、眠りについたが、ミルト・ローゼンがぼくの側に転がってこないように、ひと晩中、片目を光らせ、そのときは甲高い悲鳴を上げる心づもりでいた。そして翌日、ダニー・サイモンの部屋に呼ばれ、ぼくの人生は一変した。

彼はまず、ぼくのジョークを絶賛して、「寸劇や戯曲の書き方を学ばずに、こんなジョークが書けるなら、作家の仕事だけで贅沢《ぜいたく》に暮らしていける」といってくれた。もちろん、この言葉にはとても励まされたよ。そしてぼくと組みたいといってくれたんだ。弟とコンビを解散してから、ずっと相方を探していて、ぼくにその可能性を見出したらしい。こうして、寸劇の共同執筆を始めた。どんなふうだったか話しておこう。ダニーは神経質なうえに要求が多かったから、ドクのあとに組んだどの相方とも口論になった。ダニーと同レベルの作家は、彼の細かい要求に我慢ならなかったんだ。しかも、彼は繰り返し書き直すうえ、一ページに丸一日かけて、話がよどみなく進むよう、フリもオチもすべて完璧に仕上げたあと、そのページを読み返して、破り捨て、当時流行《はや》っていた精神安定剤のミルタウンをもう一錠口に放りこみ、また最初からやり直す。相手が反対しても、彼は耳を貸さない。ニール・サイモンの跡を継げるコメディ作家なんているはずがない。

ぼくはというと、穏やかな話し方の無知な子どもで、ダニーとドクを崇拝していたし、右も左も分からない状態だったから、ダニーに盾突くなんて考えもしなかった。その意味で、彼にとっては理想的な共同執筆者だったろう。ダニーはぼくのジョークをとても気に入り、ぼくの個性もかなり面白がってくれた。おそらく、彼は尊敬されるのが嬉《うれ》しくて、重要なことを教えてくれたんだと思う。たとえば、最高のフリがあってこそ、最高のオチが生まれる。すごいオチが待っているからって、それをいうためだけに登場人物にどうみても不自然な台詞《せりふ》をいわせてはいけない。とっておきのジョークでも、どんな形であれ、それを入れることで話が中断したり、テンポが悪くなったりするようなら捨ててしまえ。寸劇は必ず最初から最後までまっすぐ進み、脈絡のないエピソードは決して入れないこと。気分が悪いときは、作品からエネルギーの欠乏や体調不良が伝わるから書いてはいけない。対抗心を燃やすのもいけない。全員に活躍の場は用意されているんだから、いつも仲間の活躍を応援しろ。そして最も重要なのは、自分の判断を信じることだと教わった。面白いこと、面白くないこと、自分がやるべきことについて、だれに何を諭されても、自分の判断に耳を傾けろ。もちろん、そのだれかがダニーなら話は別だ。なぜなら彼は自分のことを優秀な教師だと自負していて、フロイトからアンリ・ベルクソン、マックス・イーストマンといった数々の哲学者や学者が説明と分析を試みて失敗したことまで教えられると思っていたからね。そして、彼は偉大な師だ。コメディに関していえば、いいものを作っているという自信をぼくに植えつけてくれた。この確たる信念にはずいぶん助けられてきた。

夏の劇場（これについてはあとで話すよ）では、土曜夜のショーで観客を前に披露する寸劇を最初の週に書いた。数日かけてリハーサルを行ったのちに通し稽古があった。当然、作家はみんな自作の舞台をみにきて手直しをしたが、ぼくは足を運ばなかった。十分自信があったんだ。ある女性から「どうしてみにこなかったの？」ときかれたとき、ぼくは「いく必要ないよ。ぼくが書いた寸劇をそのまま演じてほしいだけで、手直しはいらないんだ」と答えた。すると彼女は「通し稽古の評価は、全演目のなかで、あなたのが最低だったけど」といった。ぼくは偉そうにしていると思われないよう気をつけながら、間違いなくにじみでている身の程知らずの傲慢な態度で、「大丈夫さ」と穏やかに返した。本番当日、もたついてコケた演目もあったなかで、ぼくのは大爆笑をとった。ダニーの教えどおり、自分の判断を貫いたおかげで、この寸劇はそのショーのヒット作のひとつとなった。

こうして、ぼくは作家になる方法を学んでいった。つまり、九時にタイプライターの前に座って、せっせと書き、ときに苦痛も味わいながら、六時まで手直しを続けるということだ。ぼくがのちに共作したほかの偉大なコメディ作家は、こんな働き方をしていなかったが、このおかげでぼくは作家としての基礎体力をつけられたし、厳しい学校にいけてよかったと思っている。一部の年上の作家たちとも仲よくなった。ぼくにはいくらか才能があったけど、深い敬意を（それに値する人には）払っていたから、気に入ってもらえたんだろう。だれひとりぼくに対抗意識を燃やすことなく、ひたすら支えとなり、励ましてくれた。一方で、ぼくは現実離れしたハリウッドの世界観に魅了されていた。その頃にはハリウッド・ハワイアン・ホテルに移って、キッチンと寝室付きの素敵なスイートルームでひとり暮らしをしていたんだ。ホテルの中庭にスイミングプールがあって、作家やコメディアンはみんなそこに入り浸っていた。夕陽、心地いい夜、それからもちろん日当付きだった。

この生活をハーリンと分かち合いたくて、こっちに飛んできて、結婚しないかと提案した。彼女は高校を卒業したばかりの十七歳で、ぼくは二十歳だった。ハーリンから相談を受けた両親は、自分の好きなようにしたらいいといった。素敵な人たちで、ぼくの両親とは天と地ほどの差があった。比較すれば十デシベルは騒がしい両親だ。ローゼン夫妻は裕福な暮らしで、いつも夫婦げんかをしているわけではなく、教養があり、旅行も行い、素敵な家も持っていた。この夫婦に並んだらぼくの両親は原始人だ。ぼくはクロマニヨン人として育てられたんだから、ハーリンの両親は娘をぼくなんかと結婚させるべきじゃなかったんだ。実際、作家としての見こみはあったが、人間としての見こみはさほどなかった。ぼくは相変わらずばかで（車の運転と同じだ——一度身についたら抜けない）、がさつで、ひどく神経質で、まったく結婚に対する心構えができていないうえ、感情が混乱していて、十六歳の頃からずっとノエル・カワードがいうところの〝人を楽しませる才能〟で、苦労知らずに生きていた。

　ハーリンはロサンゼルスに飛んできて、ぼくらは結婚した。「誓います」という言葉が洞窟のような反響室で発せられたようで、『市民ケーン』でオーソン・ウェルズが「バラのつぼみ」と口にしたシーンを思い出した。実際はラビの居間だったが（ハーリンの両親のことを考えて）、ぼくは、わが人生の扉が閉じられるのを思い浮かべた。地下聖堂の扉だ。もちろん、ぼくはハーリンを愛していたが、愛とは何かも、何を期待すべきで何を期待すべきじゃないかも、何が必要なのかも分かっていなかった。そのあとに起こったことは、ふたりにとって悪夢だったが、それはぼくのせいだ。彼女は未熟だったけど、結婚生活に前向きで、ぼくにくらべて器も大きく、才能も豊かだった。ぼくがあまりにも惨めにつまずいたために、いつのまにか、彼女の人生まで惨めなものにしてしまった。そのときのことを説明しようと思うが、これは悲しい話だ。ぼくらはその時期を生き延びたわけだが、まずは結婚当初の夫婦の苦悩について話そう。ふたりはとても若く、彼女はもうすぐ大学生活がはじまるところで、ぼくはふたり分の生活費を十分稼いでいたが、作家養成プログラムが綻《ほころ》びだし、役立たずから始末して人員を減らしはじめていた。『コルゲート・コメディ・アワー』はあえなく打ち切られ、ニューヨークにもどった。
ぼくらはパーク・アヴェニューと六十一番ストリートの交差点に部屋を借りた。気がつけば、アッパー・イースト・サイドに引き寄せられていた。ペントハウス映画の舞台だ。ただし、ぼくらの住まいはペントハウスじゃない。とても小さなワンルームのアパートメントだ。ほんとに部屋がひとつだけで、このちっぽけな長方形にかかる家賃は、月に百二十五ドル。ふたりとも未熟でブラウンストーンの集合住宅の部屋を借りたのは初めてで、しかも全部屋の呼び鈴パネルが並ぶ表玄関に隣接していたから、訪問者が呼び鈴を鳴らすたびに、折り返しのベルが鳴ってドアが開き、モーターボートのようなけたたましい電子ブザーが部屋中に響きわたるとは思いもよらなかった。ぼくらの小さな部屋には、ソファーベッド、キッチンテーブルと椅子《いす》四脚、本棚、テレビ、ピアノ、座り心地のいい椅子（ソファーベッドの向かいに配置）、電気スタンド数個、大きなテープレコーダーとそれを載せる台があった。タイプライターはキッチンテーブルに置いた。キッチンがぼくの仕事場だった。

ぜひ伝えておきたいのは、ぼくらはラジオコメディ『フィバー・マギーとモリー』にでてきそうな乱雑な部屋で肩を寄せあって暮らし、貧しくも幸せだったはずなのに、当時は楽しく思っていなかったということ。お互いにつらい日々だった。よかったのは、ハーリンに大学を卒業させてあげられたこと。彼女が通うハンター・カレッジは家からたった六ブロック先で、毎朝ぼくは歩いて彼女を学校まで送っていき、そのあと仕事にかかった。彼女がいなくなると心底ほっとした。ぼくらは何ひとつとして意見が合わないうえ、どちらも譲歩することができないから、マフィアの抗争のように反目しあっていたんだ。ぼくは気分の浮き沈みが激しく、不幸で、彼女のとても親切な両親が疎ましかった。理由なんてない。ぼくが卑劣なろくでなしだからだ。妻の友人たちも気に障ってしょうがなかった。ずっと憂鬱《ゆううつ》そうに黙りこくっていたせいで、彼女をいらいらさせた。たいてい真夜中に、頻繁に吐き気を催すようになった。不治の病か、はたまた彼女の料理が原因かと思ったが、年に一度の健康診断でも悪いところはなかったし、真夜中の吐き気は外食したときも起こった。あらためて考えると、ひどく不安定な状態だったんだ。午前三時。耐えがたいほどの吐き気がこみ上げる。救急サービスに電話をかけると、夜勤のフリーランス医師がひとり送られてくる。見知らぬ男がやってきて、ぼくに注射を打つ。吐き気が和らぐ。眠る。こんなことが日常的に起こっていた。苦痛には終わりがみえず、最後の手段として精神分析医に診てもらった。それでやっと吐き気の原因が心理的ストレスだと分かって、治療を受け、すぐに突然の吐き気は全治した。もし寝椅子を使った精神分析療法がこのときを除いてぼくになんの効果をもたらさなかったとしても（実際そうだった）、意味があったということだろう。

　この頃、一通の手紙が届いた。もしかして音沙汰のなかったボブ・ホープからの仕事の依頼かもしれないと思った。身に覚えのない手紙はわくわくするものだし、待ちきれずに開封した。それは徴兵の通知だった。うーん、そのときの驚きや興奮の度合いは察しがつくんじゃないか。とうとう男性兵舎に寝泊まりし、二十四人の知らない男たちとシャワーを浴び、トイレを共有する機会がめぐってきたというわけだ。彼らはアラバマとかテキサスとか呼ばれ、ぼくはきっとブルックリンだ。五時三十分にパッと目を覚まし、一日中軍事訓練、命令を下すのは脳みそ一プランク長の丸刈りのネアンデルタール人。あと食事！　ついにニューヨークの料理ともおさらばだ。サーロイン、ロブスター、〈トゥエンティワン〉のハンバーガー、ぼくのルーベンサンドイッチ。ツォ将軍のチキン〔揚げた鶏肉に甘辛いタレをかけた、アメリカの定番中華料理〕の代わりにマッカーサー将軍のチキンか。それとも、壁板にのせた糞みたいな食事で兵役を務めることになるんだろうか？　当然、戦闘も楽しみでしかたない。狭い所に押しこめられて、船酔いに苦しむうちに、揚陸艇が揺れながら岸に到着する。浜に出たとたん、敵の機関銃の一斉射撃。負傷、病院送り、そしてハロルド・ラッセル〔第二次世界大戦に従軍したアメリカ人退役軍人で俳優〕。英雄になり、名誉勲章受章者となり、お国に尽くす誇りを手にするチャンスの到来だ。

　ぼくは大あわてで知っている医者全員に連絡をとり、診断書を出してほしいと頼みこんで、身体に障碍《しょうがい》ありと記してもらった。検査当日、ぼくは身体が不自由だから安静を命じられているというアリバイを山積みにした手押し車を押して現れた。扁平足《へんぺいそく》、ぜんそく、弱視、胆嚢《たんのう》、数種のアレルギー、背骨の湾曲、裂孔《れっこう》ヘルニア、腱板断裂《けんばんだんれつ》、凍結肩、めまい、不思議の国のアリス症候群。全項目に対して、検査医師は〝証拠不十分〟のスタンプを押した。最後に精神科医との面接があり、ぼくは自分の精神障碍を証明する書類の束を提出した。かかりつけの精神科医から最後に乗ったタクシーの運転手まで、片っ端から書いてもらったんだ。確実に1Aになりそうな状況だった。検査医師から手を出すよう指示され、いわれたとおりにしたが、安定していて震えもなかった。そのあと「よく爪を噛むんですか？」とたずねられた。それほどでもなかったが、癖なんです、と認めると、医師はぼくの爪をひとつずつ注意深くみて、いきなり4Fのスタンプを押した。噛み癖が原因で兵役の話は消えた。前代未聞じゃないか？　しかし、兵舎でぼくと寝泊まりするはずだったほかの兵士たちはとても運がいい。おかげで、小さなテディベアを抱きしめて、すすり泣きながら眠りにつく男の横で寝ることにならずにすんだんだから。それ以来、妻から強くいわれて爪を噛むのはやめたけど、その不快な癖の代わりに、社会的には許容度の高い汚言症の癖がついてしまった。

　不幸な結婚生活の厳しい日々は流れ続けた。何ごともなく冬が過ぎたが、一度、耳をつんざくような衝突音で真夜中に起こされたことがあった。それは、パーク・アヴェニュー五二五番地にある隣の大きなビルに住む男が飛び降り自殺をして、彼とぼくらの建物の間の狭い路地に落ちた恐ろしい音だった。自殺者が舗道に叩きつけられる音なんて願わくはきいてほしくないが、本当に、想像を絶する大きさなんだ。

　そして、夏を迎えた。ここでちょっとタミメントについて話そう。ペンシルヴェニア州の夏のリゾート地であるタミメントには劇場があり、そこではプロ中のプロが集まった劇団が毎週末にレヴューを上演していた。きらびやかな衣装による歌やダンス、寸劇、ミュージカルのナンバー。『ワンス・アポン・ア・マットレス』はもともと、タミメントの夏の劇場で上演されたミュージカルだ。マックス・リーブマン、ダニーとドクのサイモン兄弟、シド・シーザー、メル・ブルックス、ジョー・レイトン、ダニー・ケイといったベテランたちは、将来有望な才能あるコメディ作家、作詞作曲家、ディレクター、舞台衣装家、舞台装置家としてこの地で経験を積み、輝かしい経歴を築いていった。選りすぐりの音楽家と一流の編曲家が集まったフルオーケストラもあった。ダニー・サイモンは自分たち兄弟のように、ぼくも幾夏かをそこで過ごしてみてはどうかと強く勧めてくれた。ダニーは常にプレッシャーと戦いながら、毎週ひとつかふたつ寸劇を作り、すぐにリハーサルに入って、その出来の良し悪しにかかわらず、土日の夜には本番を迎えるという日々を送り、そのときの経験が生涯の糧《かて》になったという。作品が上演されるのをみて、観客の反応をみる。生きるか死ぬかの状況が十週間、毎週続くわけだ。おまけに、夏の間に上演できるレベルの寸劇が書きためられ、のちにブロードウェイのレヴューに使うこともできた。

　ぼくがニューヨークに移ってこのかた、だれかしらが常にレヴューをブロードウェイでプロデュースしようと画策していたんだ。『ニュー・フェイシズ』が大ヒットしてからというもの、街ではだれもが歌と寸劇さえ手に入ればレヴューを上演したがった。アッパー・ウエスト・サイドに住む山っ気あふれるプロデューサー連中のもとへ、意欲も才能もある若者がやってきてはピアノで風刺的な歌やラブソングを弾き、コメディ作家が寸劇を読み上げてはその場をにぎわし、レヴューの成功を目指して血の誓いが交わされる。さあ、今度は我々の番だ！　ぼくが知っているスポンサーのなかにはテキサスやフロリダ出身の人もいたし、アメリカ演劇に夢中のアルゼンチン人もいたが、日の目をみた者はほとんどいない。うまくいった者も数人いたが、たいていは犬死にした。ぼくはハーマイオニー・ジンゴールド主演の『フロム・エー・トゥ・ズィー』に寸劇を三本提供したが、このレヴューは惨憺たる結果に終わった。いずれもタミメントの観客には大受けだった寸劇だ。一本目は、ふたりの男がパーティーにいくと、グルーチョ・マルクスそっくりの女の子ばかりいたという話。商業的なブロードウェイ演劇の批評家たちには気に入ってもらえなかったが、「ニューヨーカー」に記事を書いた劇評家ケネス・タイナンには楽しんでもらえた。二本目は「心理戦」というタイトルで、兵士たちが戦場でこんな心理戦を繰り広げる。

「お前はチビだ——チビのせいで、お前はママから愛されなかったんだ」。どんな感じか分かってもらえただろう。これはかなり受けがよかった。三本目は、ケープ・カナベラル空軍基地の司令官がニューヨーク市長に電話をかけ、核ミサイルが実験中に誤射してしまい、ニューヨークに向かっているので心の準備をしてくれと告げる。「こういう事情でね。市長、どうか赤ん坊みたいにめそめそせず——」

プレビュー公演ではグルーチョ女の寸劇と「心理戦」はうまくいったが、ニューヨークに向かうミサイル寸劇は、タミメントの客には大受けだったのに、愛想笑いひとつ絞りとれなかった。なんでだろう。ひとつだけ思い当たる理由は、『フロム・エー・トゥ・ズィー』のプレビュー公演の地がコネティカットとフィラデルフィアだったことで、おそらく観客が笑わなかったのは、自分たちの街でもないニューヨークで困ったことになるネタだったからじゃないだろうか。しかしまあ、爆笑間違いなしと踏んだネタがこける理由なんて知りようがない。化学式じゃないんだから。

まあそれで、ぼくはハーリンとその夏をタミメントで過ごし、いくつもの寸劇を書いて笑いをとった。ほかに寸劇を書いていた作家のなかにデイヴィッド・パーニシェがいた。変わり者だが才気あふれる男で、彼にはずいぶん世話になった。ぼくより十個上だったけど、まぶしいほど華やかで、並はずれて博学だった。彼はデューラーやダリのような精密さで絵を描くことができたし、詩も書いたし、いろんな本を読んでいたし、ピアノでブギウギを弾いた。モダンジャズを嫌っていたけど、モンクやマイルスといったモダンジャズの巨匠に囲まれて暮らし、チャーリー・パーカーの妻と交際していたこともあったそうだ。彫刻家としての才能もあり、チャールズ・ミンガスのダブルベースのヘッド部分にあの有名な装飾を施したのも彼だった。ローズベルト島にある彼の家のなかはまるで宇宙船のようだった。超モダンな内装で、壁には彼の絵がかかっていたが、どの絵も彼の詩と同じく陰鬱な主題で描かれていた。彼はハーレムで教師をして稼いでいたが、黒人に対する差別意識が強かった。それでも生徒たち全員から愛されていたのは、彼がよく身銭を切って生徒を美術館やレストランへ連れていったり、自分の家に招いたりしていたからだろう。生徒をばかにした物真似をしていたけど。精神科病院で拘束衣を着せられたこともあったらしくて、ぼくは夢中になってそのときの話をきいた。ショック療法で電流を流されたときは相当きつかったらしい。当時はずいぶん手荒な治療をしていたわけだ。彼はジョージ・ワシントン・ブリッジの上を歩きながら、飛び降りようかと考えたり、自分のマンションの屋上に上がって通行人に唾を引っかけたりしていたら、ニューヨークに住む唯一の遠い親戚によって病院に送りこまれたといっていた。初めは入院を受け入れたが、病院の係員に長い廊下を連れていかれるうちに、パニックを起こして暴れた。それで拘束衣に、電気ショック治療。こんなことになったのはすべてある女のせいだった。彼にとって完璧な女性だったが、しばらく付き合ったのち、彼女は彼を捨てて別の女のもとに行ってしまった。

　マリファナが中流階級にとってありふれたものになる前から、彼はしょっちゅうハイになっていた。入手先はハーレムに住むヘーゼルという黒人女性だった。当時の彼はムショ送りや教員免許の剝奪になりかねない大きなリスクを負っていた。売人ではなく常習者だったが、ハイになっているときの彼を笑わせるのは簡単で、ぼくにとっては最高のお客だった。彼の影響でユーモア作家S・J・ペレルマンの偉大さも知った。笑いの作り手としてだれよりも優れ、それはぼくのなかでは今でも揺るぎない自明の理だ。おかげでぼくの語《ご》彙《い》力《りょく》も鍛えられた。ぼくらはしょっちゅう、女性について議論を交わした。彼は女性を賛美する反面、嫌ってもいた。ぼくは不幸な若き既婚者で、結婚生活をなんとか軌道に乗せようと努力していた。彼は「見切りをつけたほうがいい」と助言し、マリファナ入りの巻き煙草を深く吸いこんだ。ぼくらはいつものとおりに午後遅く、タミメントの湖のほとりに並んで腰を下ろし、とりとめのない雑談をしていた。「あと、あのマネージャーだけど、いつまで雇っているんだ。お荷物じゃないか。役立たずの男。当然、金を巻き上げられているのは分かっているだろ」。マネージャーのハーヴィは事務所を持たずに電話代行サービスを使っていた。彼はあらゆるエージェントのオフィスに出向いて、「仕事はありませんか?」とたずねまわっていた。

今日はぼろ切れや骨や空き瓶はありませんかって具合に。ついでに電話を借りるんだ。それでも、最初の仕事のことでハーヴィに借りがあったから、ぼくは契約満了まで全うしようと決めていた。

「奥さんのことはどうするんだ?」とデイヴィッドにはよくきかれた。「結婚するには若すぎたのさ。傷が広がらないうちに別れたほうがいいよ。関係を修復しようと、あがいたって彼女のためにならないんだから」。ぼくは「分からないんです」と返した。実際、分からなかった。もちろん結婚していいこともあった。結婚したからこそ、ぼくらは実家を出て、世の中に飛びこんでいけたから。ぼくはニューヨーク在住の社会人で、彼女はハンター・カレッジで哲学を専攻していた。彼女から哲学について教えてもらって、ぼくは哲学に夢中になった。一緒に本を読んだし、コロンビア大学の学生を雇って週一できてもらい、毎回異なる思想を取り上げて勉強もしていた。自由意志やモナドについて議論したときには白熱したが、そういえば、結婚生活についての話し合いほど激しくはなかった。もう取り返しがつかないと悟ったのは、ある哲学の議論で、ハーリンがぼくは存在していないと証明してみせたときだった。

初めてのタミメントでの夏は大成功を収めたので、翌年もお呼びがかかった。どうしようかと思い、若くして死んだ才能あふれる作詞家スティーヴン・ヴィノバーに相談したところ、いくならば今度は演出までやらせてもらうべきだと助言された。タミメントの一年目に、もうひとり偉大な作詞作曲家に出会った。彼はそこで働いてはいなかったが、土曜夜にショーをみにきていた。ぼくよりたった六つ上ながら、大きな期待をかけられていた。彼の名はスティーヴン・ソンドハイム。一度会ったきりだったが、何年も後にミア・ファローと訪れた彼の家の夕食会で再会した。ミアは彼のとても親しい友人だったんだ。

二年目のタミメントで、ぼくは自作を演出し、ふたたび成功を収めた。その夏はまた別の作詞家フレッド・エッブとつるんでいた。彼はぼくらと一緒に毎週行われていたショーに力を入れていた。タミメントでぼくらはおおいに笑い合うこともあれば、運に恵まれなかったあの『フロム・エー・トゥ・ズィー』のリハーサル中、暗い桟敷《さじき》席で多くの苦悩を分かち合うこともあった。ぼくらはその席で、破綻しかけた舞台を立て直そうといくつもの問題と向き合いながら、互いに慰め合っていたんだ。その後、フレッドは作曲家ジョン・カンダーと組んで、『ニューヨーク・ニューヨーク』、『キャバレー』、『シカゴ』といったミュージカルを手掛けるようになる。あまり話を飛ばしたくないが、数年後、脚本家のラリー・ゲルバートがボストンかフィラデルフィアかから電話をかけてきた。ミュージカル『ザ・コンカリング・ヒーロー』相手に悪戦苦闘していて、プロデューサーのロバート・ホワイトヘッドに対してジョークを飛ばしたという。今も色あせることのない名ジョークだ。「アイヒマンを絞首刑にするな。ミュージカルと一緒に街から追放するんだ」

ぼくはタミメントで最高の時間を過ごせたので、三回目の夏も参加することにした。いってよかったよ。だって、その年はコメディアンのひとりにミルト・ケイメンが参加していたんだ。彼は愉快で面白いが、気難しい男だった。フレンチホルンを吹き、かんしゃく持ちで、冬になるとシド・シーザーのスタンドイン〔撮影前に配光や立ち位置を確認するために俳優の代理をする人〕をやっていた。シーザーのコメディ番組はジャッキー・グリーソンの『ザ・ハネムーナーズ』とともに当時大人気だったが、シドとジャッキーはまったく違うタイプの偉大なコメディアンだった。シドの作家陣は知的だった。メル・ブルックス、ラリー・ゲルバート、メル・トルキン、ルシール・カレン、マイク・スチュアート、シェルドン・ケラー、ニール・サイモン。もちろん、カール・ライナー、ハワード・モリス、それからシド本人。毎週放送される彼の豪華な番組は、知的なコメディを作っている側からも、楽しんでいる側からも注目されていたから、彼のスタッフとして先ほどあげた人々のなかに名を連ねるのは本当に名誉なことだった。シドは華やかな存在感ある鬼才で、彼の番組のネタは見事な台本で、見事に演じられていた。ぼくの三度目のタミメントも好調で、ミルト・ケイメンがシド・シーザーの代役の仕事にもどったときに、シドの前でぼくのことをべたぼめしてくれたんだ。シドはすでにダニー・サイモンからもぼくの名前をきいていたので、会ってもらえることになった。ぼくがシドのオフィスを訪れると、彼はラリー・ゲルバートと机の前に座っていた。ゲルバートはぼくの十個上で、三十歳くらいだった。三人でしばらくの間、政治やスポーツや人生について話したが、とりたてて何もなかった。時計の針が六時を回り、ふたりは帰り支度を始めると、シドがあの大仰なそぶりでぼくのほうを向いて、「ところで、君は採用だ」といったんだ。ギルバートと階段を下りながら、「採用ですか?」とたずねた。「最低賃金でよければ」と彼。「おふたりと一緒に部屋で過ごせるなら、ぼくがその金を出しますよ」とぼくはいった。

ラリー・ゲルバートは三十歳にしてすでに経験豊かな伝説的作家だった。父は床屋で、髪を切りにきた有名人のお客を人質にとって、息子のギャグを披露していた。ラリーはラジオ番組『ダフィーの居酒屋』、ダニー・ケイ、ミルトン・バール、ボブ・ホープ、そして当時はシド・シーザーのために脚本を書いていた。彼が亡くなったとき、コメントを求められたので、「ぼくの人生において、彼は評判を裏切らない数少ない人物のひとりです」と答えた。とても愉快な男で、また真に偉大なコメディ作家だった。ノーマン・メイラーと同じくユダヤ系の作家だが、ふたりともユダヤ人をネタにした作品は書いていない。ラリーとは馬が合い、一緒に台本を書いた番組はピーボディ賞を獲得した。ぼくらはイングマール・ベルイマンやテネシー・ウィリアムズのパロディを共作して、全米脚本家組合とかいうところからも賞をもらった。〈トゥーツ・ショアズ〉のクラブで、賞を贈呈するための昼食会が開かれ、ぼくは入り口までいったものの、なかに入れなかった。今でもこの恐怖症には悩まされている――入室恐怖症だ。一度、映画監督シドニー・ルメットの夕食会に誘われて、レキシントン・アヴェニューにある素敵なタウンハウスを訪れたとき、なかに入れず外で座りこんでいたこともある。ゲストがみんな到着し、ぼくもゲストのひとりだったのに、入ることができず、外に座って勇気を奮い起こそうとしながら、知り合いや、ぼくが好きな人や、ぼくのことを好きな人を眺めていた。振付師で映画監督のボブ・フォッシー、映画監督のミロス・フォアマン、劇作家のパディ・チャイエフスキーをみかけたが、思い切ってなかに入ることができなかった。

外せないイベントがあるときは、必ずだれよりも早く到着するようにしている。そうすれば、たぶん、なかに入れるんだ。以前、リンドン・ジョンソン大統領の祝賀パーティーに招かれて、ホワイトハウスを訪れたことがあった。ぼくは家を出て、ワシントンＤＣへ飛び、空港のトイレでタキシードに着替え、ホワイトハウスへ直行し、だれよりも早く到着してこの機会を逃すまいとした。なかに入ってみると、一番目のゲストの座はリチャード・ロジャーズ〔作曲家でロシア系ユダヤ人の家系に生まれる〕にとられていた。彼とは初対面だったのに、勢いよくぼくに抱きついてきて、「祖父母にもぼくらの姿をみせたかったですね」といった。彼もちょっとした変な癖をいくつか持っていたようだったから、そのなかに入室恐怖症があったのかもしれない。

ついでにいうと、その数年後、シドニー・ルメットのパーティーに参加したが、家のなかは人であふれかえっていたというのに、どういうわけかなかに入ることができて、窓の壁にくっつけて置いてあるソファーに座っていた。ぼくは野球選手のサチェル・ペイジのいう〝社交場でのとりとめもない雑談〟というやつに耐えられなくなってくるんだ。有名な女性シンガーがまわりから歌をせがまれたときには、ぼくはそろそろじっとしていられなくなった。だれかがピアノの前に腰かけ、そのシンガーが歌っていた曲を弾きはじめたんだけど、その間、ぼくがこの世で望んだことは、ここから抜け出したい、ただそれだけだった。なぜそう思うのか？　こっちがききたいよ。全身がほてって不快になり、情緒不安定になるんだ。そのときの問題は、ぼくが玄関口からかなり離れたところに座っていたということだった。すでにピアノの伴奏が始まっているというのに、優雅な身のこなしで人だかりを押し分けて、素早く立ち去るなんてことは無理だった。ぶしつけだと思われたくなかったというのもある。そのとき、ひらめいた。ぼくのすぐ後ろの窓が半分開いているのに気づいたんだ。ルメットはタウンハウスに住んでいた。つまり、そこは一階だ。みんなはピアノに夢中になっていたし、ぼくは、我を忘れて飲み騒いでいる連中の後ろにいた。軽くリズムに乗っているふりをしながら、窓から九十一番ストリートへ抜け出せば、気づく者などいないだろう。ぼくは手際よく窓をもう少し上げて、楽に出られる準備をした。だれかが振り返って、脱出中のぼくを取り押さえるなんて事態だけはあってはならない。ぼくは音を立てないよう計画を実行に移した。さっきの女性が歌っているなか、ぼくはゆっくりと動きだした。確実に、一歩ずつ。ふと、ある光景が頭をよぎった。通行人に窓から抜け出している ところをみつかったら、泥棒と間違われるかもしれない。新米警官にみつかって、銃で撃たれるなんてことになったらどうしよう。パニックになったぼくは、巧みな動きで逆もどりしてソファーに腰を下ろした。最後まで歌をきき、お開きになってからそこを立ち去った。ところで、このエピソードをきけば、ぼくがかかりつけの精神科医にどれだけ助けられていたか見当がつくはずだ。この脱出計画は、ぼくが精神科医のところに通ってまだ二十三年しかたっていなかった頃の話だ。

さて、ぼくはタミメントの仕事を終えると、シド・シーザーに雇われた。その後もふたたび彼の特別番組の仕事をさせてもらったが、そのときのチームにメル・ブルックスがいた。エネルギッシュで恐ろしい、ぼくを生きたまま食べるような人だと噂《うわさ》にきいていたが、懐が深い男でもあり、ぼくを気に入ってくれて、毎晩一緒に家まで歩いて帰った。彼の色恋話は面白かったが、あんな背の低いユダヤ系の男が次から次に美女を虜にしているなんて信じられなかった。メルは華やかで、博覧強記で、音楽のセンスもあった。シドの台本を書いているときは、毎朝十時くらいにチームの男たちと部屋に集まって、映画や時事問題について語り合い、ちょっとした世間話をしたあと、ようやく本腰を入れて実際に執筆作業に取りかかっていた。だれかがアイデアを出して、だれかが「いいね」というと、みんなでそれに取りかかって、出てきた台詞が面白ければ笑うし、気に入らなければこき下ろす。ラリー・ゲルバートやダニー・サイモンのように、共作者がたったひとりしかいない場合も、これと同じ手順だった。ただし、仕事にかかる前の最初の世間話の場には男ふたりしかいなかった。

のちに、ミッキー・ローズ、マーシャル・ブリックマン、ダグラス・マグラスと共作したときもほぼ同じ手順だった。ただ、プラスの要素として、彼らとは個人的な友人だったこともあり、散歩をしながら、あるいは、夕食をしながら、脚本について話し合いを続けられた。シドとのランチはいつも楽しかったよ。なにしろ面白い作家が集まっていたからね。出前を取らないで外食するとき、シドは絶対にだれにも払わせなかった。一度、彼とふたりきりで食事にいったとき、ぼくは伝票をつかんで払わせてくださいと食い下がった。彼は伝票をまじまじとみて高額でないことを確かめてから、好きにさせてくれた。あるとき、ラリー・ゲルバートに勘定を任せたことがあったが、シドはみるからに居心地の悪そうな顔でしぶしぶうなずいて、「ぼくもやっと大人になった」といった。ダニー・サイモンやゲルバートは共同執筆者が必要になるといつもぼくを指名してきた。ふたりの性格は違っていた。ダニーはとても秘密主義なところがあって、電話をかけてくると、「電話では話せないから、〈ハンセンズ〉にきてくれないか」と切りだすんだ。ぼくの答えは、「書く仕事ですか、それともマイクロフィルムの受け渡し役ですか?」

ダニーが持ちかけてきたのは『ザ・ポール・ウィンチェル・ショー』だった。ウィンチェルは一流の腹話術師で、ぼくの仕事は人形のための台詞書きだ。一方で、ラリー・ゲルバートはこんなふうに電話をかけてきた。「アート・カーニーの特別番組があるんだが、組まないか?」「もちろんです」「じゃあ、うちの農場にきてくれ。奥さんと泊まっていけばいい。今日から始めようじゃないか」。かつてシドの番組の台本を書いていたとき、シドとラリーとぼくはグレートネックにあるシドの家に集まった。シドは、三人でサウナ室に入って仕事をしよう、といいだした。ぼくは新参者だったし、彼らを尊敬していたが、ふたりの男と裸でサウナ室にこもるなんてごめんだった。そのあと一時間たっぷり、彼らがサウナ室で過ごしている間、ぼくは外の芝生に座りこんでいた。シドからはずっと、ちょっと変わったやつと思われていたけど、気に入られてもいた。ラリーとは、長年にわたって楽しい時間を幾度となく過ごした。夕飯をともにし、散歩に出かけ、ロンドンで買い物し、パリで冗談を飛ばし合い、マンハッタンのクラブでジャズをきいた。ダニーにとってのぼくはずっと、彼がカリフォルニアでみつけた子どものときのままだったが、ラリーはぼくを対等に扱ってくれた。

ハーヴィ・メルツァーとの契約が満期を迎えた。再契約はしなかった。その頃、人づてにあるマネージャーの話を耳にした。だれもが担当してもらいたがっていたが、(仕事相手の)選り好みが激しい男だった。彼はハリー・ベラフォンテを発掘し、育て上げた。ベラフォンテが無名だった頃から、「いつかあいつはスターになる。クラブ、キャバレー、映画と多方面から声がかかるようになる」といっていたそうだ。疑り深い連中は、黒人のカリプソ歌手がそんな成功を手にするわけがないと一蹴した。だが、その男、ジャック・ロリンズにはその光景がみえていたんだ。また、シカゴからきた知的な即興コメディが売りの若いコンビがいた。このふたりもまわりから歯牙にもかけられていなかったが、ジャックは大スターになるといってのけた。実際にこのコンビ、マイク・ニコルズとエレイン・メイの人気は爆発した。彼はごく少数のタレントしか抱えていなかったけど、クライアントのためにいい仕事をするためには、人数を抑えなければ難しいと考えてのことだった。取り分は十五パーセントで、それ以上はとらなかった。ぼくは共通の友人に彼を紹介してもらった。ジャックは以前に作家を担当したことはなかったが、作品を読んで気に入ってくれた。ぼくがジャックと、彼のパートナー、チャールズ・ジョフィに、モート・サールをみてから、しょせんは無理と知りながらもコメディアンの夢を追ってきたことを伝えたとき、ジャックから「どんなネタをやるんだ?」とたずねられた。「ええと、こんなネタを考えてました。『ニューヨーク・タイムズ』は唯一、漫画が載ってない新聞だけど、スーパーマンみたいな漫画を連載すればいいんじゃないかな。服を脱ぎすてると、ウォール・ストリートの株屋に変身するんだ」

このときからジャックは、ぼくがどんなに抗っても、コメディアンの道をあきらめさせてくれなかった。ぼくは十五パーセントで同意した。ハーヴィに支払っていたよりも少ない額だったのに、有能なマネージャーについてもらうことになったんだ。握手をしたきりで、契約書も交わさないまま、ぼくらの関係はジャックが百歳で死ぬまで続いた。彼は、ぼくが知っているなかで本物の知恵を持つ数少ない人のひとり、いやもしかしたら唯一の人かもしれない。聡明なだけでなく、才能を見抜く眼を持っていた。特別な知恵の持ち主だ。ぼくは自己正当化、不安、先入観、歪《ゆが》んだ考えで、その知恵に対抗しようとしたけど、彼はぼくを説き伏せて、ぼくのキャリアに極めて大きな貢献をした。でも最初のうちは彼に反抗していたんだ。コメディのことなら、すべて分かっていると自負していたし、実際、ぼくは神童であり成功者で、この業界で一流のコメディ作家たちからも高く評価されていたからね。

　二十二歳のとき、『ザ・パット・ブーン・ショー』の筆頭ライターに任命されたが、ぼく向きの番組じゃなくてお払い箱になった。パット・ブーンもまた仕事相手としてとてもやりやすい人だったのに、ぼくが彼のために書いた寸劇はシド・シーザーなら向いているような内容だったんだ。その後、『ザ・ギャリー・ムーア・ショー』の作家におさまったが、ずる休みをしたせいで馘《くび》になった。作家としての評判はよかったんだ。とりわけ街にいる腕のいい作家たちの間では一目置かれていて、いろんな番組の台本を頼まれたから、仕事が途切れることはなかった。ところが、ぼくは新たなコメディアンを発掘しようとしていたジャック・ロリンズの興味を引いてしまっていた。明らかに、彼はぼくがその道を追い求めていると信じていた。そうじゃないんだけどね。昼はテレビの仕事でたっぷり稼がせてもらい、空いた時間にステージに出たが、それはただどんな体験なのか確かめるためだけにやっていたにすぎない。

　さて、ここでちょっと中断して、なぜぼくがライターズルームにこもるのをやめて、スタンダップコメディアンとなって舞台に上がってみる気になったか話そうと思う。数年前、まだＮＢＣ作家養成プログラムにいた頃、代表のレス・コロドニーから、〈ブルー・エンジェル〉へいって、新進気鋭のコメディアン、モート・サールをみてきたらどうかと勧められた。〈ブルー・エンジェル〉は上品な高級ナイトクラブだったが、ＮＢＣが勘定を持ってくれるというし、婚約者だったハーリンを連れて、ネクタイをしめてそこを訪れた。それで、モート・サールに圧倒されたんだ。それは初めてスペアリブを食べたときの感動に似ていた。モートのことなら、延々と書き続けて、この本を『戦争と平和』よりも長くできるけど、それでもコメディアンとしての彼の業績を書きつくすことはできない。ぼくにいえるのは、あるスポーツライターがベーブ・ルースを褒めちぎっていたときにぼくにいった「その場にいなければ分からない」という言葉くらいだ。モートは瞬く間に全米をわかせた。全国各地の大学から呼ばれ、多くの観客を集め、あらゆる高級ナイトクラブのステージに立ち、「タイム」誌の表紙を飾り、「ニューヨーカー」に取り上げられた。こうした彼の活躍を目にした人でなければ、唯一無二のコメディ体験を分かち合うことはできないと思う。

　なぜ彼が偉大なコメディアンになったのかを詳細に語るのは難しい。あらゆる答えが考えられるし、どれだけ書き連ねても核心を突くことはできない。ぼくは彼との実力の差に絶望した、といえば十分だろうか。それはチャーリー・パーカーのあとに出てきたすべてのサックス奏者が何年にもわたって味わった気持ちに似ている。ぼくに対して極めて好意的だった評論家は、「ウディ・アレンがモート・サールの真似をやめられたら、とても面白いコメディアンになれるだろう」と書いている。ぼくは彼と同じことをしたかったし、彼のようになりたかったし、彼になりたかった。そう、ここが問題だった。あの魅力を出すには彼になるほかない。彼のジョークは秀逸で、ぼくがそれまできいたなかで最高の出来だったけど、彼ならではの魅力なんだ。ずいぶん時間はかかったが、そのことを理解し、どんなに努力しようが、どんなにうまく舞台でしゃべろうが、ぼくは彼にはなれないと悟った（マーロン・ブランドの登場後、俳優の九十九パーセントが同じ問題を抱えていた。彼のように歩き、彼のように間を取り、彼のようにポーズを取り、彼のように気取った身のこなしで体の向きを変えたところで、結局、彼にはなれないのだ）。結局、ぼくもずっとぼくでしかなかった。マーシャル・ブリックマンと芸術や芸術家について意見を交わしていたとき、彼はこんな鋭いひと言を放った――「自分が自分であることにうんざりするんだ」。ぼくはスタンダップコメディアンとして大成功を収めたが、ぼくのやったことなんてモートにくらべれば二流品だ。

　ぼくが舞台に立ったのは、ジャック・ロリンズ、チャールズ・ジョフィ、ジャックの妻ジェーンのためだった。三人はぼくのことを面白がってくれた。みんな(ぼくを除いて)、ぼくのことを生粋のコメディアンだと思っていた。ジャックは〈ブルー・エンジェル〉で試してみないかと提案してきた。そこはアメリカで最も人気のあった小さなクラブで、さっきもいったように、とても華やかで、とても洗練された場所だった。たとえば、演目のひとつに俳優のジョン・キャラダインによるシェイクスピアの朗読があった。モートもマイクもエレインもジョナサン・ウィンターズもステージに立っていた。このクラブでは、毎週日曜夜のショーの終わりに、新しい演者を紹介することになっていて、歌手やコメディアンがスポットライトを浴びることもあった。ぼくは救いようのないほどのあがり症で、やっぱりやめとこうよといっても、ジャックは決して許してくれなかった。ある日曜の夜、絶大な人気を誇るスター・コメディアンのシェリー・バーマンが満員の客席の前で演目を終えたあと、席を立とうとする客を呼び止め、ぼくを紹介してくれた。これほど心強く、後押ししてくれるスターによる新メンバー紹介はない。

ぼくはステージに上がり、全身恐怖の塊になってしゃべりだすと、笑い声が湧き起こった。ジャック・ロリンズによれば、その勢いに気圧《けお》されたぼくはあっという間に殻に閉じこもってしまったという。三十分の持ち時間を終えると、楽屋でジャックからのダメ出しがあった。この儀式は、その後数年にわたって何度となく繰り返されることになる。

ぼくは大きな笑いをとって拍手を浴び、恥ずかしくなって舞台袖に引っこんでしまったが、きっとうまくやれたんだと思う。なぜならその翌日、出演依頼が舞いこんだんだ。あの晩のぼくをみたクラブのオーナーたちに加えて、あの場にいたテレビのプロデューサーたちからも、ぼくの出演を求めてきたんだ。ジャックはすべて断って、まだその段階じゃないといった。こうして、本格的に仕事がはじまったんだ。ジャックはぼくを、何度も何度も、くる月もくる月も、ステージに立たせることで、ステージでの感覚を身体に焼きつけようとしていた。ぼくのなかの作家の部分がこう語りかけてきた。ただステージに出て、台本を読めばいいだけだ。ぼくのジョークは面白いんだから、と。

「どちらでもいいじゃないか」とジャックは根気よく諭した。「客に気に入られるかどうか、肝心なのはそこだ。親近感を持ってもらえたら、きっとジョークも笑ってもらえる。客との関係が築けなければ、世界一のジョークでもうまくいきっこないんだ」。ぼくは納得できなかった。まったくの無知だったから、無条件に自分の意見に自信を持っていて、ジャックが賢明で正しいことをいってくれているのに、素直に受け入れられなかったんだ。それでも、彼は辛抱強く、こう繰り返した。「ただ黙って、いうとおりにしてくれれば、二年以内に手ごたえを感じるようになる。そのとき振り返ってみようじゃないか。どちらが正しいか分かるはずだ」。コメディアンとして大成功する、彼はそういってくれたが、ぼくにはそんな未来はみえなかった。だけど、ぼくは彼がとても好きだったから、黙って、彼に任すことにした。

　こうしてぼくは、テレビの放送作家としてのキャリアと週千ドルの稼ぎを捨てて、〈アップステアーズ・アット・ザ・デュプレックス〉という店のジャン・ウォールマンという美人のもとで、ただ働きをすることになった。毎晩、タクシーでナイトクラブ近くのシェリダン・スクエアへいった。ジャック・ロリンズかチャールズ・ジョフィのどちらかが同行することもあったけど、たいていはふたり一緒に付き添い、ジャン・ウォールマンと一緒にぼくを引っ張ってステージに押し出した。観客の数はその日の天気によって四十人だったり十人だったり。ポスターにはもうひとり、コメディアンが載っていた。ゲイリー・マーシャルという面白い男だ。のちに彼は、テレビ番組『ハッピーデイズ』のプロデューサーとして大ヒットを飛ばし、さらに映画『プリティ・ウーマン』などの監督をした。間違いなく、彼もまたほんとに面白いスタンダップコメディアンだった。ぼくはたいていうまくやってのけたが、しくじる夜もあった。ぼく目当ての客もいて励まされたよ。脚本家のデイヴィッド・パーニシュはぼくの寸劇「楽しい腸重積《ちょうじゅうせき》症」に驚嘆したし、メル・ブルックスや、ずば抜けて面白いブロードウェイのコメディアン、フィル・フォスターもみにきた。ジャックとチャーリーは必ずそこにいた。チャーリーは自分の結婚当日の夜も花嫁とこの小さなクラブに駆けつけ、ぼくのステージをみにきていたんだ。誓いの言葉を交わしてすぐにやってきたようで、花嫁はウエディングドレスに身を包んだままだった。

終演後は毎晩、〈ステージ・デリカテッセン〉へいって、その日の舞台についてジャックと話し合い、しょっちゅう「元ネタが分かりにくくて内輪にしか伝わらない。あと、どうして犬にしかきこえないような甲高い声でしゃべるんだ」とダメ出しされた。ほかのコメディアンがぼくらの席にきて、腰を下ろし、雑談することもよくあった。ジャック・E・レナード、バディ・ハケット、ヘニー・ヤングマン、ジーン・ベイロス。面白い人ばかりで、ぼくを気に入って応援してくれた。それはぼくが彼らに礼儀正しく敬意を払っていたし、ボルシチ・サーキット〔ユダヤ人客がひいきにしている夏のリゾート地〕の年輩のコメディアンたちを軽蔑するような新人じゃなかったからだ。それどころか、彼らのネタが大好きだったし、そのことを彼らに伝えていた。

ある意味、彼らは父親のような存在だった。あるとき、ぼくはネクタイを貸してくれるクロークルームの女性にチップを渡すべきかどうか悩んでいた。当時、一ドルは高額のチップだったが、そもそも金の問題じゃなく、単純にチップのルールが分からなかったんだ。それでフィル・フォスターに「彼女にチップを渡したほうがいいですか？」ときいてみた。「十ドル稼いだんだっけ？」と彼。「そうです」とぼく。「その十ドル、出してくれ」。いわれたとおりにすると、彼はその十ドル札を彼女にあげてしまった。「そんな……十ドルですよ？　どんなクローク嬢にも十ドル渡したことはありませんよ」。すると彼は「さっきのことはずっと忘れないから、これからチップを渡し忘れることはない。彼女がネクタイやジャケットを貸してくれたら、チップを渡す。ほら、もう頭に入っただろう」といった。いっておくが、チップに関してぼくがけちだって話じゃなく、単純にチップの細かいルールってものを理解していなかったという話だ。一度なんかはうちに呼び出し状を届けにきた裁判所職員にまでチップを渡したことがあったからね。

あの頃、七番アヴェニューの〈ステージ・デリカテッセン〉へいくのは、深夜の儀式だった。隣には二十四時間営業の〈ダウン・パトロール・バーバー・ショップ〉があったから、朝の三時に散髪やひげ剃《そ》りができるんだ。〈コロニー・レコード・ショップ〉も終夜営業だったから、真夜中すぎに男どもはレコードとともに女性を物色していた。〈ラリー・マシューズ・ビューティー・サロン〉もナンパの名所だった。魅力的な女性ばかりなんだ。ナイトクラブの閉店後、美しいショーガールやコーラスガールがこぞってやってきて、美しさに磨きをかけていた。ぼくはコーラスガールに声をかけるのが下手で、もっぱら散髪に励んだ。

もちろんぼくは既婚者だったが、結婚生活は末期を迎えていた。互いの心は離れてしまった。彼女は無理からぬことだが、ぼくの不機嫌で憂鬱なところや、うっとうしい性格に耐えられなくなっていた。ぼくは修業中のコメディアンで、彼女は大学の最終学年。彼女のおかげで、ぼくはカント、キェルケゴール、ショーペンハウアー、ヘーゲルといった一部の哲学者に詳しくなった。自分の即自と対自の違いを理解したとはいいづらいが、ハイデガーがなんといおうと、「不幸な結婚生活に在るもの」と「不幸な結婚生活に在ること」にたいした差がないことは理解できた。その頃には、五番アヴェニューのすぐそばにあるブラウンストーンの建物に移り、二部屋半のアパートメントを借りていた。そこでの生活は比較的平穏だったが、一度だけ、ある朝起きると、手紙がドアの下に差しこまれていたことがあった。同じ階に住む中年女性からの手紙で、「私は窓から飛び降りました。警察に連絡してください」と書かれていた。ぼくらの隣人が飛び降り衝動に駆られるのはいったいどういうわけだろう？　そうそう、家に帰ってきたら空き巣に入られていたこともあった。泥棒が押し入った形跡はありながら、何も盗まれてなくて、ポータブルテレビが置き残されていた。おそらく泥棒は別の家からテレビを盗んだあと、うちで物色している途中でパニックに陥り、テレビを置き去りにして逃げたんだろう。ちょうどふたつ目がほしかったので、ラッキーだった。

ある夜、ぼくらはもうひと組のカップルとダブルデートをした。そちらの女性は相手の男性とうまくいっていなかったが、それもあとになって分かったことで、そのときは気づかなかった。ぼくはコメディアンになることばかり考えていて、ほかの女性は頭になかったんだ。寸劇を書いては練習し、緊張をほぐそうと毎日律儀に精神分析医に通い続け、ペリー・メイスン的瞬間〔ドラマ『弁護士ペリー・メイスン』でメイスンが謎をとく瞬間《エウレカ》〕の訪れを待ち望んでいた。分かったぞ！　今思い出したが、ぼくはうっかり両親のセックス現場を目撃したことがあったんだ。あのときのトラウマを長い間、抑圧していたせいで、チェロケースに閉じこめられて蓋を釘付けされるかもしれないという極度の恐怖心を抱くようになったんだ。

　ダブルデートの女性（スリラー物にもってこいのタイトルだ）はご近所さんだった。ぼくらの家は五番アヴェニュー近くの七十八番ストリートにあって、彼女は両親と五番アヴェニューと七十三番ストリートの角にある家に暮らしていたんだ。あの日の夜、何か特別なことがあったわけではなかった。ふたりは別れたのか、男のほうがよその街へ引っ越したのか、はたまたほかに何かあったのかも記憶にないんだが、彼女は近くに住んでいたから、妻とぼくは彼女を夕食に招待した。彼女はやってきた。その夜は三人で話したり、たぶん、テレビをみたりして過ごしたと思う。とびきりの美人でとても魅力的な女性ではあったけど、彼女がどれほど深くぼくの心に残っていたかは、彼女と結婚して月に住みたい、という強い願望に駆られて、真夜中に目を覚ますまで気がつかなかった。夕食の席で、彼女がクラブのシンガーになりたいと思っていることを知った。幾晩かダウンタウンにあるクラブに出演する予定だからきてほしいと誘われたが、ぼくは「ぜひいきたいけど、妻とワシントンＤＣへ一週間いくことになっているから」と断った。ぼくらは彼女の成功を祈り、彼女は帰っていった。ところが、チェシャ猫のように笑顔だけを残していったものだから、ぼくは罪悪感に襲われ、あわててその笑顔をソファーのクッションの下に押しこんだ。

　そのあとすぐ、ぼくはハーリンとワシントンへいった。そこで休暇を過ごせば、結婚の危機を乗り越えられるだろうと思ってたんだ。一週間、マンハッタンでのいろんなストレスやマンネリ化した日々から解放されれば、何年にもわたるフン族的な武力侵略を食い止められるだろうと考えたわけだ。それで、ぼくらは電車に乗って、ナショナル・ギャラリー、フリーア美術館、ＦＢＩ本部ビル、アメリカ合衆国造幣局を訪れ、

〈デューク・ジーバーツ〉や〈オクシデンタル〉なんかで食事をとったのに、首都ワシントンの息をのむほど美しい桜並木の下で口論になり、罵り合った。気持ちが高揚するような自由を象徴するモニュメントをいくらみても、〈アンナ・マリアズ〉でとびきりうまいフレンチ風仔牛のカツレツ《ヴィール・フランチェーゼ》を食べても、ぼくらが望んでいたような特効薬にはならなかった。家に帰るとタイプライターに向かい、一方で妻は大学にいた。ぼくはひと息ついて、〝ダブルデートの女性〟に電話をかけてキャバレーでの初ステージはどうだったかきいてみた。四月の午後三時くらいのことだ。彼女は家にいて、「うまくいったと思うわ。旅行はどうだった？」といった。ぼくは「自由の鐘」についてちょっとばかりくだらないおしゃべりをした。それがフィラデルフィアにあることを忘れていたんだ。そのあと、ドストエフスキーが『賭博者』の青年に託した衝動が突然こみあげてきて、「ジャズ・レコードを買いに出るとこだけど、散歩しない？」と口走っていた。

「いくわ」と彼女は答えた。そのひと言でぼくの人生は劇的な変化を迎えることになるが、そのときは分かっていなかった。いくらもたたないうちに、ぼくは彼女が住んでいる五番アヴェニューの建物の前に着いた。ドアマンは胞子の培養をみるかのような視線を向けてなかに入れてくれず、内線で確認したあと、「すぐに下りていらっしゃいます」といった。そして彼女が現れた。二十歳。目の覚めるようなオーラを放ちながら、建物から飛び出してきて、ロビーに足を踏み入れるべからずと判断された田舎者を歓迎してくれた。笑顔で挨拶されたとき、うっとりとみとれてしまったが、まさか、そのうちに彼女がぼくの妻になり、最終的には別れながらも生涯の友人になるとは夢にも思わなかった。今、ぼくは八十四歳で、彼女は八十一歳。チェーホフが生きていたら、ぼくがいいたいことを分かってくれるだろう。彼女の名前はLouise Lasser《ルイーズ・ラッサー》。舌の先でLの音を形作るとき、たちまちセクシャルな響きが宿る。Sの音もまた彼女の魅力をそこねはしない。彼女はブランダイズ大学を最終学年で中退したばかりだった。ブロンドの美しい人。何年にもわたって重い鬱病と精神的苦痛にひどく苦しんでいたが、絶世の美女だったっていうぼくの言葉は信じてくれ。

とりあえず、信じられないようなら、そのことを証明するエピソードがふたつあるからきいてくれ。まずは軽めのから。タクシーに乗ったときのことだ。目的地に着き、彼女は先に降りて、ぼくが残って支払いをしていると、運転手が驚いた様子で「あの女性はどなたですか？　びっくりするくらいの美女じゃありませんか。生き生きとして魅力的だ」といった。そう、これが公平な一般男性の声だ。ブランダイズ大学へいく途中で、ジャーナリストのマックス・ラーナーやジョン・F・ケネディから声をかけられたこともあったらしい。ふたりとも一般男性ではないけど。ふたつ目のエピソードは、彼女の父親に連れられて、『屋根の上のバイオリン弾き』をみにいったときのことだ。前から二列目か三列目の席でミュージカルをみていたら、ピットミュージシャン〔舞台下で演奏するオーケストラ〕のなかに、タミメントで知り合ったオーケストラのメンバーが数人いることに気がついた。ミュージカルのあと、ぼくは挨拶しにいった。

「一緒にいる子はだれだい？」とドラム奏者がいった。

「ルイーズだよ。ぼくの彼女なんだ」

「オーケストラの連中はみんな、彼女の話題でもちきりだったんだ。ブリジット・バルドーかと思ったよ」

もちろん、バルドーほどの圧倒的な美女はいない。だけど、髪をポニーテールにまとめた二十歳のルイーズはどことなくクラシックな雰囲気を漂わせていた。ずっと若いときのとびきり美しかったミア・ファローにも似ていて、友人や知人から新聞に掲載されたミアの写真と「あなたかと思った」と書かれた手紙が送られてきていたそうだ。何年もあとで、若いときのルイーズの写真をミアの息子のフレッチャーにみせて、「だれだと思う？」とたずねたことがあった。すると彼は「ママだよね？」といっていた。

長くなったが、とにかく彼女は美人だったんだ。だが、それは彼女の魅力のごく一部でしかない。愛らしくて、聡明で、頭の回転が速く、とても面白くて、ウィットに富んでいて、教養もあった。彼女の育った家はぼくがミッドウッド劇場のスクリーンでみたような五番アヴェニューのメゾネットだったし、ティファニーや高級百貨店〈バーグドルフ・グッドマン〉では、つけで買い物をしていた。父親は公認会計士として大成功して、彼が書いた赤と青の税金の本は街中の本屋に売られていた。母親はインテリア・デコレーターをしていた。家族で一流レストランにいっていたから、どこの給仕長《メートル・ディ》も彼女のことを幼い頃から知っていた。ぼくがリノリウム床のキッチンでデルモンテの莢豆《さやまめ》を缶詰から直接食べて育てられていた頃、彼女は五番アヴェニューでエスカルゴをたいらげていた。制服のドアマンにタクシーを呼んでもらって劇場へ急ぎ、そのあと〈ギアンベリ〉で食事をとるというわけだ。彼女の声は胸から響き、官能的な気配が全身から発散されていた。ちょっとばかり抜けたところもあったけど、神様は白い衣《ころも》の美しい袂《たもと》のなかに様々なずるい手を隠し持っているものだからね。

しかし、これからゴタゴタが起こる。あれは四月だった。ぼくらはセントラルパークを散歩したあとで、〈ジャズ・レコード・センター〉というジャズ・レコードを専門に扱っている、エレベーターのない薄汚れた店を訪れた。階段を上がると、「バンクからモンクまでなんでもあります」〔バンクはジャズトランペット奏者、モンクはジャズピアニストの名〕と書かれた看板がかけてあり、広い店内にはジャズのレコードがあふれかえっていた。子どもの頃、何時間も長居して、小遣いが許す範囲でシングルレコードを一枚だけ選んでいた。店主はでっぷり太ったジョーという男で、客が箱に入ったレコードを物色している間は夢遊病者のようにじっと座っていたけど、質問すると、どうにかぼそぼそと答えてくれた。そういえば、偉大な随筆家のヘイズリットかラムのどちらかがエッセイでこんなことを書いていた。少年の頃は数セントの小遣いしかもらえなくて、一冊の本を買うためにずいぶん時間をかけていたけど、その時間がとても楽しかった、大人になって、何冊でも買えるようになったけど、あのときのわくわく感は消えてしまった。ぼくはそれとまた違ったわくわく感を味わいながら、ルイーズと一緒にレコード棚を物色していた。ぼくはほしかったジョニー・ドッズだったかジョージ・ルイスのレコードをみつけ、彼女にはビリー・ホリデイのアルバム『レディ・デイ』を購入した。なにしろルイーズは歌手をしていたから、ビリー・ホリデイを崇拝しているだろうと思ったし、実際、そうだった。

ぼくらはのんびり歩いて帰った。彼女の住んでいる建物の前に着くと、ぼくは散歩に付き合ってくれたお礼をいい、「午後なら時間がとれるから、もしよければ散歩や映画にいこう」といい添えた。彼女は「次の火曜なら空いているわ」といった。こうしてぼくらは、火曜正午にプラザホテル前の噴水で待ち合わせることになった。まさにスコット・フィッツジェラルドだ。だからって彼女がゼルダになるなんて知るはずもない。ぼくは放心状態で家路に着いた。彼女も頭がくらくらしていたらしい。なぜだろう。ぼくは彼女にアピールするような魅力的なところは何もないのに。一緒にいて楽しくて完璧にかっこよくて面白いから？　ほかに彼女を最高にハッピーな気分にさせた理由は思いつかない。ぼくは既婚者で、ちびで、服の趣味がダサくて、コメディアン気取りの男だったから、当然ながら、彼女に好かれているなんて夢にも思わなかった。ただ分かっていたのは、ぼくは自分のあらゆる夢や空想を具現化した女性と、火曜正午に待ち合わせて、午後から夜まで一緒に過ごせるということだけだった。たぶん、約束を取り付けたその夜、ぼくは妻にいつもより優しく接していたと思う。彼女はすでに差し迫った離婚計画の話をしていたけど。うっとりと、その午後をどんなふうにルイーズと過ごそうかプランを練りながら、いつ断りの電話がきてもおかしくないと思っていた。〈デュプレックス〉へいってジョークを飛ばしたあと、ジャックと食事をとりながらコメディについて話し合ったが、〈ステージ・デリ〉の店主マックスの特別料理を前にしてもほとんど心ここにあらずの状態だった。ぼくが立てていたデートプランはちょっと想像がつかないと思う。ぼくはルイーズと楽しくてわくわくするような午後を過ごしたいと考えていたんだ。映画館で静かに座っていたくなんかなかった。映画館じゃあ、ふたりの関係になんの進展もない。彼女とどんなことをすれば、なんとなくでも彼女にどう思われているか分かるだろうか。最初は妻帯者だろうが、そのうちに浮気者、女たらし、さらには彼女の恋人候補と思ってくれるようになるだろうか。

　そして、完璧なデートプランを思いついた。競馬場だ。ベルモントパーク競馬場へいけば、ふたりで馬を選んで、勝ったり、負けたり、笑い合ったり、慰め合ったりできるだろう。ちょっと変わっているし、最も重要な点として、いくらかアクティブで活気ある時間を過ごせるはずだ。そのあと、すべてが順調に進んだら、たぶん、キャンドルライトが揺れる地下のフレンチレストラン、〈ラ・ケイヴ・オブ・アンリ・ザ・フォース〉で軽くディナーをしよう。ロマンチックな雰囲気が漂うなかで、ワインを注文し、俳優のモンゴメリー・クリフトのような物思いにふけったポーズを決めるんだ。

話は火曜朝に飛ぶ。ぼくは起きて、ひげを剃り、シャワーを浴びたあと、世捨て人のような体にタルカムパウダーをたっぷりはたいて、七匹の子ヤギをだまそうと身体に小麦粉をまぶしたオオカミみたいになった。妻を見送った。妻は終日、大学で不在だ。ぼくのせっかくの着こなしが靴で台なしになっている。みすぼらしい。待ち合わせ場所へいく途中で、靴屋に立ち寄って、洒落《しゃれ》た靴を一足購入した。ただサイズが小さかったようだ。変だな、店ではぴったりだったのに。正午、プラザホテル前の噴水の縁に腰かけて待っていると、間もなく、輝きを放ちながら彼女が現れた。美しいブロンドの長い髪、皿のような丸い目、かすれた色っぽい声。ぼくの顔にはだらしない笑み。

競馬場行きの電車に乗った。会話は弾んでいたんじゃないかな。ベルモントに着くと、賭けたり、笑い合ったり、名前から勝ち馬を予想したりした。ほぼ負けたけど、一度だけ勝った。そのあと、帰りの電車で、冷えた重い空気が流れ、ぼくはデートがうまくいっていないと感じはじめた。魅力的に振る舞うのにもひどく疲れた。まるで長距離走をやっているようなものだ。こうなると、ぼくは次第にうろたえだして、会話が途切れ、沈黙が長くなるにつれ、しくじったと悟った。冷や汗も噴き出る。これまでの人生が映画のように目の前を通り過ぎていった。ぼくを演じるのは俳優のフランクリン・パングボーン。時刻は六時三十分。地にまみれる覚悟をしつつ、夕食に誘ってみた。駄目元だ。ところが、なぜか、彼女は乗り気だった。気づけば、ふたりでキャンドルの灯るテーブル席につき、ぼくはボルドーのボトルを注文していた。ワインについては、馬や躁鬱の女性と同じくらいよく知っている。コツはメニューをみるときの視線の位置で、ワインの年号を確認しているとみせかけて、値段を確認し、自分に払える範囲で最も高価なワインを注文するんだ。こうして、ぼくらはワインを片手におしゃべりをした。二杯目を空けると気が大きくなって、手を握ってみたが、払われなかった。地面が揺れているような感じだった。ぼくは夫婦仲について少し話した。彼女を安心させようと極めて誠実な態度で、若くして結婚してしまい、妻は可愛くて素敵な人だけど、ふたりともそろそろ関係を終わらせようとしていると話した。ハーリンが育ちのいい普通の若い女性で、ぼくのような環境に適応できない未熟なポンコツと一緒でなければ、問題なく平穏で健全な結婚生活を送れたはずだったってことは伝えなかった。

支払いをすませて席を立ち、店の暗がりでキスをした。彼女から体を寄せてきたから、ぼくはそこに突っ立ったまま、彼女の唇に吸いついて、おいおい、今キスをしている相手はルイーズなんだぞ、と考えていた。なんていうか、頭のなかにいる小男が怒って、そういってるみたいな、まさにそういう感じだった。ところで、この十分後、彼女はバッグから現金を取り出すことになる。ぼくの財布は足の遅い馬、新しい靴、グリュオ・ラローズのボトルで空っぽになっていたから、彼女が馬車の御者《ぎょしゃ》の手に料金を渡してくれたんだ。これは一回目で、彼女は三回支払うことになる。それはぼくらが馬車でセントラルパークを何周もして、幌《ほろ》に隠れてしつこくキスをしていたせいだった。帰宅後、ぼくがバチカン美術館の壁に描かれた祈りを捧げる聖人たちのように、目玉を天に向けていると、妻が「なんで舌がそんなに黒いの？」ときいてきた。

「ベリーを食べたせいかな」と返したものの、後ろめたさで裏声になり笛のような音が出た。

「果物嫌いじゃない」と妻は痛いところをつく。

「克服しようと思ってさ」というなり、鼻が一音節ごとに伸びていった。

「話がしたいの。離婚したあとどうするか決めておきたいのよ」と彼女は告げた。

ぼくは結婚生活を解消する準備ができていた。偶然、神経質な賢者の石につまずいたおかげだろう。別れあれば出会いあり。こうして離婚が成立し、ルイーズと付き合いはじめた。ところで、ぼくは愛とはどういうもので、どんなふうに感じるものなのかを初めて悟り、ようやく詩人や作詞家がいわんとしていることを理解したわけだけど、その瞬間が彼女とどこにいたときのことだったか正確に覚えている。彼女とは数週間デートを重ねていた。ぼくは前の家を出て、バスルームに暖炉のあるとてもロマンチックなアパートメントに移ったが、一度も使わなかった。使わなかったのはバスルームじゃなくて、暖炉だ。居間の暖炉は使っていた。ルイーズとは起きているときも眠っているときも片時も離れなかった。そして、ある日の午後、ふたりでニューヨーク近代美術館のレストランでコーヒーを飲んでいたとき、どういうわけか、ルイーズをみつめていてこう感じたんだ。まいったな、ぼくはこの女を愛している。だれかのことをそんなふうに感じたのは初めてだった。もう連中がいわんとしていることも理解できる。だけど天界のどこかでは、ヨブ〔旧約聖書で数々の苦難に耐え忍びながら神への信仰を貫いた人物〕を残酷にもて遊んだのと同じ人物が、ファイルのなかにぼくの写真を偶然みつけて、未来を予想し、ほくそ笑みながら、もみ手をしていたんだ。

第5章

のちにルイーズの母親がいくつか深刻な精神的問題を抱えていたことが分かった。深刻といったのはつまり、施設に出たり入ったりを繰り返していたし、少なくとも鬱《うつ》状態の間はショック療法が必要だったからだ。母親の入退院はひとりっ子のルイーズに大きなダメージを与えたようだが、珍しい話じゃない。付き合いはじめから危険を知らせる赤旗がいくつか立っていたけれど、彼女とうまくやっていきたいと心底願っていたから、みてみぬふりをすることにした。ひとつ例をあげると、ぼくがルイーズにブランダイズ大学を最終学年で中退した理由をたずねたとき、しつこく質問を繰り返した末、いくつかの精神的な問題が原因だったことが分かった。当初は、単純に演技や歌に集中するためだときかされていたんだ。その後、異常に興奮するときがあって、特に鮮やかで滑稽なセックスの夢をみたあとはかなりハイになっていた。ほんの少しテンションが高いうえ、ひどく取り乱すこともあったが、躁状態の症状なんて知るわけがない。うちの家族には精神的な問題を抱えた人はいなかったし、そもそも、肉切り包丁を振りまわしながら裸で通りを走るような真似さえしなければ奇妙な行動とはみなされなかった。

おそらく、どこかおかしいという兆候は彼女の部屋に顕著に現れていたと思う。五番アヴェニューで両親と娘が暮らしている美しく装飾されたメゾネットを想像してみてくれ。家具は彼女の母親がデザインしたものもあり、洒落《しゃれ》ていた。どのランプも、灰皿も、椅子《いす》も、テーブルも、華美を抑えた上品なデザインで、落ち着いたシンプルな雰囲気になるよう配置されている。淡いブルーやグレイの柔らかなパステル調の色あいでまとめられ、チェリー材が随所に使われていた。すべてが適切で、だれがみても完璧だ。あらゆる物に番号が振ってあってテーブルの上に番号どおりに置かれているような印象を受ける。その結果、細部までこだわった美しい空間になっていた。階段を上がればルイーズの部屋がある。ドアを開けると、そこは広島だ。ベッドは乱れ、引き出しは開けっ放しで、服は散乱し、そこら中にクリームやローションが散らばり、瓶や使いかけのチューブもあるが、蓋《ふた》はどこにあるのやら。バスルームの戸棚も開いたままで、普通なら使ったあと元にもどす日用品の数々が洗面台の上か、バスタブの縁に置かれていた。ナイトテーブルには、いつからあるかも分からない食べかけの冷えたピザの箱、その横には飲み残しのコーヒーが放置され、白い膜のようなものや吸い殻が浮かんでいる。開きっぱなしの本や山ほどある楽譜は洗濯物と入り乱れている。彼女の部屋は、その家の隅々まで計算しつくされた美しいほかの部屋とは天と地ほどの差があった。意思表示だろうか。しかし、何を伝えようとしているんだ？　感情をコントロールできないのか？　それとも、これは心の状態を示しているのか？　ひょっとすると、母親のいきすぎた几帳面さや、細心の注意をはらって設《しつら》えられた内装に対する反動なのか。どんな単細胞でも、この部屋をみればすべてを察して、この先何が待ち受けているかを悟るだろう。だが、ぼくはそんじょそこらの単細胞じゃなかった。夢にみた理想の女性に恋をした並はずれた単細胞だった。ぼくは瓦礫《がれき》をかき分けながら、都合よく考えることにした。「お手伝いさんの体調が悪かったんだね」と甲高い声でいうと、「昨日きてたわよ」と返された。そのあと、ぼくは女神と愛しあった。彼女は几帳面な女性じゃなかったが、ぼくはその条件を受け入れよう。

ルイーズとは八年の交際を経て結婚した。その間、ぼくらは途切れ途切れに一緒に暮らしていたが、ほぼ同棲状態だった。その八年間はまるでワイルドマウス型のジェットコースターに乗っているかのようで、彼女は浮気をしたり、ダイエットしたり、入退院を繰り返したり、マリファナを吸ったり、薬物に手を出したり（嗜好用もあれば医療用もあった）、躁状態になったり、ひどく自虐的になったりした（アーサー・ミラーの『転落の後に』を参照してくれ）。そうかと思えば、突然、最大風速のハリケーンみたいな高揚感に襲われ、演技や歌に挑戦したり、生きていくことに前向きになったり、ぼくのガールフレンドらしくなろうとしてくれたり、調子のいい日には（徐々にそんな日は少なくなったが）信じられないほど一緒にいて楽しい人になったりした。嘘つきで、魅力的で、支えになってくれて、仕事について励ましてくれて、ひどくいらいらしていて、愛らしくて、悲しげで、鋭い洞察力に満ち、常にユーモアがある人だった。

のちのぼくの作家人生において、彼女は何年にもわたり、わがソネットのブロンド・レディでいてくれた。アンジェリカ・ヒューストンが出演してくれたある映画のシーンで、ルイーズの寝室そっくりにセットを作ったとき、あの大女優は信じられないというふうにぼくのほうをみて、「お知り合いにこんな部屋の方でもいたの？」ときいてきた。ぼくは考えてから、「ええ、元妻なんです」と答えた。

というわけで、ぼくが〈デュプレックス〉のステージに立つとき、ルイーズはジャック・ロリンズやチャーリーに加わって、アドバイスをくれたり、批評したり、力になってくれたり、ジャックとともに鋭い指摘をしたりしてくれた。ふたりは意気投合し、ジャックは彼女の頓挫していた歌手の仕事を世話しようとしたが、彼女が扱いにくいうえ、あまりにも精神的に不安定であることが分かりうまくいかなかった。ミュージカル『アイ・キャン・ゲット・イット・フォー・ユー・ホールセール』がブロードウェイで公開されたとき、彼女はバーブラ・ストライサンドの代役をしたことがある。そのときもブロードウェイの終演後に欠かさずぼくのショーに駆けつけて、ずっと力になってくれた。そのうちにぼくは活動の場を〈デュプレックス〉から ブリーカー通りにあるコーヒーハウス〈ビターエンド〉に移した。そこのやり手のオーナー、フレッド・ワイントローブからずいぶん後押ししてもらって、待望の新人として迎えられたんだ。コーヒーは出すが酒はない店で、ステージの後ろの壁は雰囲気のある煉瓦《れんが》造りだった。出演者のほとんどはフォーク・ミュージシャンだ。ルーシー・サイモンと妹のカーリーによるフォーク・デュオ、ホセ・フェリシアーノ、ピーター・ポール＆マリー、フォークグループのタリアーズ。ベース担当のマーシャル・ブリックマンは極めて面白い逸材で、のちに彼と『アニー・ホール』や『マンハッタン』といった数々の映画を共同執筆することになった。彼はずば抜けて面白い男で、得難い才能を持っていた。

レジ係のヒルダ・ポラックが輪ゴムでまとめた現金を渡してくれた。S・J・ペレルマンの息子アダム・ペレルマンもそこで働いていた。アダムとは何度も雑談したが、のちに自殺してしまった。キャリアをスタートさせたばかりのビル・コズビーにも会った。ディック・キャヴェットは〈ビターエンド〉でスタンダップの腕試しをしていたけど、彼が挑戦したほかのすべてのことと同様、そのときもいい結果を残した。ぼくの友人のミッキー・ローズはそこでコメディアンに挑戦してあきらめた。ところが、ぼくは大成功を収めた。「ニューヨーク・タイムズ」のジャーナリスト、アーサー・ゲルブが店にきて、記事のなかでぼくを褒めちぎってくれたうえ、六時のニュースで司会を務めるキャスターのデイヴィッド・ブリンクリーがその記事を紹介して、〈ビターエンド〉にいけば、ジョン・F・ケネディをネタにしないコメディアンに会えるとコメントしてくれたおかげだ。当時、ケネディ家は国民から最も注目されていた一家で、コメディアンはみんなケネディ家をネタにして政治的なジョークを飛ばしていた。これはモート・サールが残した負の遺産といえるだろう。モートは天才で、数々の政治ネタのジョークを売りにしていた。それ以前、彼のようなジョークを作れる人は間違いなくいなかった。その後、彼の才能におよばない多くの人々が自分にも政治をネタにしたジョークが作れると考えてしまった。うまくいった者もいたが、ほとんどが失敗した。

政治ネタのジョークを選んだコメディアンとひとつ違っていたのは、モートは政治に関して真に博識で理路整然とした考えを持っていたところだ。だがなんといっても、モートはほかのコメディアンにはない魅力的な個性を持っていた。けた違いの才能に恵まれていたため、ほかのコメディアンは彼のパフォーマンスを認めず、「ただステージに出て、しゃべっているだけだ。だれでもできる」といってけなした。だが、だれが政治的なジョークを飛ばそうが――なかにはかなり出来のいいものもあったけど――観客はモートの個性に魅了されたんだ。この話は繰り返しになるから、ここまでにしよう。時事問題のジョークには、世間が関心を寄せている毎日のニュースをネタにしているという強みがあり、コメディアンはだれもが知っているトピックを使うことで有利なスタートが切れる。そうした話題はふるとすぐ、ほぼ確実に笑いがとれるからだ。ぼくは常々、モートは政治的なネタを扱っていないときのほうが最高に面白いと思っていた。ちなみにぼくは、時事問題のジョークに手を出したことはない。これといった理由があるわけじゃなく、ただ単にその主題でしゃべろうと思うほど興味が持てなかったんだ。そりゃニュースはきくけど、ネタにする気にはならない。ところが、「ニューヨーク・タイムズ」に記事が載った直後、〈ビターエンド〉に行列ができはじめた。ショーには観客が詰めかけ、取材の依頼が次々に舞いこみ、『PM イースト』といったテレビのトークショーから声がかかり、何度も出演したんだ。『PM イースト』の司会はマイク・ウォレスだったが、ある放送回に出たときには、バーブラ・ストライサンドの隣に座った。彼女もこの番組のスタッフが気に入っていた新人ゲストだった。

レコード・アルバムを出さないかという話もきたし、間もなく、ショーの目玉として〈ブルー・エンジェル〉のステージに返り咲いた。当時、このこぢんまりとした洒落たクラブは目の肥えた常連客向けの演目で人気があり、新人コメディアンはそうしたクラブをあちこち飛びまわっていた。ぼくはサンフランシスコの〈ハングリー・アイ〉で、バーブラ・ストライサンドと共演した。シカゴの〈ミスター・ケリーズ〉でもジョークを飛ばし、そこでシンガーソングライターのジュディ・ヘンスキーに出会った。一時期、ルイーズとの関係は切れていて、ぼくはヘンスキーとデートをした。彼女は聡明で、ユーモアがあって、魅力的だった。ウィスコンシン州のチッペワフォールズの出だったんだけど、そこはぼくがのちにアニー・ホールの故郷に設定した地だ。彼女は上背があって、みおろされている感じになるし、見た目は不釣り合いなカップルだったけど、彼女と過ごす時間は特別だった。ただ、あの頃のぼくはだれとデートしても本気で付き合う気はなかった。あのいかれた子に首ったけだったから。だからって、ぼくが彼女の抱えている問題を解決してあげられるとは思えなかったし、病の深刻さも理解していなかった。そもそも躁鬱病がどういうものなのか分かっていなかったからね。ぼくのおじのボールは銀紙をためこんでいて、煙草の箱からはがした銀紙を丸めてボールを作り、どんどん大きくしていた。ぼくが知っている奇行といえばこれくらいだったんだ。

シカゴの〈ミスター・ケリーズ〉で、ジョン・ドゥーマニアンと彼の妻ジーンに出会い親友になった。ジーンとぼくの間に起こったあの件についてはそのうち話すけど、妙な話さ。セントルイスにある〈クリスタルパレス〉のステージにも立った。ここで新進芸術家のアーネスト・トローヴァに彼の彫刻作品をみせてもらったが、それらの作品はのちにポップアート界で高い評価を得ることになった。

〈ブルー・エンジェル〉ではニーナ・シモンとも共演したし、そこで働いている間にパディ・チャイエフスキー、フランク・レッサー、ビリー・ローズ、ハーポ・マルクスにも会った。もちろん、彼らはみなラウンジにいるボビー・ショートに会いにやってきた。だが、そんな場所でぼくは喝采を浴び、ディック・キャヴェットに出会ったんだ。キャヴェットは彼が携わっているテレビ番組からスカウトマンとしてぼくのもとにやってきたんだ。そしてすぐにぼくのファンになり、やがてよき友となって、一緒にぶらつき、東海岸や西海岸を歩きまわり、ぼくらが好きなもの――マジック、グルーチョ・マルクス、S・J・ペレルマン、W・C・フィールズ、中華料理店〈サム・ウォ〉のダックワンタンスープ――について語り合った。キャヴェットは、人生において思いもよらない出来事が次々と起こるタイプの男だ。ちょっとそこまで新聞を買いにいったはずが、グレタ・ガルボ、J・D・サリンジャー、ハワード・ヒューズがいるパーティーにいたなんてことになる。まあ、やや誇張して話したけど、それほど間違ってはいない。とてもウィットに富み、博識なうえ、面白い男だから、彼がネブラスカからニューヨークに移って以降、スターやスター予備軍は彼に引き寄せられ、彼との交友を楽しんでいた。同様に、彼が司会の伝説的なトーク番組は文化的な記録といえるほどの多彩なゲストが登場した。アルフレッド・ラントとリン・フォンタンの夫妻、キャサリン・ヘプバーン、ノエル・カワード、フェデリコ・フェリーニ、ヘンリー・キッシンジャー、モハメド・アリ、ローレンス・オリヴィエ、ジュディ・ガーランド、ベティ・デイヴィス、フレッド・アステア、アルフレッド・ヒッチコック、グロリア・スワンソン、イングマール・ベルイマン。

キャヴェットの日常では絶えずこんな出来事が起こっていた――各界の著名人とランチやディナーをともにしたり、週末を過ごしたり、会話をしたり、自分の番組にテネシー・ウィリアムズをゲストとして迎えたり、ウォルター・ウィンチェルと一緒に警察無線を盗み聞きしたり、歴史上の偉大なマジシャンたちとマジックのネタを教え合ったり。当時のことを思い返すと心地よい懐かしさを覚える。その頃ぼくらにはもっと時間があったから、時を選ばず朝から互いに電話をかけあい、朝食を食べにいき、散歩をして、それからチャールズ・ハミルトンのところに立ち寄って珍しいサインをみせてもらうこともあったような。そのあと彼はオーソン・ウェルズやゴア・ヴィダルといった有名人との昼食に出かけていった。彼に誘ってもらってグルーチョ・マルクスと昼食をともにしたことがあった。この偉大なコメディアンと出会ったときの興奮といったらなかった。あの声でしゃべると何もかもが面白おかしくきこえた。ただ、グルーチョがぼくのユダヤ人のおじや親戚たちとそっくりだと気がついて切なくもなった。うちじゃみんな、結婚式やバルミツヴァでよく冗談を飛ばしたり、からかったりしていたんだ。その違いといえば、グルーチョの場合、笑わせたいという衝動が大躍進を遂げ、コメディの天才となったということだ。

あるとき、キャヴェットと一緒にロサンゼルスにいたことがあった。彼は『ザ・ジェリー・ルイス・ショー』の台本を書いていて、ぼくは〈クレッシェンド〉というクラブに出演していた。ぼくらはスターに憧れるファンみたいに、片っ端から映画スターの家をめぐり、ジャック・ベニーやW・C・フィールズの家の前で呆然《ぼうぜん》と立ちつくした。ところで、〈クレッシェンド〉に出演していたとき、ジョン・F・ケネディが暗殺された。ここで、ぼくの自制心と熱意、あるいは現実とのつながりの欠如を説明するにはもってこいの示唆に富むエピソードがある。ぼくは夜になるとサンセット大通りにあるクラブでスタンダップを披露し、朝になるとポータブル・タイプライターに向かって脚本を書いていていた。初めて映画の脚本を依頼されていたんだ。それが『何かいいことないか子猫チャン』っていうひどい映画になるんだけど、この話はあとで。

まあそれで、脚本を書いていると、女性の客室係が「たった今、ケネディ大統領が銃撃されたそうです。死亡したとみられています」と告げた。テレビをつけると、どのチャンネルもその悲劇を半ばパニック状態で報じていた。ぼくは二分間で情報を得ると、テレビを消して、またすぐに脚本に取りかかった。ぼくの気を散らすものは何もなかった。その夜、ショーはキャンセルになり、キャヴェットとモート・サールとともに無為に時を過ごし、その事件を悲しみ嘆いた。

数年後、キャヴェットは鬱病に襲われた。家に帰ると気分がふさぎこむようで、彼のテレビ番組のプロデューサーから電話で、「できれば家に寄って、元気づけてやってくれないか」と頼まれた。彼は以前から近くに住んでいたので、ぼくは駆けつけた。キャヴェットは落ちこんでいて、一文なしになるとか、もう働けなくなるといったありえない不安でいっぱいになっていた。ぼくはただ彼のそばにいることしかできなかった。マーシャル・ブリックマンも同じように感じていて、家に立ち寄って元気づけようとしたが、キャヴェットの病はぼくらの力ではどうにもならなかった。何年にもわたって、いろんな医者にかかり、セラピーを受け、薬やショック療法を試し、また自身の純然たる知性の力を借り、やがて彼は鬱病を乗り越え、充実した豊かな生活を送れるようになった。精神的に窮地に追い詰められていたときでさえ、キャヴェットは社交的に振る舞い、洗練された魅力を保ち続けていた。彼がショック療法を受けるためにマウントサイナイ病院に入院したとき、ぼくはジーン・ドゥーマニアンと見舞いにいった。〈エレインズ〉で食事をする予定だったが、その前に彼の話し相手になって励ましたいと思ったんだ。ふたりともディックが深く落ちこんで、理不尽な恐怖心を抱いたり、電圧レベルを想像したりして、すっかり参っていなければいいがと思っていた。ところが病院に着くと、彼はタキシードを着て鏡の前に立っていた。「あまり時間がないんだ。ディナーパーティニコルソンと会う約束をしててね。ジャック・ーなんだ」。彼はそういうと、ぼくらとほんの少し言葉を交わし、フレッド・アステアみたいに退場して刺激的な夜会へ出かけていった。精神病棟に取り残されたぼくらはその場に立ちつくしていた。次の日には頭部に電極を装着される予定だったが、彼にとって、偉大なスターとのディナーパーティーを逃すなんて絶対にあってはならないことだった。

なんだか、ぼくのまわりには、偉大で素晴らしい、ウランのように不安定な人たちが集まっている気がする。ルイーズはついさっき大喜びしていたかと思えば、次の瞬間には、肌がひりひりする、手がこわばってきた、息ができない、死にそう、と訴えてくる。朝の三時にこうした状態になって、起こされることもあった。ときにはベッドから床に転がり落ちて、過呼吸になり、怯《おび》えることもあった。急に苦しそうにあえぎだすんだ。ぼくはどうしたらいい？　うちの家族のだれかが午前三時に苦しんだときは、数粒の胃薬で解決したんだ。どうやら彼女は珍しい種類の発作を起こすことがあるらしく、救急車を呼んでレノックスヒル病院まで運んでもらったこともある。診察を受けたあと、何かの注射を打ってもらって、家に帰されたが、朝の四時にタクシーをつかまえるのは大変だった。家路についたところで、ジャケットを持っていないことに気づいた。そこに鍵が入ってたのに。「君が鍵を持っていると思ってた」とぼく。「私はあなたが持っていると思ってた」と彼女。というわけで、タクシーでアメリカーナ・ホテルへ。その頃には鎮静剤が効いてきて、彼女は起きていられなくなった。ホテルの廊下でぼくは、ぐったりした彼女を引きずって、部屋を案内してくれるポーターのあとに続いた。次の日、鍵屋にきてもらってなかに入ったんだ。

次の週、この美人さんは訳もなく自分は太りすぎていると悩みだす。ぼくは幾何学的論理を用いて、太りすぎではないことを証明してみせる。実際、ちっとも太っていないんだ。だけど、それも徒労に終わり、彼女はクラッシュダイエット〔短期集中型の極端な食事制限〕を始めてしまう。明らかに不健康で極めて無意味な行動だ。断食《だんじき》後、数日間、プロテインだけで過ごしたあと、サラダしか口にしなくなる。炭水化物をはさんで、また炭水化物を抜いて液体だけで過ごし、さらに断食をする。そのうちまた、真夜中に彼女は目を覚まし、「おなかがぺこぺこで死にそう」といいだすんだ。そりゃそうさ。彼女はキッチンへいって、ツナ缶を半ダース開ける。半ダース、つまり六缶。彼女は大きなボウルにツナを放りこみ、マヨネーズをたっぷりかけてよく混ぜる。同じことの繰り返しだ。午後三時、ふたりでベッドの上に腰かけて、ぼくがへとへとに疲れて虚しい気持ちになっている横で、彼女は夢中になってツナサラダを食べる。次の日ベッドに入ると、彼女は食事制限を守れなかった罪悪感に駆られ、一夜にして二、三キロ増えてしまったと思いこんでいる。そういえば、ルイーズは料理ができなくて、唯一作れる料理はスパゲティだったんだけど、そのレシピは八人分で、彼女は人数分だけ作ることができなかった。ぼくらふたりはしょっちゅうスパゲティを食べていたんだけど、おかげで、そのたびに六人分を余らせていた。ほどなく、彼女は覚醒剤の使用を再開し、最新のクラッシュダイエットを始めた。ぼくは、月に数日でも楽しければ——そんな日は五日から二日へと徐々に減っていたけど——それで十分なのかもしれないと考えはじめていた。まあでも、数日たてば、異常な興奮状態も治まって、彼女は女子総合世界チャンピオンになる。優しくて、頭がよく、とても面白くて、とても魅力的で、とてもセクシー。

色っぽい話は気恥ずかしいし、エピソードはひとつだけにしておこう。氷山の一角にすぎないことはいっておく。ふたりでレストランの席に着いて、料理を注文していたときのことだ。ぼくはジューシーなノバスコシア産のサーモンの前菜をわくわくして待っていたんだけど、彼女が急に欲情しだした。彼女を刺激するようなことは何もしていない。ただいつもどおり、愛情深く、面白く、陽気に振る舞っていただけだ。「ついてきて」といって、彼女は立ち上がった。「どこにいくんだよ?」。ぼくはよだれを垂らして、もうすぐ運ばれてくるスモークサーモンを楽しみにしているっていうのに。「したくなっちゃった」と彼女。「だけど、前菜を注文したのに」と文句はいうものの、「いくわよ」と返されてしまう。彼女は、したいことをしたいときにしなきゃ気がすまないんだ。

「どこへいくんだ?」とうわずった声でいったが、席を立たせられ、入り口まで引っ張っていかれた。「すぐにもどってきますから」と彼女はウエイターにいった。「いや、どこへいくんだよ?」とたずねると、「すぐ近くに細い路地があったの」と彼女は答えた。「あのねぇ、ここはニューヨークのミッドタウンだよ。ぼくらがいるのはブロードウェイと七番アヴェニューの間にある五十四番ストリートだ。この街には人気《ひとけ》のない場所なんてどこにもないよ」「ちょっと階段を下りたところに、狭くて暗い場所があったわ。真っ暗だしだれにもみられないはずよ」

こうして、彼女はずらっと並んだゴミ箱を押し分け、マンハッタンのミッドタウンの人目につかない暗がりにぼくを連れこんだ。まわりを見渡したが、車も歩行者もぎりぎり視界に入ってこなかったので、ようやく、ぼくはスモークサーモンを忘れてその気になり、覚悟を決めた。愛し合った後、すぐに、ぼくは喜びに顔を輝かせて前菜の前に腰を下ろし、彼女は満ち足りた様子で頬を紅潮させていた。こんな女性はめったにいないだろう。ちなみに、ルイーズとレストランにいくと、思いもよらない出来事を体験する。彼女は料理を注文したあとで、別の料理に気が移り、そのあとでまた元の料理がよかったといいだすものだから、そのたびにぼくがウエイターを呼んで、またもや注文した料理の変更をお願いしたいんです、と伝えなくちゃならなかったんだ。

一度、彼女が「ウエイターに魚の骨を取ってなんて頼むんじゃなかったわ」といったことがあった。「魚に骨をもどしてほしいなんていわないよね?」と恐る恐るたずねながらも、骨をもどしてくれませんかとお願いする心の準備をした。とはいえ、彼女のためならたとえ火のなか水のなかだ。だって、ぼくが心から愛した人なんだから。

こんな状況でもずっと、ぼくはコメディアンとして活動し、腕を磨き、評判を上げていた。

ルイーズは巡業についてくることもあれば、家でどこぞの男を引っ張りこみ、ベッドに入っていることもあった。彼女は超音速でだれとでも寝たが、それでもぼくを愛してくれていたから、もしぼくが別れをちらつかせでもしたら、取り乱して落ちこんだ。実際、彼女は完璧な恋人になろうと努力してくれたんだ。それなのに、どこのマットレスでも横になったし、ワタオウサギ並みの性欲を持っていた。彼女はいろいろな意味でぼくにいい影響を与えてくれた人でもあって、ぼくを殻から引っ張りだしてくれたのも彼女だった。すぐに人と仲よくなれて、人好きのするタイプでもある。エネルギッシュで、知性にあふれ、魅力的で、ユーモアがあったからだろう。〈ミスター・ケリーズ〉に出演していたとき、ルイーズもシカゴについてきた。彼女がいてくれたから、ジョン・ドゥーマニアンとジーンに暖かく受け入れられたんだと思う。もし彼女がいなかったら、ぼくがこの夫妻と仲よくなることはなかっただろう。夫妻のルイーズに対する印象は次のエピソードによく表れている。レイクショア・ドライブを一望できるアスタータワーズホテルで、ふたりはぼくらを夕食に連れていこうと、スイートルームで待っていた。ぼくの準備はできていたが、ルイーズは相変わらず遅刻しているのに、立ったまま頭を傾けて、アイロン台にブロンドの長い髪を垂らし、何度も何度もアイロンをあてて髪をまっすぐにしていた。

ジーンとジョンは最終的には離婚したけど、生涯の親友であり続け、ふたりしてニューヨークに住まいを移した。ぼくはジーンと親しくなり、大げさじゃなく、数十年にもわたって、ぼくの人生における最も親しい友となった。お互い真の友人だった。良いときも悪いときもずっと付き合いをやめなかったし、異性との関係に問題を抱えているときは支え合った。毎晩一緒に夕食をした。ふたりだけのときもあれば、友人が加わることもあったし、だれに限らず、お互いの、もしくは片方の交際相手がついてくることもあった。ぼくがひとり暮らしをしていたときには、電気を消して寝る前、最後に話すのは彼女だったし、起きてすぐ、最初に電話をするのも彼女だった。一緒に街を散歩したし、一緒に数えきれないほどの映画をみたし、一緒にヨーロッパを旅した。彼女には長く付き合っている恋人がいた。ぼくが一九七〇年代にパリで映画を撮っている間に出会い、それ以来の付き合いだった。つまり、ぼくら三人は切っても切れない仲だったんだ。彼女はときどき、ぼくのためにデートのお膳立てをしてくれたし、一方のぼくは彼女がニューヨークに越してきたとき、テレビの仕事を探すのを手伝った。ぼくらは互いに隠し事のない家族以上に身近な存在だった。この信じられないほど楽しく親密な関係は何十年も続いたが、ぼくが彼女を訴える事態となる。

だから、本当のところ、いまだに訳が分からないんだ。たぶん、事の起こりは、ある日ジーンと彼女の金持ちの恋人がプロデューサーになることを決め、何本かのぼくの映画に出資しはじめた頃だったと思う。ふたりが出資した映画のほとんどは利益が出ていて、ぼくは自分の取り分をふたりに預けたままにしていた。銀行に預けるよりもずっと安心だと思っていたからだ。三人の関係が良好だったときには、自分の取り分は持っておくよういわれたが、「金のためにやってない。ただ映画を作るのが好きなんだ」と返していた。本当のところ、ぼくは金のために何かをすることはまずなかったし、実際に金のことは何も気にしていなかった。ジャック・ロリンズはしょっちゅう、「金のためじゃなく、芸術的な視点から企画を選んで、いい仕事をするために集中するんだ。そうすれば、金はあとからついてくる」といっていた。そんなことは彼に教えてもらうまでもなかったが、彼の口からその言葉をきけて、自分の感覚に確信を持つことができた。まあそれで、ぼくが作った映画は利益を生み、徐々にではあるが相当の金額になっていた。ぼくはずっとわずかなギャラで働き、予算を抑えていた。たぶん、同世代の映画制作者のなかでも一番ギャラが少なかったんじゃないかな。ところで、ぼくはここで、ずっとあとに起こる出来事について話しているんだけど、ぼく自身がいまだに説明できない事柄を最も分かりやすく説明するにはここで話すのがいいと思う。

その出来事は、ぼくがスン・イーと結婚し、子どもをひとり迎えた時期に起こった。家族が増えることを考えると、彼女と暮らしていたアパートメントじゃ狭すぎたから、家を購入したばかりだったんだ。ぼくのビジネス面のマネージャー、スティーヴ・テネンバウムが「ちょっとばかり君の取り分に手をつけさせてもらえるとありがたい。かなり経費がかかりそうでね」といってきた。あの感じのいいふたり、ジーンと彼女の恋人は、まったくもって不可解な話だが、スティーヴの問いをはぐらかした。スティーヴはぼくらの親密な友情に配慮して、ふたりに対し極めて慎重にその件について繰り返したずねたが、いつも軽くはぐらかされていた。なんの進展もないまま一年が過ぎた。ちなみに、もしもジーンと彼女の恋人がぼくのところにやってきて、「金銭的にこまっていて、例の金も必要なんだ。少し待ってくれないか」といってくれたなら、ぼくは「もちろんさ。親友じゃないか。余裕ができたら支払ってくれ」と返していただろう。だがそんな話はなかった。そもそも彼女の恋人はジャッキー・サフラって大富豪だった。ぼくが求めているもの、つまりぼくが苦労して稼いだ金なんか、大富豪にとっては、はした金でしかない。ぼくの金まで必要になるような経済的破綻が生じていたのなら、ただそう説明してくれればよかったんだ。そうであれば、ぼくは親身になり、喜んで手を貸しただろう。だが、経済的破綻でもなかったのに、巧みな交渉、時間稼ぎ、言いのがれが続き、さらに時は過ぎていった。

ぼくはジーンと親しかったから、てっきり彼女が恋人に、「彼は親友なの」といってくれるものだと思っていた。金銭問題で壊れた人間関係は数えきれないが、ぼくはこの関係にわずかでもひびが入るのは絶対に避けたかった。できるだけ友好的なやり方でさっさと解決してしまいたい、と考えていたんだ。

しかし、そうはならなかった。ぼくは問題の解決を訴えていたのに、最終的には会計監査を余儀なくされ、監査によって、こちら側が求めていた額以上に多額の未払金があると分かった。ふたりには、少額でいいので支払ってくれれば、すぐにでもこの件を忘れて、気持ちを切り替えると伝えた。反応はなかった。さらに時は過ぎ、支払いの意志がないことが明らかになりはじめた。ふたりはとても親切で協力的な友人だったので、理解できなかった。ジーンによれば、彼女の恋人は、どんなに複雑な思考回路を経ても、未払金があるなんて話は受け入れがたい、といっているらしい。ぼくが会計監査の事実を指摘しても無駄だった。ぼくはこれ以上、生涯の友人関係を損なうようなことがないよう、この件は仲裁人に任せて、こちら側は手を出さず、仲裁案がどうであれ、それに従おうじゃないかと提案した。ふたりはぼくに、この件を仲裁に持ちこむのはかまわないが、仲裁の提案に拘束力はないし、結果的に支払いが要求されたとしても、その義務はないとはっきり述べた。

何もかもばかげていて、もう煩わしいとしか思えなくなっていた。友情を守りたかったけれど、どこが落としどころなのか分からない。未払金に目をつぶる、ただそれだけの余裕がぼくにはなかった。なにしろ、長年働いて地道に稼いできた何百万ドルという大金の話だ。ほんの一部でも支払ってくれるならありがたく受け取って穏便にすませたのに、それさえも断るなんて。その間も、ぼくらはみんな知らん顔を決めこんで、夕食を囲んでいた。少なくともぼくは気にせず、ふたりとの時間を楽しみ、目下の問題について考えることもなかった。その件について話し合うこともなかったし、たくさんの楽しい時間を過ごして、おおいに笑っていた。こうしてさらに時が過ぎ、ジーンから連絡があった。急に次の映画の出資から手を引くといってきたんだ。ぼくはその言い分をききいれたうえで、すでに雇われているほかの人たちは、突然、土壇場になって出資が打ち切りになることに素直に応じてくれないかもしれないから、訴訟になるかもしれないと告げた。ジーンは柄にもなく、「勝手にさせとけばいいわ。訴訟なんて費用はかさむし、いつまでたっても終わらないんだから」といった。こんなの彼女じゃない。彼女は素晴らしくて素敵な人なんだ。あんな素敵で素晴らしい人がこんなふうに話すものなのか？　弁護士たちのいうように、訴訟を起こすときがきたのだろうか？

まあ、そういうことだ。確かにぼくは未払金については、一塁にも出ていなかった。ジャッキー・サフラが「仲裁人は好まないし、信頼もしていない」といったとき、ぼくは「じゃあ神に委ねようじゃないか。信用できる人を探してきてくれ。ラビなんかどうだろう。彼にこの件を検討してもらい、決定を下してもらおう」と提案した。「無理だ。君への未払金なんかないんだから」と彼は答えた。そうか、それなら、もう訴訟をちらつかせるしかない。だが、実際より少ない額を提示しても、渋って承知してくれなかった。こうした状況下でも、ジーンとスン・イーとぼくは変わらず毎晩夕食をともにしていた。ほかの人も加わって、みんなで語り、噂話《うわさばなし》に花を咲かせ、笑い合った。めったにないことだが、ぼくらのゴタゴタが話題に上がると、話を逸らした。ジーンの恋人はたいていヨーロッパにいたから、夕食の席には現れなかった。彼がアメリカに滞在できる期間は法律で年に四カ月となっていて、一日でも過ぎれば、所得税を払わなくちゃならなかったから、彼は世界的なネットワークを作り、応分の負担ですませられるよう、このささいな問題に効率的に対処していた。

　とうとうある夜、〈チプリアーニ〉でジーンとスン・イーと席について注文をすませ、笑い合っていたとき、ぼくはこう切りだした。「頼むよ、もうこれ以上は待てない。明日、ぼくの弁護士が君の会社に対して訴訟を起こすことになっている。これほどばかな話があるか？　こんな愚かな争いはお開きにして、前に進もうじゃないか」。ジーンは愛想よく振る舞っていたが、ぼくがいくら頼みこんでも無反応のままだった。妻と帰宅後、真夜中、ぼくはジーンに電話をかけ、話し合いをし、懇願した。お願いだから、お互いに信頼できる友人に仲裁人になってもらおう。ラビでもだれでもいい。ぼくの弁護士に書類を提出させないでくれ。訴訟なんかしてもいいことがない。みんな、こうして損をするんだから。ジーンは愛想よく、ウィットに富んだ言葉を返してはくるが、訴訟の話には触れようとしなかった。

　翌朝、我々は書類を提出した。ハリウッド映画をみて育ったぼくは愚かにも、昼は訴訟で敵対していようとも夜は親友として夕食をともにするものと想像していた。『アダム氏とマダム』〔夫婦が法廷で対決するコメディ映画でスペンサー・トレイシーとキャサリン・ヘップバーンが主演〕だ。現実世界とMGM映画は違うと気づくのが少々遅かったのかもしれない。タブロイド紙の見出しは、ジーンと彼女の恋人を詐欺師呼ばわりし、ふたりはもう二度とぼくと口を利こうとしない。ぼくはジーンに友好的な手紙を書いて思いを伝えた。この件は弁護士に任せて解決してもらおう。ぼくらは対立せず、決着がつくまでこの件から距離を置こうじゃないか。いつか、トレイシーとヘップバーンの映画のように、おかしな経験をしたと思える日がやってきて、スクリューボール・コメディのように笑い合えるはずだ。結局のところ、ぼくらは憎み合っているわけじゃなく、たったひとつの問題に関して意見が合わないだけなんだから、法服を着た連中がしかつめらしい顔で危ない議論をしている間、ぼくらは夜ごと、街へ繰り出し、シャンパンのコルクをポンと抜いて、気の利いた冗談を飛ばし合おう。だが手紙の返事はこなかった。そればかりか、彼女は、ぼくが紙クズと呼んでいるタブロイド紙のひとつ、「ニューヨーク・ポスト」にその手紙をリークした。

なんにせよ、裁判を起こしたんだろうって？　そのとおりだ。ぼくの言い分は圧倒的に優位だったし、相手側は途中でへこたれて、決着がついた。陪審員のひとりからきいた話によると、陪審員団は聴聞の内容をすべて把握したうえで、ぼくの要求を何もかも認めたそうだ。こうした一連のとんでもなくばかげた出来事を振り返ると、今でも途方に暮れてしまう。何もかも回避できたはずだったのに。ぼくの裁判費用も、彼女の会社の裁判費用も相当な額だったし、友人たちを法廷に呼び出して公的な場で嫌な思いをさせたし、ジーンの証言はぼくの弁護士やマスコミによって覆されていた。彼女の恋人は常に公にさらされ、ビジネスに影響が出た。ふたりは、こちら側が当初提示していたわずかな額にくらべると、かなり損をすることにもなった。なぜこんなことが親友間で起こるんだろうか？

考えられる説はふたつだけあるが、どちらもいまひとつ説得力がない。ひとつ目は、ジーンは善人だったけど、彼女の恋人はぼくが思っていたようなまとも《コーシャ》な男じゃなかったという説。彼は大きな成功を収めた銀行一家の出だが、この一家はうさん臭いことにもたくさん関わってきた。彼を訴えた人もいれば、余裕がなくて訴えをあきらめる人もいた。また、彼は所得税をごまかすために精力を費やし、いろんな根回しをしていた。結論——ぼくが苦労して稼いだ金をだまし取ろうしていた。ただこの説はかなり信憑性《しんぴょうせい》に欠ける。というのも、長い付き合いから、彼が親切で、気前がよく、とてもいい男だということは分かっているんだ。

もうひとつは、ジーンと彼は倫理的な信頼関係に基づいて行動していて、友人でありながら金を要求するというぼくの行為は間違っていると本気で信じているという説だ。つまり、すべての作品が利益を産んでいるわけではなく、利益の出た作品でそれ以外の作品の損失を補うべきなのだから。友人として気前よくぼくの映画に出資してきて、そのおかげでぼくは思う存分好き勝手に映画を作り続けられたというのに、ここにきて、ずうずうしくも金を要求したりして恩知らずな男だ、とでも思われてしまったんだろうか。そうと考える以外に、ふたりがああも頑《かたく》なに一歩も引こうとせず、これほど深い友情をふいにした理由の説明が思いつかない。皮肉な話だが、これまでの映画にかかった費用と、映画で得た利益を差し引きすると、利益が出ていた。ひどく困惑することばかりだし、どちらにとってもメリットはない状況だった。

さて、この件についてはこれくらいにして、ルイーズと生活、もしくは『華麗なる激情』の日々に話をもどそう。とりあえず、ふたりの仲は浮き沈みがあって、別れたり、縒《よ》りをもどしたり、別れたりの繰り返しだった。その間もぼくはコメディアンとして腕を磨いていた。『ザ・ジャック・パール・ショー』では初回からうまくやれたが、パールはぼくのことが気に食わなかったようで、下品な男だと思われてしまった。そんなことはないはずだ。彼はぼくにひどい態度をとっていたが、ぼくが成功したとたん、あいつを発掘したのは自分の手柄だと主張し、急にぼくの大ファンになった。エド・サリヴァンからも下品だと非難された。彼の番組のリハーサルで、スタッフから「ただのリハーサルなんで、実際のネタはやらなくていいです。何をやってもらってもかまいません。本番用のネタは今夜、番組が放送されるまでとっておいてもらっていいです」と説明された。それで、彼の番組向きじゃないネタをチョイスしてしまった。けど、下品なコメディなんかじゃなかった（現代の基準でみれば、毒舌で知られたスタンダップコメディアン、レニー・ブルースだっておとなしい部類だろう）。ぼくのアルバムをどれかひとつでもきいたことがある人なら、この件についてぼくが正しいと分かるはずだ。

いずれにせよ、リハーサルを終えると、サリヴァンがぼくの楽屋にやってきて、頭ごなしに怒鳴りつけてきた。お前のようなやつがいるから、若者は徴兵カードを燃やしたりするんだ、そういって顔をまっ赤にして怒り狂っていた。ぼくは椅子に座ったまま、呆気《あっけ》にとられてはいたけど、どうすればいいか考えていた。いい加減にしろ、出ていってくれ、と返すべきか？　なぜそうしない？　エド・サリヴァンや彼の番組のことを気にしているのか？　明るい見通しがあったわけじゃない。どのみち、太陽だって五十億年先には燃え尽きて、忘れ去られてしまうんだ。まあ理由はどうあれ、黙っておくことにした。誓っていうが、彼を恐れたわけじゃなく、あの瞬間どう動くのがベストなのか、計算したうえで、単純に沈黙するのがいいと考えたんだ。

サリヴァンは怒鳴り終えると、両耳から湯気を噴きだしながら出ていった。本番でぼくはもともとやるつもりだったネタをやった。議論になるはずもない当たり障りのない内容で、笑いをとり、家に帰った。まあそれで、あの日から最期の日まで、サリヴァンはぼくの熱狂的なファンであり、支持者であり、友人でさえあった。彼はいつもコラムでぼくのことを褒めちぎり、アルバムやブロードウェイの舞台を宣伝してくれた。彼の番組にも何度となく呼んでもらった。一度、グルーチョの家のちょっとした夕食会で鉢合わせしたときには、これ以上ないくらい優しく接してくれたうえ、最高の褒め言葉まで頂戴した。今日《こんにち》に至っても、彼に何が起きたのかは分からずじまいだ。頭部外傷？　軽度の脳卒中？　罪悪感に苦しんでいた？　あるいは、ぼくをだれかと勘違いしていたんだろうか？

そのうち、ぼくはジョニー・カーソンの番組にも出た。好感が持てる人だった。マーヴ・グリフィンの番組にも出たんだけど、彼もまた感じがよかった。ここでまた別の改宗エピソードをひとつ。マーヴの番組で、ぼくはコメディアンのヘンリー・モーガンと共演した。意地の悪い、口論好きの、気難しい男だった。ぼくが最初のジョークのオチをつけようとすると水を差してきて、そのあともしつこく絡んでくるんだ。子ども時代のジョークを披露しようとすると、「勘弁してくれ。ぼくにだって、両親はいたよ」なんていってくるから、こう返した。「嘘だろ？　どんな人だった？」

ぼくの返しに観客は腹を抱えて大爆笑。モンスターがちょっかいを出した若手コメディアンにやりこめられるのがおかしかったんだ。彼は黙りこくって、さよならの挨拶もなし。その少しあと、ぼくは街を離れ、初めて書いた出来の悪いブロードウェイ作品『ドント・ドリンク・ザ・ウォーター』のことで悩んでいた。

そんなとき、ヘンリー・モーガンがフィラデルフィアでやっているその舞台をみにきてくれたんだ。あっという間に、ぼくらは親しい仲になった。彼は舞台裏にやってきて、力を貸してくれた。一緒に食事をした。彼は何度もその舞台をみてくれて、街を散歩しながら、ぼくに作品の弱点がどこにあるのかを考えさせたうえで、最善をつくして有意義な提案をしてくれた。なんでだろう。

第6章

よその街でみた悪夢のような、ぼくの初脚本作品についで話そう。脚本の大部分はヨーロッパで書いたんだ。だけど、そもそも、何しにヨーロッパへいったのかって？

ぼくは人気コメディアンとして、あらゆるバラエティ番組に出演し、何度か『ザ・トゥナイト・ショー』の司会をしたことまであった。ジョニー・カーソンの代役を二週間引き受けたんだ。至るところでメディアに取り上げられ、間違いなく成功していたが、面白いもので大衆を魅了することはなかった。『エド・サリヴァン・ショー』でも『ザ・トゥナイト・ショー』でも観客を笑い死にさせ、新聞各紙で話題の人物として取り上げられ、クラブのオーナーたちはぼくのスケジュールを押さえようと必死になった。唯一の問題は、ぼく目当てでやってくるお客がそれほどいなかったことだ。ラスベガスでは、気がとがめてクラブ側が提示した巨額のギャラを受け取る気になれず、頑なに押し返そうとしたが、〈シーザーズ・パレス〉のボスたちは聞き入れてくれなかった。ところで、ぼくと同時代に活躍したコメディアンはみな、レコード・アルバムを作っていた。ボブ・ニューハート、シェリー・バーマン、ビル・コズビー、マイク・ニコルズとエレイン・メイのコンビ、レニー・ブルース、モート・サール、それからジョン・F・ケネディの物真似が驚くほどうまかったヴォーン・ミーダーも。彼らのアルバムはどれも飛ぶように売れた。ぼくもアルバムを一枚レコーディングした――いや、三枚だったな。どれもあまり売れなかった。何十年もの間に発売元は次々に変わったが、どの会社も決まって、前の会社が最低でも百万枚売ることができなかったことに驚いて、パッケージやマーケティングや月の満ち欠けがよくなかったせいにした。なかには、アルバムの権利を買い取ると、再リリースにあたって豪華なジャケットデザインに変えた社もある。ぼくはテレビやラジオや記者会見でしつこくアルバムを宣伝したが、それでもたいして売れなかった。

また新たに別の会社が、幻滅して手を引いた前の会社のあとを引き継ぎ、様々なマーケティングのアイデアをひっさげ、派手なライナーノートを付けて売り出したが、結局、アルバムとともに赤字の海に沈んでいった。アルバムはいつもとても好意的な批評を受け、評価されたが、買ってはもらえなかった。ぼくはといえば、これらのアルバムのおかげでかなりの収入があった。時事ネタを使っていないから、いつの時代にも通用するんだ。この本を書いている二〇一九年現在も、またもや新たなジャケットデザインでリリースされる予定だ。まあとにかく、アルバムの売れ行きはよくないし、出演するクラブには大勢の客を集められず、ショーの目玉にもなれなかった。じゃあ、どうして辞めないのかって？　辞められないよ。ぼくはスターで、波に乗っていたんだから。ぼくをブッキングするナイトクラブのオーナーの表情から、客が長蛇の列を作るのを期待しているのが分かるんだ。ところが二晩めになると、スタッフが鉢植えを移動させて会場を狭くする。三晩め、すかすかの会場をごまかすために、さらなる鉢植えの用意に迫られ、三週目を迎える頃には、だれもいない。鉢植えばかり。ぼくは葉っぱ相手にジョークを飛ばすんだ。

分かっている、なんでヨーロッパへいったかだよね？　ニューヨークで働いていたとき、ぼくの芸がウォーレン・ベイティの目に留まった。彼と面識はなかったが、知らないうちに、彼は姉のシャーリー・マクレーンにまでぼくの話をしていたらしい。ある晩、彼女がぼくを目当てに〈ブルー・エンジェル〉へやってきた。かつての伝説のエージェントにして現プロデューサーのチャールズ・フェルドマンと、スチールカメラマンのサム・ショーも一緒だった。サムは、映画『七年目の浮気』でマリリン・モンローのスカートが風で舞い上がった有名なスチール写真を撮った男だ。ぼくは三人が客席にいたことを知らなかったが、翌日、サムがジャック・ロリンズのオフィスを訪れて、こういった。「君のところのあの若者は、脚本の執筆とか、映画出演に興味があったりしませんか？」

さて、サムについて説明すれば、しわくちゃのノーフォークジャケットを着た男で、数台のカメラを首からぶらさげ、口ひげを蓄え、髪はぼさぼさで、心ここにあらずの表情をしている。きいた話では、カメラとか手提げ鞄を渡しながら、持っててくれないか、といって四年後に姿をみせ、「あの鞄持ってる？」なんていうタイプらしい。

本当にそのまんまの男なんだ。サムが飛びこみでオフィスにやってきて、ぼくが映画の仕事に興味があるかとたずねたとき、ジャックとチャーリーは頭のおかしいやつがきたと思ったらしい。サムいわく、チャールズ・フェルドマンがウォーレン・ベイティ主演のコメディを作ろうとしていて、チャールズとウォーレンはぼくを脚本家に起用したく思い、脚本を書くにあたってはぼくの演じる役を作ってもいいという。脚本料として四万ドルという相当な額が提示された。ジャックとチャーリーは十五秒間ほど、その気のないふりをしてから答えた。「いつからですか？」。額とは一切関係なく、ジャックは四十ドルでもそのオファーを受けただろう。ついにぼくはウォーレンと会えたが、あんなに親切で、頼もしく、勇気を与えてくれる人はいないだろう。何度となくぼくの寸劇をみにきてくれ、散歩をしながら雑談をしたり、一緒に夕食をしたりして、いい関係を築いた。チャールズ・フェルドマンにも会った。この業界の実力者で、かつてはタレント・エージェントだったが、そのときにはプロデューサーに転向していて、ハリウッドのあらゆる伝説的な作家、映画スター、監督と知り合いだった。黄金時代を生きぬいた大物である彼が、ぼくのユーモアを愛してくれた。ぼくが矢つぎ早に効果的なジョークを作りだせることに驚き、ぼくを（これは彼の言葉だ）〝ビートニク〟と呼んだ。

ぼくはTシャツにスニーカーという恰好をしていた

がビートニクじゃなかった。それどころか、アッパー・イースト・サイドっ子。いずれにせよ、プロジェクトの中心人物であるフェルドマンとベイティのふたりは、パリを舞台に女性が次々に登場するコメディの脚本を求めていた。みんなでパリにいって、最高の時間を過ごすことができるという話だった。こんないい仕事が一流の映画スターと大物プロデューサーから提示されたんだ。ぼくはコメディアンの仕事と同時進行で脚本に着手した。前にも話したが、ぼくはオズワルドがケネディ大統領を撃ったときでさえ、道草を食うことを自分自身に許さないような人間だったから、短期間のうちに脚本を書き上げてみせた。そのときのタイトルは『何かいいことないか子猫チャン』じゃなかった。このタイトルが浮上したのは、ウォーレンが電話口で女友だちに向かって口にした言葉を、フェルドマンが聞きつけて、タイトルにもってこいだとひらめいて、このタイトルになったんだ。まあそれで、コラサブル・ボンドの用紙に打ちこんだ脚本を脇に抱えて、フェルドマンとウォーレンの前に現れた。場所はフェルドマンが泊まっているホテルのスイートルームだった。ぼくが原稿を読み上げたのか、すでに彼らが読んでいたのか——たぶん後者だったと思う。フェルドマンは面白いといったものの、脚本のなかのどんな斬新なアイデアにも眉をひそめ、わずかしか用いていない使い古しの決まり《クリーシェ》文句に強く興味を示した。ウォーレンはというと、彼のために書かれた主役は、ぼくが自分のために書いた端役ほど面白くないと感じていた。おそらくウォーレンは正しい。この映画の主役に求められていたのは、ロマンチックで、信頼のおける、女の扱いがうまい男だったのに対し、ぼくが演じるような脇役はずっと下品で、間抜けだったから、面白そうに思えたんだろう。

　ふたりから脚本について意見をききながらも、ぼくはあのダニー・サイモンからコメディの書き方を教わった門下の卒業生だったから、もちろん自分の判断に確固たる自信を持っていたが、反論する立場になかった。ぼくは書き直しを受け入れ、最善をつくしてウォーレンの役の魅力を損なうことなく、改善できるかやってみようとは思ったが、フェルドマンを満足させるために大衆受けしそうな典型的なハリウッドの物語にする気にはなれなかった。それでも、ふたたびオリンピアのポータブル・タイプライターの前に腰を下ろして、必死で書き直した。そのあとの数カ月間に何があったのか正確に詳しく語ることはできないんだけど、ただいえるのは、ぼくは脚本を書き、クラブのステージに立ち、テレビに出演し、ルイーズを愛して失って愛して失って愛していたということだ。記憶にあるのはそれだけなんだ。そのうちに、ウォーレンが役を外れることになった。きいた話では、とくに含むところがあったわけじゃなく、諸般の事情で出演を見送ったとのことだった。

その頃には少なくとも一度は書き直しを終えていて、『アラビアのロレンス』で大スターになったばかりのピーター・オトゥールに脚本を渡したと知らされた。いい役者なのは分かっていたが、コメディを演じられるのか想像がつかなかった。私見では、あの時点での彼には難しかったんじゃないか。だが、年を重ねた彼はコメディを演じられる事実を自ら証明してみせたことを思えば、単に素材のせいだったのかもしれない。たぶん、彼がうまく演じられなかったのは、マルクス兄弟育ちのぼくが書いた台詞《せりふ》に問題があったのだろう。ともかく彼は脚本をいたく気に入り、とても面白いといって、すぐに役を引き受けてくれた。その直後、ピーター・セラーズが二番目に重要な役を買って出た。彼はコメディを演じるのが天才的にうまく、本当に愉快な男で、『ピンクの豹《ひょう》』でも好評を博していた。セラーズに関する唯一の問題は、評判のコメディアンだったために、なんでも思うようにやることを許されているという点だった。映画制作の指揮は監督に委ねられるもので、スター俳優が口出しすることじゃない。どんなスターであってもだ。この映画の監督は、クライブ・ドナーという感じのいい人物で、そもそもコメディに関してたいした才能はなかったが、寛大で礼儀正しく、話のできる柔軟な考えの持ち主で、ぼくは彼がとても好きだった。まずかったのは、彼がフェルドマンにもふたりのピーターにも頭が上がらなかったことだ。このふたりは次から次へとアイデアを出してくるんだ。セラーズのアイデアは面白かったが、この脚本には合わなかった。フェルドマンは現場で指示を出すタイプのプロデューサーで、冒険もするが金もうけ第一でもある不思議な人物だった。思い切った判断で人を雇いながら、そのあと足を引っぱるんだ。少なくとも、ぼくにとってはそうだった。

フェルドマンはリチャード・ウィリアムズという才能あるアニメーション制作者を雇って、タイトルバックの映像を作らせた。彼にとって初の映画の仕事だった。衣装デザイナーにはヴィッキー・ティエルとミア・フォンサグリーヴズを起用した。ふたりとも学校を卒業したばかりで、これが初の映画の仕事だった。音楽はバート・バカラックに依頼して、あの印象的なテーマソングをトム・ジョーンズが歌って大ヒットした。さらに彼は、ぼく、つまり映画に関してまったくの初心者を雇ったんだ。

キャストの数が膨れあがっていくなか、フェルドマンは、また別の大スター、ウルスラ・アンドレスと契約した。彼女は、ジェームズ・ボンドのシリーズ第一作『007／ドクター・ノオ』に初代ボンドガールとして世に出てきたばかりだった。ヨーロッパの有名女優ロミー・シュナイダーもキャスティングされた。ついには、ぼくのたっての願いで、あの素晴らしいポーラ・プレンティスもキャスティングされた。魅力にあふれた美しいコメディエンヌだ。実をいうと、ぼくが頼みこんで面接が決まったんだけど、彼女があの顔にあのスタイルで部屋に入ってきた瞬間、フェルドマンは彼女に役を与えた。ところで、ぼくはパリを舞台にこの映画の脚本を書いた。ぼくはその地へ飛び、豪勢なホテルに宿泊して、一日に相当な額をもらいながら、ずっと脚本をいじりまわした。パリの前にまずロンドンに寄った。ぼくにとって初の外国だ。ロンドンはとても好きなんだけど、ベーコンエッグズを注文したら、卵がひとつだけしか皿に載ってなくて面食らったよ。むろんこのことはトラウマになって残り、いまだに真夜中に叫びながら目が覚めてしまう。「卵がひとつ！卵がひとつしかない！」。当時のロンドンでは美味しい食事にありつくのは難しかった。今じゃあ、街中どこにでもうまい食べ物があるけどね。

どういうわけか映画のプロダクション事務所はロンドンにあった。それで、ぼくらはそのにぎやかで歴史ある街に一週間滞在したあと、南フランスへ飛んだ。機内ではチャールズ・フェルドマンの友人である映画関係者、ダリル・ザナック、ジョン・ヒューストン、ウィリアム・ホールデンたちと一緒だった。滞在先はオテル・ドゥ・キャップ。夜はカジノでギャンブル三昧《ざんまい》。パブリックスクール99のぼんくら生徒だったぼくは、二時間早く学校を抜け出そうとしたために、ブルドッグみたいな教頭ミス・リードに階段を引きずり上げられたものだ。そんなぼんくらがパリへ飛び、その街にひと目ぼれをするなんて。パリの街を丸ごと愛したし、今もその気持ちは変わらない。映画が完成したとき、ふたりの若き衣装デザイナー、ヴィッキーとミアはパリにとどまり、そこで暮らしながら仕事をすることに決めた。ほんの一瞬、ぼくもそうしたいという考えが頭をよぎったが、それは厳しいだろうと思い直した。だって、ぼくはアメリカ英語を話すコメディアンで、映画界で認められているわけでもないし、生まれながらのニューヨーカーだし、とにかく、踏ん切りがつかなかった。ぼくはしょっちゅう後悔している。人生における後悔のリストはもういっぱいだと思うし、さらにもうひとつ書き加えるスペースがあるかどうか分からない。

とかくするうちに、パリに着いて一週間後、突然ローマ行きをいいわたされた。撮影場所がフランスからイタリアに変更になったんだ。ローマは噂《うわさ》だけのことはある。夢のように美しく、食があり、文化がある――ことに映画の文化が。だけど、ぼくの脚本はフランス風味で、ローマには合わなかった。フェルドマンでさえそれにはすぐ気がついた。だけど、こうした多くの不確定要素はぼくの手には負えない。ビジネス、女、ギャンブル、ギャンブルによる負債、契約といったものとの絡みがあったはずだ。一カ月にわたるローマ滞在中、ぼくはただでホテルに泊まり、相当な日当を支給されたうえ、生ハム三昧の贅沢《ぜいたく》をさせてもらった。

当然、ルイーズへの電話代は、手持ちの一セント硬貨を使い切ってもまだ足りないほどかかった。ぼくから電話をかけ、話をしていると、電話の向こうにいる彼女がちょっとだけ沈黙している気がするんだ。その沈黙のせいでぼくは不安な気持ちになり、しどろもどろになり、彼女の気持ちを再確認したくなる。電話を切っても十五分後には、もう一度かけ直すべきだろうかと悩みだす――もしかして、電話を切るとき、ちょっとばかり冷たすぎて、ぼくらしくなかったかもしれないとか。彼女の声をきくと、ぼくをまだ愛しているのか確かめたくてたまらなくなった。二回目の電話。不安は拭いきれないどころか、電話口からきこえてくる声のトーンがさっきよりもつれなくきこえる。重すぎる沈黙。電話を切る。三十分後、もう一度だけ電話をかけたくなるが、しつこい男にも、愛に飢えて相手にへばりつく虫けらにもなりたくない。それで電話をかけるためのもっともらしい口実をでっち上げることにする。「もしもし、そういえば、話したいことがあって……やっとシスティーナ礼拝堂をみてきたんだ」「そう、それは素敵ね」。完璧に筋の通った会話ではあるが、情熱に欠ける。話が途切れ、沈黙が訪れる。こうして追いこまれたぼくは、ボブ・ホープ状態になってしゃべりだす。「ところで、あの天井画なんだけどさ、思いきり長い絵筆を使わなくちゃならなかっただろうね。いや、そうじゃなくてぼくがいいたかったのは……」。言葉が続かない。虚しい最後。次に電話をかけたとき、ニューヨークは朝五時というのに、彼女は家にいなくて、ぼくの不安レベルは急上昇し、ホテルのスプリンクラーが作動する。真実は分かっていたけど、そんなものは絨毯《じゅうたん》の下に隠して目を背けた。むこう数年以内に、絨毯は膨れあがり、業務用サイズのカーペットを用意して、数々の都合の悪い事実を隠すことになるのは分かっていたけれど。

ようやく、チャールズ・ケネス・フェルドマンはパリへもどって映画を撮る決断をした。わくわくした。パリにもどると、監督と彼の部下がロケ地を選んだ。アートディレクターのリチャード・シルバートは才能にあふれた、非常に魅力的な人物だったが、ぼくは好きになれなかった。フェルドマンの顔色ばかり気にするし、しつこく有名人の名前を持ち出して自慢話をしてくるんだ。だがその才能を認めないわけにはいかない。彼にはユーモアがあった。

撮影がはじまると、たちまち現場はカオスと化した。その理由のひとつは、ピーター・セラーズが思いつくばかげた台詞やアイデアが、作品にはまるか否かはお構いなしに、なんでもかんでも黄金のようにありがたがられたことだ。個人的には、彼にも魅力を感じなかった。のちに、彼を演出した経験のあるポール・マザースキー監督はぼくの意見に同意してくれた。だが疑う余地もなく、ピーター・セラーズは本当に魅力的で、じつに面白いコメディアンとしての才能があった。一方でぼくの脚本は滅茶苦茶にされていった。もうだめだと悟ったのは、あるシーンを書いたときだ。主役の男がエレベーターを途中で止めてそのなかでロミー・シュナイダーと愛し合う間、外で痺れを切らした人たちがベルを鳴らしまくる。このシーンは舞台が忙しいオフィスビルであることに意味があったのに、この作品は基本的にハリウッド映画だから、スタッフはあまりにも仰々しく、あまりにも美しいエレベーターをみつけてきた。可愛らしいカーテン、鍛鉄《たんてつ》製の黒い扉、ガラス窓まであるヴィンテージ物。このなかで愛し合っても面白いわけないじゃないか。新婚カップルが泊まるスイートルームよりもお洒落《しゃれ》なんだから。ぼくは反対したが、ハリウッドでは作家の階級が宴会係のひとつ下なんだ。

ピーター・オトゥールは親切な男で、撮影初日にプレゼントされたアイリッシュ・セーターは今でも持っている。彼によると、この種類のセーターは編み柄がみんな違うから、このセーターを着ていれば海で溺れ死んでも、死体が膨張して外見が損なわれようと家庭特有の編み模様によって身元の判別がつくらしい。あの日からぼくは、セーヌ川に落ちて死体になって引き上げられても、母なら身元確認ができるのでもう安心だ。ぼくの定期購読誌の解約だってやってもらえる。

それでも、まわりが勝手気ままにぼくの脚本に口出しすることには我慢ならなかった。ピーター・オトゥールとリチャード・バートンがばったり会うシーンがある。ふたりは『ベケット』で共演したばかりだったから、リチャードが撮影現場に遊びにきて、そのときにカメオ出演を頼んで、ふたりが互いに「あれ、どこかでお会いしました?」なんて声をかけ合うシーンを撮ったんだ。腹がよじれるほど面白いつもりだろうが、ぼくはエチケット袋に手を伸ばしていた。何をみせられているのかと恥ずかしくてたまらなかったが、なすすべなく愚痴をこぼすしかなかった。

初めて編集後のフィルムをみたとき、銀行強盗のウィリー・サットンが刑務所のなかでいった言葉を思い出したよ。仲間のフレデリック・〝エンジェル〟・テヌートが、ウィリーを警察に密告したアーノルド・シュスターを殺したと知ったウィリーは、「気が滅入るよ」とつぶやいた。ぼくも『子猫チャン』には気が滅入った。ぼくはこの作品に心血を注いでいたんだ。自分がどれほど無意味な存在か思い知ったよ。初めての映画だったし、どう撮影指示を出せば面白くなるのかもよく分かっていなかった。ぼくは、カフェテラスで救いようがないほど可愛らしい帽子をかぶって、自分がしていることに意味はあるんだろうかと思っていた。ちっとも面白くない。だけど高級ホテル〈ジョルジュサンク〉で数カ月間暮らし、憧れの著名人たちと知り合い、食事をともにすることができた。たとえばジャック・レモン、オーソン・ウェルズ、バートン夫妻。バートン夫妻については面白い話がある。夫妻は『いそしぎ』の撮影でパリにいたから、スタジオのカフェで昼食を一緒にすることになった。ふたりの偉大なる銀幕スターは絶えずぼくに面白いところをみせようとして、お互いに面白おかしい悪口をいいあった。エリザベス・テイラーが夫をあばた顔のユダヤ人と呼べば、バートンは妻の体重について皮肉を飛ばす。ふたりはこうしたことを、ぼく、つまりとことんつまらない男のためだけにやってくれたんだ。ぼくはいいたかった。「どうか、おふたりともゆっくりトリュフを楽しんでください。ぼくなんか、その労力にはまったく値しない男なんですから」。だけど、男優も女優も死ぬまで不安に付きまとわれる職業だから、どんなに有名になって偉業を成し遂げようと、安息の日はこないのだろう。ぼくがこうしてパリにいる間に、またルイーズの赤旗が立った(たぶんぼくはまだ、彼女が問題を抱えていることに気づいていなかった)。

ルイーズとはしばらく付き合っていて、途切れ途切れながら、ほぼ同棲状態だったということを頭に置いてきいてくれ。ある日、彼女に電話をかけて、何気ない会話をしていると、その途中で彼女がこういったんだ。「葉っぱが色づいてきたわよ。あなた大好きでしょう、秋の紅葉。あと、ほかに——そうそう、母が自殺したの」「なんだって？」「睡眠薬をのんで」「いつ？」「えっと——先週」「電話してくれなかったの？」「しなくちゃいけなかった？」。二の句が継げなかった。何をいえばいいんだ？「できれば……」「できれば何？」「うーん」とうろたえながら、「一番近しい人には電話するものじゃないかと思ったから」。「なんで？　あなたはヨーロッパでしょ」。そう、確かにぼくはヨーロッパにいた。彼女のいうとおりではあるけど、それでも、六日前に自殺したなんて、とても妙な感じがした。彼女の母親は処方された睡眠薬をためこんで、過剰摂取したとのことだった。「なんていうか、できれば力になりたかったから」とぼくはいった。だが彼女はそんな慰めなんて求めてなかった。動揺しているようにも思えない。それどころか、あの哀れで精神的に苦しんでいた孤独な女性がその苦痛を終わらせたことにほっとしているようにも思えた。ぼくに分かっていたのは、こうしたエピソードはすべて、ブルックリンのアヴェニューJから、文化人類学者マーガレット・ミードの研究に出てくる地域まで、ぼくが認識しているどこの社会的交流の在り方にもまったくあてはまらないということだけだった。

その頃、リンドン・ジョンソンがバリー・ゴールドウォーターを相手に大統領選に出馬していた。ぼくはジョンソンを支持する在外アメリカ人のグループに入っていた。自分の作品では、政治的な内容を扱ったことはない。『バナナ』にしても政治的とはかけらも考えていなかったから、宣伝活動でヨーロッパへいったとき、海外メディアがあのばかばかしい、ただ笑えるだけの映画から政治的な意味を読み取って、そればかり話したがったことには驚いた。ただ、一市民として政治に関心があるのは確かだ。ジョン・F・ケネディと争って民主党予備選挙に立候補したアドレー・スティーヴンソンのために街角に立ってビラ配りをしたこともあったし、ジョージ・マクガヴァンやユージーン・マッカーシーのために選挙運動やショーを行ったこともある。ぼくがだれのために運動しているのかを確かめて、その対抗馬に賭けるといい。共和党に票を入れたのは人生で一度だけで、ニューヨーク市長選のときにジョン・リンゼイを支持した。だが、政治的な映画を作ることには一切興味がない。いずれにせよ、ぼくはパリでリンドン・ジョンソンの選挙集会が開かれたとき、スタンダップコメディを披露した。エッフェル塔で芸を披露したアメリカ人スタンダップコメディアンは、ぼくひとりといっても間違いないと思う。
『子猫チャン』が完成し、帰国の準備をした。母のためにエルメスで大枚をはたいてワニ革のバッグを買ったんだけど、母は一度も使うことなく、ブルックリンのダイム貯蓄銀行の貸金庫に預けていた。帰国前に突然、ある知らせが舞いこみ、まっすぐ家に帰らず、内密にワシントンDCに飛んで、リンドン・ジョンソン大統領の盛大な就任祝賀会に参加することになった。一九六五年一月のことだ。ルドルフ・ヌレエフとマーゴ・フォンテインがバレエを披露するほか、出演者はバーブラ・ストライサンド、マイク・ニコルズとエレイン・メイ、アルフレッド・ヒッチコック、ハリー・ベラフォンテ、ジョーン・バエズ、キャロル・バーネット、ジョニー・カーソン、そしてぼく。巨大な飛行機で帰国したが、乗客はヌレエフとフォンテインとぼくの三人だけだった。旅の間ずっと、ぼくからふたりに話しかけることはなかったし、ふたりから話しかけられることもなかった。ぼくらはダレス国際空港に降り立ち、王族のようなもてなしを受けてステージに立ち、会はおおいに盛り上がった。ぜひとも心に留めておいてほしいが、超一流《クレーム・デ・ラ・クレーム》の出演者のうち三組は、ジャック・ロリンズが発掘したんだ——ハリー・ベラフォンテ、ニコルズ・アンド・メイ、そしてぼく。ぼくは、「ヘラジカ」の寸劇を披露し、往年の「バラエティ」誌おとくいの表現を使えば、〝とどろきわたる拍手喝采〟に包まれて退場した。

　アルフレッド・ヒッチコックに会ったのはこの一度きりだった。舞台裏でとりとめのない雑談を交わしたが、魅力的で面白い人だった。彼はステージに出て、黒の蝶ネクタイを身に着けた大勢の観客や、リンドン・ジョンソン一家——大統領の妻と娘たちもいた——の前に立ち、あの個性的な声でこういった。

「『鳥』が襲ってくると警告しましたよね」

　翌日、マンハッタンにもどる機上、ぼくは何カ月間にもおよんだ任務を終えて凱旋《がいせん》するヒーローのような気分だった。初の映画は今まさに完成し、ロンドンやローマで格上の人たちと親しく付き合い、五カ月間ただでパリに滞在し、プライベートジェットで合衆国の首都へ飛び、名高い同業者たちとともに大統領に向けてショーを行ってきたんだ。シャトル便を降りて、タクシーをつかまえようと空港内を歩いていると、ニュースタンドの店先で、ぼくの写真が目に留まった。ジョニー・カーソンとの写真と横並びで、真珠湾攻撃並みに特大の見出しが踊っていた──「就任祝賀会に集った悪趣味なコメディアン」。どうやらコラムニストのドロシー・キルガレンも祝賀会に出席していたらしい。彼女はジョニー・カーソンがすることなすことお気に召さず、ぼくの「ヘラジカ」も気に障ったようだ。もちろん「ヘラジカ」は悪趣味じゃない。たぶん彼女は新聞王ハーストの精神に則って新聞が売れる記事を目指したのだろう。

ジョニー・カーソンとぼくはそれぞれ違った反応を示した。ぼくは間抜けらしく、彼は成熟した大人らしく。カーソンから電話をもらい、「ぼくのショーに出て、あの記事に返答する気はあるかい。ぼくはもちろんそうするつもりだ」と誘われた。せっかくの機会に感謝しながらも、遠慮しておいた。「ニューヨーク・ジャーナル・アメリカン」紙を飾った記事の保存に忙しかったからね。だって、ぼくがこれからどれだけ活躍しようとも、生涯でもう二度と新聞の一面なんて飾ることはないだろうと確信していたんだ。それは間違いだったわけだが。

実際、そんな批評は痛くもかゆくもなかった。だけど、そのほうが幸せじゃないだろうか。良くも悪くも、ぼくは現実を避けて生きているようなところがある。もう何十年も前から自分について書かれたものは読んでいないし、作品に対するまわりの称賛や分析に興味もない。こんなふうにいうと傲慢にきこえるだろうが、それは違う。自分がほかの人より優れていると思っているわけでも、お高くとまっているわけでも、自分自身の作品を特別高く評価しているわけでもない。ダニー・サイモンから自分の判断を信じろと教えられていたし、気が散りかねないもののせいで貴重な時間を無駄にしたくないんだ。友人たちからはよく、せめて自分へのごほうびの意味で、たまには尊敬に値する人物からの高い称賛の声を読んでみたらどうかと勧められるし、あんまりひどい攻撃には対応を考えてみてもいいんじゃないかともいわれるが、いずれもまったく興味がない。思うに、ジョニー・カーソンの反応、つまり攻撃してくる人間に対して立ち向かっていくほうが理解されやすいのかもしれない。あの夜、彼は強硬に断固たる態度で攻撃者に挑みかかった。ただ、あんなくだらないイエロー・ジャーナリズムと一戦を交え、合衆国憲法ならまだしも「ヘラジカ」の寸劇を死守することは、ぼくにとって本当に意義があるのだろうか？　もしタブロイド紙を鵜呑《うの》みにする人がいるなら、それがその人の生き方なんだろうと思っていた。

さて、ぼくは七十九番ストリートの生活にもどっていた。ルイーズとは付き合ったり、別れたりの繰り返しだった。けんかの原因は何かって？　何もかもさ。そんなものは彼女が怒りをぶつけるための口実でしかなかった。たとえば、通りに出たものの、タクシーがつかまらないことがあった。タクシーが走ってないんだから、どうしようもない。宙からタクシーを引っ張りだせるわけもないし。そのあと、ぼくの頭があさっての方向を向いているすきに、空車のタクシーが走り過ぎていった。彼女の叫び声であわてて振り返ったが、すでに手遅れだった。すると彼女は急に怒鳴りちらしてきた。パリスアイランド訓練所の兵卒にでもなった気分だったよ。ぼくは役立たずの新入りさ。彼女から腕立て伏せ五十回と命令されなくて面食らったくらいだ。当然、こっちも不安になってくる。彼女はというと、急に夜の予定などどうでもよくなり、勢いよく家に飛びこんでいく。そのうちすぐに、彼女は落ち着きを取りもどし、ぼくを笑わせながら、指をぼくの髪に絡ませ、ぼくの名前を呼ぶ声で部屋の窓ガラスを曇らせるんだけどね。別の折、夕食の席である知人が不運な境遇について語ったことがあった。「私たちがその二万ドル貸してあげるわ」と彼女がいいだしたときには、頭のなかで空襲警報が鳴り響いたよ。人に貸せる二万ドルどころか、自分たちで楽しむ二万ドルさえ持っていないんだから。というわけで、ぼくがその状況を切り抜ける策を考えなければならない。その結果、ぼくらは口論になり、ぼくがその約束を反故《はご》にする役目を負わされる。

また、クリスマスの朝に停電が起こったことがあった。探しに探してやっと彼女は訪問修理にきてくれる電気工事士をみつけた。家族を置いてクイーンズ区からくるという。ところが彼が到着する直前、停電が復旧した。ルイーズは家までやってきた彼にこういった。

「依頼は忘れてちょうだい。必要なくなっちゃったの」「ですが出張代は頂戴します」「なんの代金よ？　何もしていないじゃない」「ご自宅までうかがったので」。すると彼女は見事な没論理でもって、「そうね。だけど何も修理していないでしょう」とぴしゃりといった。ぼくはなんとか間に入って、彼女に「この人騒がせな停電は彼のせいじゃないし、出張代は払わなくちゃいけないよ」と説明した。その感じのいい男は、無理からぬことだがいら立っていて、金を払わないなら、地下へいって電気を止めるぞと脅してきた。これには閉口したし、その日が台なしになるのが目にみえていたけど、理は彼にあった。支払いをすまして、彼は帰った。ぼくは激しい嘲笑の的となった。そのあと数時間、軽蔑的な態度で無視されたが、凪《なぎ》をじっと待った。そのうち嵐が去り、この神々しく淫らで可愛らしい熾《し》天《てん》使《し》は、ぼくがブロンドの長い髪をいじってればそのうち機嫌を直し、その唇を突きだしてくるのは分かっていたから。そうなれば、ぼくらは愛し合い、丸々太ったクリスマス用のガチョウやプラムプディングを楽しめる。ちびのティム坊や〔ディケンズ『クリスマス・キャロル』の登場人物〕には神の祝福を、彼女には抗鬱薬《パルネート》を。ルイーズとの関係については、シェイクスピアの『ソネット集』第五十七番を参照してみてくれ。実際、あの詩のなかにぼくの名前は出てこないから、彼を訴えられないんだ。

　この頃、ぼくはもうひとり偉大な人物に会った。彼の名はマイケル・サルピーターといったが、ずいぶん前、マックス・ゴードンに改名していた。ブロードウェイ黄金時代のプロデューサーだ。エンターテイナーのジョージ・M・コーハンと親しく、劇作家のユージン・オニールには結婚資金を貸したこともあった。数々の素晴らしい舞台作品をプロデュースしている。『ボーン・イエスタデイ』、『孔雀夫人』、『マイ・シスター・アイリーン』、『バンド・ワゴン』。これらはほんの一部にすぎず、いうまでもなく、少年時代に憧れていた劇作家ジョージ・S・カウフマンの作品も手掛けている。ぼくは年端もいかない頃からカウフマンに魅せられていた。パブリックスクール99の図書館で読む本を一冊決めなくちゃならなかったとき、なんとなく『カウフマンとハートの六つの戯曲』を手にとったんだ。僥倖《ぎょうこう》に恵まれ『我が家の楽園』のページを開くと、ト書きにこうあった。「マーティン・ヴァンダーホフの家――コロンビア大学の角を曲がってすぐのところにあるが、探しにいってはいけない」。ぼくにはそのト書きが面白くてね。中高生向けの退屈な指定図書とは似ても似つかなかった。そうした本のせいでぼくらはみんな一生本を読まなくなってしまうんだ。ぼくもまた多くの読者と同様に、この戯曲の登場人物やハチャメチャなエピソードから自分の家族を思い出した。シカモア家のように、わが家は常におば、おじ、祖父母、いとこたちと暮らしていて、両親と妹とぼくだけで暮らすことはなかった。あったとしても、無視できるほど短い間のことだった。

カウフマンはテレビでみていた。毎週放送するレギュラー番組での彼はウィットに富み、軽妙洒脱《しゃだつ》な皮肉を飛ばしていた。十二月のある回で「この番組では『きよしこの夜』を歌うのはやめにしよう」といったせいで、すぐさま番組から永久追放され、ぼくの仲間たちの間でヒーローになった。数年後、ぼくがテレビや映画よりも劇曲に専念したいと考えるようになったとき、ジョージ・S・カウフマンの姿が立ちはだかり、シリアスな戯曲を書きたいと強く望む一方で、まずコメディから始めることが、自分にとって最も直接的な道だと悟った。カウフマンと偉大なるモス・ハートは素晴らしいコメディショーの台本を書いていたが、ぼくはふたりの変ちくりんな見た目のほうに親近感を持っていた。ぼくはカウフマンのように、皮肉っぽいジョークをたくさん作り、厭世的で、公の場で感傷的な文句を口にするのは我慢できなかった。カウフマンの母親の名前がネティ、つまりぼくの母の名前と同じだと知ったときには、科学的懐疑主義など吹きとんで、彼とは同じ宿命《カルマ》を共有していると感じた。

さて、ぼくは一連の偶発的な出来事に導かれ、マックス・ゴードンに会った。彼は舞台から引退していたが、復帰したくなるような上質な戯曲がないかとアンテナを張っていた。多くの人が彼を満足させようと試みたが、彼の要求は厳しかった。最高の作品を扱ってきた人だから、妥協なんて考えはなかったんだ。ぼくは彼にある戯曲のアイデアを話したが、そんなものはカウフマンやハートなら簡単に思いついて、完璧に形にしただろう。何光年も先をいく人たちだから、ぼくみたいに不器用なやり方でしくじることもないはずだ。だが、ぼくにとって初めての芝居だったし、マックス・ゴードンにあらすじを話すと、彼は耳を傾けてくれた。それは、しょっちゅうつまらないことでけんかをしている家族が、鉄のカーテンの向こうのヨーロッパで休暇中、スパイに間違われ、アメリカ大使館に保護を求めるという話だった。そのあと、一家は逮捕を恐れて大使館の外へ出られず、不満をたれたり、おかしな行動に走ったりして、互いの神経を逆なでしていく。マックスはこの話を気に入ってくれたうえ、ぼくのことまで気に入ってくれた。それより何より、ナイトクラブで披露した寸劇も気に入って、ぼくのネタが一番面白いといってくれた。互いに惹《ひ》かれ合うものがあり、ぼくは戯曲を書いて渡す約束をした。同じ頃、ロンドンでチャールズ・フェルドマンが『007／カジノ・ロワイヤル』の映画の準備に取りかかっていて、ぼくに端役を依頼してきた。もしかすると、彼が窮地に陥ったとき、ぼくなら面白い台詞も書けるから便利だとでも思ったのかもしれない。実際、彼はひどい窮地に陥ったが、ぼくに助けを求めることはなかった。おそらくクリエイティブな仕事とはあまりに無縁だった彼は、自分が窮地にいたことに気づいていなかったんだろう。

ロンドンへ発《た》つ前に、ルイーズと結婚した。八年間ずっと、ふたりの関係には波があったが、何度別れても必ず縒《よ》りをもどしていた。彼女はそのことについてかかりつけの精神科医と話し合いをし、おそらく結婚という行為、つまり互いの人生に責任を持つことにより、ふたりはまったく違う固い絆《きずな》で結ばれるだろう、という思いつきが芽生えた。こうして、ぼくらは試しに結婚してみようという気になったんだ。もし世の中に同じことを考えている人がいたら、お勧めはしない。ぼくらの結婚はしょっぱなから大失敗だったしね。当時、ぼくはアメリカーナ・ホテルのショーに出演していた。ふたりでブロードウェイの近くにあるギフト雑貨店で安物の指輪を買い、ホテルの階段を上がって、滞在中のパフォーマー全員に用意されているスイートルームでパーティーをした。ちなみに式は彼女の父親の友人の判事が引き受けてくれた。彼は短いスピーチのなかで、今までたくさんの結婚式を執り行ってきたが、ひと組として離婚していない、と話していた。もちろん、彼の記録はここで途切れることになる。

ぼくらは幸先《さいさき》の悪いスタートを切った。結婚して数週間後に、ぼくはロンドンにいくはめになったんだ。フィルム映画史上最低最悪の産業廃棄物となる『007／カジノ・ロワイヤル』に出演するためだ。ルイーズはロンドン行きをしぶった。ぼくは数カ月留守にすることになる。結婚したばかりだというのに。ロンドンに顔を出すかもといってはいたが、要は彼女にとって、ほかの男たちと羽目をはずす絶好のチャンス到来だったんだ。そんな状況をかぎつけていたぼくが、スウィンギング・ロンドン〔若者たちのカルチャーが花開いた六〇年代のロンドン〕で幾度もあった魅力的な誘惑に抗わなかったのは認めよう。これが結婚とは。ロンドンでのぼくは高給取りの若者で、立派なアパートメントに滞在し、日給も相当高かった。何もかも一本の映画のおかげだったが、プロデューサーがあまりにもお粗末だったせいで、自分のシーンを撮る頃には時間外労働をしていた。当時、『カジノ・ロワイヤル』のキャスト（さらに撮影をみにきた有名人、プロデューサー、監督、作家）と、同じくロンドンで撮影していた『特攻大作戦』のキャスト（チャールズ・ブロンソン、テリー・サバラス、ジョン・カサヴェテス、リー・マーヴィンなど）の間で、ギャンブルが盛んに行われていたんだ。ぼくは水を得た魚のように、毎晩、大口のポーカーゲームに参加した。勝負の場は〈ペア・オブ・シューズ〉という酒場の個室だ。店側からは放っておかれたが、著名人が一同に会すのは、店主にとってありがたかったんだろう。毎晩、〈ウィーラーズ〉で魚料理を食べ、九時か九時半から明け方までやっていた。賭け金はかなりの額だったが、法外な額じゃなかった。一万か一万五千ドルは稼げたから、まるで凄腕のカード師にでもなった気でいたが、翌年、ラスベガスでジョー・コーエンに会って目が覚めた。彼は一ゲームで三十五万ドルを賭けるポーカープレイヤーだったんだ。

ぼくは勝ち続けた。みんなは娯楽でポーカーをやっていたけど、ぼくはひたすら賭け金をねらうサメのごとく、笑いも社交的な気遣いもそっちのけだったからだ。黙って席について、不利なカードがきたら降り、いいカードがきたらプレイして、毎晩連勝だったが、ほかのみんなは酒を飲んだり、笑ったりして、本当の意味で楽しんでいた。いろんなカジノで、カサヴェテス、テリー、チャールズ・フェルドマンが二万ドル分のポーカーチップを買い、十分で失って、買い足しているのをみかけたことがある。役者連中は街中で不渡り小切手を切っていた。ぼくの勘違いでなければ、フェルドマンなんかはギャンブルの借金を肩がわりすることで、ジョン・ヒューストンを『カジノ・ロワイヤル』の監督に迎えられたんじゃなかったっけ。さもなきゃ近づけもしなかったと思う。

ビートルズもしょっちゅう出没していたし、土曜の朝にキングズ・ロードをぶらぶらすれば、ミニスカートのとびきり可愛らしい若い女性をひっかけることだってできた。ルイーズとは電話で話していたが、結婚したばかりの夫のそばにいたくて気持ちが抑えられなくなるなんてこともなかったし、撮影が終わったとき、ぼくはマネージャーのチャールズ・ジョフィに、このままロンドンに残っても幸せだろうし、ロンドンは楽しいから、もう帰らなくてもいいと話した。

現実には無理な話だった。というのも、ブロードウェイ作品の脚本を書き終えたところだったんだ。タイトルは『ドント・ドリンク・ザ・ウォーター』。あと一歩の作品だったし、反響もあったけど、粗削りな仕上がりだった。ロンドンで過ごしたいろんな日々を振り返ってみて、自分のことをものすごく英国人的だと感じた瞬間は、たぶん英国女王に会ったときだったと思う。ぼくのような男からすれば、とても畏れ多い人だった。それはある劇場で行われたにぎやかな祭典でのことだ。その数日前に、わけもなく横柄な若者がバッキンガム宮殿から王室の礼儀作法を教えにやってきて、ぼくは役立たずのように扱われたのを覚えている。確か当日は、各方面のお偉方と一緒に列に並んだ。ぼくはローストビーフをひと切れと、一パイントのビタービールを楽しんだばかりだったから、じつに愉快な気分になっていた。上流階級の人々とちょっとしたもめごとを起こす準備がすっかり整っていたというわけだ。ついに女王陛下が姿をみせ、列に並んでいるひとりひとりと挨拶を交わした。そのたびにだれもがうやうやしくお辞儀をしていたんだけど、ぼくは自分の番がきたとき、「お初にお目にかかります」と口走っていた。もう、いきなりパニックになって胃が痛んだ。なんでそんなことをしたのか謎だが、ぼくは膝をついて、まるでナイトに叙されているかのように頭を下げた。女王陛下は驚いただろうな。ちらりと向けたその目に写ったぼくの姿は、下僕、いや、ひょっとしたら貴族、あるいは伯爵だったかもしれない。ぼくはこの年配のご婦人が「この虫をトイレに流して」とつぶやくのを想像した。

まあ、まったくこのとおりだったわけじゃないけど、女王にお目にかかったのも、テムズ川で過ごした夏を愛したのも本当だ。

帰国後、ルイーズとぼくは人生を変える深い関係を結ぶ前の状態にもどっていて、明らかに何ひとつ変わっていなかった。最高に楽しいときもあったが、たいていはひどく不安定だった。『何かいいことないか子猫チャン』は興行的に大当たりした。当時のコメディ映画のなかで一番のヒット作だったそうだ。映画の出来と興行成績の相関関係については、物理学者もまだ解明できていない。ところで、家に帰ってしばらくあとに、ある男から電話をもらった。彼は日本映画の権利を買ったそうで、その映画の吹き替え版を作ってコメディにしてほしいと頼んできた。もともとコメディ映画じゃなかったが、日本人俳優の口の動きにあわせて、ぼくらの声をかぶせれば、面白おかしい作品になるという。興味がわいたから、ぼくは妻をふくめて仲間を何人か集めてスタジオにいき、スクリーンにそれを映しながら、その真面目な冒険映画に即興で台詞をつけてコメディにしていった。ぼくがいくつかの台詞を残して対応できなくなると、プロデューサーはほかの人を雇って残りを付け足した。こうして出来上がった作品は、単に面白くないどころか、ばかげていた。ぼくが手掛けた部分もあまりよくなかったし、あとからだれかに付け足された台詞は、きいていられなかった。ぼくは自分の名前を外してくれと訴えたが、柳の下的なタイトル『どうしたんだい、タイガー・リリー?』がつけられて世に出て、ヒットした。

この時点で、ぼくより賢いボスたちから、黙って訴えを取り下げて流れに身を任せろ、といわれた。そのとおりにしたけど、『何かいいことないか子猫チャン』と『どうしたんだい、タイガー・リリー?』のせいで、恥ずかしくて鏡のなかの自分をまともにみられなくなり、すべての主導権を握らせてもらえないなら、映画の仕事は二度としないと誓い、以来ずっとこのスタンスを守っている。それが初期作品から実現できたのは、ぼくの雇い主が物の分かった人たちで、監督に敬意を払っていたからであり、この映画の件があってから契約書の必須条件としていたからだ。ああ、また、かなり先の話をしてしまった。

興味深い補足情報として、当時のぼくがどれほど自信にあふれ、いや、というか、生意気な愚か者だったかを示そう。『子猫チャン』が公開されたとき、当然、映画評は最悪だったが、興行的には大成功だった。評論家のポーリン・ケイルは映画の良い点をいくつか書いてくれていたが、べたぼめの映画評はほぼなかった。批評家の間では「いったいこのカオスはなんだ？」と話題だった。ぼくはこの経済的な成功のおかげで、自分で自分の映画を監督できるだろうと思ったけれど、世間では、映画がヒットしたのはひとえにスター俳優たちのおかげであって、ぼくはラッキーなだけだったと思われていたらしい。当時のぼくは、いずれ『子猫チャン』はぼくの映画デビュー作としてのみ人々に記憶されるだろうと、ひとりほくそ笑んでいた。これほど不愉快にうぬぼれていたなんてびっくりするだろう？　でも結果的には皮肉にも、当時のこのいまわしい尊大な態度を改めるチャンスは与えられず、ビデオ屋の棚で目にした『何かいいことないか子猫チャン』のパッケージには、でかでかとこんな宣伝文句が書かれていた。「ウディ・アレンの初映画」

それをみて満足したかって？　モリアーティ教授のような傲慢な笑みを唇に浮かべはしたけれど、数秒後には現実の世界にもどった。こんなささいな皮肉があったところで、自然界は相変わらず冷淡で無関心なままなんだから。

もうひとつ、ぼくの反吐《へど》が出そうな自信家ぶりを示すエピソードがある。二十一歳の頃、マックス・リーブマンに雇われ、バディ・ハケットとキャロル・バーネットが主演を務めたテレビのシリーズ番組の台本を書くことになった。リーブマンはかなりの大物プロデューサーで、テレビ界初期にシド・シーザーの『ユア・ショー・オブ・ショー』のようなセンスのいい番組を作っていた。偉大なコメディというだけじゃなく、バレエやクラシック音楽まで盛りこまれていた。リーブマンは、ぼくのこともバディ・ハケットのこともかなり気に入ってくれたが、番組は不運な結末を迎えてしまった。ぼくは『スタンリー』というシチュエーションョン・コメディ番組に三十分のエピソードを一本だけ書いたところ、ある批評家から、バディ・ハケットが即興でやればもっと面白くなったはずだ、と書かれた。ぼくはそのレビューを切り抜いて、横柄で厚かましい考えからそれをしまいこみ、時がたてば皮肉なジョークになるに違いないと確信していた。

第7章

さて、ぼくは自宅で、マックス・ゴードン――また別のマックス――が読むのを心待ちにしていたブロードウェイの戯曲『ドント・ドリンク・ザ・ウォーター』を書き上げた。ついに、脚本を渡すときがきたが、いうまでもなく、彼の期待に沿えなかった。ちゃんと芯のある喜劇のアイデアだったが、うまく書けていなかった。面白い台詞《せりふ》と喜劇のアイデアを詰めこんだだけで、構成も、細部への配慮も素人丸出しだった。もちろん、ぼくはこのことに気づいていなかった。自分ではかなり面白く読めていたし、カウフマンとハートの戯曲から脈絡もなく引っ張りだしてきた種々雑多な半端物をちゃんと使いこなせていると思っていたくらいだ。マックスはなんとか助けになろうとしてくれて、彼の紹介で一流の劇作家ラッセル・クローズにその脚本を読んでもらうことになった。彼はハワード・リンゼイと組んで脚本を書いており、共作の『ライフ・ウィズ・ファーザー』はブロードウェイでロングランを記録した。クローズは親切にもぼくを励まし、欠点を指摘し、どう修正していけばいいのか助言してくれた。ぼくは未熟ながらもなんとか手直しして、よくなったはずだと思いこんだ。たぶん少しはよくなっただろうが、十分とはいえなかった。

マックスはその老練な鋭い観察眼で、読んですぐに直っていない欠点に気づいた。ぼくが彼の探し求めていた次のジョージ・S・カウフマンじゃなかったと悟り、その戯曲とぼくに対する興味は冷めていった。自分では、その脚本に望みはあると信じていたし、どんな批評を受けようと、面白いと思っていた。ぼくには笑いの向こうにあるものを見通す洞察力がなく、登場人物に観客が夢中になってのめりこむほどの深みがないことや、全体的にプロットがなっていないことが分かっていなかった。無知なぼくはその脚本をデイヴィッド・メリックに持ちこんだ。するとすぐに彼から、面白いじゃないか、プロデュースさせてくれと返事があった。マックスのことは、情熱の炎がおさまったプロデューサーとみなして、代わりに、いつも部屋のなかで硫黄の燃えるようなにおいを発散させているプロデューサーと運命をともにすることにした。ぼくはメリックに、演出家はロバート・シンクレアに頼みたいと話した。マックスの勧めもあったし、ぼく自身もロバートにこの作品について話をしていたから、すでに口約束してしまったような気持ちもあり、メリックに彼を雇ってもらうことにしたんだ。この人選は数々の間違いのふたつ目だった。

ひとつ目は、そもそもメリックがこれをプロデュースすると決めたことだった。この芝居には大勢のキャストが必要で、シンクレアとメリックと一緒に標準的なやり方で役者を選んだ。つまり、だれもいない劇場に腰かけ、役者たちには何もない舞台に出てきてもらい、演出助手を相手にシーンの台詞をいくつか読んでもらうんだ。主役級の若い男優を決めるとき、メリックから、『裸足で散歩』に出ているロバート・レッドフォードの後任の後任の俳優をみてきてはどうかと提案された。その後任の俳優が面白かったそうで、理想的なブロードウェイのロマンチック・コメディの主役をやれる男だという。こうして、ぼくはトニー・ロバーツと出会い、以後、何度も一緒に仕事をして、長く親しい付き合いをすることになった。彼は、メリックがいうように、理想的なロマンチック・コメディの主演男優で、間の抜けた演技が魅力的なうえ、コメディの台詞回しもなかなかだし、一緒に仕事がしやすい相手だった。女好きな男で、のちに『ボギー！俺も男だ』で共演したとき、舞台上で熱演しているぼくをほったらかしにして出番になっても現れず、楽屋で女優といちゃついていたことがあった。ぼくはベテランだから、凍りついたまま、いつのまにかエスペラント語をまくしたてていた。

ありがたいことに、あまりパニクってない別の女優が舞台に出てきて、場を仕切って劇の流れを軌道修正してくれた。いずれにせよ、トニーは『ドント・ドリンク・ザ・ウォーター』にとって掘り出し物だった。また、じつに陽気なリチャード・リバティーニというユニークな才能を持つ喜劇俳優を神父役として迎えられたのもよかった。数十年後、彼はぼくが書いた一幕物でラビ役を演じ、そのときも観客をおおいに笑わせてくれた。舞台装置は、ブロードウェイの象徴的存在であるジョー・メルジィーナに頼んだ。彼は、演出家のシンクレアから的外れな指示を受けて、巨大な洞窟のような舞台装置をデザインした。重苦しい雰囲気で、コメディに求められるものとは正反対のセットだった。念のためいっておくと、見事な舞台デザインだったものの、演出の方向が間違っていたんだ。マックス・ゴードンから、演出家のロバート・シンクレアはジョージ・S・カウフマンの助手をしていたときいて、親しみを感じていたんだけど、実際はそんなことに意味はなかった。彼はずいぶん前に現役を退き、カリフォルニア州サンタバーバラで暮らしていた。長らく演出の仕事から離れていて、たまに大酒を飲むのを気晴らしにしていた。演出を引き継いだスタンリー・プレイガーにいわせれば、彼はユーモアの敵だった。

リハーサルがはじまると、みんな互いの台詞や演技に騒々しく笑いあい、内輪でのオナニー状態だった。主演のルー・ジャコビは根っから面白い男で、ニール・サイモンの舞台デビュー作『ナイスガイ・ニューヨーク』でも優れた演技をみせた。リハーサル中、ルーのおかげで、トニー・ロバーツとぼくは舞台上でも舞台裏でも笑いが止まらなかった。ルーの妻の役は、メリックが直感でキャスティングした。ぼくはニューヨーク的な皮肉屋の女性、具体的には女優のベティ・ウォーカーを想定して脚本を書いていた。面識はなかったが、大好きな女優だ。代わりに、興行面を考慮してメリックが選んだのは、テレビドラマ『アイ・ラブ・ルーシー』でエセル・マーツ役を演じたヴィヴィアン・ヴァンスだった。洗練されたコメディエンヌだが、この役にはまったく合わず、結果的にかなり足手まといになった。舞台が息を吹き返したのは、妻役がケイ・メドフォードに替わってからだ。彼女はベティ・ウォーカーみたいに、歌うように会話することができた。しかし、本当の困難はまだこれからだった。リハーサルは非常に順調だったし、世間の評判は上々ときいていた。通し稽古もうまくいったし、ドレス・リハーサル〔本番の衣装を着けての通し稽古〕でも問題はなかった。

　こうしてフィラデルフィアにあるウォルナット・ストリート劇場で開幕を迎えた。皮肉にも、数ブロック先で、エイブ・バロウズ演出のミュージカル『ティファニーで朝食を』が試験興行《トライアウト》をしていた。いずれにせよ、ぼくらの舞台は初日でこけた。相当ひどい劇評をもらってしまったんだ。メリックは素早く対策を講じ、ロバート・シンクレアを外した。正確にいえば、そもそもメリックは最初からロバートの起用に難色を示していたんだ。ぼくはメリックから、ロバートの代わりがみつかるまでの数日間、演出を頼まれたので、演出をしながら、毎晩遅くまで脚本の書き直しをすることになった。役者たちには感心させられたよ。新しい台詞を昼の部がはじまる二時間前に渡しても、前の台詞と入れ替えて、たちどころにものにしてくれるんだ。さっきもいったが、唯一の悩みの種はヴィヴィアン・ヴァンスだった。出演者全員が各自の台本の変更箇所を受け取りに集まっているというのに、彼女は大きな声でくどくどと、自分の出番を増やしてほしいとか、もっと面白い台詞やもっと笑わせる演技がしたいとか不満をたれていた。『ルーシー・ショー』を何年もやってるベテランなんだから、という。才能あるいいコメディエンヌだが、ミスキャストのせいで苦労していた。彼女には、自分の役だけじゃなく、プロット全体、すべての登場人物、うまくはまっていない台詞、構成、ト書きにまでメスを入れるという考えに納得がいかなかったんだ。制作側からすれば、常に目の上のこぶだったから、最終的にメリックは彼女を外し、ケイ・メドフォードを起用した。適切なキャスティングで作品はこうも変わるのかと驚いたよ。

　スタンリー・プレイガーが加わって演出を引き継いでくれたおかげで、嬉《うれ》しいことがあった。彼は卓越した喜劇演出家ではなかったが、ひょうきんで、気立てもいい、活力と自信にあふれた背の低い男だった。おかげで、ぼくらの気持ちはたちまち晴れ、楽観的になれた。彼は舞台セットの配置を変えて、舞台前方、つまり客席の近くで演技をみせられるようにし、その一方で役者を鍛えて役にはめていった。次々にキャストが変わり、ついに『ドント・ドリンク・ザ・ウォーター』は、同時代のミュージカル以外の舞台のなかで最もキャスト変更が多い作品となった。

フィラデルフィア公演は散々だった。そもそも、酷評されたせいで客席の半分も埋まらなかった。憂鬱《ゆううつ》だったよ。ぼくは夜遅くまでタイプライターに向かって延々と修正を加え、翌朝、出演者に改訂版を渡すと、彼らは大あわてで新しい台詞に差し替えて、奇跡的な記憶力で調整してくれたけど、ひとつ大きな問題があった。新規の要素が従来の要素とたびたび齟齬《そご》をきたし、プロットと登場人物のキャラにぶれが生じないよう、さらに変更を加えなければならなかったんだ。そのせいで、役者たちはもう使わなくなった場面や登場人物が残っているこれまでどおりの芝居を演じながら、舞台の作り直しが必要な新しい場面も演じることになってしまった。要するに、役者はふたつの異なるプロットが馴染まないままふたつ同時に演じることになったんだ。哀れな観客はそもそも駄作と分かっているチケットをつかまされ、モルモットとなって、絶えずいじくりまわされ実験を繰り返していた作品に付き合わされた。男優も女優も入ってきては去っていったし、シーンが差し替えられたり省略されたり、なんの説明もなく新たな展開が付け加えられたりした。ある夜遅く、ホテルの部屋で書き直しに頭を悩ませていると、デイヴィッド・メリックから「すっかり、ショービジネスの泥沼にはまりこんでいるな」と声をかけられた。だが、彼は臆することなく、ぼくの支えになり、舞台を続行した。メリックは機知に富んだ、素晴らしく、魅力的な人物であり、また偉大なプロデューサーといえた。ただし、彼と口論するはめにならなければの話だが。

フィラデルフィアで日曜の午後、メリックと一緒にテレビでフットボールの試合をみていた。彼はいいやつなんだ。弁護士をしていたときは女性を物色しに劇場にいっていたという。本人がそういっていた。一度だけ、ある会話に出てくる台詞について彼と口論になったことがあった。どんな台詞だったか覚えていないことを思うと、かなりどうでもいいひと言だったはずだ。作家の権利がインドネシア人女性と同じくらいしかない映画やテレビと違って、演劇組合は、作家の同意なしには一語たりとも脚本を変更することはできない、と宣言している。ぼくは脚本家としての権利を主張し、新しいジョークを追加したいといった。メリックは「もし今夜、その台詞が使われたら、演出家を馘《くび》にしてやる」と答えた。ぼくは哀れなスタンリー・プレイガーをちらりとみて――彼は首を切られる人ではなく、むしろ賞与を受けるに値する人だった――撤退を決めた。だけど、メリックはいいやつなんだ。

　こうして、フィラデルフィア公演を終えてボストン公演がはじまる頃には、舞台はだいぶよくなっていた。『ティファニーで朝食を』やほかの舞台のような絶賛されるものにはなっていなかったけど、チームの結束力は強くなった。こっちで新しい場面が追加されたり、あっちでスタンリー・プレイガーがアイデアを出したりしていたが、変更箇所はだんだん少なくなったのもあって、役者たちは前より落ち着いてきた。舞台裏では、エリオット・ノートンというとても感じのいいボストンの評論家からいくつかアドバイスをもらった。彼はよく制作段階から劇をみにきてくれていて、おかげで舞台は少しずつ形になっていった。あと伝えておきたいのは、演技もどんどんよくなっていたってこと。まだまだ未熟な作品だったが、粒ぞろいの喜劇俳優たちと、台詞がしっくりくるまで延々と新たなジョークに差し替え続けたおかげで、笑い製造機みたいな作品になった。ニューヨークのブロードウェイへと乗り込んで、モロスコ劇場でプレビュー公演〔試験公演。この期間に演出の細部を調整する。〕をしたときには、劇場のスタッフから、観客がこんなに笑うのは初めてだといわれた。だからこそ、公演を二年間、続けられたんだ。舞台の質や劇評――よくても賛否が入り混じっていた――のおかげじゃない。だってせっかく十ドル払って芝居をみるなら、脚本家の腕を批判するんじゃなく、ひと晩中笑いたいじゃないか。

　思いがけず嬉しいことがあった。演出家ハロルド・クラーマン――伝説の劇団グループ・シアターの象徴的存在で、俳優養成所アクターズ・スタジオの重要人物であり、また演劇評論家でもあった――がぼくの劇について好意的に書いてくれたんだ。彼は単なるジョークや漫画的な登場人物以外に、作品のいいところを発見してくれた。ぼくにはどんな美点もあるとは思えないけど、彼の評価は大きな励ましとなった。というのも、ぼくは「生まれてくるのが遅すぎてグループ・シアターに入れなかったが、きっとその劇団員たちとうまくやっていけたと思う」などとしょっちゅういっているんだ。自分のことを三〇年代の挫折した劇作家のようにしばしば感じ、のんびり生まれてきたせいでチャンスを逃し、時代遅れな作品ばかりと思っているが、グループ・シアターの役者だったエリア・カザンに、ぼくの映画が好きだといわれたときは嬉しかった。彼らのなかに紛れこんだ自分の姿をみた気がしたんだ。そこには、ユージン・オニール、クリフォード・オデッツ、さらにはアーサー・ミラー、そしてテネシー・ウィリアムズがいる。ぼくに彼らのような才能はない。だけど、もし彼らが使いっぱしりを必要としていたら……。

本公演初日の翌朝、劇評は賛否両論あったものの、肝心の「ニューヨーク・タイムズ」の評価があまりよくなかった。そんななか、メリックのオフィスに呼び出された。メリックは赤のフロック加工の壁紙を背にして、サタンのように座っていた。彼の助手たちがその手に三叉槍《さんさそう》を持っていれば完璧だ。メリックは「興行面ではいくらか動きがあったし、このまま公演を続けて口コミの評価を待ってみよう」と切りだしたあと、さらに重要なことを付け加えた。「このままぼくに君のプロデューサーをやらせてくれないか。君のヒット作も失敗作もプロデュースしてみたい」。ぱっとしない批評記事に追い詰められていたぼくには、とても嬉しい話だった。そのうちに、ぼくは次の舞台の脚本、『ボギー！俺も男だ』──前作よりもましだが、まだまだたいした作品じゃない──を彼に渡すことになる。あの朝、ぼくは劇場街の中心で、彼の協力的な態度にどれほど心を打たれたか分からない。新聞の全面広告には、好意的な声をすべて引用して掲載した。どこの馬の骨とも分からない批評家のものでも関係なかった。宣伝効果を上げるために、ちゃんとした多数の引用のなかに、ぼくの母、ネティ・カニグズバーグから実際に頂戴した絶賛の声も混ぜこんでおいた。さらに、ロコミの評判も上々だったおかげで、二年近く公演を続けられたうえ、映画化の権利も売れ、とんでもなくひどい映画が作られた（ぼくは関わっていない）。一方で、『ティファニーで朝食を』のような地方では大ヒットした作品がたちまち打ち切られていた。劇場というのは、なんとも皮肉で予測不可能な場所だと思う。のちに、最初の演出家ロバート・シンクレアは、サンタバーバラにある彼の自宅に侵入した何者かによって殺害された。きいた話では、デイヴィッド・メリックには完璧なアリバイがあり、その夜、友人と一緒にいたことを証明できたらしい。

トニー・ロバーツと仲よくなったのはこの舞台第一作のときじゃなく、次作の『ボギー！俺も男だ』で共演してからだ。ぼくはその脚本をシカゴにあるホテルの部屋で書きながら、〈ミスター・ケリーズ〉のステージをこなしていた。タイプライターに向かってト書きを考えている途中、主人公の映画評論家の狭い部屋をどう描写しようかと考えあぐねた末、「壁には、大きく引き伸ばしたハンフリー・ボガートの写真が飾ってある」と打った。ボガートを選んだのは、たんに当時、彼のポスターは人気で、そこら中で売っていたからだ。それに、主人公が映画の空想に浸るとき、そこに出てくるのがボガートなら、話の流れからいってぴったりだとも思った。脚本を執筆中、都合よく何度も彼を物語に登場させていたら、そのうちに主要な登場人物になっていった。シカゴのホテルで、書いては書き直した。そうそう、ジョン・ドゥーマニアンとジーン・ドゥーマニアンの夫妻とリブロースを食べにいった。当時、シカゴにはブラックアンガスという店があって、骨付きリブロースが食べられたんだけど、あの味は宗教や精神分析学や偉大な芸術からは得ることのできない人生の意味を与えてくれた。あの頃のぼくはリブロースを食べにいくと、何本でもたいらげられた。そのあと〈ミスター・ケリーズ〉でショーを二回こなし、そのあと夜遅くに店にもどってさらにたいらげていた。もし今、こんなふうに好き放題していたら、かかりつけの心臓専門医のオフィスでベルが鳴り響き、ぼくは自宅に軟禁されてしまうだろう。

たまに、ジーンとジョンと一緒に、ヒュー・ヘフナー〔「プレイボーイ」誌の創刊者〕の家に遊びにいった。頻繁にじゃない、ときどきだ。そこではほぼ二十四時間、自宅を開放してパーティーが開かれていた。ピカソの絵が飾られた部屋は、有名人やスポーツ選手、セクシーな女性たちであふれかえっていた。みんなの注目を集めていたのはセクシーな女性で、ピカソの絵じゃない。本当だよ。シカゴを訪れたときはいつも、このプレイボーイ邸から電話がかかってきて、ゲストとして泊まっていかないかと誘いを受けた。一度も泊まらなかったが、たまに立ち寄って、付き合いをさせてもらっていた。ぼくには人生の基本ルールがあって、絶対にだれの家の泊まり客にもならないと決めている。それに、ヘフナー邸にいただれにもちょっかいを出したことはない。あんなグラマーな美女から素粒子ほどでも気にしてもらえると思っただけで、自己紹介をするだけでテンパってしまう不器用な男はおたおたしてしまうんだ。過去に、折りこみページのセクシーなモデルとちょっとした恋の戯れもあったが、ヘフナーの大邸宅からはじまった関係はひとつもない。よくほかのだれかと間違われていたくらいだ。ヘフナーのことは好きだし、ある夜、彼が語ってくれた話も覚えている。「いつでも訪ねていけて、時計をまったく気にしなくていい家を持つことが子どもの頃からずっと夢だったんだ。その家では、起きたいときに起きて、食べたいときに朝食をとって、自分のやりたいことができる。いつでも好きな時間に。もし午前二時に起きたら、一日はそこからはじまる。スケジュールも自分の思うままに組み立てればいいんだ」。ほかの男の夢と同様、ぼくにはどうでもいいことだったが、ヘフナーがそうした人生を送ることは幸せだと考え、実現した、というのはすごいことだと思う。彼については親切で寛大なホストで、金持ちの成功者ということくらいしか知らないわけだし、たとえ彼が夜の十一時に起きて、朝食をとり、そのあと有名人たちとモノポリーを楽しんでいたからって、ぼくにけちをつける権利なんてない。

ところで、ぼくの結婚生活はずいぶんとまずいことになっていた。ルイーズが今日《こんにち》では〝weed〟《ウィード》〔マリファナのこと〕と呼ばれているものと出会ってしまったせいだ。当時は〝grass〟《グラス》、大昔は〝muggle〟《マグル》と呼ばれていた。さらに彼女は悪魔の声に導かれ、アッパー系の覚醒剤、硝酸アミル、催眠剤《クエイルード》に手を出し、隣接する三州で選挙登録されている様々な男たちとあらゆる新たな体位を試していた。それでも彼女が好きでたまらなかったし、こうした男遊びもルイーズらしさなんだと分かっていたけど、このことが夫婦関係の破綻を加速させた。ぼくらは舞台衣装を詰めたトランクを叩《たた》き割って、別々の道へ進む話し合いをした。ショービジネスでいうところの〝コンビ解消〟だ。彼女はぼくの人生に多くのものを与えてくれた。「ニューヨーカー」誌に原稿を送るよう勧めてくれたのも彼女だ。小説には自信が持てなくて、どうせ不採用通知が届くだけだと思っていたが、彼女はそう考えなかった。結果、彼女が正しかった。ぼくは、彼女の直感と確信のおかげで、ずっと崇拝してきた雑誌社の定期寄稿者となり、何十年もの間、編集者のロジャー・エンジェルに担当してもらうという幸運に恵まれた。だが間違いなく、あらゆる種類の薬物に手を出した彼女を、どうにも、どうにもできなかった……助けてくれ。

そのうちに気を紛らわしてくれることがあった。ドキュメンタリータッチのコメディ映画を作りたいというアイデアがふと頭に浮かんできたんだ。そんな作品はそれまでなかった。当初はかなりリアルな内容にするつもりだったんだけど、この時点では実現しなかった。その理由はあとで話すが、数年のちに撮った『カメレオンマン』でようやくこのアイデアを形にできた。『泥棒野郎』の脚本は、野球チームの仲間だった古い友人のミッキー・ローズと共同執筆した。彼とはミッドウッド高校からの仲で、当時はふたりしてメジャー・リーグに入ることを夢みて、うだるような暑い日も夏の野球場にいき、ボールを打ち、フライを追い、ゴロをさばいた。そして数時間ごとに休憩をとり、街角の菓子屋へぶらぶら歩いていって、チョコレート入り麦芽乳を買った。ミッキーは型破りな男で、唯一無二のクレイジーなユーモアの感覚を持っていた。ニューヨークのエージェントやマネージャーとショービジネスのミーティングをオフィスで行うときはいつも、本人はジョークのつもりでこっそりツナ缶をひとつ、どこかに置いて帰っていたものだ。業界人が集まってランチを食べているときに、だれかが「この間、妙なことがあってさ、ぼくの机の引き出しのなかにツナ缶があったんだ」といい出すのを想像すると、笑いが止まらなくなるらしい。

「君もか。ぼくの椅子《いす》の上にもひとつあったよ」と別の男。「ぼくも！」とさらに別の男がいう。ここまで想像すると、ミッキーは涙を流しながら、床の上で笑い転げるんだ。

のちに、ぼくがお抱え運転手を雇ったとき、ミッキーは「その運転手に毎晩八時十五分にパーク・アヴェニュー八十三番ストリートまで送ってもらえ。そこに着いたら車から降りて、街灯柱にキスをして、車にもどれ。新たな人生のはじまりだ」なんていい、例によって抱腹絶倒。その新しく雇った運転手が妻や友人に「例の男から、毎晩八時十五分にパーク・アヴェニュー八十三番ストリートに送っていくようにいわれているんだけど、彼は車を降りて街灯柱にキスしてきてから、車を出させるんだ」と話しているのを想像しているんだ。惑星間レベルじゃ、ミッキーは天才だよ。まあそれで、彼と一緒に『泥棒野郎』を書いたんだけど、ぼくが監督をしたがったせいで、出資者がつかなかった。その後、仕事運に助けられて、パロマー・ピクチャーズという、エドガー・シェリックとポール・ラザルス三世のように話の分かる男が実権を握ったできたての映画会社が、気前よく、初めて監督をする男に賭けてくれた。確かにぼくにはくだらないが大ヒットした『何かいいことないか子猫チャン』と、もっとくだらないが成功をおさめた『ドント・ドリンク・ザ・ウォーター』の作者という実績があった。少なくとも彼らは、ぼくが連続殺人犯でも、予算を持ち逃げして、ケイマン諸島へ高飛びするような男でもないと分かっていたんだろう。

映画のお目付け役の製作総指揮として、シドニー・グレイジャーが据えられ、ぼくに百万ドルの予算が降りた。あと、映画会社の人間にもいわれたんだけど、魅力的な条件で働かせてもらった。つまり、契約書には書かれていなかったが、彼らはぼくを信頼し、制作の指揮をすべて委ね、一度も口を出さなかったんだ。撮影地はサンフランシスコ、長年にわたってぼくに幸運をもたらしてくれた街だ。ハーバート・ロス監督の映画『ボギー！俺も男だ』の撮影地であり、『泥棒野郎』やのちの『ブルージャスミン』も撮影し、どれも成功した。また、〈ハングリー・アイ〉でコメディアンとしてステージに立ったときもうまくいった。ジャズ奏者としてのステージデビューもサンフランシスコの〈アースクエイク・マグーンズ〉だった。『泥棒野郎』の主演女優ジャネット・マーゴリンは、ニューヨークのセントラルパーク・ウエスト出身のきれいな娘で、『リサの瞳のなかに』ではダブル主演のリサを演じていた。キャストのほとんどは、サンフランシスコが地元だったんだけど、みんな素晴らしかった。あと、ハリウッドの性格俳優も何人かいた。ぼくは百万ドルの予算内で、スケジュールどおりに撮影を終えた。撮影初日は、サン・クエンティン刑務所のシーンだったんだけど、本物の刑務所のなかに入れるという事実にただただ興奮した。凶悪犯たちがいて、本で読むか昔のモノクロ映画でみたことしかなかった象徴的な巨大収容施設をこの目でみられるんだ。監督デビュー作だなんて気にしていられなかった。憧れの刑務所だったからね。刑務所長からは、危険な連中がいるから用心するようにと警告されたし、暴動が起こったり、ぼくらのうちのだれかが人質にとられるようなことがあったら、総力をあげて、囚人たちを逃がすことなく、ぼくらを救出するともいわれた。興味深かったのは、何百人もの被収容者が広い庭に集合したとき、白人の囚人は庭の片側で集まって、黒人の囚人は反対側に集まっていたことだ。のちにテレビで、「アメリカの大学の食堂も同じようなもんですよね」なんて軽口を叩いたら、まわりは月面のように静かになってしまった。

というわけで、ぼくはサン・クエンティン刑務所に足を踏み入れ、監督としてのキャリアの第一歩として、刑務所の中庭で暴動シーンを撮った。受刑者たちは協力的で、ぼくらが「アクション」と叫ぶと、本物さながらの激しい暴動シーンを演じてくれた。ぼくの「カット」という叫び声で彼らが散り散りになったとき、中庭の地面に落ちていた手製のナイフを一本、拾ったのを覚えている。ここでひとついっておくが、ぼくは映画を作ったこともなければ、カメラもレンズも照明も監督の仕方もまったく知らないまま、撮影現場に入った。演技指導を受けたこともない。パロマー・ピクチャーズの幹部のひとりに「百万ドルの予算をもらって、映画を監督する気分はどう?」ときかれた。当時の百万ドルといえば、今の価値に換算すれば、ずいぶんと大きな額だ。「不安じゃないか？」と彼はたずねた。ぼくをリラックスさせようとしているのか、フラッシュ・ゴードンを溶岩に沈めたときにミン皇帝がみせたような笑いを浮かべて。

実をいうと、そんなことをいわれて意外だった。なぜ不安になるんだろう？　ぼくからすれば、何もかも分かりきったことに思えた。脚本を書いたのはぼくだし、自分がみたいものも分かっている。カメラのレンズをのぞけば、頭に描いた映像がそこにあるかどうか判断できる。違っていれば、修正すればいい。もしかすると、カメラを少し左か右に動かすか、寄せるか引くかするといいかもしれない。撮影中の人物がどこかに向かって歩いていくときは、カメラを台車にのせてついていく。スタンドインにぼくの役をしてもらって、カメラマンが照明を設置したら、撮影準備の完了だ。スタンドインにはビールでも飲みにいってもらい、ぼくは彼のいた位置につく。自分で描いたシーンを演じ、ぼくが求める口調で台詞をしゃべる。カメラが回り、ぼくは「オーケー、撮れた？」と叫ぶ。満足できなければ、もう一度やってみる。ロケット科学じゃあるまいし、経験などまったく必要ない。題材がコメディ、それもドタバタ喜劇なら、騒々しくて、盛り上がる、テンポのいいシーンが撮れればいい。スピード感こそ、コメディ映画監督の一番の味方だ。目指しているのは笑いだから、笑いを引き出すちょっとした才能があって、そのセンスをスクリーンではっきりと映しだし、観客にオチの部分をみたりきいたりする機会を与えることができるなら、うまくいっているということだ。『泥棒野郎』の撮影は順調に進んでいたから、ミッキーとふたりでめいっぱい楽しみながら即興でジョークや寸劇を作ることができた。

ニューヨークにもどると、ぼくは編集作業に入り、マーヴィン・ハムリッシュという若手作曲家を雇って曲を作ってもらった。チャップリンの映画に影響されて、哀愁漂う曲をいくつか依頼したんだ。ハムリッシュは引き受けてくれ、作曲に取りかかった。その間にテスト上映をした。ここで、ぼくは経験値ゼロゆえの大失態をおかしてしまった。間に合わせの音楽をまったく入れていなかったせいで、映画全体が静かで寒々しかったんだ。たとえば、台詞のないシーンで、音楽もなく、だれかが一定の距離を歩く場合、画面上では延々と歩いているように感じられる。あと、テスト上映のとき、米国慰問協会〔アメリカ軍兵士やその家族に対しエンターテインメントを提供するNPO団体〕に協力してもらって、ある午後には街で声をかけた休暇中の兵士たちで映写室の半分が埋まったんだけど、説明もしないで粗編集版《ラフカット》をみせたものだから、当然、ぼくらはまるで聖バレンタインデーの虐殺〔一九二九年、ノースサイド・ギャングとサウスサイド・ギャングとの間で起きた抗争事件〕状態で死んだ。

パロマー・ピクチャーズのためにテスト上映したときも、反応は同じようなものだった。マーヴィン・ハムリッシュの音楽をいくつか入れたものの、彼らの目に映ったのは、百万のひよこ豆がぐるぐる同心円を描きながらトイレに流されていく光景だった。フィルムをいじくりまわすだけの役立たずを信じたせいだ。彼らはぼくに、ラルフ・ローゼンブラムを雇ってみたらどうかと勧めてきた。彼は何本もの映画を再編集して救ってきた人だから、ぼくの力にもなってくれるかもしれないとのことだった。窮地に立たされていたし、藁《わら》にもすがる思いで助けを求めた。ローゼンブラムという、皮肉好きだが非常に優れた才能を持つ編集者が参加したおかげで、失敗作は成功作に生まれ変わった。こんな具合だ。スタンリー・プレイガーが『ドント・ドリンク・ザ・ウォーター』を救ってくれたときのように、ラルフはたちどころにぼくの士気を高めてくれた。まず、ぼくがカットした面白いシーンをすべて元にもどした。それから、音楽もなしで、半分空席の映写室にふらっとやってきた孤独なホームシックのアメリカ兵たちを相手にしているんだから、受けるわけないよ、といってくれた。ラルフは、ハムリッシュの美しいが物悲しいBGMの代わりに、ユービー・ブレイクのジャズを流した。ゆったりした音楽のシーンや音楽のないシーンを軽快なジャズに差し替えただけなのに映画は変わった、いや、大化けしたと表現すべきかもしれない。魔法のような変化だったんだ。さらにオープニングクレジットの前に主人公の生い立ちをざっと説明するシーンを挿入したおかげで、物語のテンポがよくなった。

話をまとめると、ラルフが実際に手を入れたのは、元の編集の二十パーセントほどにすぎなかった。彼はぼく以上に最初のバージョンを気に入ってくれていたんだ。だが、その二十パーセントが映画の生死を分けた。彼がいなければこの企画は失敗に終わっただろう。ところで、この映画は三番アヴェニューにある〈シックスティエース・ストリート・プレイハウス〉という小さな劇場で公開された。劇場の前には木が一本立っていて、その枝のせいで、入り口上の看板がよくみえなかった。父が、「真夜中に友人たちと劇場にいって、その木を切り倒してこようか」と手を上げてくれたけど、遠慮しておいた。映画は酷評もされたが、最終的には興行的に成功した。まあこんなふうにして、ぼくは映画作りにのめりこんでいったんだ。激務だし、いくらか才能はいるが、ほぼ運任せで、まわりの人からの多大なる貢献が必要な仕事だ。

このまっただなかで、ついにルイーズとぼくが離婚を決める日がやってきて、最後まで人格者だった彼女の父親に仲立ちをしてもらい、互いにとって公平な条件で離婚が成立した。ぼくらは別れたが親友だった。今にいたるまで、かけがえのない忠実な友人だ。こんなことがあった。離婚の手続きをするために、ふたりでメキシコの国境沿いの街フアレスにいったときのこと、その前夜はサンアントニオに泊まって同じベッドで寝たんだ。離婚手続きの待合室で、ぼくらは人目もはばからずいちゃついていたので、その場にいた男から、「離婚されるのはどちらの方ですか?」ときかれてしまった。ふたりして「私たちです」と答えた。これほど堂々といちゃつくふたりがこれから離婚するとは信じられなかったらしく、男は「えっ……はあ……こんな……こんな感じならいつも楽しそうで」と口ごもっていた。その後、彼女は充実したキャリアを築き、人気テレビドラマの主演や映画の端役を務め、演技の指導も行った。人気絶頂期には、たくさんの雑誌の表紙を飾り、本当の意味で彼女が抱えていたいろんな問題を乗り越えていた。もし彼女が絶えず苦しい闘いに挑まずにすんでいたなら、いったいどれほどのスターになれていたことだろう。

第8章

さて、独り者となったぼくは、舞台『ボギー！俺も男だ』のキャストを選ぶことになった。主演はトニー・ロバーツとぼくだが、喫緊の問題は、リンダ役にふさわしい主演女優をみつけることだった。演出家はジョゼフ・ハーディ、優秀な彼は自分のやるべき仕事を心得ていた。彼とぼくは劇場の後部座席に座って、次々に才能ある女優をオーディションした。世の中に役者はごまんといるが、いい役はあまりない。ニューヨークにサンフォード・マイズナーという評価の高い有名な演技指導者がいて、彼のネイバーフッド・プレイハウス演劇学校からは数多くの素晴らしい俳優が輩出していた。彼はどこかでデイヴィッド・メリックに声をかけ、クラスにすごい生徒がいると、ある女性のことを大絶賛した。彼女の名前はダイアン・キートン。本名はダイアン・ホールだが、すでにその名の女優がいたため、使用中の名を使うことは俳優組合の許可が下りなかった。

そんな売りこみもあって、ぼくらはそろって劇場の席につき、キートンのオーディションに備えた。舞台に現れたのは、ひょろ長い女の子。なんといったらいいかな。もしハックルベリー・フィンがとびきりの美少女だったら、そんな女性が舞台の上に立っていた。キートンは朝起きることから、カリフォルニア州オレンジ郡出身の田舎者であること、不要品交換市《スワップミート》に通いつめ、ツナメルトのサンドイッチをほおばることまで、何にでも申し訳なさそうにする。マンハッタンに移り住んでからはクローク嬢として働き、オレンジ郡では映画館の売店で働いていたが、売り物のキャンディを全部食べて馘《くび》になった。そんな彼女はオーディションでは、ぼくら全員に対し数行分のお決まりの挨拶をした。この田舎育ちの娘は、祖母のホール《グラミー・ホール》の話や、グラミー・ホールの家の下宿人ジョージが毎年クリスマスに組合から七面鳥をもらっていた話をした。また、彼女は褒め言葉を受けるたびに、ハックルベリー・フィンみたいに「嘘じゃないよね」と返してきたんだ。とにかく、ほんとに、魅力的だった。どこをとっても魅力的なんだ。場を明るくする人はいるけど、彼女は大通りを明るくする人だ。チャーミングで、面白くて、自分独自のスタイルがあり、自然で、生き生きしていた。彼女がはけたあと、ほかの女優たちのオーディションも予定されていたが、ぼくらは内心、主演女優は彼女だ、と思った。

　リハーサルは、ジョゼフ・ハーディの指示でスムーズに進んだ。トニー・ロバーツは菓子屋にいる子ども状態だった。というのも、この舞台では、六人の素敵な女性がトニー演じる主人公の空想のなかに登場するんだ。彼は初日から早速行動に移し、ただでさえ派手な社交生活をさらにややこしくしていた。トニーとは徐々に親しくなっていたが、キートンとは互いにそれぞれの社会的課題を追求していたから、礼儀をわきまえつつも、ときどきしか話さなかった。毎日、彼女を迎えにくる男もいて、てっきりボーイフレンドだと思っていたら、あとでマネージャーだと分かった。一方のぼくは、熱心な誘いに乗って食事に付き合ってくれる相手ならだれとでもデートしていた。公演初日に向けてワシントンDCへいく一週間前に、ブルネットの髪のとても美しい女性とデートしたこともある。ディナーに連れていって素敵な時間を過ごし、二、三日中にまた会う約束をした。

　翌日にデートを控えた晩、キートンとリハーサルをしていると、ジョゼフ・ハーディから「もっとスムーズにやりとりができるよう、ふたりで台詞《せりふ》をいいあって、体に染みこませてくれ」といわれた。もちろんキートンはイヴ・ハリントン〔芸能界でのし上がっていく女優を描いた『イヴの総て』の主人公〕のように自分の台詞を理解していたが、ぼくは自分で書いた台詞なのに、自分のものにするのにもっと時間が必要だった。夕食休憩をとることにして、キートンとぼくはふたりで通りの向こうにある店に入った。その隣にあるマガーズ・ビリヤードにはたまに玉を突きにいっていた。そんな成り行きのディナーだったが、彼女はとてもチャーミングで、とても感じがよくて、とても可愛らしくて、とても知的で面白かったから、ぼくはその場にいながら、なんで明日の夜、別の子とデートしなくちゃならないんだ、などと考えていた。キートンこそ魅力的じゃないか。確かに、彼女の食べっぷりはプロボクサーのプリモ・カルネラ並みだ。あんなふうに豪快に食べる人は、伐採作業員の宿泊所あたりでしかみたことがなかった。

　まあ、さっさと要点をいえば、『ボギー！俺も男だ』がワシントンDCで開幕する頃には、キートンと付き合っていたんだ。ボストンでも、ニューヨークにもどってからも恋人関係は続いた。ぼくは五番アヴェニューにペントハウスを購入したばかりで、彼女はずっと東の粗末なワンルームに住んでいたが、五セントもかけずに居心地のいい、こぎれいな部屋にしていた。間違いなく彼女は芸術家の目を持っていた。着こなしをみれば分かる。彼女は死んだ猿の手のブローチだって洒落《しゃれ》た感じでセーターの襟元にあしらい、それが流行になっちゃうんだ。たとえばの話、彼女は常に映画監督のルイス・ブニュエルが買いつけてきたのかと思うほど、ある種奇抜で想像力にあふれた恰好をしていた。だけど、ファッションのセンスだけじゃない。いい写真を撮るし、演技もできるし、歌もうまいし、ダンスもするし、文才もある。ぼくらは出会ってからずっと親友だ。ラルフ・ローゼンブラムと『泥棒野郎』の再編集を終えたとき、キートンにみてもらったら、よくできているし面白いからそんなに心配しなくていい、といってくれた。あれからずっと、彼女はぼくにとっての北極星のような頼りになる存在なんだ。センスがあって頭もいいうえ、完全に内部志向型でまわりに左右される人じゃないからね。一日中、シェイクスピアの魅力を語れる人もいるが、彼女は退屈なところをみつければ、彼の詩がどれほど崇拝されていても、教授陣や世間が何をいおうと歯牙にもかけない。自分を持っている人だ。ぼくは必ず自分の作品を彼女にみてもらう。ぼくが意見をききたいと思う人は限られているが、彼女はそのひとりなんだ。

そうして、キートンは『泥棒野郎』を気に入ってくれ、ぼくたちの劇『ボギー！俺も男だ』は開幕してヒットし、キートンとトニーとぼくは一緒に時間を過ごした。そのうち、彼女はぼくのところに越してきた。最初はぼくの前の家で、その後、ホテルで同棲しながら、ペントハウスの改装を待っていた。ホームバーがほしくてね。ぼくは飲まないけど、デカンタの瓶がふたつあれば、スコッチやブランデーを友人たちに振舞えると思ったんだ。まあ彼らも飲まないんだけど。

ちょうどその頃、とても面白い友人ができた。彼女の名はメアリー・バンクロフト。まれにみる非凡な女性だから、触れておこう。ぼくよりかなり年上で、二十五から三十は上だったから、初めて会ったときには七十代だったのかな。出会いはブルックリンのノーマン・メイラーの家で開かれたパーティーだった。五番アヴェニューにあるぼくの家の近くに住んでいたから、車で送ったんだ。彼女はとても聡明な読書家で、政治、文学、さらには、カール・ヤストレムスキーがどうやってあんな構えであんなに偉大な打者になれたのかまでなんでも知っていた。七十代にして、コンピュータの勉強をしようと決めるような人でもあった。よく彼女を連れてバスケットボールの試合を観戦しにいった。彼女は物書きで、第二次世界大戦中には元CIA長官アレン・ダレスのスパイとなってナチスの動きを探り、また、ユングから精神分析の治療を受けていた。彼女がユングやダレスと不倫していたかどうかは覚えていないけど、彼女の話は面白かった。

ぼくらはしょっちゅう食事をともにしながら語り合った。戦後、ダレスからスパイ活動に対する報酬の申し出があったとき、彼女はニュルンベルク裁判の傍聴席を求めた。そして傍聴券を手に入れたものの、ドイツ南東部に位置するニュルンベルクは公判中、どこも人だらけで、宿泊場所が不足していた。彼女は、大虐殺と残虐行為に人生を捧げた罪で裁判にかけられている夫を持つ大勢の妻たちと同じ宿に泊まるはめになった。彼女たちは夫のことや戦時中の自分たちの偉業について誇らしげに自慢してまわり、その姿は滑稽なほど愚かだったそうだ。まあそんなわけで、ぼくらは彼女が亡くなるまで、幾度となく楽しい時間をともに過ごした。本筋からは逸れたけど、ぼくの人生において、彼女は数年間、刺激的な登場人物だったから、脱線の価値はあると思ったんだ。こんな話でもないと、退屈なウディ・アレン物語になってしまうから。

翌年、『バナナ』を作った。脚本はふたたびミッキー・ローズと共同執筆し、プエルトリコで撮影した。この映画でキートンを起用しなかったのは、ルイーズを思い浮かべながらヒロインを書いていたからだ。『泥棒野郎』と『ボギー！俺も男だ』が成功したおかげで、ユナイテッド・アーティスツと三本の映画を撮る契約をした。まずシリアスな脚本を提案してみたが、ユナイトの幹部はコメディ映画の制作者にそんな作品を期待していなかった。契約上、ぼくは絶対的な決定権を持っていたから、その脚本で撮ることもできたが、ぼくはどの映画会社と組むときも、作品に対する信頼を得られないなら、巻きこむつもりも、金を出してもらうつもりもない。ぼくを熱心に推してくれたユナイトのデイヴィッド・ピッカーは、ぼくが「お望みの作品じゃなければ、検討していただかなくても構いません。別のを書いてきますから」といったとき、胸をなでおろした。というわけで、ミッキーと『バナナ』を書いたんだ。南米の革命を描いた面白い小説があったので、ユナイトにその本の映画化権をとってほしいと頼んだ。ぼくらはその本を読んで南米で起きた革命の映画を作ろうと思いついたから、訴えられたくなかったんだ。ユナイトはわずかな額で権利を買った。ところが、ミッキーとぼくは本の内容を一切無視して、オリジナルのシュールでばかばかしい脚本を書き進めた。小説は話の筋はまともだが平凡だった。ぼくらの脚本はほぼ筋がなく、ばかげたエピソードをたっぷり盛りこんだ。のちに知ったことだが、ユナイトの社長アーサー・クリムは『バナナ』をみたとき、権利を買った本の内容と似ても似つかないことに気づいて、ぼくを詐欺行為で訴えようとしたが、デイヴィッド・ピッカーとデイヴィッド・チャスマンの説得により思いとどまったらしい。

さっきもいったとおり、ぼくはプエルトリコに発《た》つ前、五番アヴェニューにペントハウスを購入した。まあそれで、キートンから、ニューヨークにもどったら、もっと関係を深める意味でもぼくのところに引っ越したい、と提案されたんだ。ちょっとためらったものの、彼女とプエルトリコでとても素敵な時間を過ごせたし、『バナナ』にはキートンではなく元妻のルイーズが出演したのにカラッとしたもので、潔いなと思っていた。キートンは支えになってくれる人で、ルイーズは笑わせてくれる人だった。いずれにせよ、ぼくはニューヨークにもどるとすぐ、キートンにペントハウスの鍵を渡した。ふたりのあほ——彼女はよくそう呼んでいた——がセントラルパークを一望できる家で、一流の人々に混じって暮らすことになったわけだ。リビングに立つと、何にもさえぎられることなく、ワールド・トレード・センターからジョージ・ワシントン・ブリッジまで街を一望することができた。季節の移り変わりを感じながら過ごせることを思えば、その家に支払った額に見合う価値はあった。そのペントハウスが売りに出たとき、一番乗りで内見にいったが、あまりにも高くてあきらめた。そして別の男がそこを買って改装計画を立てていたところ、突然破産してしまった。その頃には買わなかったことを後悔していたから、ふたたび売りに出ると飛びついた。ただし、前よりもずっと高い値がつけられていた。それでも、なんと美しい景色。なんと壮大な眺め。セントラルパークやその周辺は隅々まで見渡せた。『バナナ』はヒットしたし、その後の何本かの映画も順調だった。おかげで、ぼくを法廷に引っ張りだそうとしていたアーサー・クリムは、ぼくの大ファンになり、ぼくの芸術作品の出資者になり、個人的な友人となった。

アーサー・クリムは、ぼくをここまで導いてくれた恩義ある三人のひとりである。アーサーと知り合ったのは、ぼくがリンドン・ジョンソンの宣伝活動をしていたときだった。確か、あのスター総出演の就任祝賀パーティーを企画したのは彼だったし、彼のタウンハウスに招待されたことがあったが、あのときは政治家のアドレー・スティーヴンソン、アヴェレル・ハリマン、それからトップクラスの民主党員の面々も来ていた。アーサーが政治活動家だったことや、リンドン・ジョンソンを支持し、その画期的な公民権法成立への取り組みを強く推していたことはさておき、アーサーが社長を務めるユナイテッド・アーティスツは、映画制作者に敬意を払う見識ある映画会社だった。『バナナ』をみてぼくの首を狩りたくなったトラウマの初期症状を乗り越えたアーサーは、ぼくの作品に理解を示してくれたんだ。チャップリンとぼく、このふたりと一緒に映画を作れたことが一番の誇りだ、とよくいっていた。ぼくが彼と作った映画は十五本。彼が自分の業績として最も満足しているのは、ぼくに映画監督として成長できる場を提供できたことだともいってくれた。ジャック・ロリンズ、「ニューヨーク・タイムズ」の批評家ヴィンセント・キャンビーのふたりとともに、アーサーのサポートがなければ、映画監督としてのキャリアを築くことはできなかっただろう。前にも話したが、ぼく自身が自分を信じられなかったとき、ロリンズはぼくを信じてくれた。キャンビーもぼくを重要な映画監督と考え、自分ではそんなふうに思えなかった時期から新聞にそう書いてくれた。ロリンズの激励、キャンビーの批評面からの支持、そして映画会社の社長アーサーからの支援に恵まれたからこそ、ぼくはあらゆるチャンスを手にし、映画界で名が知られるようになった。あといえるのは、ぼくがベストをつくした、ということくらい。映画の出来がかんばしくなければ、それはだれのせいでもなくぼくのせいだ。ぼくは自分の企画を自由に選べたし（与えられた予算の範囲内で）、あらゆる制作面の指揮をとらせてもらっていたからね。ぼくのプロデューサー、ロバート・グリーンハットは「ぼくらは助成金をもらって働いているみたいなもんだな」といっていた。

ペントハウスでの楽しい日々――じゃなかったのかって？　そうだった。キートンとぼくは目覚めて、ベッドの脇にあるボタンを押すと、自動カーテンが開いて、マンハッタンの街が目の前に広がる。太陽の光が差しこむ日もあれば、曇りの日も、雨や雪の日もあり、セントラルパークが燃えるような赤や黄の落ち葉で覆われている日もあった。落ち葉は枯れかけていても、おとなしく逝きはしない。玄関ホールへ新聞を取りにいき、朝食を食べ、一日の仕事にかかり、それぞれの予定をこなす。一日が終わって帰宅すると、家で食事をすることもたまにあるが、たいていはニューヨーク・ニックスの試合かショーをみにいき、そのあと〈エレインズ〉で夕食をとる。そこのメニューがちゃんとした食事と呼べるならだけど。料理に関しては問題ありだが、そこは街で最も刺激的な場所で、毎晩夜通し有名人であふれていた。オーナーのエレインとは古くからの友人だったし、連日連夜、十年間ずっと、友人とそこで夕食をとっていた。夜そこへいけばいつでも、次のような人々に会えるかもしれないんだ——フェデリコ・フェリーニ、ニューヨーク市長、ケネディ家のだれか、ノーマン・メイラー、テネシー・ウィリアムズ、ミケランジェロ・アントニオーニ、キャロル・チャニング、マイケル・ケイン、メアリー・マッカーシー、ジョージ・スタインブレナー、ヘレン・フランケンサーラー、デイヴィッド・ホックニー、ロバート・アルトマン、ノーラ・エフロンなどなど、まったく、きりがない。ぼくはシモーヌ・ド・ボーヴォワール、ゴア・ヴィダル、ロマン・ポランスキーと会う機会に恵まれた。どんな店だったかだいたい想像できるだろう。

料理じゃない、雰囲気のある店なんだ。清潔な、とても明るい場所。そう、とても明るい場所だ。あと、値段は即興劇のようにそのときどきによって違う。月曜の夜、貝のスパゲティに二十五ドル支払っても、火曜に同じ料理を注文すると、三十ドルあるいは二十ドルなんてこともある。もしニューヨークに住んでいて、芸術、ジャーナリズム、政治、あるいはスポーツといった業界にいて、夜中一時にどこにもいくあてがないときは〈エレインズ〉にいけば、そのレストラン&バーには人だかりができているから、知った顔もたくさんあって、ずっと挨拶したいと思っていた人たちにも会えただろう。キートンとぼくは、ジーン・ドゥーマニアンやトニー・ロバーツと食事をしていたが、そのうちにマイケル・マーフィー、ジーンの恋人、さらにいろんな業界の人たちも加わって、毎晩みんなと夕食を囲み、そのあとキートンとぶらぶら歩いて帰宅した。当時、夜のニューヨークは危険だったから、歩いて家に向かうのは、常にスリルと隣り合わせだった。ベッドに入るとすぐ、ぼくらはテレビをつけて映画をみた。

あの頃のことは、最高に素敵な思い出として残っている。キートンと映画をみたり、美術館やギャラリーにいったりするのは至福の時間だった。彼女はアイデアにあふれ、洞察力と独自の意見を持っている。いろんな事柄に対して、目を開かせてくれる人だ。少なくとも、ぼくにとってはそうだった。彼女はまた笑い上戸で、大きな声で腹の底から笑うから、ジョークを作って暖をとる糧《かて》としている者にとっては救いの女神だ。数十年後に彼女の回顧録を読むまでは、まさか過食症だったなんて知らなかったよ。ぼくが知っていたことといえば、ニックスの試合を観戦後、ステーキを食べようとなって、〈フランキー&ジョニーズ〉へいって、彼女がサーロイン、ハッシュドブラウンポテト、マーブルチーズケーキ、そして紅茶をぺろりとたいらげていたことくらい。その二十分後、歩いてペントハウスに帰ると、彼女はワッフルを焼きはじめ、ぼくの一日分に相当する食糧をかきこんでいた。驚きはしたけど、摂食障害について無知なぼくは座ったまま、ヨーロッパのサーカス団員の大食い芸をみている男のようにただ目の前の光景に釘付けになっていた。

　そのうち、キートンはマンハッタンの生活に退屈を覚え、皮膚癌を誘発する西海岸の太陽の光を恋しく思うようになった。『ゴッドファーザー』にキャスティングされ、順調に女優としてキャリアも積んでいた。ぼくらは別れて友人にもどったが、さっきもいったように、その後何十年もずっと親しい友人として付き合っている。今でも、キャスティングに関して彼女に意見を求めることもたまにあるし、映画の制作について悩みがあれば、どんな問題であれ、相談している。口論になることもなく、その後、何度も一緒に仕事をした。やがて、ぼくは彼女の美しい妹ロビンとデートをして、束の間の恋をした。さらにそのあと、もうひとりの美しい妹ドリーともデートをして、ちょっとした情事があった。キートンたち三姉妹はみな美人で素晴らしい。優秀な遺伝子を持った家系。受賞歴を誇る原形質。母親も華のある人だ。マンデルブロ集合に現れる図形でいえば、大当たりの類似性じゃないだろうか。

『誰でも知りたがっているくせにちょっと聞きにくいＳＥＸのすべてについて教えましょう』はぼくにとって初の商業的な大ヒット作だ。本作には笑えるエピソードもふくまれているけれど、一番出来のいいのは、ぼくの出ている話じゃなく、ジーン・ワイルダーが主役を演じた話だった。彼は天才だよ。夜、眠りにつくシーンを撮っているとき、彼は腕時計をつけたままだった。ぼくが「いつも腕時計をつけたまま寝ているの？」ときくと、「うん、みんなそうじゃない？」と答えた。変人かもしれないが、あれほど見事に羊の相手役をこなせる男はなかなかいない。

エピソードのひとつに、狂気の科学者が創造した巨大な乳房が屋敷から外へ飛び出して、田舎町の住民を恐怖に陥れるという話があった。まったくの偶然から、この映画が公開された矢先、巨大な乳房が出てくる小説『乳房になった男』をフィリップ・ロスが発表した。ロスはぼくよりずっと深い思想を持つ真面目な男だが、それでいてとても面白いんだ。たまに、ユダヤ教やユダヤ人のユーモアに関する記事で一緒に取り上げられたが、彼は思慮に富んだ興味深い観点からそうしたテーマと向き合っていた。ぼくはといえば、コメディの素材として使いやすいから関心があるにすぎなかった。彼は思想家で、正真正銘の知識人だ。ぼくはコメディアンから転身した映画監督で、互いに異なる媒体で活動していた。死に場所が紙か舞台かでは大きな違いがある。紙の上の死は個人的な問題ですむが、聴衆を前にした死はみっともない。舞台で死んだコメディアンは磔《はりつけ》にされたときと同じような不快な思いを経験するんだ。さて、死の話が出たことだし、美しい流れで次の映画『スリーパー』の話題に移ろうか。

休憩時間を途中にはさんだ、叙事詩的な大作映画、『ゴッドファーザー』と『アラビアのロレンス』の二作の大ヒットに背中を押され、ぼくは叙事詩的コメディの企画を夢想するようになった。それまで大掛かりなコメディ映画はなかったし、実際、傑作の多くはとても短かった。偉大なマルクス兄弟の映画もせいぜい長くて一時間十五分だ。『おかしなおかしなおかしな世界』はかなりの長尺物に挑戦していたが、鉛のように堅いラートケ〔ユダヤ人が祝いの席で食べるジャガイモのパンケーキ〕のような仕上がりで、大勢の素晴らしい役者たちの才能が無駄に使われていた。というわけで、ぼくは休憩をはさんで二幕からなるコメディを作りたいなんておこがましい夢をみていたわけだ。第一幕は、ぼく演じるニューヨークに住む男の大冒険（を作るつもりだった）、一時間か一時間半ぐらいドタバタ劇を繰り広げた末、極低温液体貯蔵タンクに落っこちて、偶然、冷凍人間になってしまう。その後、細部を詰め、なぜマンハッタンに住む男が極低温液体貯蔵タンクがある場所をうろつき、どういうわけで瞬間冷凍されたのか話を組み立てていった。ぼくは、第一幕が終わって、話の展開に笑い疲れた観客が急いで通路に出てポップコーンやソーダを買い、軽く腹ごしらえしながら、今からはじまる第二幕への期待に胸を膨らませている光景を思い描いた。観客は劇場のロビーに集まって、第一幕のお気に入りの台詞や視覚的ギャグをあげて雑談しているが、座席にもどるようアナウンスに促されるや、リーセスのピーナッツバターカップやレイズネット〔レーズンチョコの商品名〕を握りしめて律義にすり足で席に着き、第二幕の騒々しい浮かれ騒ぎやばかばかしい悪ふざけをうきうきしながら待っているんだ。

　第一幕は一九七〇年代のニューヨークだったのに、第二幕になると数百年後の未来で、同じ街なのにまるでSFのような未来都市だ。観客が驚いて目を輝かせるのが目に浮かぶだろう。いたるところでモノレールや空飛ぶクルマが走り、美女たちはタイトな服を身に着けている。二五〇〇年という時代にふさわしいファッションだ。きっと露出度の高い、胸の谷間をみせつけるような服じゃないだろうか。ぼくはどういうわけかこの技術が進歩した社会で解凍され、控えめにいっても自分が場違いな存在であると感じる。この展開なら、鋭い皮肉やとんでもないひと言ギャグ《ワンライナー》がどんどん飛び出すだろう。この企画をユナイテッド・アーティスツに投げてみたところ、気に入ってくれた。ぼくのことを将来が見通せるコメディの天才であると盲信していたユナイトはすぐにゴーサインを出し、ぼくたちはみんなで未来の成功を祝福し、興行収入をあてこんで、我先にと別荘やオセアンコのクルーザーのローンを組みに走ったものだ。この傑作には、ダイアン・キートンをキャスティングするつもりでいた。ぼくはそれまで一度も彼女の出る映画を監督したことはなかった。映画版『ボギー!俺も男だ』で共演したときの監督はハーバート・ロスだった。

　一般に知られていない事実だが、ぼくがキートンを想定して脚本を書いた一連の映画で一緒に仕事をするようになったときには、すでに別れてから数年がたっていた。ぼくらは『アニー・ホール』、『マンハッタン』、『愛と死』の制作中、恋人として同棲していると思われていたが、そのときにはもう生涯の友人となっていたんだ。キートンはその新企画に応じて、物語のアイデアにわくわくしてくれた。あとは、ぼくが脚本を仕上げるだけだった。

ぼくは第一幕、すなわちマンハッタンの大冒険を書こうと虚しい試みを繰り返したが、冒険のひとつも思い浮かばなかった。友人のマーシャル・ブリックマンに声をかけ、共同執筆者になってもらったが、彼もまたろくな冒険を思いつかなくてね。日々が過ぎていくうちに、ぼくらは、相対的にみたときのラウンドガールの社会的価値や、〈シュモーキ・バーンスタイン〉〔ユダヤ教徒が食べてもよいとされるコーシャ・フードを出す店〕のうまいサラミの話で盛り上がり、偉大なる芸術作品の夢は色あせ、未来都市で目を覚ますというアイデア以外に期待できそうなものは出てこなかった。ほかの脚本家兼監督なら難題に挑戦し、この壮大な構想を形にして、違った形の感動的なショービジネスの逸話を生み出しただろう。ぼくはといえば、逆境にうまく対応できず、そのうち負けを認め、さっさと仕事を切り上げようと二幕構成はそのままに通常の長さの映画にすることで妥協した。タイトルは『スリーパー』。どんな話だったかほぼ記憶にないが、鼻だけになった男がいて、キートンとぼくがその鼻を使ってクローン技術でその男を復活させようとするエピソードがあった記憶だけはある。そうそう、マーシャルとぼくは偉大なSF作家アイザック・アシモフとベン・ボーヴァに出来上がった脚本を渡して——どちらとも面識がないのに——意見をきかせてほしいと頼んだんだ。親切にも引き受けてくれたうえに、ふたりとも作品を気に入って、技術的な事柄についても問題ないといってくれた。最終的に『スリーパー』はSF映画としてヒューゴー賞映像部門やネビュラ賞脚本部門などを受賞した。そのほかのことはほぼ忘れてしまったが、ロサンゼルスとコロラド州で撮影したことは覚えている。ロケ地のロッキー山脈ではダニチフスが恐くて、毎晩ダニがいないか身体中を調べまくった。脚にダニを一匹みつけたときには心底震えあがって、脚を切断しなくちゃと思った——あのときなら、ありがたく切断手術を受けただろう。

『スリーパー』の次に作った『愛と死』は、ロシア文学の雰囲気を漂わせたドタバタ喜劇だ。ぼくが手掛けた初期のコメディ映画のなかで一番面白いと思う。キートンに出演を依頼し、一緒にパリとブダペストにいって撮影した。渡航前の晩、〈P・J・クラークス〉でディック・キャヴェットとチリコンカルネを頬張ったときのことを覚えている。「残念、もういかなくちゃ。明日の朝は早いんだ。ブダペストにいくことになってさ」といったらびっくりされたよ。

　異国情緒あふれる街だった。当時はいたるところにロシア兵がいた。ハンガリーは占領下にあった。ぼくは大勢の赤軍兵士に、映画に出てもらった。みんな行進も訓練もうまいし、彼らが望んだのは占領という退屈な職務からの解放と数カートンの煙草だけだった。パリでの撮影は天国のような日々で、キートンとぼくはプラザ・アテネのホテルに別々の部屋で数カ月間、滞在した。彼女とホテルのレストランに同席し、その日は大変な撮影があったことだし、キャビアを注文しよう、となったことがある。ウエイターはスプーンで取り分けてくれた。あっという間になくなったよ。すると「おかわりはいかがですか?」と声をかけられた。間抜けなぼくは、追加料金なしでキャビアが食べ放題なのかと驚いた。そんなサービスをして破産しないのか? オレンジ郡出身のキートンも世間知らずだったから、ふたりで数キロくらいベルーガのキャビアをたいらげてしまったんだ。勘定書がきてみたら、ステルス爆撃機が一機買えるような金額だった。おかげで、あれ以来ランプフィッシュ〔卵がキャビアの代用品に使われる〕という手があることを学んだ。

『愛と死』の撮影は、天候を別にすれば楽しかった。ブダペストもパリも寒いんだ。撮影が終わって家に帰ったときはほっとしたよ。キートンは太陽の降り注ぐ地へ、ぼくはわが雨の街マンハッタンへ。編集は順調に進んだけど、音楽が問題だった。最初、ストラヴィンスキーの無調の曲を使ったら、映画全体がつまらなくなってしまった。そこで、プロコフィエフの曲に変えてみたら、その瞬間、映画は生き生きとしてきた。映画評も好意的だった。ただ、これを最後に、レビューも自分について書かれたものも一切読まなくなった。ぼくはユナイテッド・アーティスツから全国のレビューを大量に渡されて、広告に載せるコメントを選んでほしいと頼まれたんだ。全国各地から集められた何百というレビューは、どれも内容はバラバラで、互いに矛盾しあうことが多かった。なぜこんなものが必要なんだ。つまり、ぼくは天才なのか、無能なばかなのか、どっちなんだ？　ぼくが無能で、生まれながらの天才でないことくらい分かっている。自分に執着するのは、危険だし時間の無駄だ。

映画作りの楽しみは、映画を作るというクリエイティブな行為にある。称賛に意味はない。たとえ最高の賛辞をもらっても、関節炎や帯状疱疹《たいじょうほうしん》になるときはなるんだから。それに、駄作といわれたからといって、悲観する必要があるだろうか？　光速で膨張しているこの宇宙において、ウィスコンシン州シボイガン在住の男から作品のテンポが悪いと難癖をつけられたからって気にすることはないだろう？　アラバマ州タスカルーサ在住のご婦人に天才と書かれたからって、自分がレンブラントやショパンに肩を並べたかに思えるか？　細かいことにこだわるのはやめたほうがいい。

若い映画制作者にアドバイスを求められたら、ぼくの答えは決まっている。身を木端微塵にして働け。よそみをせず、ひたすら働き、仕事を楽しめ。もし楽しめないなら、職を変えたほうがいい。外の意見を気にしてはだめだ。自分のアイデアが面白いということ、あるいは自分が必死になって目指しているものは分かっているだろう。それさえみえていればいい。ビジョンを持って実行してみる。簡単なことだろう。判断するのは自分だ。最初に思い描いていたとおりの映画が作れたかどうかは分かるはずだ。思いどおりのものが作れていたら、おめでとう。心地よい達成感を味わい、鏡の前で自分にウィンクをしてから、次に進むといい。もし自分の信念に従って失敗したなら、そこから学んで――その教訓をあとの作品で生かせることはほとんどないと思うが――次はもっと努力すればいいんだ。

実際、『何かいいことないか子猫チャン』が大成功を収めても、この映画を恥じるぼくの気持ちが和らぐことはなかった。一方で、『スターダスト・メモリー』のような映画は特に好評だったわけではなかったが、大きな達成感を得ることができた。ぼくがいいたいのは、こういうことだ――映画作りの醍醐味《だいごみ》は実際にやってみてこそ味わえる。そのほかのことはたわ言か無駄話だから、好きな方を選ぶといい。ぼくは無駄話のほうが好みだが。

『愛と死』の経験のあとには、『ザ・フロント』という映画に出演する仕事を入れていた。ブラックリストについて初めてまともに描いた映画で、脚本のウォルター・バーンスタインと監督のマーティン・リットはふたりとも、不穏な空気が漂うマッカーシー時代にブラックリストに載った映画人だ。ウォルターは頭のいい作家で、自身の政治理念のせいで仕事をもらえないのがどういうことか、表から裏まで熟知していた。マーティンはウォルターから、上品なでぶと呼ばれていた。このタフでがっしりした肥満の代表のような男はかつてダンサーをしていて、地方の劇場で『夜の豹』に出演し、もうちょっとでブロードウェイに進出するところだったのに、土壇場になって、新たに発掘されたジーン・ケリーと交代させられたそうだ。マーティンはエリア・カザンから目をかけられていたし、赤狩りで働けなかったときにはギャンブルで家計を支えていた。ポーカーと馬で筋肉を維持してきた。華やかな男で、社交上の常識など気にしないし、いつもつなぎを着ていた。もし彼がだれかを午後六時にビバリーヒルズにある自宅のディナーに招待したら（あそこの夕飯は早いんだ）、十分前から庭の芝生に出て、相手が定刻どおりに到着するのを待っている。

家についたらすぐにディナーがはじまり、楽しい会話が繰り広げられる。「カザンから将来有望な監督だと思われていたけど、あんなに気に入られていた理由は、わたしが拳《こぶし》の使い方を心得ていたからだね」といった話をよくしていた。夕食後も会話は続くが、きっちり就寝時刻には寝室に向かうから、客はとても丁重に送り出されることとなる。彼の遠慮のないぶっきらぼうな態度や左翼的な思想には、とても魅力的な何かがあった。『ザ・フロント』ではゼロ・モステルとも共演した。一緒に働くとうんざりするという噂《うわさ》も耳にしていたけど、とても親切で、非常に洗練された面白い男だった。彼が絵を勉強しにイタリアにいくことになったときには、同行しようかとまで真剣に考えた。まあ、我に返ったけど。それでも本当にゼロが好きだったし、楽しい話し相手だった。

コロンビア・ピクチャーズは粗編集版《ラフカット》を確認したとき、確実に失望していた。ウォルターとぼくは何が悪かったかよく分かっていたが、監督はマーティンだ。

コロンビアはぼくに再編集を依頼してきた。ウォルターとぼくは、マーティンの承諾なしにはできないと返答した。マーティンはとてもざっくばらんで、自尊心にこだわる男じゃなかったから、その提案に応じた。ニューヨークにフィルムが送られてきて、ウォルターとふたりで再編集し、調整した。ぼくらはできるかぎりのことをした。よくはなったが、どうしてもこの映画のあるべき姿にはならなかった。なぜかって？　うまくいかない理由なんてだれにも分からないよ。推測するに、だれも気づかなかったけど、脚本に欠陥があったんだと思う。マーティンの監督としての仕事は申し分なかったし、ぼくら俳優陣の演技もよかった。ほかでもない偉大な哲学者ブレーズ・パスカルの言葉をもじっていえばこういうことだろうか。「芸術には芸術の理屈がある。それは理性では分からない」

個人的な見解としては、何十年も映画を作ってきて分かったことだが、問題の原因はほぼ必ず脚本にある。監督を行うよりも脚本を書くほうがずっと大変だ。並みの監督でも出来のいい脚本があればいい映画を作ることができるが、出来の悪い脚本からいい映画を作ることは偉大な監督でもできない。そう、〝不可能〟だ。正確には、〝不可能も同然〟だ。もしかすると、例外もひとつふたつあるかもしれないが、もしぼくが映画に出資するなら優れた脚本を絶対に用意する。当然、無能で才能もない監督や、不器用な役者に関わってほしくないと思うだろうが、よく練られた脚本が書ける腕のいい作家がいればなんとかなるんだ。『ザ・フロント』の脚本はよく書けていて、だれの目にも深刻な欠陥はみつけられなかったし、ぼくもいまだに分からないが、きっとどこかにあるのだと思う。そうそう、この映画で俳優のマイケル・マーフィーと出会い、親しくなった。マーフィーは最高の友人で、ぼくはしょっちゅう、CIA諜報員だったんじゃないか、といって彼をからかっていた。元海兵で、政治家のバリー・ゴールドウォーターを支持する環境で育った彼の行動は、ダーク・ヒーロー、ラモント・クランストンと同じくらいミステリアスだったんだよ。とにかく彼はいい役者で、華があって上品で素晴らしい男だった。たとえ青酸カリのカプセルをこっそり持ち歩いていたとしても。

こうして、映画の封切りを待つだけになった。そういえば、つまらない広告もあって、大きな広告掲示板にはこうあった。「ウディ・アレン、前面《フロント》に立つ」。結果は、映画評も興行成績も、可もなく不可もなく、といったところ。それでも、この映画は今も忘れ去られていない。ブラックリストの資料として有益だから、しょっちゅう大学のキャンパスで上映されているんだ。この映画が公開されたとき、ぼくはすでに『アニー・ホール』の制作準備にどっぷり浸かっていた。

ここで本筋を中断して、ぼくのキャスティングについて話しておこう。初監督作『泥棒野郎』ではマーヴィン・ペイジがカリフォルニアで、第二作『バナナ』ではマリアン・ドハティがニューヨークで、キャスティングを行った。マリアンの助手をしていたジュリエット・テイラーは、マリアンがニューヨークのオフィスを手放して大手映画会社のキャスティング部門の責任者になったとき、そのオフィスを引き継いだ。ジュリエットは何十年もぼくの映画のキャスティング・ディレクターを務めてくれた。何度か辞めたいといわれたが、ぼくはいつも必死で説得して現場にもどってきてもらった。とうとう、彼女が人生に旅や余暇を求めてショービジネスの世界を去ることになってからは、彼女の助手だったパトリシア・ディチェルトがキャスティングを担当してくれている。だけど、今でもジュリエットは腕のいいキャスティングディレクター以上の存在だ。常に腹心の友であり、脚本を読んで、忌憚《きたん》なく問題点を指摘し、意見してくれ、最初の編集をみてさらに意見をくれた。彼女の助けがあったおかげで、急なキャスト交代や、どうしても役にはまる俳優がみつからないといった、キャスティングにまつわる様々な危機を乗り切ってこられた。

幾度となく、まったく希望が見出せない状況が訪れるたび、彼女はどうにかしてぼくらが求めていた人をみつけてくれた。彼女は脚本を読み、それぞれの役に合いそうな俳優のリストを作る。ぼくはそのリストを確認して、場合によっては数人を除外し、リストに残った俳優たちについて話し合う。たいてい、ぼくがきいたこともない俳優の名が交ざっているから、彼女から説明を受けなければならない。彼女に紹介してもらったメアリー・ベス・ハートやチャズ・パルミンテリは優れた役者で、ぼくが書いた役の台詞を完璧に覚えていた。ぼくはふたりが部屋に入ってきた瞬間、起用を決めたんだ。

キャスティングという儀式は好きじゃない。それはこんな感じで行われる。ぼくがキャスティングルームで待っていると、役者が緊張した面持《おももち》ちで役を求めて入ってくる。かわいそうに、矯《た》めつ眇《すが》めつ観察されたうえ、何かを読まされたり、演技をさせられたりするわけだ。ぼくは社交上手なタイプじゃないし、人に会うことが苦手だ。面接もさっさと終わらせてしまいたい。たいていは面接予定の役者の映画はみているから、演技ができるかは分かっている。だれにも何も話すことがない。本当のところ、カミソリを振りかざして襲ってくるようなクレイジーなことをしなければ、起用したいと思っているんだ。ただ厄介なのは、次に入ってきた役者も同じくらいよくて、同じくらい才能があり、襲いかかってこない場合だ。こうして面接が終わると、ジュリエットが十人を選出する。みんな最高だ。十人のうち九人に辞退されるようなことがあっても、残りのひとりにやってもらえるわけなんだけど、やっぱりぼくが選ばなくちゃいけない。だけど何を判断基準にすべきなんだろう？　経験と勘による直感や、そこかしこにみえる微妙な差？　最終的には、監督が決定しなければならないとか、プロジェクトが進まないからという理由で選んでいるだけなんだ。

たまに、評判の役者が会いにきたり、わざわざ面接のためにロサンゼルスから飛行機でやってきたりもするが、そんなときジュリエットは決まって、「はじまって三十秒で終わりになんてしないで。少しは時間をとってよ」といってくる。こうして、気まずい三分間が訪れ、俳優は魅力的に振る舞い、できれば強い印象を残そうとする。ぼくはといえば、必死に話題を作って、あっという間に追い払われたという印象を持たれないよう、どんな仕事をしているかとか、将来のことか、生まれはどこかとか……そういうどうでもいい質問をするはめになる。相手の映画をみて素晴らしいのは分かっているから、確かめておきたいのは、以前にくらべて太りすぎていないか、整形で顔がすっかり変わっていないか、テロリスト集団に入っていないか、といったことだけなのに。ぼくの好きにしていいなら、だれにも会わないし、前にキャスティングしたことのある人だけを使いたい。だけど、映画監督としての職務を遂行するには、そんなやり方は愚かで非現実的だからしょうがない。

『愛と死』はドタバタ喜劇だった。戯画化したエイゼンシュタインやトルストイだ。この頃、自分のなかの何かがリアリティのあるコメディを作りたいと訴えかけてきた。ぼくが観客に話しかけ、心情を吐露することもできるような作品だ。おそらく笑いは少なくなるだろうが、ひっきりなしに冗談を飛ばしていなくても、登場人物を魅力的に描き、その人生を面白くできればいいと思った。そこでふたたび、マーシャル・ブリックマンに一緒に脚本を書かないかと声をかけた。覚えているかもしれないが、マーシャルはタリアーズというフォークバンドのベースをしていて、ぼくは彼と何度も〈ビターエンド〉で演奏したことがあった。コメディに関していえば、本物の才能を持つ、最高の共同執筆者だ。彼と『アニー・ホール』の構想を練るのは楽しかった。最初、ぼく演じる主人公の意識の流れを描くつもりだったんだけど、これもまた実現できなかった見果てぬ夢のひとつだ。ゴードン・ウィリスという名撮影監督と初めて組んだのも『アニー・ホール』だった。彼の話をきいたり、彼の仕事ぶりをみたりして、たくさんのことを学ばせてもらった。自分の経験と勘を頼りに悪戦苦闘した末に、ふたりの巨匠と出会えたことで、映画の作り方が身についたんだ。編集は才能ある編集者ラルフ・ローゼンブラムから、それ以外のことはすべてゴードン・ウィリスから教わった。映画制作についてゴードンの知らないことはない。ニューヨーク州ロチェスター市にあるコダック本社と電話中、フィルムに使う硝酸銀の量を教えていたこともあった。彼は厳格な人物で自分のクルーには厳しく短気だったが、ぼくは一度も彼と激しい口論になったことはなく、十年間ともに仕事をした。ダニー・サイモンのときもそうだったが、ぼくは、自分よりもゴードンのほうがずっと知識があると分かっていたし、物事を学ぶのに一番いい方法は黙って耳を傾けることだからね。彼は脚本を絶対的に尊重していたので、ぼくらはどの映画でも撮影前にすべてのカットについて確認していた。

ゴードンと初めて一緒に撮ったシーンは、『アニー・ホール』の撮影第一日目、ロブスターのシーンだった。キートンはいつもどおり生き生きと輝いていた。その頃にはトニー・ロバーツとも親しい友人だったから、ぼくら三人はたくさん笑って楽しく撮影することができた。自信満々にスケジュールどおり撮影を終えたが、こうしたときにかぎって厄介なことになる。あっという間に編集作業を終え、共同脚本家のマーシャルに映画をみせたところ、支離滅裂で訳が分からないといわれてしまったんだ。意識の流れがうまく描けていなくて、唯一うまくいっていたのは、ぼくとキートンの関係を描いたシーンだけだった。再編集。撮り直し。再編集。撮り直し。六つの異なる結末を作り、最終的にはご覧のとおりの結末に落ち着いた。

タイトルは『無快感症《アンヘドニア》』とした。喜びを感じることのできない人の精神的症状を表す言葉だ。ユナイテッド・アーティスツは映画の内容はかなり気に入ってくれたが、タイトルに難色を示した。しばらく議論を重ねてぼくのほうが降参した。その次に選んだタイトル『愛しの君へ《スウィートハート》』は、あとで同じタイトルの映画がすでにあることが分かって使えなかった。マーシャルは皮肉をこめて『おふざけ博士《ドクター・シェナニガンズ》』を提案した。ぼくは笑っていたが、ユナイト側は泡を食って、彼が本気でいっているのかと心配していた。『アルヴィとアニー』という案も漠然と考えていたが、結局ぼくはキートンの本名の姓を拝借して『アニー・ホール』に決めた。映画は封切後、たちまち観客の心をつかんだ。みんながこの作品に恋をした。だから年季が入ったひねくれ者のぼくはすぐさま映画の質に疑いを抱いた。

『アニー・ホール』は数々のオスカーにノミネートされた。授賞式の夜、ぼくはニューヨークでジャズを演奏していた。キング・オリヴァーの演奏で有名になった「ジャッカス・ブルース」を披露した記憶がある。ぼくはライブを言い訳に使ったけど、用事がなくてもいかなかった。芸術作品に賞を与えるという発想が好きじゃないんだ。芸術は他人と競うために作るものじゃなく、芸術家の渇望を満たし、願わくは、だれかを楽しませるために創られるものだ。どんな団体がその年のナンバーワン映画やベスト本や最優秀選手を発表しようと興味がない。こうしたことに関わって、タイプライターのインクリボンを無駄にしたくないんだ。だってリボンを交換してもらうためにはあの男を食事に招待しなくちゃならないんだから。ただ、オスカーの夜、自分なりにベストをつくしてブルースを演奏し、家に帰り、眠りにつき、その翌朝、「ニューヨーク・タイムズ」の第一面の下のほうの記事で、『アニー・ホール』がアカデミー作品賞をふくむ四部門で受賞したことを知ったとだけいっておこう。ぼくの反応は、ジョン・F・ケネディの暗殺のニュースのときと同じだった。ちょっとだけ思いをめぐらし、ボウル一杯のチェリオ〔オーツ麦シリアル〕をたいらげ、タイプライターに向かい、仕事にかかった。

　ぼくは『インテリア』執筆の真っ最中で、そのことで頭がいっぱいだった。一年前に撮り終えた映画のことなど頭にない。サチェル・ペイジは「振り返るな。追いつかれるぞ」といった。ぼくはこの偉大な投手の助言を心に留め、決して振り返らないようにしている。過去に生きるのは趣味じゃない。記念品も、自分の映画の写真も、ポスターも、進行予定表も何ひとつ残していない。ぼくにとって映画は、完成した時点で終わりなんだ。打ち上げもせずに次に移る。『アニー・ホール』が完成したのは大昔のことだし、オスカーの結果が出た頃にはもう、この作品についてちらりとも考えることはなかった。

　ぼくがユナイトのアーサー・クリムにシリアスな作品をやってみたいと伝えると、十分貢献してくれたから、なんでも好きなように書いて監督するがいい、といってくれた。このジャンルは初挑戦で、そんな能力もないくせに、惨めな失敗に終わる可能性がおおいにあるという事実をまったく心配していなかった。長年にわたって、ぼくは「ヒットかコケるか」にとらわれないようにしている。ぼくが頑張るのはヒット作を生み出すためじゃない、自分に作れるベストフィルムを生み出すためだ。この仕事に失敗はつきものだ。失敗を恐れたり、失敗したときに耐えられなかったりするような人は——芸術家として冒険するなら、間違いなくたまに失敗する——別の道を探して生計を立てたほうがいいと思う。

　ぼくはすべての指揮権と必要条件を要求するために、多くのスタジオはぼくと仕事をしたがらないが、なかにはそう悪くないギャンブルと考えてくれる支援者もいる。もし『泥棒野郎』から今日《こんにち》までずっと、ぼくに賭けている人がいたら、勝ち越しているんじゃないだろうか。ばか勝ちはしなくても、ずっとほしかった釣り竿くらいは優に買えると思う。ぼくはダイアン・キートン、マーシャル・ブリックマン、プロデューサーのジャック・ロリンズとチャールズ・ジョフィ、そしてもちろんユナイテッド・アーティスツが多少だが臨時収入を得られたことは嬉《うれ》しかった。とはいえ、『アニー・ホール』は、それまでに作品賞を獲得した映画のなかでは最も興行収入が低かったらしい。監督賞をもらえたのは結構だが、なんの意味がある？　ぼくの作品の質が上がるのか？　たっぷり賭けができるようになるのか？　頭頂部の抜け毛の進行を食い止められるのか？　ぼくのいいたいことが分かるだろう？　ただ、キャスティングの際にステイシー・ネルキンに出会えたことは、『アニー・ホール』の予想外の収穫のひとつだった。

アルヴィのいとこ役を演じてくれる若い娘を探していた。可愛くて、ジョークを成立させるためにセクシーな子がほしかった。ジュリエット・テイラーがたくさんの素敵な若い女優を集めてくれて、そのなかにステイシーがいた。美しくて華やかで魅力的な若い女性だったから、マーシャルとぼくは互いに電子がスピンするように小躍りした。のちにぼくが若い女の子好きだという話がマスメディアで散々取り沙汰されることになるが、そんな事実はまったくない。最初の妻はぼくより三歳年下だった。二番目の妻も同じ。ダイアン・キートンは〝年相応〟の相手だったし、ミア・ファローもそうだ。ミアとは十三年間付き合った。過去数十年の間に、ぼくが関わってきた多くの女性のうち、ぼくより極端に若い相手はほぼいない。数少ない例外のひとりとも、付き合う前の段階にさえいっていない。ただパリ旅行に誘っただけのこと。彼女には断られ、それっきりだ。だけどこの話はあとでするよ。というのも、その女性はマリエル・ヘミングウェイで、これが面白い話なんだ。ぼくが結婚を申し込んだ若い女性も、ひとりだけいる。その名はスン・イー。彼女はこの上なく嬉しそうに承諾してくれたけど、この話もあとでするよ。経緯がかなり複雑なんだ（それが読みたくてこの本を買ってくれたのでなければいいんだけど）。さて、ステイシー・ネルキンの話にもどろう。彼女は本当に素敵な若い女性だったから、『アニー・ホール』の端役で起用した。だが、最終段階で映画が永久に終わらないという理由で、彼女のシーンはカットされた。

　それでマーシャルとぼくは、ほんの少しの面接の間に、元気で落ち着きがあって見栄えのするステイシーに好印象を持った。そして、彼女が出ていったあと、ぼくらはただXX染色体の奇跡に思いをめぐらせるばかりだった。ところでぼくは、映画制作を始めてからずっと、仕事とプライベートを混同したことはないし、自分のどの映画においても、役をほしがっている女優とデートをしたり、くどいたりしたことは断じて絶対にない。また、ぼくの映画に関わった女優、代役、照明の加減をチェックするスタンドイン、だれともデートしたことはほとんどない。その理由は、ぼくがすでにだれかと交際中でほかの色恋沙汰に手が出せなかったか、単に一緒に働いている女性にはだれであれ興味が持てなかったかのどちらかだ。実際、ぼくの関心は常に映画に向けられていて、それには脳の視床下部あたりから生じるあらゆる不安エネルギーが必要だった。だから、ステイシーの面接が終われば、それっきり。ただぼくらは彼女がいとこ役として適任だという点で同意見だった。数日後、彼女が台本読みのオーディションに訪れたとき、ほんの一瞬ふたたび彼女をみかけた。三回目に会ったのは、ようやく撮影現場で彼女の短いシーンを撮ったときだった。これらを除けば、頭のなかは『アニー・ホール』の問題に関する不安でいっぱいだったから、彼女のことを考えたりする余裕はなかった。

　現に、ぼくはあつかましくも、なんとしてもその魅力的な美女の気を引きたいなんて夢にも思ったことはない。なにしろ彼女は若かったから、おそらくロックスターやドラッグ、深夜のディスコが好きなんだろう。ぼくはというと、夜は家で紅茶を飲みながらホランド・ラスクをつまんで、サリー伯ヘンリー・ハワードのソネット集を読みふけるほうが好きだった。じつは彼女が自分のシーンを撮りに撮影現場にやってきたとき、同行した彼女の母親もまた非常に魅力的だったんだ。撮影の合間にほんの少しだけ雑談を交わしたんだけど、ふたりはマーシャルとぼくが〈マイケルズ・パブ〉でジャズを演奏しているのを知っていて、いつかライブをききにいってみたいといってくれた。どうぞいらしてください、とぼくはいった。いつだってだれかが興味を示してくれるのは嬉しいものだが、ショービジネス界の会話にはつきものの、よくあるただのお愛想だと思っていた。ところが、月曜の夜、ふたりはライブにやってきた。ぼくはいつものきくにたえないソロを披露し、演奏の合間にふたりのテーブルにお邪魔した。ステイシーは賢く教養もあり、ある本を勧めたら、彼女は、それカフカですね、といった。まるでぼくが面白いジョークを飛ばしたみたいにきこえたよ。ふたりはドリンクを飲み干し、ちょっとした世間話を交わしたあと、さよならをいって店を出た。ぼくはステージにもどり、次の曲を披露して常連客を拷問にかけた。また、素敵な人たちと過ごす楽しい二十分間が訪れただけのことだった。話はちょっと先へ飛び、ぼくが通りでキートンとのシーンを撮っているとき、驚いたことに、帰宅途中のステイシーに出くわした。彼女のシーンは数週間前に撮り終わっていて、彼女に気づいた助監督がぼくを呼んだ。ぼくがため息をついて、いつものようにその曲線美に驚いていると、彼女は感じのいい挨拶をしてくれた。次のショットの準備をする間、雑談をしていたら、彼女が次の週末は両親とも田舎にいっていないから独りで自宅にいるといった。ぼくは彼女に電話番号を渡し、向こう数日間はぼくは出たり入ったりしてるから、もし退屈なら電話をくれれば、一緒に映画にでもいこうかといった。

　だからって、まさか彼女から連絡をもらえるとは想像していなかった。ぼくの自尊心はいつも荒野の『砂丘』〔ミケランジェロ・アントニオーニ監督の映画〕をさまよっているからね。ところが、はたして彼女から電話があった。すぐ近くに住んでいたから、彼女はコーヒーを飲みにやってきた。ぼくらはただ雑談をして、楽しいひとときを過ごした。素敵な午後だったよ。それ以上のことはない。数日後、彼女は南フランスに発ち、ぼくは『アニー・ホール』の撮影を続けるためにロサンゼルスに飛んだ。夏が過ぎ去り、ヨーロッパにいる彼女からハガキが一枚届いた。秋になり、ふたりともマンハッタンにもどってくると、互いに連絡を取り、デートするようになった。

しばらくの間、ぼくたちはときおりデートしては、映画をみたり、音楽をきいたり、本について意見を交わしたり、もちろん平織りの高級シーツに飛びこむこともあった。ときにはみつめ合って、ふたりの時間を楽しんだ。一緒にクラシック音楽をきいたり、ぼくが外国映画を紹介したり、散歩にいったりもした。そしてある日、彼女から、もっと真剣に女優としてのキャリアを積むために、カリフォルニアに引っ越すことにしたと告げられた。ぼくらは別れ、彼女は西へ飛び、間もなく結婚した。

彼女とはずっと友人で、数十年にわたって交流があり、電話で話すこともあれば、会うこともあった。その間、それぞれに恋人や夫や妻ができた。常に連絡を絶やさず、いつも泊まりで会いにいって噂話や近況報告をして、互いの配偶者や子どもたちにも会った。ぼくはマーシャル・ブリックマンに、ステイシーとの戯れの恋、年輩の男と若い女の関係にみられる落とし穴や楽しみにまつわる面白いエピソードをたくさん話した。そして、こうした経験談がぼくらにとって、いい題材になったんだ。マーシャルと共同で『マンハッタン』の脚本を書いたとき、創造的直感から、マリエル・ヘミングウェイが演じる登場人物を、ステイシーではなくトレイシーと名付けた。この映画はステイシーの良さを正当に評価した作品なんだ。だからこそ彼女との友人関係はずっと続いている。スン・イーと恋に落ちた頃、『マンハッタン』が再上映され、突然ぼくは若い女性に取り憑《つ》かれた男だという噂が立てられた。ぼくが取り憑かれていたのはギャングスターや野球選手、ジャズ・ミュージシャン、ボブ・ホープの映画であって、若い女性はといえば、数十年間でぼくがデートをした相手のうちのごく一部にすぎない。ぼくはロマンチック・コメディのテーマに、年の離れた男女の駆け引きを使ったことが何度かあるが、それは精神分析や殺人やユダヤ人ジョークを使うのとまったく同じで、ただプロットを組み立てたり観客を笑わせたりするのに都合のいい素材だからだ。まあでも、「男が年相応の女とデート」よりは好奇心のそそられる見出しになるのは確かだよね。

第9章

さて、『マンハッタン』の話にいこう。まずはじめに、ぼくはドラマの世界へと足を踏み入れることになる。自分の得意なおどけ者を演じるのは気が進まなくて、悲劇に挑戦してみることにしたんだ。だけど、たぶん、アリストテレスのいう必要条件〝憐れみと恐れ〟が足りなかったようで、観客は心底ぼくを憐れみ、出資者は恐れとは何かを学んだ。といっても、アメリカ映画のドラマとして通用するものを目指したわけじゃない。ぼくが作りたかったのは、本物のドラマ、つまりヨーロッパ風のシリアスなドラマであって、メロドラマじゃなかった。失敗は失敗だったが、挑戦してこその失敗だ。ぼくは冷たい母親を持つ三姉妹を描いた家族映画を撮りたいと思っていた。父親は情熱的な女性と再婚する。冷淡でエレガントな母とは真逆のタイプだ。母親はインテリア・デザイナーをしていて、哀れな父親は自分の家で灰皿ひとつ動かすことも許されず、ろくにくつろげずにいた。最終的に、この母親は大西洋の海に向かって歩いていく。娘のうちのひとりが彼女を助けようと海に入って溺れそうになるが、新しい母親が彼女にいわゆる口移し式人工呼吸《キス・オブ・ライフ》をする。娘は実の母よりも心の温かい愛情あふれる新しい母に息を吹きこまれ、生まれ変わる。面白そうな話だったし、経験か才能がある劇作家の手にかかれば、うまくいったかもしれない。

そもそもの間違いは、あとにも先にもやらなかったこと、つまりリハーサルをしたことだ。リハーサルは退屈だし、コメディの場合、台詞《せりふ》はきけばきくほど陳腐になる。だから脚本を書き上げると、一度見直してよくない部分を修正するだけで、撮影がはじまるまではもうみない。読み返すと、どんどん単調になっていくから。あと、ぼくは本当に集中力が欠けている。必要に迫られようがリハーサルとなると、辛抱していられなくなる。こんなわけで、もうずっと、長いマスターショット〔シーンの頭から終わりまでを通して撮影されたショット〕を撮ったきり、おさえのショットは撮っていない。じっと座って何度も何度も同じシーンを撮り続けていられないんだ。撮影して、家に帰り、バスケットボールの試合がみたいからね。役者たちはシーンに入りこめるから長いマスターショットをありがたがってくれる。もちろん、あとでぼくが編集室にこもり、シーンがうまくつながらず、別に何テイクか撮っておけばよかった、と悩むことになるなんて知るよしもないわけだが。まあとにかく、ぼくはふたりの大女優、モーリン・ステイプルトンとジェラルディン・ペイジを家に招いて、リハーサルをするか、せめて登場人物について話し合うことにしたんだ。

まったく、とんでもない間違いだったよ。ぼくは、役者と登場人物について掘り下げて話し合ったことなんてないんだ。役者は自分が演じられると思って役を引き受けてくれていると、ぼくらのほうでは当然思っているしね。もちろん疑問があれば喜んで答える。もし脚本がまずくて、役者にとんでもない台詞や会話を押しつけているなら、喜んで書き直す。役者たちにはいつも、気に入らない台詞はいわなくていいといっているんだ。話しやすいように台詞の言葉遣いを変えてもいいし、衣装や髪型も好みじゃなければ合わせなくていい。気持ちよくやってもらいたいんだ。

まあそれで、ぼくは五番アヴェニューをみおろすわが家に、アメリカが誇るふたりの女優を迎えたうえ、コメディとは違う新たなジャンルに挑戦しているということもあって、テンパってしまい、ふたつ目の間違いを犯した。「何か飲みますか?」とたずねてしまったんだ。どうなるかは想像がつくだろう。二時間先まで話を飛ばすと、三人とも立ち上がれなくなっていた。モーリン——これまで出会ったなかで最高に素敵でじつに面白い女性のひとり——がドアを探している姿は、昔の映画俳優ジャック・ノートンがよく演じていた酔っ払いそっくりだった。三〇年代や四〇年代の映画で彼をみかけたことがあるだろう。口ひげを生やし、千鳥足で歩く酔っ払いの演技を得意としていた。ジェラルディンはしらふでも変わっているんだけど、そのときには怒りっぽくなって、帰り際には、ホームバーの酒がなくなるまで飲んだせいで、壁という壁にピンボールみたいにぶつかっていた。翌日、モーリンは魅力的な彼女にもどっていた。本当に如才ない人で、ぼくがどんなに情け容赦なくからかっても、彼女のほうが上手だった。ジェラルディンに話しかけてみると、感じよく接してくれたけど、ちょっと申し訳なさそうにもしていた。ぼくは付き合いで飲む酒と仕事を混同すべきじゃないと肝に銘じた。

『インテリア』の撮影中、ハンプトンズで数シーンを撮ったが、その地でぼくはゴードン・ウィリスと一緒に多くの時間を過ごした。毎晩夕食をともにして、その最中、次回作のニューヨークのラブストーリーは、モノクロのワイドスクリーンにしようという話になった。それまでワイドスクリーンといえば、大画面の視覚的効果を狙って、もっぱら戦争映画や荒野の西部劇に使われていたが、ぼくらはワイドスクリーンを使って、恋愛の深さを伝えようと考えたんだ。ジェラルディンやモーリンのように、ゴードンも大酒飲みだった。冬のハンプトンズでは、暗くなるのが早くて何もすることがなかったから、彼はよく五時からクルボアジェをちびちびやっていた。あんなに飲んだら、失明したって不思議じゃない。翌日はぼろぼろだったよ。彼は蓄膿症《ちくのうしょう》だというもんだから、間抜けなぼくは市販の抗ヒスタミン剤を勧めたんだ。

ゴードンは体を酷使することをまったく気にしていなかった。ぼくは撮影現場に自宅で作った特製麦芽乳を魔法瓶に入れて持っていっていたんだけど、身体に悪い食べ物に目がない彼をみかねて、ちょくちょく彼の分も作っていた。彼の夕食といえば、レバーソーセージのサンドイッチ、ホットドッグを数個、麦芽乳、何本ものキャメルの煙草、そしてサービスタイムのブランデー。ぼくは気の小さい腰抜けなりに、彼に食習慣を見直すよう注意した。一度、ロケハンで老人ホームへ偵察にいったとき、彼がそこの入居者たちを眺めながら、「もしあんなふうになったら、殺してくれ」といった。ぼくがそうしなくとも、彼は自らあの世へと向かうような生活をしていた。まるでベートーヴェンみたいだった。どちらも自らが選んだ道で天才になった。ベートーヴェンは難聴――作曲家が唯一恐れているものじゃないだろうか――になり、撮影監督であるゴーディは視力を失いはじめていた。ずいぶんな契約を交わしたもんだ。いやはや人間存在とは度し難い。愉快な皮肉に満ちている。

『インテリア』が封切られ、絶賛評もなかにはあった。ぼくの印象では、批評家は医者、警官、弁護士、映画監督、あらゆる専門家と同様だ。どの職業においても有能な人と無能な人はごく一部、ほとんどが普通の人で、生活のために働いている。ぼくの知り合いの批評家は魅力的な人たちだ。映画をひとつの芸術形態として扱うことに関心のある人もいれば、自分のことを「ただの映画案内人です」という人もいる。ジュディス・クリストとは親しかったが、ともかく彼女は最初からぼくの映画を認めてくれた。ジーン・シャリットもそうだ。ふたりとも『泥棒野郎』と『バナナ』を気に入ってくれて、いつも好意的な批評で応援してくれた。ふたりの熱意におおいに後押しされて、ぼくは軌道に乗ることができた。リチャード・シッケルという、魅力的で頭の切れる批評家とも仲よくしていた。彼はブラックリストの時代やボガートについて詳しく書いていた。彼のじつに読みごたえのある著書のひとつに、ショービジネス界を代表するエリア・カザンの伝記がある。とはいえ、友人関係は好意的なレビューと関係ない。あるとき、だれかの映画の上映会で、ぼくの前に座っていたシッケルが後ろを向いて、こういった。「申し訳ない、『インテリア』は好みじゃなかったんだ」

彼のその映画評は読んでいなかったが、まったく気にしなかった。彼のことが好きで、それで十分だったから。批評家のジョン・サイモンとは顔を合わせることはめったになかったが、古い付き合いで、あるとき、ぼくが感じよく挨拶をすると、彼は「君はとても寛大だな」と返してきた。実際、ジョンにはずっと好感を持っていた。彼がそんなふうにいったのは、ぼくをこきおろす映画評を書いたからだと思うけど、ぼくがそれを読むことは絶対にないから、そのせいで付き合いをやめようと思うこともなかった。長年にわたって、まわりから「そういえば、ヴィンセント・キャンビーが君の映画について書いていたから読んだほうがいいよ。よく理解しているし、君もきっと気に入ると思う」といわれていた。それでも、彼が書いた映画評は読まなかった。ある情報筋から彼がぼくのファンだと知って、手紙のやりとりを楽しんだこともあったが、話題はぼくの映画じゃなく、トリュフォー、ベルイマン、ブニュエルといった巨匠についてだった。

ポーリン・ケイルともかなり懇意にしていた。魅力的な女性で、優秀な批評家で、情にあつい人だったが、しょっちゅうはらわたが煮えくり返る思いをさせられた。たまに会って、〈トレーダー・ヴィックス〉で夕食をともにした。エキゾチックで店内がやたら暗いレストランだ。彼女はいつもエネルギー満杯で、息をつく暇もなく、近く発売される「ニューヨーカー」に掲載予定の彼女の映画評のゲラを取り出し、無理やり読ませようとする。彼女はとても誇らしげに、とても熱心に語っているが、照明が薄暗くてろくに読めず、ぼくは目をこらしたり、身をよじらせたりして、いつも難儀した。もしぼくがその映画をみていたとしても、きっと彼女の映画評に同意することはなかっただろうけど。ぼくは彼女に、偉大な批評家が持つべきものをすべて兼ね備えていると思う、と伝えた。つまり、映画に関して百科事典並みの知識があり、情熱を持ち、洗練された文章を書くけれど、ちっとも面白くない、と。

こんなふうにして、いつも言い争いになり、議論は個々の好みに帰着した。彼女はアルトマンのほうがベルイマンよりも偉大な映画監督だと思っていた。ぼくはというと、アルトマンはとても好きだが、ベルイマンの映画のほうが偉大だと思っている。ぼくが白人《ペイルフェイス》なら、彼女はアメリカ先住民《レッドスキン》だ。よく議論したよ。だけど、彼女の友情のあつさには感銘を受けた。というのも、彼女は「次の撮影のケータリングはあそこに注文しない？　いい仕出し屋なのに、お金に困ってるの」といったことをよく頼んでくるんだ。ぼくらはディナーの席で何度も議論を戦わせていたが、彼女にもまた酒を楽しむ才能があった。たいてい、ホテルに送っていく頃には、彼女は各種のマイタイを楽しみすぎて好戦的になっていたから、もしも彼女にとっての傑作――忘れ去られて久しい三文映画――の魅力に気づけないと、いっぴしゃりとやられてもおかしくなかった。とても面白い人でもあって、じつに気の利いた言い回しをよく考えついた。たとえば、ジョージ・C・スコット主演の『ヒンデンブルグ』の映画評なら「駄弁家《ガスバグ》がガス球《ガスバグ》に遭遇」。スコットは好きだけど、彼女は才気煥発な名文家だ。それに、彼女の的を射た記事は面白いんだ。『インテリア』の映画評が反響を呼ばなかったのは、封切りしてから数日後に新聞社のストライキがあったからだった。

ぼくの次の名作《オーパス》――ユナイテッドのアーサー・クリムがそういっていた――が『マンハッタン』だ。ぼくは映画『リップスティック』でマリエル・ヘミングウェイをみて、すごい女優だと思っていた。マーシャル・ブリックマンとぼくは『マンハッタン』の脚本を書き終えたとき、彼女にぜひ出てもらいたいと感じていた。彼女がジュリエットとぼくに会いにきて、役にそぐわないほど容姿が損なわれてもいなければ、前科もないので、彼女に決めた。実際、素晴らしい女優であり、また魅力的な人物だった。彼女とはずいぶん親しくなって、何度となく一緒に映画や美術館にいったし、ディナーをともにした。姉のマフェットはテニスがとても上手で、一緒に試合をしたときは、いかにもヘミングウェイっぽい服装で現れた（アーネストじゃなくて、あの姉妹らしいという意味）。よく似合っていたんだけど、車でテニスコートへ向かう途中、ぼくのほうを向いて「あっ……ラケット忘れたみたい」といった。それじゃあ試合ができない。わざわざ取りにもどることになってしまった。

マリエルはニューヨークでは亡くなった祖父の妻と滞在していて、ぼくが彼女を迎えにいくと、アパートメントの室内にはヒョウ皮のラグマット、象牙、マカジキ、バショウカジキが飾られていた。ぼくは幼い頃に父と釣りへいったが何も釣れず、市場に立ち寄って新鮮なカレイを何尾か買い、その日の収獲として誇らしげに披露したことを思い出した。『マンハッタン』を振り返ると、そのほとんどが幸運の産物だったといわざるをえない。人生の八十パーセントがその場に顔を出すことならば、残る八十パーセントは運だ、とヨギ・ベラならいったかもしれない〔野球選手のヨギ・ベラに「野球は90パーセントがメンタル、残る半分がフィジカルだ」という迷言がある〕。この映画の撮影中、ちょうどその日の夜にニューヨークでかつてないほど壮大な花火大会が開かれるときいた。ぼくらはすべての予定をキャンセルし、ベレスフォードにある友人のアパートメントに駆けつけて撮影準備をした。ぼくらは幸運に恵まれ、驚きの映像をフィルムに収め、『マンハッタン』の息をのむようなオープニングが完成した。

　さらに、たまたま、ニューヨーク・フィルハーモニックがガーシュウィンの曲をレコーディングしていたとき——無観客のフィルハーモニック・ホールで、分厚いウールのセーターを着て雨靴を履いた男女が、ズービン・メータの指揮で演奏していた——街は猛吹雪《もうふぶき》に見舞われた。急いで撮影スタッフをぼくのペントハウスに向かわせて、ドアマンやエレベーター係の目を盗んで映画用カメラをこっそり持ちこみ（その建物内での撮影は禁止されていた）、わが家のテラスから、『マンハッタン』で最も美しいシーン、白一色に覆われた街並みを撮影した。両シーンともまったくの偶然だったけど、ぼくはいつもこうした幸運によって正しい場所へ導かれてきたように思えて、これにはいつも感謝しているんだ。

　映画が完成した頃には、共演したマイケル・マーフィーとも、そしてマリエルとも、かなり親しくなっていた。マリエルはアイダホ州ケッチャムにある自宅に数日ほど泊まりにこないか、とぼくを招待してくれた。その家からそう離れていない場所で、彼女の祖父は自殺した。アーネスト・ヘミングウェイは、文学を読みはじめたときからぼくの英雄だった。ヘミングウェイに対する評価に関しては、ジョン・アップダイクの意見より、ソール・ベローの意見に共感している。どの本を手に取っても、どのページを開いて読んでも、その詩的な散文に圧倒される。彼が猟銃で自殺した七月二日の日、ぼくからルイーズに電話をかけたのか、彼女から電話があったのかはよく覚えてないけれど、ともに彼の死を悼んだ。ぼくらが付き合いはじめてすぐのことだった。ふたりで飲みにいき、自殺を美化して語り合った。彼女はピストル自殺が好みで、ぼくは頭を食洗機のなかにつっこんで、全サイクルボタンを押す自殺方法が好みだった。

ところで、前にも話したが、ぼくの人生における基本ルールのひとつは、だれの家の泊まり客にも決してならないことだ。この個人的な原則を心に留めておけばよかった。だが、マリエルはとても魅力的でとても素敵だったうえ、ヘミングウェイにまつわる神話があまりにも魅惑的だったから、凍えるほど寒い十一月のある日、その一家の招待を受け、ケッチャムへ飛んでいた。ぼくはヘミングウェイの家族にとても好感を持った。マリエルの母親は親切できれいな人だったし、姉のマーゴとマフェットは魅力的で美しくエネルギッシュで、父親もとても感じがよかった。アウトドア派の父親の部屋は、一家の伝統を受け継いでフライフィッシングの道具であふれていた。ぼくは少年時代にフライフィッシングをやっていて、フライキャスティングの技術を習得し、道具まで買いそろえて、自分で毛《け》鉤《ばり》を作ろうとしたんだけど、どうにもうまくいかず、羽根とシェニール糸の大きくて不恰好な塊にしかならなくて、それをみた鱒《ます》はみんな笑い転げた。まあそれで、ぼくはアイダホ州ケッチャムへいき、昼下がりに到着してすぐ、アウトドア好きの一家とディナーの席についた。

野外で、山に囲まれて、雪が舞っていた。うーん、ほんとにここにきたかったんだっけ？　ぼくという男は、ニューヨーク病院がすぐ近くにないことや、突然、マリエルの父親がその朝仕留めたウズラを食べるはめになったことで不安になっていた。ひとかみごとに、散弾が口からこぼれ落ちて、皿の上でカンカンと音を立てた。夕食後、一家に連れられて、冷たい雪が降る闇のなか長い散歩に出かけることになった。というのも、マリエルの父親は以前、心臓発作を患ったことがあり、医師から運動するよう指示されていたんだ。翌日は猛吹雪に見舞われた丘陵地へ長いハイキングに連れ出され、ぼくのファッショナブルなスエードのブーツはどろどろになった。それでも、この家族とたくさん笑って過ごすことができ、ぼくは数週間後にパリにいく予定だったから、マリエルも一緒にこないかと誘ってみた。ぼくは知らなかったのだが、このことで彼女はパニックに陥ってしまったと、自分の回顧録に書いている。彼女は母親とその件を話し合い、母は賛成したが、彼女にしてみればパリにいってどうなるかがとても怖かったようだ。

　ぼくの滞在についてのマリエルの記述は正確だが、ひとつだけ同意できない部分がある。彼女は、パリ行きの誘いを断った翌日にぼくが帰ったと書いていて、暗に、ぼくが帰ったのは彼女に拒否されたからだとほのめかされているが、それは違う。ぼくは本当に彼女の家族全員がとても好きだったし、先にいったように、マリエルとは今日《こんにち》に至るまでとても仲よくしている。予定より早く帰ったのは、その家に着いたとき、衝撃の知らせにショックを受け、小さな兵士となって乗り越えようとしたが、途中で挫折したからだ。寝室は個室が用意されていたが、バスルームは彼女の父親と共有することになっていたんだ。この知らせをきいたとたん、ぼくは青ざめ、すぐにアシスタントに電話をかけ、ブロードウェイに帰りたいから、小型機を手配してくれと頼んだ。二十歳の頃、ハリウッドでひとり暮らしをはじめて以来、男性とバスルームを共有したことはなかったし、そのときぼくは四十で、若さや精神的な健康はとうの昔にすっかり失っていた。我慢しようとしたが、二日後には耐えられなくなり、マリエルにエッフェル塔をみにいかないかと誘って断られる前にはもう、早めの出発は決まっていたんだ。自家用機が必要だったのは、ケッチャムまでの直行便がなく、接続便を利用すればあらゆる煩わしい手続きがつきまとってくるし、ぼくは旅を楽しむタイプじゃないからだ。

　いずれにせよ、ぼくは素敵な二日間を過ごせたから家族全員に感謝を述べ、その夜十時には〈エレインズ〉で、トルテッリーニの皿を前に背中を丸めて座っていた。散弾もなければ、味もない。だけど、マンハッタンにもどってきた。後年、ふたたびマリエルにほんのちょい役を振ることになった。彼女が出演したいといってくれたときには撮影日が迫っていて、端役しか用意できなかったんだけど、いつもどおり、彼女は期待に応えてくれたよ。

『マンハッタン』は大成功だった。ぼくの基準からすれば大ヒットだが、最新の『スター・ウォーズ』ほどには稼げなかった。映画会社は手をつくして、ぼくの映画の総興行収入を引き上げようとしてきたが、結局は途方にくれ、むせび泣くだけだ。封切りの際、大々的な宣伝もささやかな宣伝もした。センスのいい広告も不愉快な俗受け広告もしたし、ぼくの名前を大々的に使うこともあれば、控えめに使うこともあった。公開初日の時期を一年のうちのあちこちでやってみたり、大スターの名を売りにしてみたりもしたが、どれも水泡に帰した。マーケティング業界の魔術師たちが呪文をかけ、ぼくに向かって、これらの映画館でこの日にこれらの広告を出せば、みんなじきにマイバッハに乗れるようになりますから、と断言していたっていうのに。こうして、映画が公開されると、惨憺《さんたん》たる結果となり、ありとあらゆるもののせいにされる。天候、ワールドシリーズ、株式市場、ユダヤ教の祭り《プーリーム》。そうしている間にも、観客はだれひとり来ようとしない。

　というか、だれがぼくの映画をみにきているんだろう？　百万回は自問しているが、分からない……予想するのは不可能だ。世界中でぼくの映画を楽しんでくれる観客がいた。アメリカ全土よりも、パリやバルセロナといった都市のほうがいい結果を出した映画も多い。『マンハッタン』は至るところでヒットした。公開時には、ぼくが「ニューヨーク・タイムズ・マガジン」や「タイム」誌の表紙を飾った。「タイム」誌の表紙を飾るのは二度目だ。映画は欧州全土、南米、極東でもヒットした。「タイム」誌では、モーツァルトやレオナルド・ダ・ヴィンチのような本物の天才を引き合いに出して、コメディの天才と称賛してくれた。ＰＴＡ会長とアメリカ合衆国大統領を同じ土俵に上げるようなものだ。

『マンハッタン』は編集の段階で好きになれず、ユナイテッド・アーティスツに、もしこの映画をスクラップにしてお蔵入りにするなら、ただで映画を一本作ってもいいと申し出た。ユナイト側からは変わり者扱いされて無視された。この映画があれほどの成功を収めたときには、もちろん戸惑った。当然だが、あらゆる大げさな称賛に混じって、一部批判の声もあった。あまりに評判の高い作品はその期待に応えるのが難しいが、ぼくにとって『マンハッタン』はそうした作品には遠くおよばなかった。ところが、多くの人はそう思わず、世界各地で賞を獲得し、今もなお至るところで上映されている。一方、ハリウッドでは、作品賞にも監督賞にもノミネートされることもなかった。『アニー・ホール』のとき、ぼくがオスカーに興味を示さなかったから、アカデミー協会に仕返しされたんだという人もいた。だけど、ぼくは陰謀論に囚《とら》われたりしないし、アカデミーの投票者がこの作品をみて感銘を受けなかったのは当然だと思った。もちろん、『アニー・ホール』がオスカーを受賞したとき、アカデミー協会がぼくにちょっと腹を立てたのは知っている。ぼくはユナイトに、授賞後の新聞広告で、アカデミー賞を受賞したことを宣伝に使わせなかったからだ。繰り返しになるけど、ぼくはどんな賞の祭典にも興味がないし、賞について広告で大きく取り上げられたりすると当惑する。まさかと思うだろうが、二週間後、アカデミー協会から怒りの電話があり、「なぜ、オスカーで四部門を制覇した映画であることを広告で謳《うた》わないんですか?」といわれた。どうでもよかったから、ユナイトに、アカデミー協会にとってよほど意味のあることのようだし、広告に入れてくれていい、と伝えた。そうしたことにはなんの意図もなかったのに、あれこれ解釈されてしまった。アカデミー協会から強く誘われても会員にならなかったのは、単にぼくは何かに入会したりするのが苦手なだけだからだ。これまでの人生で、唯一、十歳のときにカブスカウトに入ったが、うんざりだった。コンパスの見方といった基本的なスカウティングのスキルすらひとつも習得することはなく、今でも、真北をみつけるにはまず老舗店〈ゼイバーズ〉の方角を向くところから始めなければならないんだ。

『マンハッタン』のあとに撮った『スターダスト・メモリー』は、ちょっと誤った受け取られ方をしているような気がした。批判されたら作者としては誤解されていると思うのも当然だし、ぼくは文句をつけるタイプじゃないんだけど、この映画に関しては、間違った捉え方をされていると心底思った。ぼくの意図は、ひとりの男の心理を深く掘り下げることにあった。彼は傍目にはすべてを持っているようにみえる。富も名声も手に入れ、豊かな生活を築いているが、不安や絶望にさいなまれ、富も名声もどうでもよく感じている。この映画のスタイルと、主人公の視点を通じて主観的に描いたことで、観客はかつてマーロン・ブランドに対して犯したのと同じ間違いを犯した。彼はテレビのインタビューで、「世間はぼくの演じる役とぼくを混同してしまうんだ」と愚痴をこぼしている。ぼくにもいえることだ。世間はこの主人公をぼくが創作した架空の人物とはみなさずに、ぼくがコメディを軽視し、自分の成功に感謝もせず、ファンをみくだしていると思いこんだんだ。そんなわけはない。ぼくは謙虚だし、ファンからとても暖かく迎えられていると感じていたし、コメディを楽しんでいた。「成功したというのに、よくもまあ主人公に文句をいわせるなんてできたな」といわれたこともある。いや、ぼくはとてもラッキーだと思っているよ。この映画の主人公もラッキーな男だったんだ。まずいっておきたいんだけど、ぼくは身に余るほどの幸運と成功を手にしていることは分かっている。だが、ぼくはそれほど運のよくなかった人々に代わって、さらには、苦労してトップに昇りつめ名声と富を手にしたにもかかわらず、栄光の道の終点に気づいてしまった人々に代わって、文句をいっているんだ。勝者も敗者も行き着く先は『スターダスト・メモリー』のオープニングシーンに出てくるあのゴミ溜めだ。

もうひとつ描きたかったことは、大衆がヒーローや有名人に対して抱く愛憎関係だ。大衆はサインをほしがったかと思えば、次の瞬間には銃口を向けてくる。映画が公開されて数カ月後にジョン・レノンが熱狂的なファンに殺され、ぼくは自分の見立ては正しかったと思った。たいした話じゃないけど。ぼくは映画のなかで自分の意図したことや、観客に感じてほしかったことについて一年中でもしゃべっていられる。事実として、ぼくの意図を取り違えた人々の多くは自分たちの解釈が気に食わなかったんだ。素敵な応援の手紙を何通かもらって励まされることもあった。当時、リリアン・ロスから手紙をもらった。知り合いじゃなかったが、尊敬するジャーナリストだ。ノーマン・メイラーからも手紙が届いた。ちょっとした知り合いなんだけど、彼もまたぼくの尊敬する人だ。メイラーはいつも、ぼくの映画のなかでこの作品をお気に入りにあげてくれていた。観客のほとんどは、映画に出てくる大衆のように、初期のコメディ映画のほうが面白かったと繰り返して立ち去った。だが、実験を恐れては芸術家とはいえないし、ぼくは自分の得意な安全圏に身を置くつもりはなかった。映画監督として成長しようとしていたんだ。物語を掘り下げ、シリアスな作品を手掛けようとしていたが、コメディをあきらめるつもりもなかったし、大衆に媚《こ》びる気もなかった。誇大妄想を抱き、常にそのとき自分が面白いと思うアイデアを形にしようと決めていて、いい映画を作ること以外は何も考えていなかったんだ。

さて、ここでちょっと脱線して、話が飛ぶからそのつもりで。こんなふうにいうと、「おいおい、こいつは何か吸ってんじゃないか？」と思われるかもしれない。ちなみに何も吸ってない。ぼくは映画俳優のなかで一番つまらない私生活を送っている。酒も煙草もやらないし、精神状態に変化をもたらすような体験にはまったく興味がない。知覚に変化をもたらすものに対しては常に用心深く、サングラスさえかけないのもそのせいだ。今までマリファナを吸ったこともない。七十代の頃のジャック・ベニーでさえ、興味津々でマリファナをやってみたいんだとぼくに告げ、実際に吸い、満喫していた。でもぼくはまったく好奇心を持たなかったし、彼に付き合うこともなかった。これはぼくが持っているとされる知性に関するもうひとつの事実だ。つまり、好奇心がまったく欠如しているということ。タージ・マハルも万里の長城もグランドキャニオンもみたいと思わないし、ピラミッドを訪れたいとも、紫《し》禁城《きんじょう》を散歩したいとも思わない。ましてやいち早くロケットに乗って宇宙へ飛び、遠くから地球をひと目みて、無重力を体験したいなんて気持ちは毛頭ない。実際、無重力なんて勘弁してほしい。ぼくは重力の大ファンなんだ、なくなったら困るよ。マンハッタンの街路から噴き出る蒸気の正体さえ気にならないんだ。

こんな性分にもかかわらず、ぼくは意味不明の精神錯乱に襲われて、流星のごとく分不相応な成功を手にした時期にひと息ついて、偉大なシェフになろうと決めた。それまで、ぼくの料理の腕は一般人程度のもので、缶切りは使いこなせた。ツナサンドくらいは作れたし、半熟卵はまあまあ自信を持ってゆでられた。ぼくがグラスに注ぐ冷たい水には、ル・コルドン・ブルーのどんな卒業生も羨望の眼差しを向けるだろうね。独り身となり、またジーン・ドゥーマニアンや彼女側とつながりのある友人たちと〈エレインズ〉で食事できなくなってからは、たいてい中華料理をテイクアウトして、それを頬張りながらテレビにかじりついていた。こうして、ある日、料理を学びたいと思い立ったんだ。だが単に、スパムの温め方や美味しいミニッツライスの作り方を学びたいわけじゃない。ぼくはコールリッジが描くような幻想を抱いて、本物の一流シェフになれると思っていた。専門的な料理の秘訣《ひけつ》を学んで、夕食にズアオホオジロやクジャクの舌を食べるんだ。たとえ、ウォルター・クロンカイトのニュース番組をみながらひとりで食事をとるにしても。

　おまけの特典もついてくるだろう。明らかにエスコフィエやゴードン・ラムゼイといった一流シェフの才能があれば、ぼくのような独身男性が女性を口説くのがこれまでよりは楽になるんじゃないか。セクシーなブロンドの女社長を夕食に招待したとする。まずはぼくのウィットに富んだ会話と新しいヘアスタイルで魅了する。北斎の神奈川沖浪裏《かながわおきなみうら》を真似たオールバックできめるんだ。彼女はきっと失礼のないよう、孤独で無能な独り身がラードとオートミール粥を混ぜて作ったオリジナル料理を我慢して食べなければならないだろうと覚悟してやってくるはずだ。さもなくば、バーズアイの冷凍食品を解凍したものか、ソロヴェツキー諸島のグラグ〔強制労働収容所〕の客に出される類《たぐ》いの薄いスープか。彼女は料理役を買ってでて、あっという間に、料理のこつを知っている人が作るようなごちそうを用意してみせてくれるだろう。いや、そうじゃなかった。どんな料理なら彼女をびっくりさせられる？　帆立貝のグラタン、コキーユ・サンジャックに、シャブリかソーヴィニヨンの白ワインを合わせるなんてどうかな。それか、焼いたカマンベールチーズに赤のボルドーを合わせるのもいいかもしれない。あるいは、仔牛のクリーム煮、ブランケット・ド・ヴォーと、サクランボで仕上げたクラフティのデザート。もしかすると、タルト・タタンのほうが好みかな。印象づけるには十分じゃないかって？　うん、ぼくもそう思う。そこから寝室《ブドワール》まではあっという間で、ぼくらは褥《しとね》に横たわってカロリーの一部を消費することになるはずだ。

　もうあのでんぷん糊《のり》のような粘っこいソースがかかった肉団子入りスパゲティを我慢して食べる必要もなくなるだろうと信じて、行動を起こした。アシスタントに頼んで、電話で料理家のジュリア・チャイルドに、「ミスター・ウディ・アレンが優秀な料理講師を探しているんですが、推薦してもらえませんか。もちろん、個人指導でお願いします」と伝えてもらったんだ。マダム・チャイルドに会ったことはなかったが、親切な人でその電話番号をＦＢＩに通報することもなく、頼みをききいれ、リディ・マーシャルという素晴らしいご婦人を紹介してくれた。約束の日、ミズ・マーシャルがぼくの自宅にやってきた。彼女は調理器具、コンロ、丈の長い白のエプロン、そして、ぼくが期待に胸をふくらませながら敬意を表して脱いだコック帽を念入りにチェックしながら、金払いのいいカモができたと察し、経理担当の男に電話をかけて、彼女がとてもほしがっていたクロテンの毛皮のコートの手付金を支払っておくように伝えた。

　レッスンは毎回三時間で、彼女は様々な材料をそろえて持ってきてくれた。ぼくがフランス人みたいな薄い口ひげを蓄える間もなく、最初のレッスンがはじまった。メニューは、自家製パスタ、牛肉ステーキのベアルネーズソースがけ、アスパラガス、リヨネーズポテト〔薄切りのジャガイモと玉ねぎを炒めた料理〕、プロフィトロール〔小さなシュークリーム〕、コーヒー、マドレーヌ。〈リュテス〉や〈ラ・グルヌイユ〉のメニューでみたり、プルーストの小説で読んだりしたことしかない料理ばかりだったという記憶しかない。ぼくは彼女に向かって満面の笑みを浮かべ、「ボナペティ」と下手な発音でいって、もりもり食べた……まあ、単刀直入にいうと、レッスンは三回しか続かなかった。疲れ果てて足腰に力が入らず、毎回レッスンが終わるたびにまっすぐ立てなくなっていた。あまりにも疲れて食事も喉を通らないんだ。ぼくがゼイゼイ、ハアハアと息を切らしていたものだから、彼女から二度も「九一一番に連絡しましょうか。お身内の方はいらっしゃいますか」とたずねられてしまった。

　ぼくはずっと運動神経がよく、当時はよくテニスをしていて、苦もなく、三、四時間休まずシングルスでプレイできた。なのに、料理をしていると、興奮と緊張のせいで肉体がぼろぼろになってしまった。ぼくがキッチン中を走りまわっている間に、椅子《いす》の背もたれにかけたパスタ生地はタフィーのキャンディのように垂れ下がり、いざ鴨肉《かもにく》を焼いてみるとコンロの熱で汗びっしょり、泡立て器で混ぜているうちに手の感覚がなくなってしまった。もはや泡立て器は使えない。手首を痛めて、テニスのサーブにも支障をきたす。なんで泡立てたりしたんだろう？　ホイップクリームなんて大嫌いなのに。しかし、ベアルネーズソースを混ぜるのをやめたら、ソースにならない。どういうわけか、出来上がったカスタードプディングはアイスホッケーのパックと見分けがつかず、消火器なんか使ったことはなかったのに、どうにか分厚い白い泡でブランジーノ〔スズキに似た魚〕を覆うことができた。あの瞬間、有名シェフのジョエル・ロブションやダニエル・ブルードゥは、ポーチドサーモンの身も崩してしまう眼鏡をかけたもぐりシェフが自分たちの名声を凌《しの》ぐ危険性はないと察して、どこかで安堵のため息をもらしたことだろう。残念ながら、紙容器から鶏肉の野菜炒《ムーグーガイパン》めを食べ、宅配ピザを温めなおす生活が続くのであった。夕食に招待する女性には、ファストフードの、〈ポパイズ・ルイジアナ・キッチン〉にでも立ち寄って、自分用に栄養を確保するよう勧めなければ。これじゃあスマートな流れでベッドへ移動することはできなくなるかもしれないが、シーツの上で初のミシュランの星を獲得することは今もあきらめていない。

第10章

ぼくは正気を取りもどし、『カメレオンマン』を撮った。『泥棒野郎』以来、ドキュメンタリースタイルのコメディに興味があったが、以前よりは経験も積んでいた。撮影監督はゴードン・ウィリスに頼み、興行収入が期待できなくなることを承知のうえで、あえてモノクロで撮影した（モノクロ映画を上映しない国もあるし、もはやテレビでもほとんど放送してもらえない）。ぼくらはだれもが他人に認められたい、受け入れられたい、嫌われたくないと思っている。『カメレオンマン』はその実態について描いた物語だ。つまり、ぼくらは相手が一番喜びそうな人格を察知して、しばしば相手に合わせて別人格を演じる。たとえば、相手が『白鯨』の愛読者なら、『カメレオンマン』の主人公はその人に合わせて、あれこれ褒めてみせる。『白鯨』の嫌いな相手なら、空気を読んでけなす。最終的に、こうした同調への強迫観念はファシズムへと行き着く。

この脚本を書き終え、撮影前の準備が開始されるのを待つ間、『サマー・ナイト』の脚本を書いた。田舎の美しさや魔法があるといわれている森を称え、愉快な登場人物が抱えている愛や結婚問題を楽しく描いた作品を作りたかったんだ。

ユナイテッド・アーティスツには、この二本を同じ時期に撮影するつもりだと伝えた。ユナイト側はこのアイデア、つまり映画作りへの貪欲さを気に入ってくれた。ぼくは同時進行で撮影してもどうってことないと思っていた。とりわけコメディの天才なら――だがぼくは天才じゃなかったから、簡単にはいかなかった。だけどそれは身体的にきつかったからじゃない。難なく『サマー・ナイト』の数シーンを撮り終え、そのあと同じ場所か、近くのロケ地で、『カメレオンマン』の衣装に着替えて、撮影していたくらいだ。問題はメンタルだった。ある世界に感情的にのめりこんだあと、別の世界に切り替えるのがとても大変だったんだ。精神的なエネルギーの切り替えが思いどおりにいかなかった。ひとつの物語に入りこんだと思ったら、すぐに別の物語の登場人物やプロットに合わせてセットを入れ替えなければならなかったんだ。もう二度とこんな撮影はしないと心に誓ったよ。

『サマー・ナイト』は最終的に美しく幻想的な物語となったが、だれも気に入らなかった、というかだれもみにこなかった。『カメレオンマン』はというと、はるかにましな運命をたどり、以来、主人公の名前である Zelig《ゼリグ》〔『カメレオンマン』の原題でもある〕は普通名詞となった。ふつう、主人公の副次的な特性の意味で使われている。人気イベントがあれば金持ちや有名人のそばに出没する、どこにでも居合わせる無名人を指す言葉として、ゼリグはしばしば用いられる。だが〝ゼリグ〟の本質を踏まえれば、絶えず、そのときの自分の立場を捨てて、新たに大衆受けする立場に鞍替《くらが》えする人を表すのに使うべき言葉なんだ。

この二作品で、新たな主演女優、ミア・ファローを迎えた。どういう経緯で？　この質問に答えるためには、時間を遡《さかのぼ》らなければならない。まあまあ面白い話だと思うよ。

その数年前、ミアからファンレターをもらった。一度も会ったことはなくて、彼女のことは新聞などでみたことがあるくらいだったが、とても、とても美しい人だとずっと思っていた。ミアはルイーズを思い出させた、幸先《さいさき》がよい滑り出しだ。手紙では、ぼくの最新映画か作品全般について褒めてくれていた。どっちだったか忘れてしまったが、最後の一文はよく覚えている。「端的にいって、あなたのことがとても好きです」。こんな素敵な手紙を、有名で、しかも美しい女性からもらったんだ。ぼくはお礼の手紙を書き、それ以後数年間、何もなかった。ようやくミアに会ったのは、ハリウッドでタレント・エージェントのスー・メンガーズが主催した、ささやかなパーティーに駆り出されたときだった。スーとはかなり親しい間柄で、彼女がニューヨークに住んでいたときから知っている。映画監督の夫ジャン＝クロード・トラモントとロサンゼルスに引っ越してからは、ぼくがその地を訪れるたび、夫婦そろって快く迎えてくれた。三人ともパリで一緒だったときには、スーに連れられて初めて〈マキシム〉で食事をしたし、クリスマス・イブには〈トゥールダルジャン〉にも連れていってもらった。それからというもの何年もの間、彼らとそうやって過ごすのがちょっとした休暇の習慣だった。よくビバリーヒルズにある彼女の家に夕食に招かれ、スーからたびたび美しい映画女優を次から次に紹介してもらったんだけど、どういうわけか、うまくいきそうな気配はなかった。スーはとても楽しい人で、彼女にまつわる伝説的な逸話も数々ある。まあ、ハリウッドのパーティーに集まった大勢の客を品定めして、その人たちのことをシンドラーのB級スターリストと呼ぶ彼女に勝てる者はいないだろう。

あの夜、ミアはたまたまパーティーに出席していた。互いに紹介されて、社交辞令的な世間話を少し交わし、激震が走ることもなく、ぼくらの道は交わらなかった。それから数年後、〈エレインズ〉で偶然、彼女と再会した。彼女はマイケル・ケインと一緒だった。ぼくのテーブルの横を通ったとき挨拶を交わしたが、彼女はどこかほかの席に座り、ぼくはふたたびトルテッリーニを頬張った。トルテッリーニはそこで食べられる数少ない料理のひとつで、味に対して最低限のこだわりしかない人にとっては、まずまずの味だ。しょっちゅうぼくはオーナーのエレインに、ドナー峠の遭難者〔シェラネバダ山脈越えに失敗し雪に閉じこめられた開拓民グループ、ドナー隊のこと〕だってここの食事には手をつけないよ、といったものだ。

ミアと偶然会ったのは、この数回だ。まあそれで、あの新年のパーティーの日がやってきた。ぼくは決してパーティー好きとはいえない。その主な理由はいつもの入室恐怖症のせいだ。いったんなかに入ってしまえば、かなりましになってくる。最高の気分とはいえないが、楽になる。切実に、ぼくにはパーティー会場に自分を引きずりこんでくれるだれかが必要なんだ。大の大人に頼めるようなことじゃないが、克服しようとしてもひとりでなかに入るのは大変なんだ。まあそんなわけで、感謝祭のとき、友人のジーン・ドゥーマニアンとジョエル・シュマッカーから、大晦日《おおみそか》のパーティーを主催してみてはどうかと勧められた。それならなかに入る必要がないからだ。ぼくはぐずぐずと渋っていたが、ジョエルが手伝うといってくれたのが主なきっかけとなって、パーティーを開くことにした。彼にはずいぶん助けられたよ。彼は、盛大なパーティーを開くにあたって、どこで花や音楽や照明といったものを手配するのが一番いいか知っていた。おかげで最高のパーティーになったんだ。ぼくはハークネス・ハウスを借りた。そこはかつてハークネス・バレエ団の創設者レベッカ・ハークネスが所有していた豪邸で、彼女の死後、バレエ学校として使われていた。広々とした荘厳な家で、大広間はロビン・フッドの映画で王様が豚の丸焼きを食べるシーンを彷彿《ほうふつ》とさせ、一階では亡くなった前の家主を偲《しの》ばせる絵のように美しい品が訪問者を出迎えてくれる。そう、レベッカ・ハークネスの遺骨が入った壺《つぼ》が置いてあるんだ。サルバドール・ダリのデザインで、ひらひら舞う機械的な蝶《ちょう》の装飾が施されていた。

ワンフロアをディスコルームにして、別フロアに歓談スペースを設けた。そこにキャビアを添えたカキを楽しめるバーを置いたおかげで、カキを殻からはずす名人を十数人探さなくてはならなかった。ワイン、シャンパン、蒸留酒に加え、あらゆる種類の豪華なつまみやデザートでもてなし、花を山ほど飾った。ダンディにきめた男性も美しく着飾った女性もしたたかに飲んでいた。あと足りないのは霊柩車だけだったな。だれも彼も招待して、だれも彼もがやってきた。ショービズ、芸術、政治、スポーツ、ジャーナリズム、上流社会の人々。あるグループでは、市長がウォルト・フレイジャー、S・J・ペレルマン、ボブ・エリオットとレイ・グールディングのお笑いコンビ、トム・ウィッカーと雑談中で、そのすぐ横のグループには、アーサー・クリム、テッド・ソレンセン、ビル・ブラッドリー、ライザ・ミネリ、レオ・キャステリ、ボブ・フォッシー、ノーマン・メイラーがいるなんてこともあった。パーティーはひと晩中続き、午前三時になると、広々とした地階で朝食が出され、多くの人が地下に降りて、ハム・エッグやコーヒーとともに、さらにワインを浴びた。ぼくはギャッツビーを彷彿とさせる夜会の主催者として功績を認められたが、すべて、厄介な仕事を引き受けてくれたジョエル・シュマッカーとぼくの助手たちのおかげだ。

もう二度とこんな面倒なことはしないと誓ったのに、数年後、まわりに乗せられて、二回目のパーティーを開催した。たぶん一回目のような、巧まざるきらびやかさに欠けていたかもしれないが、近いものにはなったと思う。ふたたび、ニューヨーク中から集まった派手な人々に混じって、ミアが数人の友人と一緒にきていた。確か、作曲家のスティーヴン・ソンドハイムと、ミアの美しい妹ステファニーがいたと思う。このときも、ミアは感じのいい挨拶をして、人混みのなかに消えてしまった。あの頃、ぼくはジェシカ・ハーパーと付き合っていた。『スターダスト・メモリー』に出てくれたセクシーで、頭が切れて、才能ある女優だ。パーティーの数日後、ミアから手紙と本の贈り物が届いた。素敵な時間をありがとう、と書かれた手紙と、ルイス・トマスの『ザ・メドゥーサ・アンド・ザ・スネイル』だった。ぼくは本のお礼を兼ねて、何気ない提案をしたためた手紙を返した。これがのちに多くの人々の人生を変えることになる。お時間があれば、今度ランチでもいかがですか、と書いたんだ。

ところで、さっき話したように、独り身だったぼくは、自分の映画に出てくれた、非の打ちどころがない主演女優と付き合っていた。彼女のことが好きだったけど、カジュアルな関係で、愛し合っていたわけでもなければ、本気で付き合っているわけでもなかった。ジェシカは魅力的な人だったけど、シュノーケリングを趣味にしていた。そのせいで、ゆくゆくはぼくもアカエイと顔を突き合わせるはめになるかもしれないという考えが頭に浮かんで、幾晩も眠れぬ夜を過ごすことになった。だからって、ミアに下心を抱いていたわけじゃない。彼女がどんな人か知らなかったしね。もし栄養学や占星術にのめりこんでいる女優だったらどうしよう？　もし蛇を操るような宗教を信仰していたり、あるいは、『自転車泥棒』が好みじゃないといわれたら？　ぼくに分かっていることといえば、長い年月をかけて何度も、これ以上ないくらい自然に、ぼくの人生に偶然現れた感じのいい美人だったたってことだけ。近々パリに発《た》つ予定だったたから、翌週に彼女と〈リュテス〉で会う約束をした。まあそれで、ぼくは席について、彼女を待っていた。遅れて姿をみせた彼女はとびきり魅力的だったよ。ワインを飲みながらランチを食べたあと、ぼくがパリからもどった夜に食事にいこうという話になった。ぼくは支払いをすませると、彼女のためにタクシーをつかまえて、家に帰り、その二日後には、光の都パリにある〈マキシム〉で、ジーン・ドゥーマニアンと食事をした。『スターダスト・メモリー』の数シーンを撮り直すことになっていたから、一週間でもどる予定だった。

楽しい一週間が過ぎてニューヨークにもどり、ミアをディナーに連れていった。秘書がデートの段取りをつけてくれたんだ。「ウディは九日にもどりますが、八時にお迎えにいっても大丈夫ですか?」。こんなふうに、数カ月間彼女とデートを重ねたが、ぼくから電話をかけることはなかった。いつも秘書が電話をして、「ウディは撮影中なので、木曜の八時三十分でも大丈夫ですか?」などときいてくれ、彼女が「いいわ」と答える。で、ぼくらは出かける。彼女は聡明で美しく、演技ができて、絵も描けて、音楽をきく耳まで持ち合わせていた。また、子どもが七人いた。頭がのぼせていたのかもしれない。いつのまにか七人の子どもを持つ女性と関係を持っていたなんて、ちょっとホームコメディみたいで面白く思ったけれど、あの時点では、彼女のまた別の一面を知ったということでしかなかった。彼女に三人の実の子に加えて四人の養子がいると知ったとき、ピンとくるべきだったたって? 無理だよ。かなり珍しいが、縁起が悪いわけでもない。もっと鋭い人なら、珍しいと思うだけじゃなく、わずかでも何かを察するのかもしれないが、キャンドルの光に照らされて、あの顔でみつめ返されると、付き合いをやめる理由を探そうという気にはなれなかった。それに、ぼくは子どもが好きだったし、ずっと仲よくやっていた。自分の子どもを持つことについて、深く考えたことは一度もなかった。ハーリンあるいはルイーズと結婚していたとき、子どもはほしくないといわれたとしても、異存はなかっただろう。子どもが五人ほしいといわれたとしても、それはそれでかまわなかった。

ぼくは子どもについて気にかけたこともなければ、小説や映画のテーマにしようと思ったこともなかったが、配偶者のたっての願いなら、喜んで父親になろうと思っていた。どちらかといえば女の子がいいが、男の子とも楽しくやれた。このことはぼくの息子のモーゼズがいつでも証言してくれる。モーゼズには野球やバスケットボールを教えたし、魚釣りにも連れていった。ぼくは、もう大学生の年齢になるふたりの娘の目からみれば、頭がぼけた古くさい父親かもしれないが、子どもたちを愛しているし、めいっぱい甘やかしてやりたいと思っている。とにかく、ミアに七人の子どもがいても、なんの不安も感じなかったんだ。ぼくらは出会ったばかりで、お互いが人生に求めるものは違っていたが、彼女は自分の求めるものについて、理性的で納得のいく説明をしてくれたから。『スターダスト・メモリー』の主演女優との戯れの恋は徐々に美しい過去となり、気づけば魅力的な映画スターとの男女の関係が始まっていた。彼女ほど素敵で、優しく、親身になってぼくのことを考えてくれる人はほかにいなかった。わがままをいわないし、ぼくより知識が豊富で教養があるし、適度に色気があって、ぼくの友人もほれぼれするような魅力的な人だった。それに何より、セントラルパークを挟んだ向かいに住んでいたから、タクシー代を大幅に節約できたんだ。

振り返ってみれば、危険を知らせる赤旗に気づくべきだったとは思わないのかって？　それはそうだけど、だれだってこんな夢にみた女性と付き合っていたとしたら、たとえ赤旗に気づいたとしても、目をそらすんじゃないだろうか。あと、いっておくけど、ぼくはこの界隈ではそれほど勘のいい男じゃない。キューピッドがらみの問題に関しては、特に。今にして思えば、赤旗は数メートルおきに立っていた。だが、造物主はぼくらに拒否という防衛機制を与えてくれている。さもなければ、ぼくらは毎日を無事に過ごすことなどできないから。これはフロイトの教えであり、ユージン・オニールの教えであり、ニーチェの教えであり、T・S・エリオットの教えでもある。ただ残念だが、ぼくは決して優秀な生徒じゃなかった。

たとえば、付き合いはじめてすぐのこと、ミアはコネティカット州にカントリーハウスを購入した。夏休み中、子どもたちが過ごせる場所が必要だから、と説明された。十分納得のいく話だと思った。彼女は、あなたが都会育ちなのは分かっているし、何か問題があれば売り払うから、といった。彼女が田舎好きなのは知っていたが、ぼくは自然との二体感を常に感じている人間だから、田舎は嫌いだった。日中はそれほど嫌ではない。露に濡《ぬ》れた靴なんてぞっとしないけどね。ただ、夜、あたりが暗くなって静かになると、湖から生皮をはがれた手が出てこないかとか、窓からふたつの赤い目がみえないかといった考えが常につきまとう。いずれにしても、住まいや暮らしの好みがここまで正反対だと、やがて問題が生じるように感じられたが、ぼくは気にしないことにした。

　ふたつ目の赤旗がはためいたのは、付き合いはじめてから驚くほどすぐ、正確には数週間あとのことだ。映画『わが青春の輝き』をみにいったとき、ミアがこっちを向いて「あなたの赤ちゃんがほしい」といったんだ。ぼくは「そのニシンの最後の一切れ、食べるつもり?」以上に挑戦的な要求に慣れていなかったから面食らいはしたが、身のこなしが優美なショートストップのようにうまく球をさばいた。話題を変えて、芝刈り機の話を持ち出したんだ。芝居がかった調子で。なんといっても彼女は女優だから、シーンを与えれば、乗ってくれる。

　それからほとんど間を置かず——またもや、数週間後の話だ——中華料理店で突然、結婚を持ちかけられた。この提案には、エッグロールを食べかけていた手が止まったよ。彼女はひょっとして、コンタクトレンズをつけ忘れて、ぼくをほかのだれかと間違っているんじゃないかと思った。彼女が本気だと分かると、ぼくは付き合ってまだ間もないし、結婚は不必要な儀式だと思っていると伝えた。ぼくには二度の結婚歴があり——彼女も同じだ——その間に学んだんだ。男女関係なんてものはうまくいくときはうまくいくし、紙切れ一枚の契約を交わしたからって、相手の愛を確かなものにすることも、壊れかけた関係を修復することもできないって。彼女と一緒にいられるのは幸せだったから、彼女に悪く受けとってほしくなかったが、ただ単に結婚という概念自体にあまり乗り気でなかった。そのあと確か、ぼくはニクソンのチェッカーズ・スピーチ〔政治資金をめぐる不正を疑われたニクソンがテレビやラジオを通じて行った釈明スピーチ。このスピーチにより彼は窮地を脱した〕よろしく演説をたれ、ミュージカル映画『ショウ・ボート』の「オールド・マン・リヴァー」を歌ってみせた。明らかに、彼女は目にみえて分かるほどいらいらしながら、ぼくの言い逃れをきいていた。腹立たしげに結婚話を引っこめ、ぼくのせいでいろんなことが台なしになったというようなことを口にした。想像するに、彼女はこういいたかったんだろう。ぼくらは出会い、デートをし、互いを好きになったのに、急にぼくがこの関係を進展させることに二の足を踏んだ、と。彼女の考える関係の進展とは、結婚まで突き進むことだった。まあ、時期尚早の結婚話はたいしたことではないとしても、ぼくがとっさに消極的な態度をとったときの彼女の反応から、この相手はただ繊細で美しい、仕事も子育てもこなす完璧な母親《スーパーママ》というだけじゃなく、もっと複雑な人間だと気づくべきだったんだ。

　実のところ、あのときぼくはだいぶ動揺していたが、すぐさま荷造りして証人保護プログラム〔事件の証言者を保護する制度〕に守ってもらうほどのトラウマ的な経験ではなかった。嬉《うれ》しそうな顔をすればよかったのか？　ぼくはそうしなかった。彼女とは結婚どころか、同棲したこともなかった。十三年の交際期間にただの一度もニューヨークの彼女の部屋で眠ったことさえない。最初の一、二年はほんの数えられる程度、彼女がぼくの家に泊まったことがあるだけで、ぼくらは別々に暮らしていた。学校が休みに入るとすぐ、彼女は子どもを連れてコネティカットへいっていたから、七月四日の独立記念日か労働者の日《レイバー・デー》の週末は別として、ぼくはひとりでマンハッタンの夏を満喫した。ぼくらが一緒にいたのは、とても便利で都合のいい取り決めがあったからだ。このことについてはすぐに説明するが、引き続き見落としていた赤旗について話そう。そのなかには、そもそも最初から見逃すと決めたものもあった。

　これはそんな一枚だ。ぼくらは生まれも育ちもまったく異なっていた。ぼくは下位中流階級のユダヤ人家庭で育った。両親も、いとこたちも、おばたちも、おじたちもみんな癖が強くてけんかも絶えなかったが、常識の枠を外れることはなかった。暴力、離婚、自殺、ドラッグ、酒とも無縁だった。せいぜい金のことでうらみがましく愚痴をこぼしたり、鼻を低くする手術を受けたルーシーが、あんなヤブ医者よりも〈ラス&ドーターズ〉でチョウザメを薄切りにしている男のほうが上手にやってくれたはず、なんてぼやいたりする程度だった。一方、ミアの家族には、極端に常軌を逸した行動が多くみられ、その数はぼくが彼女と知りあってからも膨れ上がっている。きょうだいは酒や深刻な薬物問題を抱え、前科者、自殺者、精神病で施設に入った者、ひいては、児童性的虐待で有罪判決を受け、刑務所に入れられた弟までいる。ファロー家の人々はひとりひとりが、ギリシア悲劇から『失われた週末』までの全領域にわたるなんらかの欠陥を抱えていたが、ミアだけは例外だ――と思っていた。彼女が狂気という地雷を避けながら子ども時代を過ごし、魅力的で、仕事ができて、感じのいい女性に健やかに成長できたことに驚いたよ。実際は無傷じゃなかったし、ぼくはもっと警戒すべきだったんだ。

言い訳にすぎないが、一緒に住んでいなかったから、彼女の家で実際にどんな生活が送られていたのかほぼ把握していなかった。彼女が養子の子どもたちに対し、実の子どもたちとは対照的な接し方をしているとは露程も知らなかった。モーゼズとスン・イーの話によると、ミアは細心の注意を払ってそのことを世間から隠し、同じようにぼくにも知られないようにしていたんだ。この件についてはあとで詳しく説明するけど、驚くと思うよ。また別の赤旗は、実の息子フレッチャーとの不自然なほどの親密さだった。近すぎるんだ。このことについては、ぼくでさえ気づいたけど、ふたりの関係がずいぶん変わっていて、ちょっと気色悪く思えても、彼女の家族関係についてはぼくが干渉することじゃないと思った。彼女との結婚とか、そもそも同棲についてさえ頭になかったから、母と息子の親密な関係は彼女個人の問題だと考えていたんだ。とはいえ、明らかに普通じゃなかった。デートのとき、ぼくはよく車をとめて彼女を待っていた。彼女はマンションからふらっと出てきてリンカンに乗りこむと、やにわにカーフォンをつかみ、フレッチャーに電話をかける。ついさっき別れたばかりだっていうのに。きっと、母親から離れたがらない子なんだろう。分離不安については、ぼくがだれよりも共感できる。ところが、数週間すると、彼女はときどきデートにフレッチャーを連れてくるようになった。〈エレインズ〉で彼をテーブルの下に寝かせて、大人たちは食べたり飲んだりしながら、真夜中まで話すんだ。これだと疲れてしまって、明日の学校に差し支えないか、とぼくはいっていたんだけどね。だが、理由がなんであれ、彼が学校にいきたくないといえば、彼女はそれを許していた。フレッチャーは、ミアから特別な愛情を一身に受けている子で、好き放題できたんだ。

ぼくらの間で意見の食い違いがあったのは、彼女を一週間のパリ旅行に誘ったときだ。「フレッチャーも連れていけるならいいけど、それが無理なら、いきたくない」といわれた。もちろん、ぼくの書いた表現よりもずっと穏やかな言い方ではあった。「だけど、ほかの子どもたちはこの露骨なえこひいきを不快に思わないか？　彼だけをパリに連れていくなんていいのか？」「そんなことは心配しないで。連れていける？」「無理だよ」。そう答えたのは、彼女とふたりで一週間か数日、向こうで過ごそうと思っていたからだ。大人だけのバカンスのつもりだった。彼女はフレッチャーを連れていくという意見を変えようとしなかった。ちなみに、この話は立ち消えとなり、パリへはジーン・ドゥーマニアンといった。ぼくらはリッツに泊まり、シャンゼリゼ通りをぶらぶら散歩し、遊歩者《フラヌール》のように気ままに過ごして、ロマネコンティをがぶ飲みした。ぼくはちょうどワインを覚えたばかりだった。ほろ酔いで、ライトアップされた夜のコンコルド広場を眺めた記憶がある。あまりの美しさに、バルザックの小説に出てくる登場人物のように、パリで拳《こぶし》を振り上げながら、物憂げに「老いぼれ娼婦め」と口に出していっていた。不運なことに、そのときぼくはデトロイトからきた女性観光旅行者のほうを向いていた。彼女には失礼なことをしたよ。

ミアについて何を耳にしても、ぼくはただの噂《うわさ》として無視した。そのひとつに、彼女が音楽家アンドレ・プレヴィンの妻だったドリー・プレヴィンに対してひどい仕打ちをしたという話があった。ミアは夫婦の間に巧みに入りこんで、アンドレの子を妊娠し、ドリーからアンドレを奪って、彼女に深い精神的苦痛を負わせたという。シンガーソングライターのドリーはミアの裏切りについて歌った「若い女に気をつけて《ビウェア・オブ・ヤング・ガールズ》」という有名な歌を書いているが、ぼくは知らなかった。実際、ドリーとアンドレのどちらとも面識はなかったし、そんな噂のせいで新しい関係をふいにする気はなかった。遠くない将来、ミアと親権をめぐる法廷争いに発展したとき、それまで一面識もなかったドリーから連絡をもらい、助言を受けた。ミアにまつわる噂は真実で、とんでもない嘘つきだから気をつけて、と。さらに彼女が作ったある歌についても教わった。屋根裏部屋で父親と幼い娘の間に起こった出来事を描いた「屋根裏でパパと一緒《ウィズ・マイ・ダディ・イン・ジ・アティック》」という歌で、こんな歌詞だ。

パパは吹いてくれる
クラリネットを
あたしが
落ちこんでいると
屋根裏でパパと一緒

彼女によれば、ミアはよくこれを歌っていたらしく、ミアが虚偽の訴えを起こすにあたり、性的虐待が行われた現場を屋根裏部屋にしたのは、間違いなくここからヒントを得たのだろう、という。でも、この件はあとでまた詳しく話そう。

ぼくは早い段階からまた別の噂を耳にしていた。それは、ミアの兄弟が美しく成長したファロー家の姉妹に対して性的な嫌がらせをしていたというものだ。今も児童性的虐待で刑期を務めているミアの弟は、実の父親に性的ないたずらをされたことがあり、きょうだいも同じ被害にあっていた可能性がかなり高いと述べている。モーゼズはミアの口から、彼女が家族から性的虐待を受けそうになったと聞いたことがあるという。また、ミアの父親は不誠実な夫として知られていて、ぼくはミアから、父親が有名な映画女優と一緒にいるところを目撃したという話をきいたこともある。七人きょうだいのミアには三人の美しい姉妹と三人の兄弟がいた。兄は飛行機を操縦中に死亡。もうひとりの兄は銃で自殺。三人目の弟は少年たちへの性的虐待で有罪判決を受けて禁錮刑に処せられた。

うん、どう思われるかはよく分かっているよ。なんてばかな男だといわれてもしょうがない。今ぼくが書き連ねたような情報を手にしていながら、なぜさっさと別れて、自分は死んだことにして、感情的な大騒動に発展する可能性が低い形で再出発しなかったのか？自分でも答えが出せない。ただ分かっているのは、魅力的な個性と大きな青い目を持つ者は常に千隻もの船を進水させる力を持っているということ。だから、ぼくはこうなってしまった。思わず目を奪われるほど美しい女優に我を忘れて、彼女の手に小さなぼくの心臓を委ね、こう自分自身にいいきかせた。ミアは不穏な騒ぎの絶えない一家から逃れることのできたすごい人だ、と。彼女は自分をコントロールして、隠し事をしながら、自分の役割を果たし、魅力的に振る舞うという難業を抜群の演技力でやってのけたんだ。

ミアの子どもたちは、行儀がよくて礼儀正しかった。文句ひとつ言わないんだ。ぼくはみんなと仲よくやっていた。ただ、スン・イーはちょっと不機嫌だった。ぼくは特にモーゼズと仲がよかった。韓国出身の小柄な子で、黒縁眼鏡をかけていた。かなりあとになってから、ミアの家庭で彼がどんなふうに育てられたかを語った彼自身の文章を読み、またスン・イーの悲しい話の数々を聞いてはじめて、ミアが子どもたち全員に精神的肉体的な苦痛を与えて躾《しつけ》を行い、従順にいうことをきくように育てていたことを知った。

たとえば、モーゼズはこう書いている。「ぼくは、目のみえない、あるいは身体的に不自由なきょうだいたちが階段を引きずりおろされ、寝室やクローゼットのなかに放りこまれて、外から鍵をかけられるところをみました。母は、ポリオで対麻痺となった弟のサディアスがちょっとしたいたずらをしたとき、その罰として、外の物置にひと晩中閉じこめることまであったんです」。もちろん、ミアは否定しているが、当時、彼女の家で働いていたふたりの女性ジュディ・ホリスターとサンディ・バラックによる証言は、いずれもモーゼズの話と正確に一致している（モーゼズの話は衝撃的な内容だけど、ぜひ彼のブログを読んでみてほしい）。

モーゼズはあの頃、ミーシャという名だったが、あるときバスケットボールの試合で、偉大な選手モーゼズ・マローンがプレイしているのをみたミアはその名前をいたく気に入り、息子の名前をモーゼズに変えた。

名前を変えることに異存はなかった。モーゼズはとてもいい名前だし、ミーシャの名はあまり好みではなかったから。そのときに限らずミアは子どもの名前を変えるのが好きだった。ディランの名をイライザに変え、さらにマローンに変えた。スン・イーの名はジジに変えようとしたが、スン・イーは頑《かたく》なに拒んだ。ローナンの名はサチェルにはじまり、ハーモンになり、シーモスになり、そしてローナンになった。ちなみにぼくはいつも、子どもにはぼくが崇拝するアフリカ系アメリカ人の英雄たちの名前を付けたくなってしまう。ローナンが生まれたときには、野球選手サチェル・ペイジからもらってサチェルと名付けた。スン・イーとの間にふたりの女の子を養子に迎えたとき、ひとりには偉大なるジャズの巨匠シドニー・ベシェにちなんでベシェ、もうひとりにはベシェと組んだドラマーのマンジー・ジョンソンにちなんでマンジーと名付けた。ぼくは、映画でアフリカ系アメリカ人を起用していないことに関して、ここ何年も厳しく批判されている。多くの場合、積極的差別是正措置《アファーマティブ・アクション》は有効な解決策になり得るが、キャスティングではうまく機能しない。ぼくは常に自分の心の目で、最も役にはまると信じられる人を選んでいる。人種をめぐる政治問題に関してはずっと典型的なリベラル派で、ときには急進的になることもあったかもしれない。ワシントンではマーティン・ルーサー・キングとともにデモ行進に参加し、米国自由人権協会が投票権法の制定を求める活動のために追加支援を必要としたときには多額の寄付をし、自分の子どもたちの名前にはぼくが崇拝するアフリカ系アメリカ人の英雄の名をもらい、六〇年代には、アフリカ系アメリカ人が必要とあれば何をしてでも目的を果たそうとすることを是認する、と公言した。いずれにせよ、キャスティングに関しては、政治的正しさではなく、ドラマ的に正しいと自分にとって思えるかどうかで行っている。

　さて、私生活に話をもどそう。しばらくの間、ぼくらの付き合い方は両方にとって都合がいいように思えた。愛し合ってはいなかったが、互いにとって合理的な関係を築いていたんだ。冬の間、ぼくらはたびたび外食をして、映画をみて、ともに映画を作った。夏になると、ミアは子どもたちと田舎にいくから、マンハッタンに残るぼくは夏限定の独身者となった。七月四日になると、ミアの家を訪れ、その週末は歯ぎしりしながら、蚊や湿気や蜂や蟻《あり》に耐えた。子どもたちはみんな水着姿で、遊んだり、泳いだり、芝生を転げまわったり、葉が生い茂る森のなかを歩きまわったりしていたよ。ぼくはといえば、常に長ズボンに長袖シャツ姿で絶対に帽子を脱がなかった。それなのに、子どもたちはひとりとして一度もダニにかまれたことがなく、ぼくはライム病にかかってしまった。

七月四日のほかに九月のレイバー・デーにもミアの家を訪れた。そういうわけで、数年間にわたって、毎年夏になると三、四日ほどミアとファロー一家と会っていたんだ。ミアたちが街にもどってくると、ふたたび外でデートをしたが、彼女がぼくの家で過ごす夜は次第に少なくなっていたし、ぼくが彼女の家に泊まることは一度もなかった。だから、ふたりの関係は完全に悪化したというわけじゃないが、楽なデート相手に落ち着いていたんだ。たまには親密な時間を過ごすこともあったが、そんな機会は少なくなり、特別な場所にいくこともなくなっていた。その後、ぼくらはたくさんの映画を作った。まあそれで、この頃、ミアはもっと子どもがほしいと、いってきたんだ。ぼくからすれば理解しがたいことだった。すでに彼女には十分すぎるほどの子どもがいたからね。だけど、彼女は、あの誠実かつ非常に知的な物言いで、「あなたが映画制作を楽しんでいるのと同じように、私も子育てが好きなのよ」と説明した。ぼくが「そんなにたくさんの子どもをきちんと育てるには、かなりの時間をかけなきゃならないけど、それは無理じゃないか」と指摘したら、彼女はこう返した。「それは違う。子育てについて何も分かっていない。だって、あなたは、自分のお母さんやおばさんの子育てしかみたことないでしょう」。半信半疑ながら、彼女のほうがよく分かっているはずだという説明にぼくは納得した。

かつてミアは、スン・イーとテキサス州へ飛行機でいって、メキシコ人の幼児を養子にしたが、ニューヨークの自宅で数日間、一緒に過ごしたあと、彼女にしか分からない何かしらの理由で、その男の子を送り返したことがあった。また思い起こしてみれば、彼女は二分脊椎症《にぶんせきつい》の小さな男の子を養子に迎え、数週間、一緒に暮らしたが、実の息子のフレッチャーがその子をいやがったために、送り返したこともあった。彼女が養子にしたあと送り返した子どもがほかにもいたかどうかは分からない――前にもいったけど、ぼくはセントラルパークの反対側に住んでいたんだ。その頃のことだ、もうひとり養子をとるよりも、本当はもう一度妊娠したい、とミアがいった。だれに話しかけているのかと後ろを振り返ってみたけれど、話し相手はぼくだった。ぼくは自分の子どもがほしいと思ったことはなかった。当時の状況では考えられなかったんだ。モーゼズ以外のミアの子どもとは一緒に時間を過ごすこともなかった。だからって、子どもたちが嫌いだったわけじゃない。皮肉なことに、スン・イーはぼくの存在が我慢ならないようだったけど。ミアは、ぼくが望む範囲で新しい子どもの子育てに参加すればいいと請け合った。父親として積極的に子育てしてくれる気があれば嬉しいし、その気がないなら、ひとりで育てるから、ぼくはこれまでどおりひとりで自由にやってたらいい、ともいわれた。「年齢的にもうかなり厳しいの」と彼女は悲しげにいった。「私が母親であることについてどう思っているか知っているでしょう。それに、あなたになんの義務もないの。いずれにせよ、あなたが私のうちに立ち寄ったときに、ひとつ新しい顔が増えていたからってどうってことないじゃない」。

ミアは正しい――と思ったけど、間違っていたんだ。

そのあと、何カ月も子作りに励み、あらゆることを試したが、妊娠の兆しはみられなかった。あとはもう、羽根飾りを着けて子宝の舞いを踊るくらいしか手はなかった。こうして時が流れ、ぼくらは一緒に仕事を続け、六本の映画を撮ったが、このことについてはあとでざっと触れたいと思う。そしてついに、ミアはタオルを投げて子作りをあきらめ、女の赤ん坊を養子として迎えて、ディランと名づけた。

ぼくは養子縁組に関わることには一切、無関心で、映画制作に打ちこんでいた。それでもこれでミアが幸せになってくれるならよかったと考えた。ところが、思わぬ展開が待っていた。ぼくはすぐにその小さな女の子の赤ん坊が可愛くてしかたなくなり、いつのまにか抱きかかえたり、遊んだりする回数が増えていき、すっかり情が移って、赤ん坊の父親になることが嬉しかった。一、二年後、ぼくがあまりにその子の世話を焼きすぎていたので、ミアから「あなたったら、きっといつでもいい父親になれるわ」なんていわれたこともあった。モーゼズとも相変わらず、チェスやいろんなスポーツをして遊んでいた。彼から、父親になってほしいといわれたときには、ぼくはモーゼズをとてもいい子だと思っていたから、うなずき返していた。その時点では、法的に養子縁組の手続きはとらなかったが、のちに彼が述べているように、ぼくは彼の父として、あらゆる実質的な役目を果たしていた。そこへもうひとつ、宝物が増えたというわけだ。気がつくとぼくは、渋滞に巻きこまれたタクシーから飛び出し、ミアがディランを寝かしつける前に家に着こうと全速力で走っていた。ディランが大きくなると、ぼくが保育園の送り迎えをした。保育園はミアの家よりぼくの家のほうが近かったんだ。ぼくは人生において新たな楽しい局面を迎え、愛しい子を抱きしめ、読みきかせをし、たぶん無駄だと知りつつもコール・ポーターの歌をいくつも教えた。とても愛情深い父ではあったが、法的な父親ではなかった。それでも、ぼくは紙切れ一枚の必要性にまったく思い至らなかった。ミアはぼくの熱意を受け入れていていたと思う。ぼくがついにディランを養子にしたときには、ぼくがとても素晴らしい父親でディランがどれだけぼくを愛しているか、なんてことまでミアは書いていた。

そんなある日、ミアから妊娠を知らされた。当然、ぼくの子だと思った。ついにトリカブトが効いたんだろうって。のちにミアはその子、サチェルの父親はフランク・シナトラであるとほのめかすことになるが、ぼくは自分の子だと思っている。まあ、本当のところをぼくが知ることは決してないだろう。ミア自身がほのめかしているように、まだフランクと寝ていたのかもしれないし、ひょっとすると、外で浮気を重ねていたのかもしれない。前にもいったが、ぼくらは別々に暮らしていた。ぼくは妊娠の知らせをきいても面食らいはしなかった。ディランと過ごすのはとても楽しかったし、もうひとり子どもが増えると考えると実際わくわくした。ミアのために、妊娠中の登場人物が出てくる脚本を書いた。そうすれば、お腹が目立ってきても演技に支障はない。タイトルは『私の中のもうひとりの私』。ジーナ・ローランズや――ほかのキャスト名は省略するけど――ジーン・ハックマンと仕事ができたことは大変喜ばしいことだった。この映画で初めて、イングマール・ベルイマンの映画で撮影監督をしていたスヴェン・ニクヴィストと組んだ。スヴェンは大柄で、人に好かれる才能があり、過去にミアと関係があった男だけど、ぼくら三人はうまくやっていた。ミアの演技は申し分なく、ぼくの映画のなかで一番人気のなかった直近の『セプテンバー』のときよりもさらによくなっていた。『セプテンバー』は、ぼくと仲のいい映画監督のジョエル・シュマッカーにまで、「あの映画みたんだけどさ、なんで撮ろうと思ったんだ?」といわしめた作品だ。

だって、やってみたかったんだよ。以前にロシアで撮られた『ワーニャ伯父さん』をみて、アンドレイ・コンチャロフスキー監督はなんて美しい作品を撮るんだろうと感動して、こんな感じのものを作りたいと思った。問題は、だれも複雑かつ雲をつかむような話にはついてこられないってことだ。ぼくはチェーホフがやりそうなことをすべてやったが、最も重要で数量化できない要素、つまり、天才的なセンスが欠けていた。チェーホフの作品には作者の無意識のうちにその天才性が吹き込まれている。それは学ぶことも、コントロールすることもできないものだから、ぼくみたいな劇作家ではやるべきことをすべてやっても、ソースにとろみはつかないんだ。まあでも、ぼくの関心は映画を作ることだし、ロシア人劇作家の真似事をするのは最高に楽しかった。

ミアはどちらの作品でも素晴らしい演技をみせた。ぼくは常々、彼女の演技は正当な評価を受けていないと思っていた。ずいぶん昔の話だが、評論家ポーリン・ケイルから電話をもらい、「あなたはだれと一緒に組むべきか分かってないんじゃない? ミア・ファローを起用すべきよ」といわれたことがある。当時はミアに合う役がなかったが、もっともな意見だと思った。そして、欽定《きんてい》訳聖書にならえば、「かくして事は成れり」。

ミアとの関係は、先ほどもいったが、居心地のいい関係に落ち着いていて、情熱は冷めていたが、太陽と月と地球が一直線に並ぶ周期で体の関係は続いていた。このあと、急にふたりの関係はずいぶんと不穏な方向に向かうことになる。

ぼくなりの説がある――念のためにいっておくが、あくまでもぼくの解釈だ。まあ、きいてくれ。すでに話したように、付き合ってすぐの頃、映画にいったとき、ミアはぼくのほうを向いて、「あなたの赤ちゃんがほしい」といった。

こののち、ぼくとの関係のもと、ついにミアは待望の妊娠にこぎつけた。彼女は妊娠という大当たりを引いた瞬間、ぼくへの興味を失った。それは、かつてダイアン・キートンがニューオーリンズでカキにした仕打ちに似ていた。以前、カキが大好物だったキートンは、ぼくとバーのカウンターに並んで幸せそうに地元産の二枚貝をたいらげていたところ、急に、自分が口に入れようとしているものをみて、はっとした。彼女はそれを砕いた氷の上に戻し、以降、二度とカキに手をつけることはなかった。これとまったく同じ感じで、ミアはぼくのほうを向いて、もう二度とぼくの家に泊まらないし、ぼくとの関係を続けていくことに疑問を感じているから、これから生まれてくる赤ちゃんには近づきすぎないようにしてほしい、といったんだ。渡されてから何年もたっていたアパートメントの鍵も、もう返してくれといわれた。過去何年にもわたって、ぼくらの関係は情熱的というより、便宜的なものになっていたのは分かってはいたが、それにしても、この発言は不意打ちだった――特に、ディランがやってきてからは、彼女に会いに以前より頻繁に訪れていたから、しょっちゅうその鍵を使っていた。

ディランが来てからは、コネティカットの家もたびたび訪れるようになっていた。ぼくは街から出たくないほうなんだ。だって、田舎の生活はぼくにとってはクロロホルムを吸いこむようなものだし、蛾が電気虫取り器にぶつかる音にはいつまでたっても慣れなかった。電気椅子《いす》で処刑されたギャングのレプキを連想させるんだ。それでも、実際にほぼ毎週末、田舎まで車でいき、ディランとモーゼズと一緒に遊んでいた。ふたりをとても愛していたんだ。ぼくは子どもの頃に夢中だった釣り竿とリールの記憶を呼び覚まし、そこでのアンニュイな気分を吹き飛ばそうとしたが、竿を思うように振ることもできなかった。それでも、モーゼズに魚の釣り方を教えたし、フライキャスティングをやってみせ、ロイヤルコーチマンの毛鉤《けばり》を木の枝に引っかける昔の才能も失っていないと分かって嬉しかった。コンクリート育ちだったから、フロッグホローではいろいろへまもやらかした。ミアがその土地を買ったとき、敷地内にある大きめの池にはカエルがたくさんいて、こいつらが蚊を食べてくれるおかげで周囲に蚊はいなかった。ぼくは彼女を喜ばそうと思って、池にバスを放ったんだ。まさかバスがカエルを食べ、蚊を食べるやつがいなくなるとは思わなかった。

　だけど、こうしたことはすべて、ミアが妊娠する前の出来事だ。妊娠が分かってからは、家の鍵を返すようにいわれたし、週末に顔を出せば、冷たくそっけない態度をとられた。長々と語ってきたが、ぼくは彼女を妊娠させる役目を果たし、用無しになってしまった、それがぼくなりの説だ。昔、ルイーズとふたりでクモを演じる短編コメディを書いたことがあった〔『誰でも知りたがっているくせにちょっと聞きにくいＳＥＸのすべてについて教えましょう』の一エピソードだが、最終的にカットされた〕。クロゴケグモに扮したルイーズを妊娠させたぼくは、自然の定めによって、彼女に食い殺されてしまう。まさかとは思うが、ミアの行動をみるに、ひょっとしたら――。ぼくがコネティカットを訪ねても、以前なら出迎えてくれたのに、もう彼女はどんな用事をしていようと、その手を止めて挨拶をしてくれることはめったになかった。

　ふたりの関係は相変わらず表面上は穏やかだったが、これまでになく冷えきっていき、この状況は街でも変わらなかった。ぼくの日課は次のようになった。だいたい午前五時三十分に起床し、セントラルパークを歩いて、六時三十分までには彼女の家に着く。ディランとモーゼズと一緒に朝食をとったあと、自分の家にもどるついでにディランを学校に送り届ける。ぼくはディランの責任ある親としての務めを果たしていたし、そのことについては、ブレアリー校の教師が法廷で証言してくれている。彼女は、保護者会に出席したのはぼくだけで、ミアは顔を出す気もなさそうだったと断言した。また、ぼくだけがディランの成績や生活態度に関する定期報告といった話し合いにいつも参加していたとも述べた。ディランを学校に送ったら、家に帰って仕事をする。一日中、ミアと会うことはなかった。撮影中は別だが、それも年にたったの八週間ほどだ。

　家にもどってからは、自宅のペントハウスで執筆し、夕方の六時頃にミアのアパートメントにいき、ディラ

ンとモーゼズが夕食を食べている間、一緒に席につい
た。夕食のあともしばらくいて、モーゼズとチェスを
したり、作り話でディランを楽しませたりした。それ
から、ミアにおやすみをいって――彼女はたいてい
早々に自室に引っこんでいた――友人たちと待ち合わ
せ、夕食をとりに〈エレインズ〉へいった。ときには
ミアと夕食に出かけたこともあったかもしれないが、
そういった機会はどんどん珍しくなっていた。サチェ
ルが生まれてから、事態はさらに一足飛びに悪化した。
出産後、ミアはサチェルを独占したんだ。自室に連れ
こんで、自分のベッドで授乳すると強く主張した。彼
女はぼくに、何年も母乳で育てるつもりだとしきりに
いってきた。人類学上の研究によれば、アッパー・ウ
エスト・サイドの人々よりも授乳期間がずっと長い部
族のほうが良好な結果が示されているのだとか。のち
に、ミアの家で働いていた経験豊かで洞察力のあるふ
たりの女性、ベビーシッターのサンディ・バラックと
家政婦のジュディ・ホリスターは、数々の出来事につ
いて証言している。サンディによれば、ミアはときど
き裸でサチェル（現在はローナン）と寝ているのを、彼
が十一歳になるまでに何度も目撃したという。この件
に関して、人類学者がどう解釈するのかは知らないが、
賭博場の男たちがどういうかは想像できる。
いうまでもなく、その頃には、もはや赤旗の段階で
はなかった。赤旗どころか、ドクロマークの旗が高々
と掲げられていたのに、ぼくが鈍感だったせいか、人
生の第二幕をどう生きようかということで頭がいっぱ
いだったかのどちらかで、気づかなかった――ミアは
サチェルが生まれたとき、出生証明書の父親の欄にぼ
くの名を記入していなかったという事実に。なぜ彼女
はぼくの名前を省いたんだろう？　彼女はぼくの子ど
もがほしいなんて、感動的で愚かなことを口走ってい
たくせに、なぜぼくを締め出すのか？　本当はぼくの
子じゃないのか？　明らかに、ぼくはミアと劇的な決
別をするずっと前から閉め出されていた。ミアはこの
ペテン行為をごまかそうと、ぼくらは結婚していない
から、病院側からぼくは別の用紙に署名するよういわ
れていたと語っている。そのくせミアは、出生証明書
を渡したのに、ぼくがそれを弁護士に提出しただけで
送り返してこなかった、と嘘の説明をしているんだか

ら、まったくもって意味が分からない。ぼくはサチェルの父親として喜んでサインしたはずだ。彼の誕生を心待ちにし、分娩室でミアの手を握りながら生まれてきた彼を迎えて、サチェルと名付け、その後、ディランとモーゼズの法的な父親にもなろうしていたんだから。ところが、ミアから出生証明書の返却を求められたこともなければ、記入用紙一枚渡されたこともない。もし彼女がぼくにサチェルの父になってほしくて、ぼくに用紙を渡していたなら、「ねえ、あなたに渡した書類どこにやったの？」といってきただろう。

とにかく、ミアはサチェルにすっかり夢中だった。彼の時間を独り占めし、ぼくにはほとんど会う機会がなかった。何か手を打つ必要があったが、下手に動けば、親権訴訟といった争いにまで発展しかねず、そうなればぼくの立場はかなり弱い。というのも、ぼくはディランとモーゼズの法的な父親ではなかったから、もし強引にサチェルに近づこうとすれば、ふたりを簡単に失う可能性があったからだ。ぼくたちの新しい息子に対するミアの異常なほどの執着をなんとかしようとするだけでぼくには手いっぱいでもあった。彼女の行動はフレッチャーのときよりも、だいぶ常軌を逸していたんだ。その頃、フレッチャーは学業の面で問題を抱えていた。母から甘やかされてきた彼は好き勝手に学校を休んでいたんだから、当然の結果だろう。

サチェルが成長して、非常に頭がいいことが分かると、ついにはミアのお気に入りはフレッチャーから彼に移った。ミアはモーゼズやディランやほかの子どもたちの育児にほとんど時間を割かなかった。というより、この子たちはみな養子で、モーゼズとスン・イーはそろって、養子は二流市民扱いだったと述べている。フレッチャーとマシューのふたりは実の子で、ミアから大事にされていた。ミアはマシューの双子の兄弟であるサーシャに対しては、実の子どものなかでは一番関心が薄く、嘲笑うような言葉を口にすることもよくあったらしい。彼が隣の部屋にいたミアの話し声を漏れきいて、すすり泣いたこともあったという。スン・イーが指摘しているように、ミアは養子をとることに夢中で、まるで新しいおもちゃを買うような興奮を味わっていた。世間から聖人のようにみられ、称賛されることに喜びを感じていたが、子育てに興味はなく、実際子どもの面倒などみていなかった。ぼく自身も違和感を覚えた出来事がある。子どもが万引きで逮捕されたとき、ミアはぼくをつかまえて、報道陣の前でその恥ずべき行為をたいしたことではないという印象を与えて話すようにいったんだ。養子の子どもたちのうちふたりが自殺したのも驚くにあたらない。自殺を考えた子はほかにもいたし、愛しい娘のひとりはＨＩＶに感染して三十代まで闘病していたが、ミアに放っておかれたまま、クリスマスの朝、エイズにより病院で独り息を引きとった。

ぼくの精神科医によれば、ぼくは彼女の一家にとって、おもにスポンサー的存在だった。ミアを十本の映画で起用し、彼女のきょうだいを雇い、母を雇い、ミアには非課税で百万ドルを渡していたから、ぼくの子どもだけじゃなく、かわいそうな子どもたち全員をより手厚く世話できたと思う。ようやく、霧が晴れて視界が開けるような瞬間が訪れ、ぼくがディランとモーゼズの法的な父親になっていない状態はもはや容認できないと思い至った。何年間もふたりの父親としてあらゆる責任を負ってきた。その頃にはもう、ふたりはぼくの子どもでもあったんだ。もしミアのサチェルに対する妙な育て方に対し、一度でも反対の声を上げたりしたら、ミアを激怒させることは目にみえていたから、ディランとモーゼズの父親であるという法的な力を握っておきたかった。面白いことに、ミアは常々ぼくに子どもの父親になってほしいといっていたはずだが、ぼくがふたりを養子にしたいと切りだすと、急にずいぶんと冷たい態度をとった（この時点でぼくは、サチェルの出生証明書の父親の欄に自分の名前が記されていないことにまったく気づいていなかった）。だけど、ディランとモーゼズはぼくを愛してくれていた。朝早くにミアの家へいって、ふたりを抱きあげたりしていても、ミアは寝室のドアを閉めたまま出てくることはなく、サチェルとふたりきりで、ほかの子どもたちは放っておかれている、それがあの頃の日常だった。ディランとモーゼズをぼくの作業場である映画の編集室に連れていくと、ふたりが遊んでいる間、ぼくは編集者たちと編集作業をしていた。ふたりはぼくらにかまってもらうのが大好きで、いろんな映画の機材で遊んだり、食べたい物をねだったりした。ときにはぼくの家に連れていって、一緒にゲームをしたこともあったし、ふたりのためにマジックを披露したこともあった。

そのうちに、ぼくはどうにかして、サチェルの子育てにも参加しようとしたが、彼と会うのはいつも難儀した。会えるのは主として夕方に仕事が終わって訪ねていったときだ。サチェルはいつもとても可愛くて賢かったし、モーゼズもとびきり可愛かった。それまではずっと、女の子のほうが男の子よりも可愛いと思っていたんだ。それはたぶん、ぼくも昔は男の子で、男の子たちのなかで育ったから、男の子というのはみんな成長するといやな大人になって、「私の考えでは」や「今この時点においては」といった言葉を使ったり、「いい仕事をしてますね」というようになると分かっていたからだ。ぼくのまわりにいた男の子といえば、けんか、火遊び、ずる休み、おまけに成績も悪かった。一方、パブリックスクール99の女の子たちは清潔で優しくて、どんな教師にも中指を立てることなく、どの子もとてもきれいな字を書いた。ぼくは愛情深い女性のいる家庭に育ち、年上のいとこと親しくしていたし、妹とも仲がよかったから、長年にわたって映画監督として女性たちを撮るほうがずっと快適に仕事ができると感じてきたのも当然なんだ。仕事相手の多くは女性だ。プロデューサー、編集者、医者、弁護士、アシスタント。だがモーゼズとサチェルにはつねに深い愛情を抱いていた。サチェルにはあまり近づかないよう、あらかじめ警告されていたのだが。

まあそれで、ぼくはミアに、法的にモーゼズとディランの養父になりたいと迫った。彼女はとても用心深くて、合意を得るのに時間がかかった。しかし、ある日、了承してくれた。きっかけはなんだったのか分からない。彼女は頭のなかで計算して、ぼくがふたりの養育費の支払義務を負うというところに利点を見出したのかもしれない。もしかしたら、仕事のことを考えて、弱火で関係を続けておこうと考えたのかもしれない。ひょっとしたら、ふたりとも実の子ではなかったから、独占欲がなかったという可能性もある。たまに思うんだが、もしあのとき、だれかがミアにその理由をたずねたら、ぼくを愛しているから、とでもきっと答えたんじゃないかな。ただ、そうだったとしても、そんな答えは妄想だ。もしぼくを愛していたとしたら、ずいぶん変わった愛情表現だ。親密な時間はないし、一緒に食事をすることもあまりないし、旅行もしないし、家の鍵も返したし、夏にコネティカットを訪ねても、ぼくに興味がないどころか、少しばかりいら立っているようにみえた。礼儀正しく振る舞ってくれてはいるけど、温かみが感じられないんだ。それに彼女の将来設計において、ぼくがそれに馴染むかどうかは考えていないし――例をあげたらきりがない。ディランとモーゼズがいなかったら、サチェルが生まれる前にミアの家を訪ねることはなくなっていただろう。訪ねる理由がなかっただろうから。

　息が詰まるような関係だった。互いに別々の人生を歩んでいた。夕食会などのイベントがあるときは、社交上同伴していたが、イベントが終われば、彼女は彼女の家へ、ぼくはぼくの家へ帰った。サチェルが生まれる前のことだが、もしかして一緒に暮らすことで関係を修復できないだろうかとも考えたことがあった。日に二回はディランとモーゼズに会いにいっていたというのもある。だけど、ぼくもミアも実際あまり気乗りがせず、この案はあっという間に立ち消えになった。思えば、ぼくはディランとモーゼズと暮らすことは楽しいだろうから、ミアとも良好な関係を築いていけるだろうなんて考えていたんだ。ルイーズとの失敗から何も学んでいなかったわけだ。実際のところ、ミアもぼくも同棲をまったく望んでいなかった。ミアとぼくは数週間熟考し、数件の広々としたアパートメントを形ばかりに内見さえしたあとで、互いにとって幸いにもその案を取り下げた。サチェルが生まれあと、ミアの態度から、彼女と深い関係が築けるかもしれないと思ったのは愚かな空想でしかなかったことは明々白々だったしね。いずれにせよ、神のみぞ知る理由で、ようやくミアは養子の件に合意し、ぼくはディランとモーゼズの法的な父親となったんだ。

第11章

さて、映画の話にもどる前に、スン・イーとの馴《な》れ初《そ》めについて詳しく話したいと思う。特に互いに対して興味を持っていなかったふたりが結婚し、二十年以上の時を経てなお、今も仲睦《なかむつ》まじい夫婦関係を築くに至った経緯を。韓国生まれのスン・イーは父親のことをまったく知らなかった。彼女の母親は彼女の世話をする金銭的余裕もなければ、その気もなかった。ひどく惨めな暮らしだったと、彼女は記憶している。まだ幼かったスン・イーにとって、田舎の生活は悪夢で、五歳のときに家を飛び出し、ブニュエル監督の『忘れられた人々』に出てくるわんぱく小僧たちみたいに、ソウルの街をさまよい歩いた。ゴミ箱をあさって飢えをしのいだが、一度、空腹に耐えかね、ゴミ箱から石鹸《せっけん》を拾って食べようとしたこともあったという。彼女は街なかで修道院の女性たちに拾われ、孤児院に引き取られた。

その孤児院はとてもいいところだったと彼女はぼくに話した。孤児院の先生たちは子どもたちに優しかったと。そしてある日、ミアが現れ、彼女を養子にした。ぼくがミアと知り合う何年も前の話だが、スン・イーはこのときのことをよく覚えている。養子縁組について、彼女の意志は関係なかった。またとない大きな幸運と思うだろうが、当時七歳だったスン・イーはそう思わなかった。彼女はひと目でミアを嫌いになった。突然やってきたミアに、慣れ親しんだ生活や仲よくなった友人たちを取り上げられたと感じたんだ。ミアが自分を思いやってくれているとも、理解しようとしてくれているとも思えなかった。その後、スン・イーはせっかく仲間のできた場所から連れ出され、ミアのあとについてほかの孤児院をまわった。ミアはそこで、本屋の安売りコーナーを物色する客のように、新しく迎えいれる孤児を探してまわり、気に入った子がみつからなければ、次の施設へ向かった。彼女はスン・イーをホテルの部屋に連れていくと、浴槽に入れて、そこに置き去りにした。スン・イーは一度も浴槽に入ったことがなかったし、英語も話せなかったから、いったい何が起こっているのか分からなかった。ミアは厳しく、すぐにカッとなっていらいらした。やがて、スン・イーに英語を教えようとしたが、それは七歳の孤児が一夜にして身に付けられるような簡単なものではない。ミアはスン・イーを真夜中に起こしては英語を叩《たた》きこみ、飲みこみが悪いといっては怒鳴りつけた。英語に手こずる彼女に、ミアは怒りを覚え失望した。そのうち、なかなかスペルを覚えられないスン・イーに罰を与えるようになり、足を持って逆さにぶら下げ、さっさと覚えないと精神病院に入れるといって脅した。

この時期、ミアはふたりめの夫のアンドレ・プレヴィンと不仲になっていて、よくふたりが激しく言い争う声でスン・イーは目を覚まし、怯《おび》えていた。

ミアはスン・イーのことをどうしようもないほど頭の鈍い子どもだと考えた。思い起こせば、ミアと出会ってすぐのこと、一度、彼女がスン・イーをばかにしたような話し方で、四歳のフレッチャーのほうが九歳のスン・イーよりも頭がいいと話していたことがあった。ぼくはどの子のこともまったく把握していなかったうえ、マスコミが印象付けていたとおり、ミアのことをスーパーママだと思っていたから、そういうものなのかときいていた。だけどあとになって分かることだが、スン・イーはダイヤモンドの原石どころか、傷ひとつないラウンドカットだった。ミアはスーパーママでもなければ、良い母親でさえなく、養子に迎えた娘をわざわざ理解しようとは思わなかった。

ミアは彼女の素質を伸ばそうと努めることもなかった。最初の二年間は、ロンドンから一時間ほど郊外の街にある素敵な家（のちに、スン・イーがその家に案内してくれたが、本当に素敵な家だった）で生活を始めた。ミアはスン・イーに対する関心をまったく示そうとしなかった。スン・イーは子どもたちのなかで唯一、ミアの権威主義的な厳しい躾《しつけ》に向こうみずにも盾突いていた。ロンドン近辺に住んでいたにもかかわらず、ミアは一度も彼女を演劇や美術館に連れていかなかったという。スン・イーを育成することに無関心なミアのこうした態度は、やがてニューヨークに移り住み、長くそこで暮らすようになってからも変わらなかった。マンハッタンでは一度も、映画にも演劇にも美術館にも連れていかなかったばかりか、セントラルパークへ散歩に連れていったこともなかった。スン・イーは基礎教育も受けていない。ミアが自分の撮影スケジュールに合わせて、子どもたちを連れまわしていたからだ。本を読みきかせることも少しはあったが、せいぜいその程度のことだ。ロンドンのあとは、エジプト、ボラボラ島、コロラド、ロサンゼルス、マーサズ・ヴィニヤード島を転々としたが、どこへいっても安定した教育は受けられなかった。その後、アッパー・ウエスト・サイドに落ち着くと、スン・イーはきょうだいと一緒にどこかのなんてことない保育園に入れられていたが、突然、エシカル・カルチャー・フィールズトン・スクールという、生徒間の競争が激しくて、厳しいトップクラスの学校に放りこまれた。予想されることだが、子どもたちは全員、この学校についていけず、転校しなければならなくなった。ところで、ミアとスン・イーは相変わらず不仲だった。ほかの養女たちとともに、スン・イーもまた、実際には母親がやるべき家事をさせられていた。ぼくの妹が挨拶がてらミアの家を訪ねたとき、もうひとりの養女ラークをメイドと勘違いしていて、家族だと知って驚いていた。ミアは、養子に迎えた子どもたちに何が本当に必要なのか考えようとしなかった。

モーゼズはこんな悲惨なエピソードを語っている。

「メディアの大半で、妹のタムは二十一歳のときに〝心不全〟で死んだと報道されましたが、実のところ、タムは人生の大半を鬱《うつ》病に苦しんでいました。母は、ただ〝気分にムラがある〟だけだと言い張って、タムを助けようとしなかったので、症状は悪化していきました。二〇〇〇年のある午後、ふたりは口論になったんです。最終的に母は家を出ていき、タムは薬を大量にのんで自殺しました。母は周囲に、薬の過剰摂取は予想外のことだった、と説明していました」

のちに、スン・イーが高校でサッカーをしていて足首を骨折したとき、ミアは彼女を医者に連れていこうとせず、ひとりで病院にいきなさい、とだけいって、費用が高いからレントゲン写真は撮らないよう付け加えた。高校生の娘は骨折した足首のひどい痛みに耐えながら、ひとりでバスに乗って診療所を訪れ、医者が足首のレントゲン写真を撮ろうとしても、怯えながら拒み続けた。とうとう、不審に思った医者がミアに電話をかけ、撮影許可を求めた。スン・イーは撮影を受けたが、ミアの指示に背けば罰が待っていて、たいていは、ぶたれたようだ。

スン・イーは、身のまわりで起こっていたこうした出来事をすべてみていた。ミアは、脳性麻痺を抱えたモーゼズを医者や緊急治療室に連れていく気もなかったから、ラークかスン・イーが連れていくしかなかった。スン・イーは幼い頃から毎日バスを乗り継いで、弟や小さな妹たちを学校に連れていかなければならなかった。毎晩、モーゼズの麻痺した脚をマッサージしてあげたのもすべて彼女だ。ミアは脳性麻痺の子どもを進んで養子に迎え入れたことを、誇らしげに世間にアピールしていたが、母としての献身的な務めはほかの子どもたちの役目だった。スン・イーが大学を見学するとき、ミアはまったく無関心で同行しようとせず、ひとりでいかせようとした。結局、スン・イーの友人の母親が、ミアの親としての責任の放棄に愕然《がくぜん》とし、大学の見学に付き添ってくれた。ミアは養子の息子サディアスの卒業式に出席しようとさえしなかった。モーゼズの話と、それを裏付ける家政婦のジュディとベビーシッターのサンディの話から、ミアは公の場に出る際、対麻痺のサディアスの脚に重い鉄の装具を着けさせたことが分かっている。ずっと軽いプラスチック製のものがあるのに。その理由は、軽い装具はズボンの下に身に着けるため、報道カメラマンにみえないからだった。ミアは障碍《しょうがい》のある子どもを養子にしたことを世間に知らせたかったんだ。鉄の装具ならズボンの上から身に着けるので、カメラに写る。サディアスは、夜通し外の納屋《なや》に閉じこめられた子だ。信じがたいことだが、彼はミアの家を出て十分後に銃で自殺した。

ミアはサディアスの自殺に驚いたふりをしたが、彼はその六、七年前にも薬の過剰摂取で自殺未遂をして病院へ緊急搬送され、胃洗浄した事実がある。

　ぼくがこうした過去の背景を取り上げたのは、スン・イーはぼくと一緒になったが、単に不義理な孤児が、貧しい境遇から救い出し裕福な生活を与えた親切で愛情深い恩人を裏切ったのではないことを伝えたかったからだ。それに、スン・イーは勇気がある。そう簡単にしおれてしまう花じゃない（彼女は五歳にして勇気を奮い起して街に出て、独りで生きていかなければならなかった。ふつうできるだろうか？　ぼくには無理だ。五歳のぼくはまだ子守歌で眠っていた）。彼女は養子のなかでひとり立ち向かい、ミアの怒りを買った。結果、ぶたれることになった。ヘアブラシでぶたれたり、受話器でぶたれたりした。一度なんかは、陶器製のウサギを投げつけられ、もう少しで頭に当たるところだった。その安っぽい置物は粉々に砕け部屋中に破片が散乱したという。子どもたちは、ぼくがミアと夕食に出かけている間は彼女から解放されて息抜きできるから嬉《うれ》しい、とぼくに教えてくれた。何度となく、スン・イーの妹たちは、週末田舎にいかずにすむ方法はないだろうかとぼくにこっそり相談しにきた。田舎では、ラークが料理や掃除といった家事をしなければならない。スン・イーはベビーシッター役をこなし、まわりにいた十代の仲間のようには友人と過ごしたくても過ごせない退屈な日々となる。

　スン・イーとぼくは互いに興味がなく相手のことを知ろうともしなかった。ぼくは彼女を無口でつまらない子だと思っていたし、彼女はぼくを母親のいいカモだと思っていた。足りないのは鼻輪だけだったといわれたくらいだ。のちに、スン・イーとこの頃の話をしたとき、ぼくは弁解がましく、ミアのアパートメントに立ち寄ったときやカントリーハウスを訪れたとき、不穏な空気や横暴な言動のサインにちっとも気がつかなかったと説明した。ぼくがそばにいないとき、家の雰囲気はまるで違っていたそうだ。ミアに愛されていたと思っていたなんておめでたい人だともいわれた。というのも、ミアは近所に住んでいた友人の映画監督マイク・ニコルズのことを恋愛対象として強く意識していたらしい。彼が前妻のアナベル・デイヴィス・ゴフと離婚してからあっという間に再婚したとき、ミアの落胆は相当なものだったそうだ。スン・イーは、ミアがぼくをそばに置いたのは、彼女のキャリアアップを後押ししてくれる有名人だったからなのに、それにも気がつかないなんてばかみたいといった。

　まあとにかく、何年もの間、スン・イーのことはちっとも意識していなかった。そんな暇などないくらい忙しく働いていた。まず、ポール・マザースキー監督の映画『結婚記念日』に出演した。評判は悪かったらしい。出演を決めたのはふたつの理由がある。ひとつ目はギャラだが、ふたつ目の理由のほうが重要で、ぼくはポール・マザースキーのことを心から尊敬していて、一緒に仕事がしたいと思っていたんだ。実際、彼は一緒にいてとても楽しい人だった。類《たぐ》いまれなストーリーテラーで、腕のいい監督で、そのうえ好感の持てる男だ。ぼくの好きなベット・ミドラーとも共演できた。ぼくらの誕生日は、コメディアンで俳優のリチャード・プライヤーと同じだった（占星術マニア以外には、どうでもいい話だけど）。ベットは楽しくて素敵な人だった。当時はまだ幼かった彼女の娘はその後、いい女優に成長し、そのソフィ・フォン・ハーゼルベルクを『教授のおかしな妄想殺人』で起用したときには、その演技力に本物の才能を感じて、出演シーンを長くしたくらいだ。マザースキーはある映画でオスカーを獲得したことがあったが、どういうわけか、ぼくとベットが出演したこの映画は勢いよく浴室の排水溝に吸いこまれていった。ただ、ぼくらの演技がひどかったとは思わない……だけど、なんともいえないな。ぼくは一度もみたことがないし。

　このあとは『影と霧』の撮影で忙しくしていた。商業的に悲惨な運命をたどるタイプの映画であることは分かっていたが、あれこれ考えて怖気《おじけ》づいたりしたら、無難で凡庸な作品ばかり作ることになってしまう。この映画は一九二〇年代か三〇年代頃のドイツが舞台で、カルロ・ディ・パルマがモノクロで撮影した。プロダクション・デザイナーのサント・ロクァストはクイーンズ区にあるカウフマン・アストリアの撮影スタジオ内に、史上最大規模のセットを作り、そのなかで屋外シーンも屋内シーンもすべて撮った。UFA《ウーファ》社全盛期のドイツ映画でよく行われた手法で、ああいう雰囲気を出したかった。この作品は実存主義的な殺人物語だったが、初の試写が終わって、室内が明るくなったときのオライオン・ピクチャーズのお偉方の表情をみせたいもんだ。オライオン側はよくある連続殺人鬼のストーリー、それもコメディタッチのものを期待していた。ところが、みせられたのは、残酷だが、みようによっては愉快ともとれるメタファーを使った生死についてのぼくの個人的な見解だった。この映画については、興行的に失敗した、という言い方じゃ甘すぎる。悪くないアイデアだったが、気分が乗らないとみられない映画だし、市場調査の結果、ホモ・サピエンスの好みに合わないことが分かった。

このあと、ぼくの最高傑作のひとつといえる作品を撮った——あくまでぼくの意見だよ。『夫たち、妻たち』の脚本を書き終えたとき、主に手持ちカメラを使い、従来の撮影ルールに縛られずに撮ろうと決めた。カットしたいところでカットして、俳優が決められた方向を向いてなくても気にせず、ジャンプカットでつないでいく。美しいとかよく出来ているといわれる映画と正反対のスタイルを試してみた。

いい映画ができた、そう思ったよ——ちなみに、ぼくは自分の作品をみる目は厳しい。この映画をつくっているとき、脚本執筆中か、制作準備段階か、撮影中かは忘れたが、スン・イーとぼくは打ち解けはじめた。以前、彼女をバスケットボールの試合に連れていったことがあった。ぼくはシーズンチケットを持っていたんだ。何度かミアに、スン・イーはあまりに引きこもりがちだから精神科医に診てもらったほうがいいのではと話したことがあった。するとミアは「それよりも外に連れ出してあげて。バスケットの試合なんかどう？　あなたいつも一緒にみにいく人を探してるでしょう」といった。

確かにそうなんだ。マディソン・スクエア・ガーデンのシーズンチケットを持っていながら、ぼくの趣味に付き合ってくれる人がまわりにいないことがたまにあった。まあそれで、とうとうスン・イーにバスケットボールに興味があるかきいてみたんだ。イエス、と答えるくらいには十分興味を持っていたようだが、たぶん、ポップコーンをおごってもらえるくらいに思ったんだろう。こういうわけで、彼女を試合に連れていき、気まずくはあったが、彼女に思っていたことをぶつけてみた。ぼくらは今まで仲よくできてなかったけど、君はぼくのことが気に食わないのかなって。そんなことはない、と彼女は断言した。ただ、頭が空っぽの男で、母のいいカモだと思っていたという。チェス指し人形タークがやったような露骨でみっともないイカサマにも気がつかずにいる寝ぼけた男だともいわれた。理路整然と、ひるむことなくぼくに対して遠慮のない意見をぶつけてくるものだから、その生意気な口を鋭いウィットで塞いでやりたくなったけど、ぐっとこらえた。母のいいように使われていながらそれが分からないなんて、正真正銘の間抜けだと思っていたそうだ。そのうち、ぼくは彼女とミアがうまくいっていないことや、家庭内での生活がぼくのいないときはまったく違っていたことを知った。ぼくはスン・イーが、ミアのいうような、なんの取り柄もない娘どころか、とても知的で、感受性があり、洞察力の鋭い子だと気づきはじめた。こうしてはじまった友情は、時間をかけてゆっくりと育ち、やがて、自分たちが互いに強くひかれあっているという愚かな事実に思い至る。出会った頃から互いを思いやる仲になるまでに長い長い時間がかかったわけだけど、あんなことになるとは、ぼくらだって思いもしなかった。

まあでも、初めて一緒にバスケットボールの試合を観戦し、思いがけず素敵な時間を過ごしたとはいえ、ぼくは忙しすぎて映画以外のことについて考える暇はなかった。スン・イーは母親から〝知恵遅れ〟だと触れまわられていたにもかかわらず、大学を卒業して、コロンビア大学の修士号を取得し、仕事もして、家庭を支えてきた。だが、こうしたことはあとの話だ。ミアとは当面の間、相変わらずダラダラした関係を続けていた。〝無力症〟という名の耐久力に優れた耐水性万能接着剤のおかげだろう。ぼくはサチェルに対する執着のほかにミアの振る舞いに後ろ暗い部分がないかとかぎまわっていたけれど、子どもをぶったり、かんしゃくを起こしたりするところはみたことがなかった。子どもたちをみるのは好きだったから、ぼくはそれでよかったが、時間が限られていた。仕事もあったし、ジャズもやっていたから。ぼくが所属しているささやかなジャズバンド——スン・イーにいわせれば、往年のテレビドラマの主人公ラルフ・クラムデンにとっての社交クラブ、ラクーンロッジ――で演奏するのは、大きな楽しみだった。

当時は興味深い女性との出会いがあれば、だれであれ、ぼくは準備万端だった。そのうちに、またスン・イーと一緒にバスケットボールの試合をみにいくことになった。大学生だった彼女は、週末ごとにマンハッタンに戻ってきていた。ぼくは彼女に会って、近況報告をしたり、親密な打ち明け話を交わしたりして、笑い合うのが待ち遠しかった。試合をみながら、たわいない話をしているうちに、一線を越えて彼女との時間を楽しんでいる自分に気づいた。ぼくは彼女にたずねてみた。ミアは君を救ってくれたわけじゃなかったのか？　セントラルパーク・ウエストのアパートメントや、コネティカットの家や、私立学校のほうが、孤児院よりもずっといい待遇を受けられるんじゃないのか？　そんなことない、と彼女は答えた。孤児院の先生たちのほうが好きだった、と。

そんな話をしているうちに、ニューヨーク・ニックスが負けそうになり、ぼくは相手チームのつきを落とすために、ゲームに集中しなければならなくなった。車で彼女を家まで送り、マンションの前で降ろしたあと、闇夜のなか車を走らせながら、久しぶりにとても素敵な夜を過ごせたと思っていた。彼女は若いながらたくさんのつらい経験をしてきた、驚くべき女性だ。スン・イーが語った数々のミアの話によって腑《ふ》に落ちた。付き合いははじめから何本もの赤旗が立っていたんだ。回想という名の風が吹きすさび、危険を告げる赤旗はいたるところで熱に浮かされたかのごとくはためいていた。こんな表現をして全米図書賞をねらうぼくの努力をどうか見逃してくれ。

あとぼくが知っていることといえば、スン・イーをもう一度バスケットボールの試合に連れていったことくらいだ。そこであの有名な写真が撮られた〔一九九〇年、スン・イーと並んで観戦している写真がメディアに出まわった〕。まるで手を繋《つな》いでいるようにみえる写真だったが、彼女の手を握ったことはない。そもそも、あの時点でぼくらはそんな関係じゃなかった――それに、もしそんな関係なら、公の場でそんな真似をするはずがない。あんなに明るく照らされたマディソン・スクエア・ガーデンの満席のアリーナだ。そこまで自殺願望は強くない。彼女とは世間話をして、ふたたびとても楽しい時間を過ごした。映画の話題になり、イングマール・ベルイマンの映画をみたことがあるかたずねてみた（いつもスウェーデン映画が好きな完璧な女性を探していたんだ）。彼女はみたことがなかった。ぼくは夢中になって、彼の作品を褒めちぎり、ぼくの映写室で『第七の封印』を一緒にみようということになった。『第七の封印』だなんて、どれだけロマンチックなんだ、ぼくは。

　ぼくは編集用の映写室を持っている。編集者と一緒にそこで編集作業をしたあと、もうひとつの部屋に移動してスクリーンに映してみて、気に入らなければ、編集機の前にもどって再編集するんだ。ところで、ぼくのことを面白味のない男だなんてだれに分かる？　若くて魅力的な女子大生と同じ部屋のなか――疫病や死や人生の虚しさを描いた中世スカンディナビアが舞台のモノクロ映画をみるよりもっと楽しいことがほかにあるだろうか？　彼女は乗り気だったし、もっといえば、かなり興味を示していた。まあそれで、また彼女が街にもどってきたとき、午後にでも、その映画をスクリーンに流す約束をしたんだ。

　少し先へ飛ぼう。『夫たち、妻たち』の撮影中のある土曜日、ぼくは仕事がオフで、スン・イーは大学から街へもどってきていたから、ぼくは『第七の封印』をスクリーンに映した。ベルイマンの映画が終わったあとも、映写室でふたりきりで過ごし、ぼくが意気揚々とキェルケゴールや理性の騎士に関する講釈をたれると、彼女は閉じてきそうな眼を懸命に押しあけ、律義に耳を傾けていた。自分でいうのもなんだが、ごく自然に彼女に寄りかかり、何もひっくり返すことなくキスまでたどりついた。ぼくは、不死身の元ウェルター級チャンピオン、キッド・ギャビランが得意とする、強烈なボロパンチを覚悟して身構えた。だがパンチはこなかった。それどころか彼女は共犯者になって口づけに応え、いつもどおりはっきりとした口調でこういった。「いつになったら行動に移してくれるのかなって思っていたの」

　行動？　待ってくれ。まだ君の母親と別れたわけじゃないんだ。確かに、ここ数年はうわべだけの付き合いになっているが、だからって、ぼくらはどこに足を踏み入れようとしているんだ？　だけど、考えたところで無駄だった。ぼくらは最終的に、長く幸せな結婚生活を送ることになるくらい互いにひかれあっていたんだから。ただ、今から話すのは、このあとに起こった悲惨な出来事の数々だ。

『夫たち、妻たち』の撮影中にスン・イーと関係を持ちはじめた。ふたりの関係が始まったのは、彼女が次に大学から戻ってきたときだ。あの日からずっと情熱は冷めることなく、やがて、幸せに満ちた年月を、素晴らしい家族と送ることとなる。そんなことだれが予想できただろう？　ぼくに分かっていたのは、彼女が母親から相手にされず、見限られた、取るに足らない人間なんかじゃないってことくらいだった。ミアはとんでもない誤解をしていた。スン・イーは若く利発で上品で素敵な女性だった。とても聡明で可能性にあふれていた。その花を見事に開花させるには、だれかがほんの少し興味を示し、少しばかり手を差し伸べ、そして、最も大切なもの、愛情を注いであげればいい。

ぼくらは何度か午後の時間をともに過ごした。散歩したり話したりして、一緒にいる時間を楽しみ、もちろんベッドに入ることもあった。

ある週末の午後、ぼくらは家でだらだらと過ごしていた。そのとき、ポラロイドカメラに目が留まった。それは、ぼくがカメラに興味がないことを知らないだれかからのプレゼントだった。ポラロイドカメラをもらうことがよくあったんだ。とても使い勝手がいいからぼくにでも使えると思われたのかもしれない。ぼくはどんなガジェットとも相性の悪い自分について面白おかしく話していたんだけど、そうこうするうちに、ペントハウスの窓の外に嵐の前触れとも思われる雲が群がってきていた。

ふたりの関係は新たにはじまったばかりだったし、欲情に駆られて互いに片時も離れられなくなっていた。それで、そのガラクタカメラがぼくでも使えるかどうか試すのにエロティックな写真を撮ってみよう、なんて思いついたんだ。そして、彼女に使い方を教えてもらいながら、エロティックな写真を撮ってみた。みる人の血液の温度を摂氏百度まで押し上げるほど、よく計算された構図の写真だった。いずれにせよ、あとのことはタブロイド紙で読んで知っているだろう。首謀者であるぼくは、その写真を引き出しのなかにしまった……と思っていたんだが、じつは、挑発的な小さなスナップ写真を何枚かしまい忘れていたんだ。

　コダックから写真が吐きだされたとき、ぼくは何枚かの写真を暖炉の上にかっこよく並べた。炉棚は目の高さか、気持ちやや上だったから、この歴史的撮影会を終えてしばらくすると、炉棚の写真はそのまま視界を去り、記憶からも去ってしまった。ほかの写真はちゃんと隠しておいたっていうのに。ナポレオンの身長が数インチ高ければ、ヨーロッパの歴史は根本から変わっていただろうといわれている。なるほど、もしぼくの身長が一、二インチ高くて暖炉の上をみおろせたなら、ナポレオン戦争顔負けの大惨事がマンハッタンで起こることはなかったかもしれない。確かに、暖炉の上に写真があれば偶然だれかの目にふれてもおかしくないが、ぼくはひとり暮らしだった。まあでも、ぼくは浮気ができるような男じゃない。どうしようもない能なしなんだ。クラーク・ゲーブルやケーリー・グラントなら、あんな自分の不利になる証拠写真を堂々と炉棚に置きっぱなしにしておくはずがない。ただのどじで不器用な、ジェリー・ルイスみたいな男なんだ、ぼくは。実のところ、掃除を頼んでいた家政婦が磨いたり埃《ほこり》を払ったりして、新たに壊すものを探している最中にあの写真をみつけたかもしれないが、彼女はフランス人だから、ヨーロッパ風の洗練された物腰で写真をぱらぱらとみたあと、ぼくにマダム・クロード〔フランスの高級娼婦斡旋の元締めをしていた女性〕を思わせるウィンクをしただけだったろう。人生を一変させる事故が起こったのはその翌日、サチェルがぼくの家にきたときのことだった。彼は毎週、ぼくの家で小児精神科医の個人カウンセリングを受けて、悩みを相談していたが、ときどきミアがカウンセリングに彼を連れてきていた。

　ミアは決まって居間で本を読んでいて、その間、サチェルは精神科医と一緒に、ぼくのまあまあ大きいペントハウスの別の部屋にいき、カウンセリングを受けていた。サチェルは一時間でミアのもとに返されるんだけど、どういうわけか、この月曜日、カウンセリングが終わるのが数分遅れて、ミアは待ちきれずに、なぜ彼がまだもどってこないのか確かめにその部屋に向かおうとしたとき、暖炉の上に目線がいって、数枚のポラロイド写真を発見した。こうして、その存在は世間に知れわたることになった。

もちろん、彼女が受けた精神的衝撃、失望、激しい怒り、それらすべてに納得がいく。まっとうな反応だ。スン・イーもぼくも、ひとときの情事を秘密にできると思っていた。彼女はミアの家を出ていたし、ぼくは独身男のようにひとり暮らしをしていたからね。このことはスン・イーにとっていい経験になると思っていたし、おそらくやがて大学で男性と出会い、普通の恋愛をするだろうと思っていた。ぼくらの絆《きずな》がすでにしっかりと結ばれていたことに気づいていなかったんだ。最初、ふたりの距離はなかなか縮まらなかったが、一線を超えたとたん、本物になった。もしあの写真が発見されなかったら、子どもたちに会いにミアの家へいくという、消耗感はあるものの都合のいい日課があとどれくらい続いていたか？　それはだれにも分からない。当然の成り行きとして、遅かれ早かれ、どちらかが別れを告げていただろう。日常のなかで終わっていなくとも、心のなかでは間違いなく終わっていたから。スン・イーがいうには、ミアは何年も前からほかの男性に乗りかえられたらいいのにという願望を口にしていたらしい。前にもいったが、彼女の妄想相手はマイク・ニコルズだった。ぼくは冷めきったミアとの関係に終止符を打つために、わざとみえるような場所に写真を置いたんだろうか？　無意識のうちに別れようとしていたのか？　そんなわけはない。間抜けな男が大失敗をしただけのこと。時として、葉巻は間抜けな男によるただの失敗にすぎないこともある〔葉巻好きのフロイトが葉巻は男根の象徴かどうかをたずねられたときに返したとされる有名な言葉「時として、葉巻はただの葉巻にすぎないこともある」のもじり〕。

精神科医によれば、人は危機に立たされたとき、本人でさえ気づかなかった本来の自分の姿をみせるらしい。ミアがぼくらの関係に気づいた日、彼女は子どもたちを呼び集め、洗いざらい話した。ミアはぼくがスン・イーをレイプしたと説明したあとで――このせいで当時四歳のサチェルは「パパがお姉ちゃんをファックした」と周囲に触れまわった――方々に電話をかけて、ぼくが未成年の知恵遅れの娘をレイプしたと話した。そして、スン・イーを彼女の寝室に閉じこめ、殴ったり蹴ったりした。さらに、ミアとアンドレは大学の授業料の支払いをやめた〔アンドレ・プレヴィンはスン・イーの養父〕。その後、ミアから真夜中に何度も電話があり、スン・イーは自殺を考えているほど罪悪感にさいなまれている、ときかされた。ミアのような大女優に、午前三時に起こされて、ヒステリー状態でだれかが自殺しそうだといわれたら、動揺するにきまっている。いうまでもなく、スン・イーは電話を使わせてもらえなかったし、当時はまだ携帯電話が普及していなかった。ミアは近くの有名な精神科医の助言に従い、スン・イーを信頼できる精神科医のところに連れていった。スン・イーは家の外に出られるとすぐ、ぼくに電話をかけてきてこういった。もちろん自殺なんてしないし、ふたりの関係を一瞬でも後悔したことなんてない。だけど、部屋に鍵をかけて閉じこめられ、事あるごとに暴力を振るわれている。補足として――ミアは彼女を受話器で殴った。

のちに、スン・イーが「ニューヨーク・マガジン」のインタビューでそのときのことを語ったところ、目撃者はいるのかと雑誌社側からたずねられたそうだ。そりゃあ、いるだろう――ミアの家の寝室には、歩行者、建設作業員、ニューヨークに観光にきたバスツアー客、モルモンタバナクル合唱団がいて、スン・イーの寝室だっていつも千客万来だ。雑誌社はトラブルを避けようと、スン・イーが話した内容を柔らかくして、ミアは「はたいた」と書いた。実際には、受話器で殴ったんだ。補足の補足として――「ニューヨーク・マガジン」にスン・イーの記事を書いたダフニ・マーキンの説明によると、記事が世に出る前、ローナン〔ミアの実の子で改名前はサチェル。この頃には成長し、ジャーナリストとして活動している〕が雑誌社に電話をかけ、この件は載せないよう迫ったらしい。雑誌社はこの要求を拒否したが、彼から圧力をかけられたために、複数箇所の表現をやわらげて、ファロー家を不快にさせないよう配慮した記事にした。たとえば、ダフニとぼくは年に一度、ランチを同席することがあるかないかの関係だが、雑誌社はふたりは親しい友人同士であるという話をでっち上げ、彼女がぼくの肩を持ち、偏った見方をしている可能性があるという印象を持たせた。また、すでに説明したとおり、受話器で殴ったことは軽く伝えられていた。さらに、表紙にこの記事の見出しを載せる予定だったのに、ローナンの電話のあと、それもなくなった。ローナンは自身の著書のなかで、彼がハーヴェイ・ワインシュタインのスキャンダルを報道しようとした際にNBCはもみ消し工作をしかけてきたとして同テレビ局を批判しているが、これでは偽善もいいところではないか？　まあ、目的のためなら手段は選ばないってことなんだろうが。

いや、分かっているよ——どうしてスン・イーに、そこから救い出してあげるから、一緒に暮らそう、といわなかったのかききたいんだろう？　現実的な問題として、子どもたちの面会権と親権について考えなければならなくて、弁護士からこの問題が解決するまでは慎重に行動するよう忠告されていたんだ。スン・イーとの問題に対しては、ディランとモーゼズとサチェルのことを考慮しながら、対処しなければならなかった。ミアは子どもたちを自分の手元で、完全な支配下に置いていたし、必要とあらば、人質として利用することもいとわなかった。スン・イーには「頑張ってくれ」とアドバイスをした。翻訳すると、まだこの件についてどう対処すればいいかまったく分かっていない、今いえることは、ミアから殴られそうになったら、うまく身をかわしてくれ、という意味だ。

これから話すことはすべて、わずか数週間の間に起きた。とても優秀なニューヨークの精神科医はスン・イーの初回セッションを行ったあと、ミアに面会を求めた。その医師はミアとたった一度話しただけで、どれほど彼女が精神的に不安定で危険な女性であるかを見抜き、即座にスン・イーを守るために介入した。彼はまずぼくに、スン・イーの大学費用を銀行口座に入金してほしい、と頼んできた。当然いわれたとおりにした。こうしてスン・イーは、母親に授業料の支払いを断たれても、ニュージャージー州のドルー大学に新学期からもどれることになった。医師はまた、早急にスン・イーを母親から引き離す必要性を感じていた。たまたまスン・イーの兄がサマーキャンプで働いていたので、ミアは、スン・イーもそこでのバイトに送り出そうとしていた。そのキャンプはメイン州にあったし、ぼくから安全な距離を保てるとでも考えたんだろう。一方、スン・イーの医師はこれでミアから安全な距離が保てると思っていた。しかし、実際は、スン・イーとぼくは愛し合い、電話で連絡をとっていたことが、キャンプ場を通じてミアにばれてしまう。じきにミアはかつてないほど激怒した。スン・イーはキャンプもメイン州の凍てつく夜もまったく性に合わなかった。ニューヨークにもどってからは、家には帰ろうとせず、友人の家で暮らしていた。その友人の母親は無関心な養母よりもずっとスン・イーのことをいつも気にかけてくれていた。

　しばらくの間、スン・イーはその家で世話になり、それからほどなく、ぼくらは再会した。ふたりとも同棲は考えていなかった。ぼくは子どもたちの面会権や親権について交渉中だったから、一緒に暮らしたりしたら、法廷でうまく立ちまわれなくなってしまうだろう。ミアはぼくらが愛し合っていることを知っていたし、弁護士たちが互いに牽制《けんせい》したり脅したりしている間、ぼくが子どもたちと過ごす時間は限られていたうえ、以前のように会うことはできなかった。ぼくにも法的な主張をする権利があったけど、ミアはそんなものよりもずっと強力なもの、つまり、すべてをコントロールする力をもっていた。ぼくの頭には、子どもたちをさらって、スン・イーを抱きかかえ、南太平洋の島にいってマンゴーやココナッツを食べて暮らす、そんな空想も浮かんだけれど、八十六番ストリートにあるあのパパイヤ・スタンド〔パパイヤ・キングというホットドッグの店のこと〕に連れていくほうがよっぽど現実的だ。ちょうどこの頃、ミアがぼくの妹に電話をかけて恥ずかしげもなく、こんな恐ろしいことをいった。「彼が娘を奪ったんだから、次は私が奪う番よ」

　この言葉の意味するところは、ぼくのディランに対する愛情の深さを知っている彼女は、ぼくが二度とディランに会えないようにするための計画に着手しようとしている、ということだろう。ミアにとっては、ディランの気持ちも、彼女が愛する父親を失うこともどうでもいいことで、やがて、ディランは復讐《ふくしゅう》の道具として使われることになった。その卑劣な計画を実行に移すには、ミアも大変な労力を要するはずだが、あの頃すでに念頭にあったのだろうか？　ふたたび、敵意に満ちた電話があった。今回はぼくに。切り際に彼女は「あなたのためにあることを計画しているの」といった。ぼくは「ぼくの車のボンネットに爆弾を仕掛けるのはやりすぎじゃないか」と冗談をいった。「もっとひどいことよ」と彼女はいった。彼女は昼だろうと夜だろうと、時を選ばず悪質な電話をかけてきて、激しく怒り、支離滅裂な非難を浴びせてきた。そんな状態だったから、彼女がピンポンダッシュよりも複雑な戦略を立てられるほどしっかりしていたなんて驚くよ。

状況を緩和させようといろいろと試みたが、うまくいかなかった。ぼくが彼女を傷つけたのが悪いというのは簡単だが、あの怒り任せの言動は常軌を逸していたと思う。初めのうちは理解できていたが、容赦できなくなり、やがて道から外れた。彼女の言動は、ぼくに対する悪意で満ちていたばかりか、かわいそうなディランにとっても残酷きわまりないものだった。ディランは七歳になったばかりでまだ幼かったから事態を把握できていなかった。また、大事な息子サチェルへの影響にも頓着せず、彼が四歳の頃から、姉をレイプした父を憎むよう教育した。モーゼズはすでにティーンエイジャーだったから、ほかの子どもたちほど簡単にコントロールできなかった。彼は洗脳されやすい年齢を過ぎてはいたものの、あの時点では母親に対する態度を決めかねていた。ぼくはいたずらに理性に訴え続けていた——ぼくらは関係に行き詰まっていて、もう何年も親密な時間を分かち合うこともなかったじゃないか。スン・イーは子どもじゃなく大学生で、明らかに知恵遅れでも、未成年でもない。確かにとんでもないことをした。ぼくのせいなのは分かってはいるけど、この最悪の事態を解決するために、落ち着いて、子どもたちに状況を説明できないだろうか？　興奮したり怯えさせたりしないで、冷静に説明したほうが間違いなく、子どもたちにとってもいいはずだ。ぼくがレイプをした、なんてわめきちらすのは、いささかヒステリックだとは思わないか？　あのときスン・イーは未成年ではなかったのに、未成年だったと触れまわってなんの得がある？　それになぜ〝娘を奪う番〟なんて脅したりするんだ？　子どもたちを復讐の道具に使うつもりなのか？　本当に君はぼくを罰するためにディランから父親を奪おうとしているのか？　君の復讐に終わりはないのか？

それにしても、ぼくのためにどんな恐ろしい計画を立てているんだ？　事態を収拾し、子どもたちにとって最善の選択をしないか？　スン・イーに対するぼくの想いについては、モーゼズは次のように語っている。

「ぼくら子どもたちは、ふたりの関係を尋常じゃないと考えていました。だからといって、母のいうように、家族に壊滅的な打撃を与えたというわけではまったくありません。母はあれ以来ずっと、あの裏切り行為を家族全員の人生における中心的な問題だといい続けてきましたけれど」

初夏のある土曜日、子どもたちとバーベキューをしにミアのカントリーハウスを訪れた。一時的な訪問を許されたんだ。もちろん、ミアと同じ部屋で眠ることはなく、家の離れにある来客用の寝室を用意された。みんなでワイワイ騒いでいるとき、フランクフルトソーセージが出てこようと、ぼくはずっと歩きまわって、ディランやモーゼズ、そして、できればサチェルとの束の間の時間を楽しもうとした。寝室にもどると、ドアに紙切れがピンで留めてあった。ミアはこう書いていた。「子どもに性的いたずらする男がバーベキューにのこのこと。娘ひとりじゃたりなくて、次から次へ」。ミアは熱心に、ぼくが未成年の娘にみだらなことをしたと吹聴してまわっていることは知っていた。だが、スン・イーは二十二歳だったんだ。もちろん、二十年以上にわたる結婚生活を送ることになるぼくらの愛は、性的虐待というには無理がある。いいかい、この不快な紙切れをミアがドアに押しピンで留めたのは、性的虐待の申し立てを起こす前のことだ。彼女は虚偽の事実をでっち上げるために下準備をしていたんだろうか？　ぼくはこの紙切れをみたとき、彼女は情緒不安定なんだろうと考え、まさか虚偽の申し立ての下準備がされていたとは思いもしなかった。だれに予想できただろう。このいかれた紙切れの数週間後、まだ申し立てがされる前のこと、ミアはディランの主治医スーザン・コーツに電話をかけ、「彼をなんとかしなくちゃいけません」と訴えた。コーツ医師はこの件をぼくに知らせ、さらに親権審問でぼくのために証言してくれた。あとから考えれば（ぼくはこれが得意なもんで）、ミアによる性的虐待に関する虚偽の訴えは、紛れもなく、殺人よりひどい復讐計画だった。

一九九二年八月四日、ぼくは弁護士たちの許しを得て、子どもたちに会いにコネティカットへ車を飛ばした。平穏な午後だった。ミアは買い物に出かけていて、その間、ぼくはぼんやりとテレビをみていた。部屋には人がいっぱいいて、そこにいた全員がぼくに注意を向けていた（モーゼズのブログを読んでみてくれ。彼もそこにいたんだ）。みんなはテレビをみていたが、ぼくはひとりでふらりと池まで歩いていって、暇つぶしに電話を一、二本かけた。そのうちにミアがもどってきた。その日は客室に泊まることになっていて、あとでミアと夕食をしながら、親権と面会権についてさらに話し合いを重ねる予定だった。やがて日が沈み、コネティカットに夜のとばりが下りた。ミアの姿がちゃんと鏡に映っていたのは確認している。ぼくらは街に出向いて、簡単な食事をした。そのときの雰囲気は、なんというか、凍るように寒かった。ぼくが背中を向けている間に、ミアが指輪に忍ばせた毒をぼくの飲み物に入れてもおかしくなかったよ。言葉少なだったが、表面上は礼儀をわきまえて話し合いが行われた。ぼくは気の利いた言葉のひとつもいえなかったし、ミアにジョーン・クロフォード的瞬間は訪れなかった〔クロフォードは養子から虐待を訴えられた女優〕。家に帰ると、ぼくは離れの寝室へもどり、うとうとしていたが、ディックやペリー〔トルーマン・カポーティの『冷血』にも描かれたカンザス州に住む一家四人を惨殺した犯人〕、ひょっとするとミアがいつ姿を現してもいいように、手には火かき棒を握りしめていた。ミアからは、殺意むきだしのヴァレンタイン・カードをもらったことがあった。恐ろしいことに、本物のキッチンナイフがハートの部分にむごたらしく突き刺してあった。翌朝起きると、朝食をとり、一時間ディランとサチェルと過ごした。ふたりは大興奮でおもちゃのカタログをみながら、次にぼくがくるときに持ってきてほしい商品に片っ端からチェックをつけていた。ぼくら三人にとって最高の朝だった。まさかこれが最後になるとは予想もしなかった。まあとにかく、ぼくは街へ帰り、ふたたびいつもの日常にもどった。蚊のいない、慈悲深いコンクリートジャングル。ちくちくするオニウシノケグサともしばらくの間はさよならだ。

　翌日は予定どおり、ディランの精神科医のスーザン・コーツを訪問した。ぼくはこの荒波を乗り越えて、子どもたちのためにどうすれば一番いいかを考えるために話し合いにいったんだ。このとき彼女から、「あなたが性的虐待をしたと、ミアから連絡を受けました。職務上、警察に通報しなければなりません」と知らされた。

言葉を失うほど驚いたし、信じられなかった。全部でたらめだ。ぼくは、「分かりました。通報してください」と返した。コーツ医師はのちに、ぼくが実際の性犯罪者と違って、報告をやめさせようと説得してこなかったことを証言した。ぼくがそう答えたのは、何もしていなかったし、分別ある人ならぼくがだれかに性的ないたずらをしたなんて話を真に受けるはずはない、と思ったからだ。

あの日、ぼくがカントリーハウスを訪れたとき何が起こったのか。ミアはみんなにぼくから目を離さないようにいって買い物へ出かけた。ミアが留守の間、子どももベビーシッターもみんな、居間に集まってテレビをみていた。室内は人でいっぱいだ。椅子も空いてなかったし、ぼくは床に腰を下ろした。ひょっとしたら、頭をソファーにもたせかけたときに、一瞬ディランの膝に頭があたったかもしれないが、絶対にどんな不適切な行為もしていない。昼下がりに人であふれた部屋のなかでテレビをみていただけだ。その場にいた、アリソンという、ミアの友人ケイシーの子どもたちをみている神経質なベビーシッターが――ミアからぼくには重々警戒の目を注いでおくようにいわれていた――雇い主のケイシーに、ぼくがディランの膝に頭を載せていたのをみたと報告したんだ。たとえそれが本当であっても、後ろ暗いところなど微塵《みじん》もなければ、なんらおかしなところもない。だれひとりとして、ぼくがディランに性的ないたずらをしていると、指摘する者はいなかったが、その翌日、ケイシーから電話を受けたミアは、ぼくの頭がディランの膝に載っていたというアリソンからの報告を伝えられ、ディランのところに飛んでいった。ベビーシッターのモニカによると、ミアは「あいつを仕留めたわ」といっていたらしい。やがて、このぼくの頭が膝に載っていたという話から、どういうわけか、屋根裏部屋でディランに性的虐待をした話が捏造《ねつぞう》されたわけだが、ドリー・プレヴィンの歌詞をもとにして作られたシナリオについてはもう少しあとの話になる。

その時点で、刑事専門弁護士が必要になるかもしれないという考えは、ぼくのレーダースクリーン上のどこにも反応していなかった。ぼくには顧問弁護士がいて、ミアの弁護士としょっちゅう連絡を取り合っていたが、ほんの一瞬たりとも、考えたことがなかった――まさか、どう考えても根深い復讐心に囚《とら》われた女によってでっち上げられた紛れもない作り話が、国際的なスキャンダルへと発展し、業界に何百万ドルもの莫大な損失を与え、さらには多くの人々の人生に影響を与えるなんて。

そういえば、二十代のときにも一度、虚偽の告発の被害者になったことがある。ミアが三月ウサギのように頭がおかしいとしたら……とりあえず、きいてくれ。ぼくは二十五歳で、コメディアンとして活動していたときのこと。突然、マネージャーから電話がかかってきて、ある女性がぼくを訴えるといってきていると知らされた。彼女いわく、ぼくはフェルディナンド・ゴグリアである。だれだそれ、と思うだろう？　フェルディナンド・ゴグリアは長期にわたって行方不明の彼女の夫だ。そのあと急に、ミセス・ゴグリアから通知書が届いた。マネージャーがいうには、彼女はぼくをテレビでみかけて、自分を捨てた夫だと主張してきたらしい。冗談でしょう、とぼくは答えたものの、積乱雲が頭上に集まってきていた。冗談なもんか、とマネージャーは答えた。彼女によれば、フェルディナンドは自動車修理工で、テレビでぼくが披露したのと同じジョークをしょっちゅう飛ばしていたが、彼女を捨てていなくなっていたものの、同じ眼鏡をかけているぼくこそ彼である、ついては未払いの別居手当をまとめて支払う義務があると主張したんだ（まったく、おかしな話だ。ぼくがフェルディナンド・ゴグリアだって？）。

ところが、この奇妙な訴訟は現実に起こった。ぼくは法律事務所ベッカー・アンド・ロンドンにこの件を依頼したんだけど、料金メーターは上がりっぱなしで、ぼくのサラリーは徐々に減っていった。しかも、法廷で自己弁護しなければならなくなった。信じようと信じまいと、ぼくは自分がフェルディナンド・ゴグリアでもなければ、アナベル・ゴグリアと結婚したこともないと証明しなければならなかったんだ。妙な話だろう？　ぼくの弁護士はというと、明らかに、その女のいっていることが真実かもしれないと疑念を抱いていた。「彼が別名で彼女と結婚していて、彼女から逃げ出したなんてことはありませんか？」と、弁護士はジャック・ロリンズにたずねたそうだ。マネージャーのジャックは弁護士をなだめ、ぼくが行方をくらませた配偶者ではなく、ここで責任を問われるいわれがないことを説明して安心させた。だが、彼でさえぼくに対する信用を頼りにそう考えただけだ。本当のところ、ジャックはぼくの過去をほとんど知らないわけだから、ろくでもない嘘つきと思われてもおかしくなかった。まあそれで、何カ月にもわたって、貴重な金銀銅貨を弁護士に支払い続けたあと、ぼくを救ったものはなんだったと思う？　その女は正真正銘、頭のネジが飛んだ人で、ぼくが出廷したとき（想像力を駆使してフェルディナンド・ゴグリアが着そうにない服を選んだ）、姿を現さなかったんだ。ぼくらはかき集めた証拠をすべて持って法廷へ乗りこみ、ようやく裁判所はぼくがアナベルの前夫ではないと結論した。その夫はぼくよりかなり年上だったし、ぼくはその女から逃げたりなんてしていないんだから、当たり前だ。いかれた彼女は、二度と姿をみせなかったのでほっとしたよ。

　では、最新の超現実的な出来事に話をもどそう。ぼくがこれから話すことを想像してほしい。ぼくはディランに指一本も触れていないし、性的ないたずらをしていると誤解されるようなことも何ひとつしていない。一から十まですべて作り話で、亜原子粒子ほどの真実もないという点で、ぼくがあのゴグリアとかいう人物だという話とまったく同じである。ぼくからすれば、このまったくの没論理こそ、この件の解決の手がかりになると思える。だってどう考えてもおかしいだろう。人生で一度たりとも不適切な行為で訴えられたことのない五十七歳の男が、世間の注目をおおいに集め、物議をかもした親権争いのさなかに、車を走らせ、男のことをこの世で最も憎んでいる女が所有するカントリーハウスという敵地に乗りこみ、彼女に同情している人々であふれた部屋で、突然、そんなときにそんな場所を選んで、児童性的虐待者となり、愛する七歳の娘にみだらなことをするなんて。しかも彼は、やがて結婚し、家族を築くことになる女性との間に人生における本物の愛をつい最近みつけたばかりで、喜びを感じていたところだった。ごく単純に、常識的に考えてもおかしいじゃないか。特にその数年間は、ぼくの家でディランとふたりきりで過ごすことは何度もあったわけだから、もしぼくが本当に悪魔なら、そうした行動を起こす機会はほかにいくらでもあったんだ。だが、怒りで気がおかしくなった女性の告発と考えれば納得がいく。彼女は以前、ぼくから娘を奪うと宣言していたうえ、ぼくに対して殺人よりもひどい計画を立てているともいっていた。そんな彼女が、親権争いにおいて最もありふれたお決まりの手段、つまり配偶者が子どもを虐待したと訴えるという手を使った、と考えれば不思議はない。

　ところが、何もかもあからさまな作り事で、そんなおとぎ話は時空のどこにも存在していなかったとすぐに明らかになったにもかかわらず、これがやがていびつな方向へと急展開し、この件は消えてなくなるどころか、前にもいったように業界を巻きこむ事態に進展していった。児童性的虐待という話をディランに吹きこんだのはミアだと疑う人はひとりもいなかったのだろうか？　ディランが自分から母親のところにいって、触られたといったのではない。ミアがディランのところにやってきて、彼女にそう発言するよう持ちかけたんだ。ディランは応じず、ミアはディランの拒絶の態度を変えさせなければならなかった。彼女を医師のところに連れていき、証拠として使えるものを探した。医師がディランに性的ないたずらをされたかどうかたずねたとき、彼女は、されていない、と答えた。ミアは〝アイスクリーム〟を買ってあげるからと彼女を外へ連れ出して、医者のもとにもどってくると、七歳の女の子はなぜか、さっきまでの発言を変えた。

　こうしたことが何度も繰り返しみられた。この件についてはモーゼズがかなりはっきり語ってくれている。つまり子どもたちは、ミアに指導され、脅され、さらにはぶたれながら、ミアが口述する作り話を暗誦《あんしょう》させられていたんだ。このことは、モーゼズが語ってくれた痛ましいエピソードから真実であることが分かる。

「家の壁紙の張り替えをしたある夏のことです。寝る用意をしていると、母がぼくの部屋にやってきて、ベッドの上にあった巻き尺に目を留めたんです。母は厳しい視線をぼくに向けて（中略）それを持ちこんだのかとたずねてきました。母は一日中巻き尺を捜していたそうです。ぼくは母の前に立ったまま動けなくなってしまいました。どうしてベッドの上にあるのかときかれて、『知らないよ。職人さんが置いていったのかも』と答えても、母は何度も何度も同じ質問をしてきます。母の望む答えをしなかったせいで、ぼくは顔を平手打ちされ、眼鏡を叩き落とされました。母はぼくを嘘つき呼ばわりし、きょうだいたちに、巻き尺をとったのは自分だと話すよういいました。ぼくは泣きながら、母の言葉をきいていました。『何が起こったか説明できるように、ふたりで練習しましょう。私が部屋に入ってきたら、「巻き尺をとってごめんなさい。遊びたくて持ってきてしまいました。もう二度とやりません」っていうのよ』。母はこの言葉を最低でも六回は練習させました。これが母による演技指導、反復練習、台本作り、リハーサルのはじまりだったんです——ひと言でいうと、それは洗脳でした」

　当時、ミアはディランを裸にして、ミアによる作り話をしゃべらせ、その様子を数日かけてビデオカメラで撮影した。だが、彼女はまわりを納得させられるビデオテープを作れず——それどころかその意図が裏目に出てしまい、彼女の高圧的な指導法をさらす結果になった——切羽詰まっていた彼女は、自分しか持っていない映像をＦＯＸニュースに魔法のように流出させた。母親が七歳の娘を裸にして搾取した、とまではいわないが、利己的な行為には違いない。

　モーゼズは次のように当時を振り返る。「(ベビーシッターの)モニカはのちに、ミアがビデオカメラでディランの告白を撮影している現場を目撃した、と証言しています。屋根裏部屋でウディに触られたという話の真相をディランに語らせて記録に残すために、ミアは二、三日を費やしていたといいます。(モニカの)宣誓供述書で、彼女はこう述べています。『あのときファローさんはディランに、「ディラン、パパは何をしたの?……そのあとはどうしたの?」といっていました。ディランが興味を失くすと、しばらく録画を止めてから、撮影を再開しました』。この話は確かです。ぼく自身も撮影の一部を目撃したことがありましたから。ディランのもうひとりのセラピスト、ナンシー・シュルツ医師がこのビデオ撮影を批判し、内容の正当性について疑問を呈しましたが、彼女もすぐミアによって解雇されました」。このことも、常識で考えてみてほしい。母親がビデオカメラの前で、長い間、七歳の娘を裸にして、もし真実だったらトラウマになるような経験を語らせたりするなんて、父親を陥れるためのショーを演出する以外にどんな理由がある？　何が起こっていたのか明白じゃないか。調査すら要らなかったんじゃないか？

それなのに、ひとつどころか、ふたつの機関が徹底的な調査を行った。ふたつというのは警察がこの手の問題を扱う際に協力を仰いでいるイェール＝ニューヘイヴン病院の児童性的虐待クリニックと、ニューヨーク州児童福祉局だ。往々にして、女性が性的な不正行為を訴えた場合、結局はうやむやにされ、まともに扱ってもらえないものだが、ミアの告訴はかつてないほど深刻に受け止められた。法的な話し合いの場が設けられ、また、専門家グループがいくつか結成され調査が行われた。たとえば、国内で最も有名な専門機関である、前出のイェール＝ニューヘイヴン病院の児童性的虐待クリニックは、警察から調査依頼を受けた。その調査報告書の結論を引用する。

「ディランはアレン氏に性的虐待を受けていないというのが我々専門家の意見である。さらに、ディランによるビデオテープにおける発言と我々の調査過程における発言は、一九九二年八月四日に彼女に起きた実際の出来事に言及したものではないと考えられる。（中略）我々の見解にそって、ディランの発言を説明するために三点の仮説を立てた。（1）ディランの発言は真実で、アレン氏は彼女に性的虐待をした。（2）ディランの発言は真実ではなく、心理的影響を受けやすい児童が、家族の混乱状態のなかで、家族のなかでストレスを感じとり、作り話をした。（3）ディランは母親のファロー氏に指導あるいは感化された。

我々としてはディランが性的虐待を受けていないと結論づけられる一方で、（2）と（3）の仮定はそれぞれ単独で考えた際、真実であるか否かを判断するに足る証拠は無いと考える。ディランによる性的虐待の主張は、（2）と（3）の仮定を組み合わせることによって、おそらく最もよく説明できると思われる」

そろそろ、ディランがこの申し立てのずっと前から、ミアに連れられて小児精神科医の診察を受けていた理由に触れておきたいと思う。ディランは現実と空想の区別がつかないという深刻な問題を抱えていた。つまり、このことから、どうしてミアがこうも簡単に性的虐待を受けたという作り話を彼女に思いこませることができたのか説明できるのではないだろうか。七歳になったばかりの幼い娘は、普段から何が現実で何が空想なのか分からなくなる問題を抱えており、治療を受けていた。彼女は愛情深い父親を永遠に奪われて、精神的に不安定になるような危機のさなかに、自制心を失った母親のもとに置かれ、性的虐待を受けたという話を母親から吹きこまれた。娘はそれを否定していたが、母は何年も父親のいない状態を作り、時間をかけて性的虐待の話を教えこみ、娘が自分は性的いたずらを受けたと信じるように仕向けた。ミアが指導したという話を持ち出したのはぼくじゃない。これは、イェール調査による結論だ。

性的虐待の申し立ては、イェール調査だけではなく、ニューヨーク州児童福祉局の調査でも却下されている。児童福祉局はこの一件を十四ヵ月かけて綿密に調べ、次のような結論に至った。以下、一九九三年十月七日にぼくのもとに届いた報告書を引用する。「本報告書で明示されている児童が性的虐待または虐待を受けたという信頼に足る証拠はみつからなかった。したがって、この申し立ては事実無根であると判断される」

だが、こうした報告書が出揃《でそろ》う前に、裁判所で親権審問が行われた。今でも、この審問のことを刑事裁判と勘違いして、ぼくは無実だというのに、なんらかの罰から必死に逃れようとしたと思っている人がいる。今でも、ぼくが自分の娘と結婚したとか、スン・イーがぼくの子どもだったとか、ミアがぼくの妻だったとか、ぼくがスン・イーを養子にしたとか、オバマがアメリカ人ではないとか思っている頭のおかしな人がいる。しかし、公判なんて一切行われていないんだ。ぼくはどんな罪にも問われていない。調査結果からも、何もなかったことははっきり証明されている。

第12章

その後、数カ月にわたり、報道合戦が過熱して巨額の金が吹っ飛んでいった。主にぼくのだけど。精神科医たちは取材を受け、小児科医や私立探偵が雇われ、ジャーナリストたちは春を謳歌《おうか》し、タブロイド紙は潤った。親権審問は、エリオット・ウィルク判事のもとで行われた。彼はぼくを目にした瞬間に嫌悪感を覚えたようだが、無理もないと思う。彼からみれば、障碍《しょうがい》を持つ子どもを養子に迎えている美しく立派な母親の信じていた恋人は、卑劣で狡猾《こうかつ》な放蕩者《ほうとうもの》で、三十五歳年下の母親の娘を誘惑し、その哀れな女子大生を食い物にしてヌード写真を何枚も撮らせたんだから。彼はぼくに対して、家の地下牢の壁に女子学生たちを鎖でつないでいてもおかしくないくらいのイメージを持っていた。ウィルク判事がそうした第一印象を抱いたのは無理もないが、そうでない証拠が出揃っても、考えを改めようとすることはなかった。彼は政治的にリベラル派で、かつて部屋の壁にチェ・ゲバラの写真を貼《は》っていたそうだ。あとになって、彼は必ずしも気品あふれる女性の守護者ではなく、ミアの歓心を買うためにそう演じていたことに気がついた。それどころか、もし優位な立場のもとに女性を性的に利用する行為をハラスメントというのなら、ウィルクは #MeToo 運動の法廷で脂汗をかきながら判決を待つ身だろう。ぼくらは互いに気が合わず、どちらもそれを隠そうとしなかった。こんな関係は、彼に決定権がある戦いの場において、こちらにメリットはない。ぼくは彼にへつらうつもりはなかったので、記者相手にこういったんだ。「この件にはソロモン王の知恵がほしいのに、残念ながらロイ・ビーン〔「殺し屋判事」と呼ばれた実在の人物。その生涯は映画『ロイ・ビーン』でも描かれた〕に委ねられてしまった」

親権審問を終えて間もなく、ウィルクが脳腫瘍《のうしゅよう》で亡くなったのは、皮肉な話だ。というのもぼくは、訴訟がはじまってすぐ、ある雑誌社から子どもの親権を失うことは起こり得る最悪の事態かと質問されて、「いや、最悪なのは手術不可能な脳腫瘍になることだ」と答えていたんだ。良識ある人々はこの正直な回答がお気に召さなかったようで、親としてのぼくの資質に疑いの眼差しを向けられてしまった。だけど、ぼくは嘘をいっていない。それでどうなったか？　その哀れな判事がまさにその病気、致命的な脳腫瘍になったんだ。判事のことは気に食わなかったが、彼の病状がそれほど深刻だったときいたときは気の毒に思った。ぼくの周囲の口さがない連中は、彼の苦境にさほど心を動かされず、彼の判事人生で初めて公正な裁きが下された、と皮肉っていた。彼のせいで散々な目にあわされたとはいえ、自業自得だなどと思う気にはなれなかった。

また、取材を受けて、ぼくがスン・イーへの愛情を語りながら、「心は心が望むものを望む」と発言したときにも、世間からいらぬ顰蹙《ひんしゅく》をかった。身勝手なやつだと思われてしまったが、あれはソール・ベローが引用したエミリー・ディキンソンの言葉を孫引きしただけだ。ほとんど気づいてもらえなかったが、実際、ぼく自身の哲学を述べたわけじゃない。そうそう、ウィルクの無責任な愚行のせいで、ひどい目にあった人はぼく以外にもたくさんいる。ある小児精神科医の話では、それまで担当してきた問題を抱えている子どものなかで最悪のケースは、決まってウィルクが法廷で下した誤った判断に端を発していたということだ。ある母親は、子どもの誕生日会に出席しなければならず、裁判日を延期してほしいと頼んだとき、ウィルクはきく耳を持たずに不利な判決を下してきたと泣きながらぼくに語ってくれた。また別の女性からは、ウィルクが彼女に有利な判決を下したものの、断固としてその判決に強制力を持たせようとしなかったため、結局は敗訴同然だったという話をきいた。さらには、才能ある静物写真家、リン・ゴールドスミスからも次のような話をきいた。ある件でウィルクが判事を務め、彼女に有利な判決を下し、その翌日、予告もなしに彼女の自宅を訪れ、関係を迫った。彼女が抵抗し、彼が既婚者であることを指摘したがなんの効果もなく、しつこく迫られたが、なんとか追い払ったそうだ。自分の立場を利用しているとしか思えない。しかし、ぼくはこんな男のいいなりになるしかなかった。それでも、イェール調査で、ミアがディランを指導していた可能性があり、性的虐待はなかったという結論を出しているんだから、ウィルクはもう少し公平な目で物事をみるべきだったと思う。ところが、明らかに彼はこの調査結果にひどく落胆し、自分の面子《めんつ》を守ることに躍起になって、イェールの調査員たちが取った調書メモが破棄されていることを指摘した。だがじつは、これは個人情報を守るために行われるイェールとFBIの標準的な手順に則ったにすぎなかった。想像にすぎないが、もしイェールが最終的にぼくのディランへの性的虐待を認めていたならば、調書メモが破棄されたという事実は些末《さまつ》な問題とされ、ウィルクはその報告書を金箔《きんぱく》の装幀で印刷させたんじゃないだろうか。

刑事事件のほうは、フランク・マコ検事を中心に捜査が行われた。イェールに調査を依頼したのはマコだった。ディランの精神科医であるコーツ医師の印象では、コネティカット州警察は反ユダヤ的だった。ぼくは一番ほしくないカードを引いてしまったわけだ。コネティカット州警察で、コーツ医師は参考人として質問を受けたとき、警察のひとりから「ファローさんは、娘さんが性的虐待を受けた際、すべきことをしたと思いますよ。子どもたち全員に再洗礼を施したんですからね」といわれたらしい。イェールが性的虐待はなかったという結論を出したとき、かわいそうにマコは苦虫を噛む思いだったに違いない。大きな注目を浴びている件を法廷まで持ちこめば、出世できただろうが、結果は逆だった。彼は現実に直面し、残念ながら、ファロー事件を踏み台にして、夢に向かって前進するなんて空想が消え去ったことを認めるしかなかった。彼は捜査を数カ月間、意味もなく引っ張り、親権審問の間は終わることがなかった。ミア側に特別な便宜を図ったとしか思えない。だが、なぜ？　ぼくに苦痛を与えて彼になんの得がある？　前にも話したサンディ・

バラックとジュディ・ホリスターはこの頃、ミアの家で働いていたが、異口同音に、マコがときおり安っぽい香水（ふたりの言葉だ）のにおいをぷんぷんさせて突然訪ねてきて、めかしこんで化粧をしたミアとランチを食べに出かけていた、と話している。こうした行動がどうやら、マコのいう公平で偏りのない捜査らしい。

ついにマコが捜査を打ち切ったとき、「この件を追求することはできたが、ディランに精神的ストレスを与えるようなことはしたくない」と述べたのは、どう考えてもおかしい。この発言について、複数の弁護士はぼくに、倫理的にかなり問題があるといっていたし、「ニューヨーク・タイムズ」の記事も同じ見解で、マコの態度はぼくの人権を侵害していると書いた。ぼくが無罪か有罪かに関しての答えを（性的虐待の可能性は否定されていたにもかかわらず）曖昧にした、マコのこうした発言は、ミアへの贈り物になったのは間違いない。だが、ここでいっておきたい――彼が最終的に捜査を打ち切ったのは、ディランを傷つけないためだったなんて信じられるだろうか？　自分の無能さを隠すための言い訳だ。彼はかわいそうな七歳の子どもに警察の事情聴取を受けさせ、ミアが娘を裸にして録画したことについては一切触れず、スーパーママがディランを医者のところに無理やり連れていったときもまったく口を出さなかった。この医者はかわいそうなディランに麻酔を打って意識を失わせ、少しでも証拠がないかと膣内を調べたというのに。もちろん何もみつからなかった。分別のある人ならおそらく、地方検事のマコがこの一件をうやむやにしたのは、ディランを思ってのことだなんて考えないだろう。

実際、マコは哀れなぼんくらだったから、ほんの少しでも勝算があったなら、自分の右手とディランの両手を差し出してでも、起訴に踏み切ったはずだ。いうまでもないが、まさに彼が依頼した専門の調査員が何もなかったという結論を下し、「女子児童の証言には一貫性がみられず、調査員に対しある時点では、性的いたずらはなく、父親と屋根裏部屋にいたこともない、と述べている。おそらく母親から指導を受けていたものと思われる」と報告したことで、有罪の可能性はかなりの逆風にさらされた。マコはミアに媚《こ》びへつらっていたんだ。彼女は最高に洗練された男たちでさえ虜《とりこ》にするような女性だったから、彼女の騎士や救世主になることを夢みるような愚かな男などイチコロだろう。これでもぼくを信じない人のために、最後に付け加えると、ウィルク判事は起訴理由があったとするマコの主張に対し次のように記している。「提示された証拠は、(アレンを)性的虐待で首尾よく起訴できる可能性が低いことを示している」

親権をめぐる裁判手続きの間、ぼくはあまりにも甘ちゃんだった。てっきり、偽証すれば刑務所行きだと思っていたが、法廷で嘘をついていることが分かっても、問題にならないらしい。ミアは宣誓したうえで、ぼくが若い女の子との不適切な関係を案じて、以前から精神科医に通っていると断言した。根も葉もないでたらめであると論駁《ろんばく》されたが、彼女のこうした虚偽の陳述に対してなんのおとがめもなかった。なかには、ディランがときどき、ぼくの親指をつかんで吸っていたと証言する人もいた(モーゼズは何年もぼくらのそばにいたが、一度もそんな光景をみたことがないといっている。当然だ。そんな事実はないんだから)。だがこんな作り話もかすんでしまうほどひどいでっちあげの嘘を、のちにローナンは本に書いている。ぼくはよくディランの口に無理やり親指をつっこんでいたとあるんだ。ミアの手下たちがステイシー・ネルキンに連絡をとり、ぼくらが一緒にいた時期、自分は未成年だったと嘘をついてくれないかと露骨に持ちかけてきたこともあった。どう思う? もちろん、彼女は拒否した。

ひとつ面白い話がある。ミアのチームから妨害が入り、ぼくが最近、違法な性行為を目的としてコールガールを呼んだと非難してきたんだ。ぼくを悪者に仕立て上げるためならなんでもありらしい。ぼくが否定すると、証拠があると主張してきた。なおも否定したが、ぼくの弁護士たちは互いに顔を見合わせ、ぼくが本当のことをいっているのかいぶかしんでいた。悪党どもから証拠とやらが送られてきた。それは、ぼくの名前が記載されたクレジットカードの利用記録のコピーで、ぼくがコールガールやマッサージの名手を何人も買ったことになっていた。身の潔白を主張し続けたが、とうとうまわりから疑いの目を向けられるようになった。徹底的な調査のかいあって、すぐに別のウディ・アレンのものだったことが判明した。ミッドウエスト出身の哀れな男がニューヨークで、自分へのごほうびに娼婦を両腕に抱いていたというわけだ。だれもウディ・アレンがもうひとりいるなんて夢にも思わなかった。今度、寄付を求められたときのために、このことは記憶にとどめておくことにした。

どこまで話したっけ？　そうそう、ぼくが常に心から尊敬していたリベラルな人たちには失望させられたよ。ジャーナリストのマレー・ケンプトンはずっとぼくの理想の存在だった。あるとき、彼は取材目的で審問に出席し、次のコラムでぼくをこき下ろした。ミア側の弁護士が一、二名なのに対し、ぼくが弁護士団を立てているといって激しい非難を浴びせたんだ。そういわれても、子どもの親権問題に弁護士が必要だったし、さらに刑事事件――性的虐待――で訴えられていたから、刑事専門の弁護士も必要だった。それなのに彼は、多額の資金を投じて弁護士団を引き連れて権力を笠にきた金持ち男が、裏切られたかわいそうな母親と対決しているかのような記事にした。なぜ彼は偽の性的虐待容疑について掘り下げてくれなかったんだろう。ただ子どもたちを連れていって靴を買ってあげた靴屋の店名を正確に覚えていなかったからって、なぜそんなに厳しく非難されなくちゃならないのか不思議でならない。実際、彼はぼくを目の敵にしていた。思い返せば、数年前、彼は「ニューヨーカー」に掲載されたぼくの小説を気に入って、インタビューを依頼してきたことがあった。おだてられて引き受けたが、「ポスト」紙のインタビューは受けるつもりはなかった。当時はずいぶんひどいタブロイド紙だったから。ぼくらは何度かやりとりをしているうちに、彼の記事はそのタブロイド紙に掲載されると分かった。実際、彼は好人物で、積極的なリベラル派だったが、当時のぼくは決して「ポスト」紙に貢献したくなかったから、断固としてその意志を曲げず、インタビューを遠慮した。彼はずっと借りを返す機会をうかがっており、待ってましたとばかりに、うらみを倍返ししてきたんだろう。また、ぼくが心から尊敬していたグロリア・スタイネムというジャーナリストにも罵倒された。少なくとも誤審の可能性があったのに、だれも真相究明に興味がないようだった。スタイネムは素直にあの告発を真実と受け止めた。長きにわたって、洞察力のある判断をしてきた人なのに、ここへきて判断を誤ったんだ。

　法廷でまた別の面白い出来事があった。ミア側の弁護士アラン・ダーショウィッツが、証人席からひとりの弁護士に向かって、「偽証だ！　偽証だ！」と叫んだんだ。どういうことかというと、ぼくの弁護士が、ダーショウィッツが七百万ドルで性的虐待の件は不問に付すと発言したことに対して非難したんだ。そこにいた四人の弁護士は、彼がそう提案してきたと証言した。それに対してダーショウィッツは猛然と否定し、法廷にきていた彼の母親は息子の晴れ姿を誇らしげに眺めていた。しかし、ぼくは彼の意図を理解しており、当時から表だっていっているのだが、その発言がぼくの弁護士たちが考えているようなゆすりではなく、ミアとぼくが公の場で醜く争わずにすむための配慮だったと考えている。ぼくは彼から、この件は法廷に持ちこまず、内々に解決して、ミアもぼくも世間から誹謗《ひぼう》中傷を受ける事態を避けるべきだ、といわれたことを覚えている。彼とミアは、ぼくの三人の子どもの大学までの教育費、援助資金、私立校や大学の学費が合わせていくらかかるか計算したんだ。なんだかんだで、彼の電卓がはじき出した金額が七百万ドルだった。だが、ぼくは示談に応ずるつもりはなく、こういった――世間からの中傷など気にしない。絶対にディランに性的ないたずらをしていないんだから、示談金が十セントだろうと応じるつもりはない。

　ぼくは真実を恐れていなかったから、金で口止めなどするつもりはなかった。世間の評判にも関心はなかった。いつでも法廷に出向いて、一点の曇りもなく、人生で一度もだれに対しても性的虐待をしたことはないと断言し、公の場でその正当性を主張する心づもりができていた。調査はイェール＝ニューヘイヴン病院とニューヨーク州児童福祉局に任せればいい。専門家による徹底的な調査は大歓迎だった。コネティカット州警察が最も敬意を払っていた人物、ポール・マイナーのもと、嘘発見器のテストも受けたよ。彼は一九七八年から一九八七年までＦＢＩで嘘発見器の主任検査技師をしていた。ぼくは難なくパスしたが、こちら側がミアも同じテストを受けるよう要求したとき、彼女は拒否した。確かに、ぼくは真実を味方につけていたが、今ならそんなものはなんの保障にもならないと分かる。そういえば、バルミツヴァのとき、モリーおばさんにもらったカフスボタンには、ウィリアム・スタイグ画による、槍《やり》で串刺しにされた男の絵の下に「人間なんてろくでなし（people are not good at all）」と書かれていた。アンネ・フランクの言葉〔「人は本当に素晴らしい心を持っている（people are really good at heart）」〕よりも真理をついているんじゃないか。

親権問題でトップレベルの弁護士と、経験豊富な刑事専門弁護士が必要になるという事実をしぶしぶ受け入れたぼくは、こうした問題に関して右も左も分からなかったにもかかわらず、ふたりの信頼できる専門家を探しだすことができた。シーラ・リーゼルとエルカン・アブラモウィッツだ。エルカンは背の高いリベラルな民主党支持者で、ニューヨーク州南部地区連邦検事局の刑事課長を務め、さらに、ニューヨーク市長の次席補佐官、アメリカ合衆国下院の犯罪に関する特別委員会の特別代理人という経歴の持ち主だった。

彼はぼくとの面談を承諾して、ぼくの熱弁に耳を傾けてくれた。事の顚末《てんまつ》をきいた彼は即座に、これまでと逆の戦略をとり、コネティカット州警察で証言すべきだといった。彼はぼくの話をきいて、とても明確で一貫している印象を受け、「警察に同行しますから、事情を説明してください」といったんだ。これまで弁護士たちからは、警察へはいかないようにいわれていたのだが、実際、それには相応の理由があった。ぼくらのチームは以前、コネティカット州警察の要求どおり、聞き取り調査を受けることに同意し、その条件として、速記者に同席させて聞き取りの内容を記録させることを申し入れたが、マコは一切の記録を断ってきた。彼のこの態度をみて信用に値しないと思い、警察にいくのをやめたんだ。だが、エルカンはぼくの話をすべてきいたうえで、明らかに無罪であるから警察にいくべきだと考えた。ぼくは警察へいき、質問を受け、答えた。警察は礼儀正しくて、敵意を示すこともなく、くだらない良い警官と悪い警官《グット・コップ・バッド・コップ》を使った交渉術もしてこなかった。

今でもよく覚えているが、その翌週、鳥肌の立つような出来事があった。毛髪のサンプルを求められたんだ。余るほどたくさんあるわけじゃないが、数本くらいならなんとかなるだろうし、白髪ならいいかと思った。まず指紋が採取された。子どもの頃から憧れていた犯罪者になった気分だった。そのあと席に座らされ、頭の毛を数本引っこ抜かれることになった。ぼくは有名人だから気を遣われているのが分かった――「そっと抜きますから」といわれたんだ。そのとき椅子《いす》に座りながら、一般人や貧しい人や黒人に対する扱いがどんなにひどいものかを初めて知った。特別待遇を受けられるはずがなく、情け容赦なく毛髪を引っこ抜かれるんだ。痛みなんてお構いなしに。ぼくが足を踏み入れたのはそんな現実世界だった。だれにとっても現実は現実だが、一部の人にはより生々しく迫る。

審問の間に、ぼくはとても魅力的な極秘の情報源を得た。裏社会とつながりのある私立探偵と名乗る男が現れ、どんな人物の秘密も手に入れられるうえ、敵を陥れるために仕組まれたタチの悪い策略を暴き、ぼくの主張をくつがえすことができるというんだ。彼がぼくの家にやってきたとき、もはやあきあきしていた話を事細かに洗いざらい説明した。相手側の電話番号も、日常の習慣も、役に立ちそうな情報はなんでも渡したよ。彼は帰っていった。それからなんの音沙汰もない。ペテン師だったのか？　二重スパイか？　ぼくは何か気に障ることをいっただろうか？　彼から被害を受けたわけじゃない。ただ、彼は姿を消した。それだけだ。

親権審問の大騒動のなかで、次のふたつの職業は驚くほど役に立たないことが分かった。まずは私立探偵。かつてのなりたい職業だったのに。私立探偵サム・スペードやマイク・ハマーに憧れて、ぼくが自分の探偵事務所を構えて、机の上に足を投げ出し、フェドーラ帽を小粋に後ろに傾けてかぶり、ショルダー・ホルスターを着けているところを想像したものだ。美人秘書はぼくに首ったけ、なにしろ、無能な警察に先んじて事件を解決するんだから。殴り殺されたり、両目を弾丸で撃ち抜かれて裏通りで野たれ死ぬなんてことが自分の身に起こるとは想像だにしなかった。

ぼくが会って関わりを持った探偵たちは、ハンフリー・ボガートやウィリアム・パウエルとは似ても似つかなかった。たいていは太りすぎの元お巡りで、警察内部に古くからの友人が数人いるおかげで、最低限の情報を入手できたが、高校一年生が一生懸命調べれば、容易にたどりつける程度の内容だった。彼らがマンホールに落ちることなくだれかを尾行したり、信号無視よりも複雑な犯罪を解決したりできるなんて期待しないほうがいい。セクシーなブロンド美女役には、ヴェロニカ・レイクがぴったりだろうな。彼女に欲情した太鼓腹の探偵は無人島で色情狂とふたりきりになろうとも、催淫剤を使っても口説き落とせない、想像すると笑えたよ。ぼくは大金をつぎこんだが、そんな価値はほぼなかった。

もうひとつの役立たずは小児精神科医だ。みんなミアを恐れていた。彼女のいいなりにならなければ解雇されると、ぼくにこっそり泣き言をこぼしてきた者も何人かいる。ある小児精神科医から電話があり、恐ろしくて幾晩も眠れていないから、証人席に呼ばないでくれ、と懇願されたこともあった。ミアとサチェルを引き離すことができず、治療の第一段階はミアを別室に連れていくことだった、とぼやいた医者もいた。ある精神科医からは同情を誘うような口ぶりで、将来の方向性がみえずにいる自分の息子のために、映画業界の仕事を紹介してもらえないだろうか、と頼まれたこともある。どの精神科医もミアの顔色をうかがうように慎重に行動し、彼女の望みどおり、ぼくが子どもたちと一切接触できないように手をまわした。コネティカットでディランを診ていた精神科医は、自分の娘がミアの助手か何かに雇われていたので、ミアの命令どおりに動いていた。この件について、判決を下す立場にあるウィルク判事に指摘すると、彼はなんらおかしなことではないと述べた。まあでも、彼はイェール報告書を読んでなおミアがディランを指導した証拠はないと結論づけたくらいだからしかたない。イェールの長期におよぶ徹底的な調査に対し、彼はどんな調査もしていないっていうのに。何か変なものでも吸ってるんじゃないのか？　それに、なぜ彼はあんなにも必死でミアを助けようとしたんだろう？

審問中、イェール報告書ができ上がり、調査員たちはミアとぼくをオフィスに呼びだして、調査結果を目の前で読み上げた。ぼくらは席について結論をきいた。

「ディランはアレン氏に性的虐待を受けていない」。ディランの発言については、「練習を重ねたような話し方」で、おそらく「母親に指導あるいは感化された」ものである。

モーゼズはこう述べている。「こうした結論は、ぼく自身の子どもの頃の経験と完全に一致しています。指導、感化、リハーサル。この三つの言葉で、母がどんなふうにぼくらを育てようとしていたのか正確に言い表せます」

ミアは激昂《げきこう》した。怒りを露わにした彼女の様子は、モーゼズやスン・イーが記述しているとおりで、イェール報告書が認めているとおりだ。彼女はすごい勢いで部屋から出ていった。ぼくも挨拶をして帰ろうとした。すぐにニューヨークへもどりたかったんだ。部屋を出る際に調査員のひとりと軽く雑談を交わしたときに教えてもらった話では、ディランの発言には多くの矛盾があり、ぼくから性的いたずらをされたこともなければ、屋根裏部屋に一緒にいたこともない、と発言したことさえあった。ジュディ・ホリスターによれば、ファロー家で働きはじめてすぐの頃、ディランが泣いていたのでその理由《わけ》をたずねたら、「ママがうそをつけっていうの」と答えたという。その少しあとでディランには、以前は買ってもらえなかった新しい人形が与えられていた。

ウィルクはイェールが出した報告書に対して明らかにねじ曲がった解釈をして、自分の面子を保つために不誠実なコメントをしたが、その報告書は詳細な調査に基づき正しく結論された正当なものと認められているんだ。調査は六カ月間におよび、関係者と思われる者全員――ディラン九回、ぼく、ミア、子どもたち、ベビーシッターたち、家政婦たち――に対して聞き取り調査も行っている。こうして突然、ミアを救い出す英雄になるというマコとウィルクの夢は煙のように消えた。親権審問が終わったとき、マコがしたようにウィルク判事もまた、ぼくに最もダメージを与えるような判決文を急いで書いた。彼は報告書に魚雷をぶちこもうと必死に練り上げた最上の成果は、次のくだりだ。「イェール＝ニューヘイヴンの調査チームのように、証拠が性的虐待がなかったことを証明しているという（中略）確証が持てない」。もちろん、ウィルクはなんの調査もせずに、ただの希望的観測に基づいてこういったわけだ。一方、イェール＝ニューヘイヴン病院は、数カ月間綿密にこの件を調査している。

もしウィルクが一度でも典型的なイェールの調査会

に出席していれば、ぼくがこれから話すような出来事の一例を目の当たりにしたかもしれないのに。ぜひこの状況を分かってほしい。ニューヘイヴン病院のオフィスで、三人の経験と実績のある調査員を前にして、ミアとぼくのふたりは座っていた。ミアは「この人はディランに性的ないたずらをしたんです」と断言したうえで、「かわいそうなディランはその虐待のせいでひどく混乱して、とっさに隣の部屋に駆けこんで、姉のラークの腕のなかに飛びこんだんです。あの子にとっては姉が頼りですから」と述べた。ミアは、ディランがショックで体を震わせ、なだめるラークにしがみついて、胸の内を打ち明けたときの様子を事細かく説明した。ぼくは用心深いキツネのように、ミアが調査員たちに向かって、芝居がかった調子で物語るのに注意を払って耳を傾け、切り札を出すタイミングを見計らっていた。ぼくはこうたずねた。「君は、ディランの精神的ショックがあまりにも大きくて、泣きながらラークの腕のなかに飛びこんでいった、といったよね」ミアは主張を変えず、ディランが姉に助けを求めたと繰り返した。「何か気になることでも?」と調査員がぼくにたずねた。「つまり」といいながら、弁護士時代のリンカンが反対尋問の際、事件の夜、月は満月ではなく、欠けていたはずですと証言の矛盾を突いたときのように、ぼくは立ち上がり、説明を始めた。「つまり、君がその出来事があったと主張する日、ラークはコネティカットにいなかった。彼女はニューヨークにいたのに、どうやってディランは彼女の腕のなかに飛びこんでいったんだい」。気まずい沈黙が流れた。ミアはどう切り返すか即座に知恵を絞って、「そうよ、あのときラークはニューヨークにいたわ。ディランは心のなかで彼女の腕に飛びこんだの」と答えた。タップダンサーを相手にしているのかと思ったよ。ウィルク判事やミア側の人々には受けたかもしれないが、イェールの調査官を欺くことはできなかった。

ぼくはしょっちゅうまわりから、こんな下品な質問をされる——マコとミア、あるいはウィルクとミアの間に男女の関係があったのか？　信じ難いだろうが、ぼくはこうしたことに鈍感なところがある。映画『深夜の告白』のなかで、フレッド・マクマレイとバーバラ・スタンウィックが彼の安っぽいアパートメントの寝室で激しくキスを交わすシーンがあるんだけど、徐々に暗転していくスクリーンをみながら、こう暗くちゃ、ふたりが仲よくイースターエッグに色をつけるシーンがみられないよと思ったくらいだ。ぼくはマコを軽蔑し、ウィルクに敬意を払っていなかったが、それ以上のことはいえない。ぼくが異議を唱えるのは、ウィルクが子どもたちとの面会権に関して、愚かで、悪意ある、復讐《ふくしゅう》を目的とした決定を下したことに対してだ。この件についてはこれから説明するから、考えてみてほしい。

まず、ディランとの面会は一切認められなかった。この決定のどこが公平あるいは適切といえるんだ？ぼくにとって？　それともディランにとって？調査報告書が性的虐待はなかったと結論したにもかかわらず、会うことができないなんて話があるか。ウィルクのおかげで、ディランは完全に父親から切り離され、母親の全面的な庇護のもとで暮らすことになった。ディランにでたらめを教えこみ、指導し、裸にしてビデオカメラを回すような母親の。ぼくはディランとの接触を一切禁じられた。この決定のあと、彼女と話すことができなくなってしまった。裁判所の命令と母親の操作のおかげで、ディランが七歳のときからずっとぼくは、彼女とひと言も言葉を交わすことも、手紙のやりとりをすることもなかった、というか許されなかった。こうして、ぼくは精神的に大きな打撃を受け、ディランを無慈悲にも剝奪されたが、「娘を奪ったんだから、次は私が奪う番よ」という言葉は見事に成就した。

ディランはイェールの調査員たちに「ママはパパがわるいことをしたっていうけど、あたしはパパがいまもだいすきなの」といったという。ディランとぼくの絆《きずな》は強かったから、ミアがぼくから娘を奪う計画は、ぼくに耐えがたい苦痛を与えたし、とても慕っていた父親を失った、七歳になったばかりの子どもにとっても、間違いなくそうだろう。ぼくはディランを溺愛し、幼少の頃からできるだけ長い時間を一緒に過ごしていた。一緒に遊び、なんだって買ってあげた。おもちゃ、人形、『マイリトルポニー』のぬいぐるみをプレゼントした。当時、FAOシュワルツというおもちゃ屋は子どもの楽園で、ぼくは開店前の早い時間に入れてもらって、ディランとサチェルのために買い物をしたものだ。ぼくが子どもの頃、父に大金持ちの友人がいた。シカゴに住んでいて、たまに仕事でニューヨークを訪れる際には、必ず父に運転手を頼んでいた。父は何をおいても、このロレンツさんのお抱え運転手を引き受けるようにしていた。あるとき、ロレンツさんは父をFAOシュワルツに連れていって、こういった。「息子さんがほしいおもちゃはどれだろう。ぼくにプレゼントさせてくれ」。父がぼくのために選んでくれたのは、本物そっくりのカウボーイのコスチュームひと揃いで、六連発の二丁拳銃までついていた。七歳の頃のぼくは、それはもう大喜びだ。カウボーイ姿は最高にクールだったけど、ブーツの拍車がベッドカバーに絡まって転び、ランプを壊してしまった。またあるとき、宝くじに当たった父はFAOシュワルツにいって、理科に興味のあったぼくのために立派なライオネルの化学実験セットを買ってきてくれた。父はぼくの安全を心配して、薬剤師の友人を呼んで説明書に載っていた化学薬品をすべて読んでもらい、どれが危険かたずねた。父が危険なものをトイレに流したおかげで、ぼくの手元には半分しか残らなかった。それでも、なんとかオレンジ色の染料を作り、母が持っていたダークブラウンのビーバーの毛皮のコートをオレンジ色に染めてみた。母はなぜかかんかんに怒って、ぼくはサラダ用のフォークで殺されかけた。このときのことは『ラジオ・デイズ』のエピソードとして使っている。靴を振りかざした母に、家中を追いかけまわされたときのことは忘れられない。ユージン・オニールの戯曲『毛猿』みたいに、みんなしてホースで水をかけるしかないと思ったね。

そうそう、靴といえば、ディランが『オズの魔法使』のドロシーが履いていたルビーの赤い靴をとてもほしがったことがあった。ぼくは夜中まで起きて、自分の映画の衣装部にその靴を作ってもらい、ディランのベッドの上に置いた。ディランが朝起きたとき、そのプレゼントをみつけられるように。

ミアの台本どおりに事が運び、判事が操り人形となってぼくから面会権を取り上げたときは、胸をえぐられる思いがした。一年間、ディランがぼくのところにもどってくる夢をみた。起きているときは、ディランと直接会えないか、手紙を渡せないか、言葉を交わせないかとあらゆる策を講じたが何をしても邪魔が入った。もう少し大きくなれば、自分が利用されていたことに気づくかもしれないと期待して、ぼくは彼女に手紙を書いた。優しさと愛情をこめた短い手紙だ。どうしているか知りたかっただけで、ぼくのＰＲ活動では断じてない。手紙はすべてサチェルに没収され、彼からは素っ気なく、まわりくどい返事が届いた。その冒頭にはこう書かれていた。「手紙がきたことはディランに伝えましたが、興味がないようです」（ヒッチコックの映画『汚名』でも、不自然で不気味な母と息子の関係が描かれている。息子役のクロード・レインズは母親と共謀してスパイ役のイングリッド・バーグマンを自分たちの屋敷に住まわせ、毎日少しずつ毒をのませる。ミアはそれと同じようなことをして、かわいそうなディランの心を蝕《むしば》んでいった。この親子はバーグマンの部屋の電話線を抜いて、仲間のケーリー・グラントと連絡がとれないようにした。最終的に彼は屋敷へ乗りこんで彼女を救い出すわけだが、それは映画の話だ。現実の世界で、ぼくがケーリー・グラントのように振る舞ったところで、ドアマンの前を通り抜けることもできない）。

ぼくはとうとうサチェルに返事を書いて、「君はいつも妹の手紙を開けて読んでいるのかい？」とたずねた。彼はこの問いには触れず、「もし本当に助けたいと思っているのなら、金銭的な援助をしてください」とだけ返してきた。ぼくは法に従って、すでに惜しみない援助をしていたが、もしミアのいうように本当にサチェルがフランク・シナトラの息子なら、ぼくは間違いなく金をだまし取られていたことになる。

ぼくの人生で最も悲しいことのひとつは、ディランを育てる時間を奪われ、彼女にマンハッタンの街をみせたり、パリやローマに連れていって一緒に楽しく過ごすのをただ夢みることしかできなくなったことだ。今でも、スン・イーとぼくは、もしディランがモーゼズがそうしてくれたようにぼくらに連絡をとりたいと思ってくれるなら、喜んで歓迎するつもりでいるが、今のところ、それも夢物語のままだ。でもとにかく、賢明なる司法の判断なわけだし、選択権だってあるんだろう？　そう思われるかもしれない。この判決はぼくに対する仕組まれた悪辣《あくらつ》な企てであったばかりか、ディランにまで最悪の事態を招いたと思う。その話はまたあとで。

サチェルに関しては、監督つきで面会の許可が下りた。だが、なぜ監督つき？　納得のいく理由はない。〝監督つき〟とはつまり、雇われた付添人――たいてい毎週違う人――が面会に同行して同席するということだ。なんのために？　性的虐待などなかったなら、いったいなぜそんなことになる？（サチェルに触れたと告発されたわけではないが、記録に残されているとおり、あるとき、ミアの発言はかなり支離滅裂で、ぼくがサチェルとディランのふたりに性的ないたずらをした可能性があると主張した。だが、サチェルのほうは無理があると分かって、彼よりも影響を受けやすいディランに的を絞ったんだ）　それなのに、なぜ監督されなきゃならない？　このせいでどうなったかというと、サチェルが自分の父親が恐ろしい危険な存在だという確信を強くしただけだ。しかし、ぼくは彼を愛していたし、会いたかった。だから、ウィルクによる唯一の面会の取り決めを受け入れるよりほかなかったんだ。毎週、かわいそうな息子は、母親から父はレイプ魔のモンスターだときかされたあとで、コネティカットから車で一時間半かかるニューヨークへ、食人鬼のような年寄りとの面会に送り出された。

この件を担当した精神科医は、他方の親に対する偏見を子どもに植えつけない親が親権を持つべきだと述べた。この意見を念頭において、控訴裁判所判事が書いた記録を読んでほしい。彼はサチェルとの面会条件があまりにも制限されすぎていると感じて異議を唱えている。彼の意見はふたつの目撃証言に基づいている。この証言は、経験あるプロの監督者フランシス・グリーンバーグとヴァージニア・リーマンによるものだ。ふたりとも個人のソーシャルワーカーで、ニューヨークでサチェルと面会する際に付添人として同行していた。

ふたりは調査結果を控訴裁判所判事のひとりJ・キャロに報告し、彼はその内容を次のように記録している。「中立的立場にある観察者の発言によれば、アレン氏とサチェルは基本的には愛情のある温かい父親と息子の関係を築いているが、この関係は危険にさらされている。その主な理由は、アレン氏が現在の親権のあり方と面会の取り決めにより、息子から疎外され疎遠になったためである。フランシス・グリーンバーグとヴァージニア・リーマンのふたりは個人のソーシャルワーカーで、サチェルとの面会の監督を担っており、そのときの状況を次のように説明している。『アレン氏はサチェルを抱きしめて歓迎し、彼のことをどれほど愛しているか、また彼がそばにいなくてどれほど寂しい思いをしているかを伝えていました』。また、両観察者の語るところでは、父子は次のような会話を交わしていた。アレン氏が、あの川と同じくらい大好きだよ、というと、サチェルは、ぼくもパパがニューヨークの街と同じくらい大好きだ、といったような言葉を返し、さらにアレン氏が、あの星々と同じくらい大好きだ、というと、サチェルは、ぼくもパパが宇宙と同じくらい大好きだ、と返す。残念ながら、両観察者はまた、サチェルがアレン氏に『パパのことは好きだけど、大好きになっちゃいけないっていわれてるんだ』と述べたと証言している。この発言は、アレン氏が、ファロー氏とカリフォルニア旅行を予定していたサチェルに、旅行先から絵葉書を出してくれ、と頼んだときのものであり、サチェルは『できないんだ（だって）ママがゆるしてくれない』と言っている。またあるとき、サチェルがアレン氏と定められた二時間の面会時間よりも長く一緒にいたいと述べたあとの発言について、『サチェル自身が、母親から二時間で十分だといわれているから、もっと長くはいられない、といっていました』。サチェルはおそらくこれまでになくつらそうに、『アレン氏に対し、自分が医師のカウンセリングを受けていて、その医師から、アレン氏にもう会わなくていいようにしてあげるから、といわれたといっていました。サチェルはその医師の診察を八回か十回くらい受けることになっていることや、そのカウンセリングを終えれば、もうアレン氏に会わなくてもよくなる、といわれたことを話しました』。ファロー氏がサチェルの前でアレン氏について語ったと思われる発言内容とは対照的に、『アレン氏はサチェルの前で、ファロー氏について肯定的な発言しかしておらず、ただモーゼズとディランに愛していると伝えてほしい、とだけいっています』

まったく、これだけでも十分に、ウィルク判事がふたりの子どもたちをミアの手にのみ委ねたあと、ファロー家で何が起こっていたのか、だれにでもうかがい知れるじゃないか？　ふたりの個人のソーシャルワーカーの証言は、モーゼズが目撃した、繰り返し行われる洗脳とどう違うんだ？　つまり、ミアは数カ月にわたって、五歳の子どもに毒を盛り続けて洗脳したんだ。プロの監督者というのは、なかなかみつからないうえ費用がかかる。しかも、パートタイムの付添人は入れかわり立ちかわりだ。面会の日は毎回、大学生かそれよりちょっと上くらいの若い女性たちがミアの家に現れる。ミアは彼女たちにあらかじめ話をしてぼくに会う前の心構えを教える。ほかのベビーシッターたちにぼくから目を離さないように指示を与えていたことや、例の判事がいったに違いないぼくの悪口をひとつふたつ伝えて武装させたうえで、ぼくを軽蔑するように育てられているサチェルをマンハッタンへの地獄に送り出すんだ。これじゃあまるで、ぼくがその監督者たちにイェール報告書を読ませてから、ミアに会わせるようなものじゃないか。そうすれば、彼女たちはきっとミアのことをかなり違った目でみただろう。

当然、時がたつにつれて、サチェルは車酔いの状態で監督者と一緒にぼくの家にやってくると、けんか腰の態度をとるようになり、相反する感情を抱えながら怒りをぶつけてきた。ぼくのことはラルフローレンのコーデュロイパンツをはいたモレク〔フェニキア人が子どもを人身御供にして祭った神〕だと教えこまれているわけだ。そうして、堅苦しく、不自然で、気まずい、監督付きの悲惨な面会時間がはじまる。つまり、父と息子が何かを一緒にしながら素敵な時間を過ごすのでなく、常に第三者がそばにいて、ぼくがかわいそうな子どもをレイプしないか見張っているわけだ。それだけじゃなく、ぼくが彼をランチやアイスクリームに連れていくときには、その第三者も同じテーブルにつく。監督者抜きで散歩へ連れていくこともできないし、バスケットボールの試合や映画にいくなら、余分のチケット代まで支払うことになる。監督者の女性の多くはいい人だったよ。少数ながら親切な人もいて、これがひどく不公平な状況だと知ると、なるべくぼくたちをふたりきりにしてくれようとした。愚か者も数人いて、ミアの悪意ある説明をまともに受け止め、怯《おび》えていた。面会中には、生真面目で厳格な軍人のように振る舞って、つらい時間を強いた。一年間、無意味な時間を過ごしたあと、ぼくは面会をおしまいにすることにした。サチェルとの絆を深めるどころか、ますます溝が深まるばかりだと悟ったんだ。

これが親権裁判の実態だ。ウィルク判事のような気まぐれな権力者たちが、家族の人生を意のままにする。何度か、通りで見知らぬ人たちに呼び止められることがあった。悲嘆にくれた男たちが、親権の決定によって奪われた子どもたちに会うために力を貸してくれと懇願してきたんだ。ある男は泣いていた。ぼくならなんとかできるとでも思ったんだろう。有名人だから、ツテがあるだろうとでも考えたのかもしれない。ぼくは監視下に置かれ、ミアが子どもたちの手綱を引いていたというのにね。こうして、彼女の歪《ゆが》んだ支配の下で、恐ろしい出来事があった。モーゼズはそこにいたそうだ。このちょっとしたエピソードについて、『欲望という名の電車』のブランチならこういっただろう。「まるでポーよ！　エドガー・アラン・ポーの世界よ」

事実を目の当たりにしていたモーゼズの話をきいてほしい。彼は次のように述べている。「ローナンがロースクールを卒業したあと、母は彼に脚を伸ばして身長を数センチ高くする美容外科手術を受けさせたんです。ぼくは母に向かって、外見をよくするためにそんな大手術をさせるなんて理解できない、といいました。母の答えはシンプルで、『政界でキャリアを積むには背が高くなきゃだめなの』でした。当然、ローナンにとって長くつらい日々でした。両脚を人工的に骨折させ、治癒の過程で脚を長くするという施術を数回受けさせられたんですから。保険会社はその医療行為の必要性を認めず、支払いを拒否しました。確かに、ミアとローナンは違う説明をしていますが、これが事実です」。表向きには、ローナンは歩行器が必要なほど膝を痛め、治療に数カ月を費やしたのは、海外で働いていた間に実際にかかった病気が原因とされている。だから手術することになったといいたいのだろうが、モーゼズはその痛みを伴う治療の間、ほとんどそばにいた。ミアがローナンに脚を骨折させるなんて残酷な手術を受けさせ、彼のために考えた将来の道を進ませようとしていた頃、ぼくは判事のせいで監視付きの身になっていたというわけだ。

そう、ウィルクはぼくに罰を下したんだ。だけど、そのせいで、かなり予測不可能な言動がみられる女性にふたりの子どもの単独親権を持たせることになった。子どもたちは母親の手に落ち、愛情に満ちた父親を奪われたうえ、父を恐れ憎むよう教育された。かわいそうにディランは、父から性的虐待を受けたという作り話をしつこく刷りこまれながら成長したんだ。母親はサチェルにも同じように吹きこんだ。七歳と四歳の子どもを懐柔するなど朝飯前で、ふたりはすっかり支配的な母親だけを頼っていた。

ぼくはミアの弁護士たちを嫌ってはいなかった。法廷は舌戦が展開される場だ。人は汚い手口や悪意ある告発に腹を立てるが、弁護士は金で雇われたプロだ。ミアは簡単にぼくの弁護士を雇うことができるし、逆もまた然りである。ぼくには、ふたりの大物弁護士、シーラ・リーゼルとエルカン・アブラモウィッツがついており、ふたりとも勝訴を主張していた。しかし、専門家からみれば性的虐待がばかげた告発であることは歴然としていたにもかかわらず、ウィルクの親権裁判の場では――シーラ・リーゼルにいわせれば――八百長レースが行われた。ぼくは、ミアの弁護士アラン・ダーショウィッツに好感を持っていた。彼は、ぼくらの世間的イメージの傷を最小限に抑える方法を探していたと思うんだ。だが彼は、ミアを十分理解していなかった。彼女がとんでもなく厄介な女性で、また説得力のある話し方ができる女優で、彼女の言葉は当てにできないということまでは分かっていなかった。たぶんぼくは、ミアが審問の間にウィルクの裁判所書記官と親しくなり、幾晩も裁判所から家まで車で送ってもらうようになったときに異議をとなえるべきだったんだ。そんなのはフェアじゃない。間違いなく、そんな付き合いは、判事とのつながりにもなるわけだからアンフェアだ。どのみち、今さら悔やんだところで手遅れなんだが。

新聞記事を真に受けた人々はたいてい、こういい残して立ち去っていった。「ショービズ界の連中はみんな常軌を逸した生活を送っている。君はいかれているが、ミアも似たようなものだ。ふたりともまともじゃない」と。多くの人は「彼はこういう、彼女はああいう」の水掛け論とみなして、ぼくらの対立を「どっちもどっち」だと考えていた。だが真相は「彼女はこういう」に対して「彼はああいう」ではなく、「独立した複数の事実調査はいずれも彼のいうことと同じ結果を告げている」であった。対等な立場にある二者による口論、なんて簡単な話じゃない。すでに主張の正当性が認められた者と、綿密な調査のうえで証言が偽証だと判断された者の対立だった。だからって、こんなことは世間の人々にとってどうでもいい話だし、気にしてもらう理由もない。世の中には高慢ちきなふたりが騒ぎ立てるタブロイド紙のネタや、体を張ったふたりのコメディよりも、注目すべき緊急性の高い問題ははるかにたくさんあるんだから。

そろそろ、スン・イーとぼくの話にもどろう。ぼくらは身を隠すように、ぼくのペントハウスに同居して、そこから出ず、建物のまわりに群がるパパラッチを避けて、青々とした葉で覆われた広い屋上庭園で自然散策を楽しんだ。自分のペントハウスを持つことは、子どもの頃からの夢だった。少年時代の午後、暗い映画館で食い入るようにみつめていた三十五ミリフィルムの神や女神たちはみな、スコッチのグラスに角氷を落とし、フレンチドアを開け放ってテラスに出ると、マンハッタンの風景が広がっていた。ぼくは長年、映画のセットになるような、五番アヴェニューをみおろす家に住んでいた。ほぼ床から天井まである大きなガラス窓からみる街の眺めは最高に美しかった。夕映えは息をのむようで、激しい雷雨の日には、ジョージ・ワシントン・ブリッジからバッテリー・パークまでのびる巨大な稲光をみたこともあった。雷鳴がとどろく前には、壮大な閃光《せんこう》がセントラルパーク・ウエストを越え、ニュージャージー州を越え、はるか遠くまで走っていく。一度だけ、西の空に稲妻が走り、完璧な円を描くのをみた。巨大な〝O〟の字だった。

あるとき、住んでいる建物に雷が落ちたことがあった。正確には、ぼくの部屋のテラスの手すりだ。壁面から凶器になるほどの石のブロックが剝がれて、五番アヴェニューの通りに崩れ落ち、建物全体が揺れた。ただ篠突《しのつ》くような土砂降りのおかげで通りに人影はなく、だれにも当たらずにすんだ。その後数カ月間、路上のブロックのまわりに立ち入り禁止のロープが張られ、建物の修復工事が行われた。落雷したのは地上二十階だったが、地階にいた作業員は五番アヴェニュー九百三十番地全体が揺さぶられるような衝撃を覚えたという。

その後、激しい雷雨の日に総メタル製のオリンピアのポータブル・タイプライターの前に座って執筆をしていると、不安になることがたびたびあった。稲妻が窓を突き破ってタイプライターに当たり、現代の倫観についてふざけた皮肉を打ちこんでいるぼくを丸焼きにするんじゃないかって思ったんだ。吹雪《ふぶき》や雪嵐はまた違った経験だったが、これもまた最高だった。冬の朝、目を覚ますと、セントラルパークが隅々まで雪に覆われている。街はしんとして人っこひとりいない。赤い消防車が一台、完璧な白を背景に走り抜けることもあるだろう。雪に覆われたセントラルパークそばには白いニワトリ、ひときわ目立つ赤い消防車。カット。四月、樹々が新芽を吹く頃になると、似たような高揚感を覚えた。最初に気づいたとき、とても小さかった芽が、次の日には少しふっくらしている。さらに数日すると、いっせいに芽が吹き、あたり一面に緑があふれ、マンハッタンに春が訪れる。セントラルパークは花の季節を迎え、つぼみが開く。その懐かしい香りに包まれると、死にたくなってしまう。なぜか？　あまりにも美しくて、途方に暮れてしまうからだ。脳の奥の松果腺から〝なんともいえない憂鬱感《ゆううつ》〟が分泌され、心の内からこみあげるこうした一切の感情を持てあます。もしこんなとき、愛する人との関係に暗雲が立ちこめていたならば。リボルバーに手がのびる。

秋はまったく異なる様相を呈するが、心ゆさぶられる意味では春と同じだ。ぼくにとって秋は一年で最も魅力的な季節だ。そうそう、ニューヨークの夏は不快なんだ。暑くてじめじめしているから、みんなどこかに出かけてしまう。まあ確かに、交通量が減るおかげで、あちこち移動しやすいんだけど、友人はみんな留守でつまらないし、どこもなんだか蒸し暑い。まあでも、秋になると街が活気づいてくる。ニューヨーカーは休暇からもどってくるし、涼しくて過ごしやすくなるから。子どもの頃ブルックリンに住んでいたときは、夏を神様からの賜物のように思っていた。学校が休みに入るから、一日中野球ができたし、映画もたくさんみられたんだ。楽しかったが、なんといっても秋には素敵な女の子たちがキャンプからもどってくる。本や授業の悪夢にうなされることにはなるが、少なくともぞくぞくするようなS字状の曲線美を拝むことができた。ぼくはキャンプにいったことがない。そういうのが大嫌いなんだよ。ただ、一日だけキャンプに挑戦したことがある。理想郷《シャングリラ》のような場所だときいて、指導員の助手として参加申しこみをしたものの、田舎へ向から列車に乗っている間にどんな目に遭うかすぐさま察知し、父に電話をして迎えにきてもらった。父は常にトラブルに巻きこまれないよう注意していたから、友人のアーティ——酒の飲みすぎで片足が麻痺しているガタイのいい男——を用心棒として連れてきたうえ、銃まで持って、車を走らせ、その楽しく素敵なユダヤ人サマーキャンプからぼくを救いだしてくれた。いうまでもないが撃ち合いにはならなかった。

　さあ、ぼくのペントハウスの窓から外をみてもらおうか。眼下に広がる緑が次第に色づいていく様に圧倒され厳粛な気持ちになる。画家たちがどんなにうまく絵の具を組み合わせても出せないあの自然の赤や黄に圧倒され、葉があっという間に枯れ、チェーホフがよく描いていたように散っていくのを眺めていると、いつか自分も枯れ散っていくことを悟って厳粛な気持ちになるんだ。これと同じ愚かで残酷な儀式が自分の体中の可愛らしい中性微子《ニュートリノ》にも起こることが分かる。だけど、それはどうだろう。つまり、どうみるかによって、みえ方はまるで違ってくる。人間にとって、秋色に染まった葉は目の覚めるほど美しいけど、赤や黄の葉にしてみれば、間違いなく、緑の葉のほうが魅力的なはずなんだ。

　まあそれで、ぼくという男は美術監督のセドリック・ギボンズが作るようなペントハウスを所有し、ニューヨークの二十階に住んでいたわけだが、ペントハウスは雨漏りするなんてMGMは教えてくれなかったし、MGMの映画にもそんなシーンは出てこなかった。映画のなかのテラス付きの高級アパートメントでは、壮大なスカイラインをバックに、ロバート・モンゴメリーが煙草を一本抜いて、シガレット・ケースのうえでトントンと軽く叩《たた》きながら、キャロル・ロンバードに微笑《ほほえ》みかけていた。それにぼくと違って、暖炉で火が燃え盛ったとき、排煙口を開け忘れることもなかった。雨漏りもなかった。ぼくが優美な高台に住んだ三十五年間、つねに雨漏りしていた。ぼくは業者を雇い、庭の床面をはがして屋上の改修工事をし、銅の鍋も隙間無く敷きつめたよ。それでいて雨が降れば、バケツまで必要になる。ここでいう雨漏りは、ちょっと不安になる程度の量じゃない。バケツがあっという間に満杯になるほどなんだ。おかげで、毎年、床を塗り直すことになった。

だが、それはまるで魅力的で美しく腹立たしい女性に恋をしているような感じだった。たとえば、ルイーズのような。このペントハウスを気に入っていたから、あわててバケツを並べて雨水を受けるくらいたいしたことはなかった。もしスン・イーとぼくが子どもを持たず、もっと広い場所が必要にならなかったなら、たぶん今でもそこに住んでいたと思う。まあそれで、スン・イーとぼくが世間を騒がせ、あらゆるパパラッチから追いまわされていたとき、ぼくらは何週間もペントハウスに引きこもって、かなり広々とした屋上庭園をよく散歩していたんだ。それはまさに「君とふたり、世間を敵にして《ユー・アンド・ミー・アゲンスト・ザ・ワールド》」といった感じだった。そういう映画では、ふたりの愛は深まるばかりだが、現実もそのとおりになった。結婚に関しては、ふたりとも自分たちの関係を正式なものにする必要性をそれほど感じていなかった。ぼくらはどんな契約も当事者が幸せでなければ、紙くず同然と思っていたんだ。愛し合っていたから、法的に認めてもらう必要はなかった。ぼくらは絶対に結婚しない、それだけのことだった。だがのちに結婚した。なぜか？　ロマンチックな話じゃなく、純粋に経済上の理由だ。スン・イーを大切に想っているが、ぼくはずっと年上だし、急にぽっくり死ぬことだってある。そうなったときのために、彼女が法律上保護されて、ぼくが所有するすべてのものを問題なく自動的に相続できるようにしておきたかった。法があれば、妻は夫の死に際して、全財産をスムーズに相続できる権利を得ることができる。

結婚を決めたのと同じくらい現実的な理由から、とてもロマンチックな結婚式を挙げることになった。ぼくらは式をひそやかにこっそりと行うことにした。ぼくの妹と、友人をひとりかふたりだけ呼んで。場所はぼくらの愛する街ヴェネツィアにした。ヴェネツィア市長が、市の所有するビルの結婚式用の部屋で、内々に式を執り行ってくれることになったんだ。だれにも気づかれず、秘密裡に式の段取りをすべて整えた。一九九七年十二月の暗く寒い日、スン・イー、ぼくの妹、それから親しい友人のアドリアナ・ディ・パルマ（今は亡き撮影監督のカルロ・ディ・パルマの奥さん）は、ヴェネツィアの街をぶらぶらと歩いていた。同じ頃、ぼくはジェームズ・ボンドみたいに、五百まで数を数えてから、明かりを消し、ぼくらが泊まっていたグリッティ・パレス・ホテルのスイートをこっそり抜け出してゴンドラに乗り、音もなく裏路地の運河を滑り、スン・イーたちとは逆方向から会場に到着した。別々に人目につかない部屋に入って、市長のもとで結婚式を挙げた。そっと、スン・イーとぼくは時間をずらしてそこを立ち去り、だれにも気づかれずに建物を出て、別ルートをとってホテルで落ち合った。スイートルームにもどったとき、電話が鳴り響いた。「ニューヨーク・ポスト」のゴシップ欄の担当者からだった。ぼくらがヴェネツィアで結婚式を挙げたばかりだという情報を嗅ぎつけたらしい。新婚初夜を迎える前に、ベッドの下を確認したよ。ぼくらはオテル・リッツ・パリでハネムーンを満喫していたが、二日後、この秘密は大々的に報道された。こうして、スン・イーとぼくは夫婦になったんだ。株式市場への影響はほとんどなかったが、精神治療薬《ザナックス》の株価は十ポイント上昇した。

　ミアとの映画経験を振り返れば、何もかも滅茶苦茶になったときに制作していた『夫たち、妻たち』はさておき、作品として良し悪しはあるにしても、面白い経験ができたといわざるをえない。『夫たち、妻たち』の撮影の最終週、ミアとともに事態は劇的な変化を迎えた。当然、現場の空気が張り詰めるなか、ふたりとも歯を食いしばってプロに徹し、クランクアップを迎えることができた。ミアは、ぼくとなんか絶対に仕事をしたくなかったはずだ。なにしろ、スン・イーとの関係に気づいたばかりだったから。ぼくにしても、ミアが電話をかけまくって、未成年の、知恵遅れの娘がぼくにレイプされた、と触れまわっているような状況を楽しめるわけもなかった。『夫たち、妻たち』はぼくがミアと作った最後の映画になった。

第13章

ミアとの最初の仕事はその十三年前に撮った『サマー・ナイト』だった。以前から田舎の楽しみや美しさを称えるような映画を撮りたいと考えていたんだ。なんでそんなことを思ったんだろう。田舎なんて大嫌いなのに。だが、マジックを用いたアイデアやメンデルスゾーンの音楽が頭から離れなかった。そして、物語の舞台となる家をゼロから建てた。撮影地は、スリーピー・ホロウの北、ロックフェラー家の土地にある森だった。ニューヨークの映画でマンハッタンの街を描いたように、田舎を舞台にした映画を撮ってみたかったんだ。愛をこめて田舎を描きたくてね。ぼくが田舎を好きじゃないという事実はどうでもよかった。結局、ぼくは芸術家なんだ。クリエイターであり、夢の紡ぎ手であり、背伸びして深みにはまったぼんくらだった。

ミアは最高にすばらしく、ホセ・フェラーと共演できたのはとても楽しかった。彼のシェイクスピアからジャズにおよぶ幅広い知識と教養には感動したよ。それに、シューベルトの歌曲を実際に暗記して歌わなくちゃならない役を頼める俳優がどれだけいると思う？ この物語にぴったりの家は、ある建築の本をめくっていたときにみつけた。それはミッドウエストのどこかに実在する家だった。ぼくらはそのヴィクトリア朝の外観を丸ごと真似て、ポカンティコ・ヒルズにあるロックフェラー家の土地にその家を建てた。

映画の公開後、真似させてもらった家の所有者から設計デザインを盗んだといって訴えられたが、こっちが勝訴したと思う。ぼくらが建てた家のほうは、撮影後に売却された。買い手はその家をロングアイランドに移築し、建築基準法に従って室内を改装して、今でもそこに住んでいる。幸せに暮らしていてほしい。同時進行で『カメレオンマン』も作っていて、先にも書いたが、四六時中、帽子のかぶり替えをやってるみたいで精神的につらかった。『サマー・ナイト』の客席では閑古鳥《かんこどり》が鳴いていたが、『カメレオンマン』のほうはずっと評判がよかった。『カメレオンマン』は、昔の映像フィルムも交えたドキュメンタリー調の映画にしようとしていたから、撮影自体もずっとスムーズだった。セックス・コメディの『サマー・ナイト』のほうは、一日の出来事を描いているというのに、撮影に三カ月もかかってしまい、季節の移り変わりで光の具合が変わらないよう、いつも照明に気を遣っていた。これに関してはよくできたと思うよ。あと、みんなでしょっちゅう茶色の葉っぱを緑色に塗っていた。

　次にミアと共演した映画は『ブロードウェイのダニー・ローズ』だ。役者としてのぼくの幅は、なんというか、限られている。インテリを演じられるのは、見た目のおかげだが、前からいっているように、本当に演技でしかない。本の虫にみえるおかげで、スクリーン上でそんなキャラクターにもなれた。ほかにも、大学教授、たぶん精神科医、弁護士、教養ある専門家ならさまになる。一方、持って生まれた性分のおかげで、いかがわしい人物も演じられるんだ。ごろつきにもなれるし、小悪党、ノミ屋、街のタレコミ屋にもなれる。主人公のダニー・ローズは都会慣れした抜け目ない男で、学のない負け犬、ケチで口がうまいんだ。

　この当時、ぼくはよくミアを〈ラオズ〉に連れていっていた。説明不要の有名イタリア料理店だ。こんな逸話がある。テキサスのカップルからディナーの予約をしたいと電話があった。「もうすぐニューヨークにいく予定なんですが、とびきり美味しい料理のお店とききまして」。フランキー（この店の主人だったが、残念ながら、早死にしてしまった）の返事は、「十四カ月後なら席が空いてるよ」。ミアとぼくはよく、アニー・ラオみたいな人物をミアが演じるのはどうだろうと話していた。アニーとヴィンセントは店の調理人にして、経営者だった。アニーはとても素敵な人なんだ。高く盛りあげたブロンドの髪、くわえ煙草、ニューヨーク・シティっぽい口調、そして彼女特製のローストパプリカ。ああ、あと、かけっぱなしのサングラス。そう、これが『ダニー・ローズ』でミアが演じたティナなんだ。いつものミア・ファローとはまったく違う役柄だったが、見事に変身してみせた。撮影現場は楽しかったし、すごい俳優たちとも一緒に仕事ができた。鳥おばさんを演じたアルバは映画に出てきたしゃべる鳥の飼い主だが、ミアに一羽プレゼントした。きっとおしゃべりが上手な鳥だよ。

　主役の三流マネージャー、ダニーが売りこもうとするイタリア人歌手を演じたのは、ニック・アポロ・フォルテだった。ニックはよくやってくれた。ぼくはジミー・ローゼリからロバート・グーレまでいろんな歌手をオーディションして、フィルムに収めた。候補者が多すぎて絞りきれず、ぼくの北極星、キートンを呼んで、スクリーン・テストをみてもらうと、彼女は「ニック・アポロがいい」といった。そのひと言で十分だった。ぼくは彼女のセンスを疑ったことはなかったからね。実際、キートンは正しかった。彼は役にぴったりだったんだ。マサチューセッツ州出身のラウンジ歌手で、イタリア人家系の出身――確か、漁師の一家で、生業《なりわい》の漁法についてきかせてくれた。水中でダイナマイトを爆発させ、水面に浮きあがった大量の死んだ魚を捕るのだそうだ。ニックにとって初の映画出演だったし、多くの実力歌手のなかから主要キャストに抜擢されたと知れば、謙虚に感謝されるかと思ったら、「ぼくを雇いたいなら、ぼくのドラム奏者も出演させてくれ――あと、ぼくが書いた曲を使ってほしい」だって。そのドラマーは悪くなかったから雇うことにした。ニックが〝書いた〟「腹のムシ《アジタ》」は腹の不調を歌った曲で、これも採用したよ。ご機嫌な一曲だ。ちなみに、これのせいで訴訟騒ぎになった。ある男がニックにその歌を盗まれたといってきたんだ。どう決着がついたのかは知らない。

　次にミアと作った映画は『カイロの紫のバラ』だ。これはぼくがこれまで撮った映画のなかで傑作のひとつに数えていいと思う。それに『ブロードウェイのダニー・ローズ』をみれば、ミアの演技の幅は広く、しかも作品ごとにどんどんよくなっているのが分かるはずだ。ジェフ・ダニエルズの役には、当初、マイケル・キートンという素晴らしい俳優をキャスティングしていたが、問題がふたつあった。スクリーンでみるマイケルはあまりに現代的で、三〇年代のキャラクターの役として起用するには抵抗を感じたこと。また、彼は父親になったばかりで、赤ん坊のおかげでひと晩中眠れず、はっきり分かるほど目を充血させて何度も現場に出てきたこと。俳優にキャストの交代を告げるのはつらいんだ。当然だが、役者は自信喪失して自分の演技が気に入られなかったと考えてしまうから。マイケルの代わりに採用したのは、配役担当ジュリエット・テイラーが新たに発掘した俳優だった。彼女から彼に会ってみてくれとせっつかれていたんだが、ぼくは怠惰で内気で自滅型だから、なかなか重い腰を上げなかった。ところが、ジェフ・ダニエルズが部屋に入ってきて台本を読みはじめてすぐ、ぼくらの心は弾んだ。大当たりを引き当てたのが分かったんだ。そうそう、これは本当に無意味なトリビアなんだけど、映画ではすでにマイケル・キートンで撮っていたシーンが少しだけ使われていて、物語のなかに出てくる閉園となった遊園地を俯瞰して撮った長い夜のシーンなんかがそうだ。あのこそこそ動きまわっている小さな黒い人影はジェフ・ダニエルズじゃなく、マイケル・キートンなんだ。ぼくらは、だれも気づかないだろうし、寒空の下、徹夜で面倒なシーンを撮り直すために大枚をはたく必要はないと考えた。ほら、トリビアだっていっただろう。ジェフ・ダニエルズはぼくらの大きな期待に応えてくれたし、その後も舞台や映画で俳優として輝かしいキャリアを積んでいる。

ところで、ぼくは絶対にテスト上映をしないんだ。観客の意見を自分の映画に反映する気はないからね。フィルムを渡したら、それで終わり。映画会社が試写会をやるのはかまわないし、マーケティング戦略の役に立つのなら、アンケートを書いてもらえばいいと思うけど、その内容を伝えてもらう必要はない。そんなものに興味はないし、変更するつもりもないからね。それでまあ、ユナイテッド・アーティスツがボストンで『カイロの紫のバラ』の試写会をしたあと、ユナイトの重役のひとりから電話があり、よかったよ、と嬉《うれ》しい知らせを受けた。ぼくは彼の気遣いに礼をいった。

すると、彼はかなり遠慮がちに、「ところで、もう少し幸せな結末にしたら、間違いなく興行収入が上がると思うのだが」といった。つまり、ミアとジェフが結ばれる結末にしてくれないか、ということだ。たとえば、『スプラッシュ』での人魚とトム・ハンクスみたいに。ぼくはかなり丁寧に「それはないですね」と答えると、彼はとても感じよくその話題を打ち切った。ぼくは編集作業の最終決定権を持っていたが、一度だってその特権を振りかざす必要はなかったし、映画会社や配給会社との関係もずっと良好だった。

以前、ミラマックス社の設立者ハーヴェイ・ワインスタインがぼくの『世界中がアイ・ラヴ・ユー』を配給したことがあった。大枚を投じてくれたが、仕上がりをみて気に入らなかった彼は、ラップソングの歌詞から「くそったれ《マザーファッカー》」という言葉を削ってくれといってきた。ぼくが「それはできない」というと、彼は「その言葉さえ削ってくれれば、このミュージカル映画をラジオ・シティ・ミュージックホールで上映できるんだ」といった。ぼくは「いいたいことは分かりますが、映画館に合わせて作っているわけじゃありません」と返した。ちなみに、いろんな新聞がこの作品について書いてくれたが、ハーヴェイは二度とぼくの映画をプロデュースしなかった。資金援助もなし。完成済みの作品を配給だけしてくれたことはあったが、どれも成功した。彼には映画配給者としてのスキルがあったうえ、オフビートで芸術性の高い映画を見る目もあったから、そうした作品を数多く世に送り出した。それでも、ぼくはもう彼に資金援助やプロデュースをやってもらう気はなかった。ハーヴェイは現場に口を出すプロデューサーで、監督の映画に変更を加えたり、再編集したりするタイプなんだ。ぼくたちは二度と一緒に映画を作ることはなかった。

ラジオ・シティ・ミュージックホールでの映画上映について話すと、以前に一度上映してもらったことがあったけど、よくなかったんだ。そのときの映画は、ぼくの監督作ではなくて脚本のみを担当した『ボギー!俺も男だ』だ。ラジオ・シティでの結果は振るわず、二週間後には引き上げて、イースト・サイドにある小規模のアートシアターで上映したところ評判は上々だった。それに、ラジオ・シティの映写状況はいうほどたいしたことはないと思う。ジーグフェルド劇場の映写状況にもがっかりした。単純に投写距離が長すぎるせいで、本当は鮮やかなはずの飽和色の映像がくすんでしまったんだ。まあ結局、ハーヴェイの削除注文に応えなかったから、ラジオ・シティで『世界中がアイ・ラヴ・ユー』の上映許可は下りなかったんだけど。映画はほかの場所で上映され、結果はまずまずだった。良くも悪くもない。それでまあ、『カイロの紫のバラ』も悲しいエンディングのまま上映され、やはり結果はまずまずだった。

　最初からぼくは、ミアなら『カイロの紫のバラ』の主人公である熱烈な映画ファンを演じられるだろうと思っていた。その女は映画をみることで自分の惨めな生活から現実逃避しているが（ぼくのことだね《セ・モア》）、やがて、彼女のみている映画の登場人物のひとりが観客のなかに毎日彼女がいることに気づいて、彼女に話しかけ、スクリーンから出てきて、ふたりは恋に落ちる。ぼくは最初の五十ページまで脚本を書くと、その先の展開で行き詰まってしまい、五十ページ分の原稿を引き出しにしまって数カ月間放置していた。そして、ある日ひらめいた。ミアに話しかけたスクリーン上の人物を演じた本物の生きた役者が街を訪れることにしようって。外見はまったく同じふたりの男だが、ひとりは映画から抜け出した架空の男で、もうひとりはハリウッドから街にやってきた現実の役者。これで物語にいろんな可能性が生まれる。急に筆が進み、満足いく映画のひとつが完成した。

　このあと、ぼくはミアと『ハンナとその姉妹』を作った。もともと、主人公の男はアメリカ人をイメージして書いていた。ジャック・ニコルソンと組めるチャンスがあって、彼がやりたいといってくれたんだ。だけど、彼が付き合っていた女優アンジェリカ・ヒューストンの父ジョン・ヒューストンが『女と男の名誉』の話を進めていて、実現すれば、ジャックは『ハンナ』ではなく、そちらに出演しなければならなかった。それでまあ、ヒューストンは『女と男の名誉』の撮影にこぎつけ、ジャックと組む機会を逃したぼくは、アメリカ人俳優の起用に固執していたにもかかわらず、イギリス人のマイケル・ケインに頼ることとなった。アメリカ人という設定を犠牲にしてでも、やはりマイケルのような名優がいいと判断したんだ。最終的に、ジャック・ニコルソンはアカデミー賞主演男優賞を受賞し、マイケル・ケインは助演男優賞を獲得した。また、ダイアン・ウィーストも『ハンナ』で、助演女優賞を獲得した。

　ウィーストもまた友人で、彼女はぼくの映画でオスカーを二度受賞している。大女優のひとりであり、『セプテンバー』のような観客を魅了できなかった映画のなかでさえ――ザンジバル諸島では評判がよかったときいているが――最高だった。『ハンナ』はミアが実際に住んでいたアパートメントで撮影させてもらい、撮影終了後、撮影班が家の改装をすることでその埋め合わせをした。ロイド・ノーランにも出演してもらった。これは『カイロの紫のバラ』でヴァン・ジョンソンに出てもらったことに次いで嬉しい出来事だった。ふたりとも、ぼくが子どもの頃、ブルックリンのムービー・パレスでみた多くの映画に出てきていた。『ハンナ』の撮影中、ロイドは癌に侵されており、出番の合間に休憩を余儀なくされたが、演技に対する熱意が衰えることは決してなかった。この映画では、ミアの母親モーリン・オサリヴァンとも仕事をすることができたんだ。演技力はあるし、話し上手な人でもあった。若かりし頃のモーリンは驚くほど美しい女優だった。しかも、とびきりセクシー。ターザンはラッキーな森の住人だった〔モーリンは『類人猿ターザン』のジェーン役を演じた〕。モーリンはぼくに、『マルクス一番乗り』に出演したときの話をしてくれた。彼女は主役のグルーチョ・マルクスに対してふらっとその気になったが、そんなことはおくびにも出さなかったそうだ。その結果、彼に口説かれることはなかったらしい。ぼくはグルーチョにその話をすることはなかった。彼女のようなホームランボールを見逃したと知ったら、グルーチョは卒倒してしまうかもと思ったんだ。

　モーリンからいくつもの生々しい話をきいたが、そのなかに彼女が期待の若手女優だった頃、ガルボに誘われたという話があった。モーリンがいうには、その誘いをはぐらかしたそうだ。また、アシスタントから「ミス・ガルボが楽屋にきてほしいそうです」といわれたときも遠慮したらしい。

　主人公ハンナの魅力的な妹リーは、バーバラ・ハーシーという素晴らしい女優が演じた。ぼくはずっとバーバラと仕事をしたいと思っていた。スクリーンの彼女は人をひきつける魅力があり、『アニー・ホール』でも彼女にオファーしたが、結局その役はジャネット・マーゴリンが演じることになった。彼女に断られてがっかりしたよ。ぼくは彼女の深みのある演技にかなりひかれていたし、彼女ならマーシャル・ブリックマンと共同執筆したその脚本におおいに貢献してくれるものと思っていたからね。ようやく、一緒に仕事をする機会に恵まれたわけだ。彼女は演技の才能だけでは不十分だといわんばかりに、眺めているだけで官能的な気分になるような女性で、〝エロス〟という言葉に新たな意味を付加した。マイケル・ケインは、ただ彼女に近づき触れるだけで、彼女がオーガズムに達したという感じがするんだ、とぼくに語った。ああ、あと、この撮影中、ぼくは毎朝、マックス・フォン・シドーと挨拶を交わしていたんだ。

ぼくはときどき、自分が『第七の封印』の騎士を相手に演出しているという事実に頭が追いつかなくなった。あの偉大な映画でマックスが演じた騎士は、死ぬ前に意味のある行いをしたいと考え、嵐のなか死神の潜む不吉な森を抜けようとする家族を守る。ぼくは人生において何か意味のある行いをしたことがあるだろうかと考えてみたが、雨のなか、六番アヴェニューにいた老婦人のためにタクシーを止めた以外にはひとつも思いつかなかった。『ハンナとその姉妹』は公開当初から評判が大変高く、なかにはピューリッツァー賞の規則を変更して作品に賞を贈りたいという人までいたが、脚本は対象外だった。賞なんてものはすべて、向こうが勝手にやっていいものだ。授賞式は明らかに人にみせるためのお楽しみにすぎない。そして、当然、主催者側にとってかなり金になりうるイベントだが、栄誉を受けるスターは一ドルももらえない。ここで念頭にあるのは、ゴールデングローブ賞やケネディ・センター名誉賞だ。オスカーさえそう。少なくとも、ノーベル賞はいくらかもらえるらしい。だが、多くの賞は受賞者が式に姿をみせて直接受け取ることに同意しなければ受賞させてもらえない。もし出席できない場合、代理人がその賞を受け取ることになる。となれば、明らかに、こうした賞は受賞者の功績とは無関係で、世間からのお世辞を求めている有名人を利用しているだけでしかないじゃないか。もし晩年のオーソン・ウェルズに賞を贈りたいなら、彼から授賞式の出演料を要求されても当然だと思わないか？

『ラジオ・デイズ』では、ミアは特別な仕事をこなしてくれた。ドタバタ劇を演じ、さらに歌も歌ったんだ。彼女の息子フレッチャーもこの映画に出てくれたが、とてもかっこよかった。『ラジオ・デイズ』はざっくりいうと、ぼくの少年時代に着想を得ている。かなりざっくりいえばだけど。ところで、ぼくはいい役者を起用して、口を出さないようにしている。これは今も変わらないぼくの監督としての秘訣《ひけつ》だ。あと仕事を五時に終えること。ダイアン・ウィーストとジュリー・カヴナーは文句のつけようがなかった。それから、カメオ出演でコール・ポーターを歌ってくれたダイアン・キートン。この映画の撮影は本当に楽しかった。ジャッキー・サフラも出演し、とても面白い演技をしてくれた。スピーチのクラスにいたあの生徒が彼だ。彼は『スターダスト・メモリー』でも、室内サイクリングマシンに乗った最高に笑える男を演じている。それから、ラジオ番組のヒーロー「覆面騎士」を演じたウォーレス・ショーン。彼との最初の出会いは、ジュリエット・テイラーから『マンハッタン』のある役で彼を紹介してもらったときだった。彼に演じてもらったキートンの前夫は、前妻からしょっちゅう、威圧的とか、セックス過多とかいわれているが、ウォーレスのイメージとは違う。彼は物静かで、思慮深く、根っから面白い人なんだ。『マンハッタン』で彼のシーンを撮影中、クルーは笑いっぱなしだった。彼は偉大な役者でありながら、素晴らしい脚本家でもあり、『マイ・ディナー・ウイズ・アンドレ』というほぼ男ふたりの会話だけで物語が進行するコメディ映画の脚本を書いている。監督のルイ・マルは、アンドレ・グレゴリー演じる男の相手役をぼくに振ってくれたんだが、ぼくはどうしても長台詞《ながぜりふ》の暗記にプロらしく熱心に打ちこむことができなかった。いずれにせよ、最終的にウォーレス自身がその役を演じて、ぼくがやるよりもはるかに見事に演じていた。

ミアはどんな役も、とても柔軟に演じてみせた。『ラジオ・デイズ』では、頭の鈍い煙草売りから、ラジオのゴシップ番組の気取ったパーソナリティに転身する女の役を演じた。また、次の映画『セプテンバー』でもその演技力をみせてくれた。これはシリアスなドラマで、こんなふうに問いかけてくる——ここに登場する悩める者たちは、ブロードウェイのコラムニストのために、継母をネタにしたくだらないジョークを書き続ける男が監督する映画で割り当てられた悲しい人生と折り合うことができるのか？

ところで、前にも話したとおり、ぼくはチェーホフ的なものをやりたかった。ひとつのセット、田舎の一軒家に集う人々、相反する複雑な感情。ぼくはそうした物語を組み立て、サント・ロクァストが建てたセットの家のなかだけですべての撮影ができるようにした。役者は全員、胸の内に様々な不安感を抱え、その感情に囚《とら》われた登場人物を見事に演じてくれた。夏の終わりの憂鬱《ゆううつ》な気分を呼び起こすような作品になって、ぼくは悲劇詩人として称賛されるはずだった。これがきっかけで、〈カーネギー・デリカテッセン〉はぼくにちなんだ名前をサンドイッチのメニューにつけるんじゃないか。主演男優のひとりには、以前『アニー・ホール』で一緒に仕事をしたクリストファー・ウォーケンを起用した。彼はアニーのクレイジーな兄役を演じてくれた。彼もまたすごくいい役者だ。なのに、いろんなことがうまくいかなくなって、ぼくは見当違いの場所でその原因を探っていた。彼の演技を観察して問題点を探そうとしたんだ。だが、脚本を吟味すべきだったんだ。何かがうまくいかなくなったら、まず最初に脚本に立ち返らなければならない。日ごとに、彼はますますその役にはまらなくなっていった。ついに、彼はこれ以上ないほど感じよく、紳士的に役を降り、ぼくが誇大妄想から抜けだせたら、最高の未来が待つ名監督になるよ、といってぼくを安心させてくれた。彼とは友人として親しい関係のまま別れたが、ぼくはずっとあんなに偉大な役者を失望させたことを今でも悔やんでいる。クリスの後任には、ぼくの大好きなサム・シェパードに入ってもらった。彼はぼくの台詞がまったくピンとこなくて、優れた劇作家でもある彼は、のべつ幕なしにぼくが考えた会話に手を加えたがった。こういったことをぼくは気にしない。今に至るまでずっと、役者が自分の言い回しで台詞を話すことを不愉快に思ったことはないんだ。そのシーンの意図がちゃんと伝わっていればという条件付きだけど。

いずれにせよ、ぼくはサムと仲よくやっていた。ジャズの話をたくさんしたよ。彼の父親はドラムを叩いていたんだ。サムは監督としてのぼくへの評価が大変低くて、ロバート・アルトマンとぼくは役者の演出を分かっていないと公に発言していた。彼と鉢合わせしたとき、その話をしたが、いつも感じよくて、いつもざっくばらんで、いつもぼくとの友情関係は良好だった。サムの父親が亡くなったとき、サムは父が遺したジャズ・レコードの詰まった箱をすべて、ぼくに贈り物として送ってくれた。彼は気のいい男であり、ぼくが失望させてしまった役者のひとりだ。シリアスなドラマはぼくには向いていないのかもしれない。たぶん、ゴム製の団子鼻を着けてブタの膀胱《ぼうこう》でできた風船を振りまわすドタバタキャラを演出するほうが性に合ってるんだと思う。

『セプテンバー』にはミアだけじゃなく、彼女の母親まで出演してくれた。ところで、彼女の母親は前にも話したとおり、面白い話を活き活きと語れる人だから、当然、そのユーモアとエネルギーをスクリーンでも発揮して、派手なナルシシストの役を演じてくれるものと思っていた。彼女には、一軒家に集まった面白味のないごく普通の登場人物のなかで、自分勝手な元女優を演じてほしかったんだ。ところが、そうはならなかった。撮影を終え、シーンを繋《つな》ぎ合わせてから、ぼくが丹精こめて作った映像を確認したところ、それはまさにチェーホフ。といっても配管工のモエ・チェーホフだった。

想像力を駆使して編集をしたがなんの救いにもならず、ぼくはいきなり誇大妄想狂の認知症患者となり、すべてを撮り直すことに決めた。なにもエリッヒ・フォン・シュトロハイム〔完全主義者として知られた映画監督で、ほとんどの作品で製作費がオーバーした〕のようにきこえるかもしれないがそうでもない。もともと低予算だったし、スタジオに家のセットはまだあったから、おそらく六週間で新しいバージョンを撮れるだろうし、それでも予算内におさまるだろうと見こんでいた。オライオン・ピクチャーズに話したところ、予算をオーバーしなければかまわないといってくれた。役者たちは次の仕事が入っていたから、キャスティングもやり直しだ。ミアの母親に関しては、だいぶ期待外れだった。実人生においては魅力的で社交的な人だったけど、自己中心的な中心人物を演じるにはエネルギー不足だったんだ。ぼくは彼女の娘と付き合っていたから、役から外れてもらうのはつらかったし、彼女の顔をつぶさない言い訳もみつからなかった。単純に役に合わなかっただけだからね。

　そこへ神が救いの手を差し伸べた。彼女は体調を崩し、深刻ではなかったものの、仕事に復帰できるほどではなかったので、エレイン・ストリッチを代役に立てたんだ。すると急に、この役の魅力が存分に引き出された。ストリッチはまれにみる素敵な人だった。才能があり、芯が強くて、面白く、最高の仕事相手だった。またイングリッシュマフィンの会社の息子と結婚していて、その後何年も毎年クリスマスになるとマフィンを何箱も送ってくれた。『インテリア』に出てくれたモーリン・ステイプルトンのように、ストリッチも人をからかったり、皮肉をいったりするのが好きだった。どちらの場合も、ぼくの上をいって鋭い言葉を浴びせてくるから、ぼくは足を引きずりながら退散するはめになった。ストリッチはマンハッタンの高級レストランへ夕食に一緒にいくと、夜食用としてロールパンをハンドバッグに詰めこむんだ。その光景にはほれぼれするよ。とはいえ、こんなにもいい女優を迎えても、ぼくの脚本の救いにはならなかったし、役者たちの素晴らしい演技にもかかわらず、『セプテンバー』は順調に進まなかった。ぼくはサム・シェパードの代わりに、お気に入りの俳優のひとり、サム・ウォーターストンを配した。それから、ダイアン・ウィーストはいつもどおり素晴らしかった。ミアもまたこのくだらない映画のために、彼女の人生で最高の演技のひとつをみせてくれた。

　まあそれで、ぼくは自分がチェーホフでないことを証明したあと、イングマール・ベルイマンでもないことの証明に着手した。『私の中のもうひとりの私』では、イングマールの撮影監督スヴェン・ニクヴィストまで使った。ぼくはシーシュポスのように、シリアスなドラマという大石を丘の上に押し上げて、挑戦することに満足感を覚えていた。残念ながら、大石は転がり落ちてきて、ぼくだけじゃなく、出資者までもがぺしゃんこになってしまうんだが。出資者たちは『シーシュポスの神話』のカミュからは何も学ばないが、今は亡き偉大なるマネージャー、ジャック・ロリンズの言葉を好んで引用する——「笑いは金なり」

ずいぶん前に、アパートメントの暖房の通気口から話し声がきこえてくるというアイデアを思いついた。最初の構想だと、そこは精神科医のオフィスでぼくが耳にするのは、ある魅力的な女性が心の奥底に秘めた思いや人生に必要なものについて語る声だった。ぼくの役はアマチュアのマジシャンだ。ぼくはなんとか彼女と知り合いになって親しくなり、彼女の夢をすべて叶えてあげようとする。だってぼくはそれがなんなのか知っているから。このアイデアは、のちにジュリア・ロバーツが出演したラブコメディ『世界中がアイ・ラヴ・ユー』で使っている。だがそれより何年も前、ミアと付き合っていて彼女が妊娠したとき、ぼくは三つの課題に取り組んでいた。ふと耳にしただれかの話を基にした物語を書くこと。妊娠中でお腹が目立ってきてもミアが演じられる役を作ること。そして、ヨーロッパ風ドラマの巨匠としての自分の地位を最終的に確立すること。

ぼくはこの三つのうちふたつを満足させるアイデアを思いついた。悪くないアイデアだったが、いささかわざとらしくて、扱い損ねたかもしれない。ぼくは主役の女性（見事に演じ切ったのは、もちろん、あの大女優ジーナ・ローランズだ）に、満足感のない冷え切った人生を送らせようと考えた。彼女は人生のあらゆることから目を背けている。もはや何もかも不快で恐ろしくて、あまりにも苦痛で向き合うことができないでいた。だが、やがて真実の声が壁の向こうから、通気口を通じてきこえてくる。いいアイデアだったから、もっと腕があればもっとうまく活かせただろう。ぼくは全力をつくしたし、ジーナや端役ながらジーン・ハックマンとも仕事ができた。スヴェンとも組むことができた。彼はミアが昔付き合っていた数多《あまた》の名高い男たちのひとりだった。思い起こせば、初デートのとき、ぼくはあまりにもミアと釣り合っていなかった。彼女は美しく、ハリウッドスターに囲まれて育ち、ベティ・デイヴィスからキャサリン・ヘプバーン、シャルル・ボワイエまで映画界のいろんな人々と知り合いだった。ぼくはよく彼女を〈ラオズ〉に連れていって夕食をともにしていた。初めて一緒にベルイマンの映画をみたとき、彼女はベルイマン作品を多く手掛けた名撮影監督スヴェン・ニクヴィストとのロマンスを話してくれた。夕食を食べにいく途中の車のなかで、カーラジオからモーツァルトの交響曲が流れていた。指揮者はミアのふたり目の夫アンドレ・プレヴィン。彼は音楽界の鬼才だったから、ミアはクラシック界で活躍する偉大なアーティストたちとも知り合いだった。ダニエル・バレンボイム、ウラディーミル・アシュケナージ、イツァーク・パールマン、ピンカス・ズーカーマン。夕食の席でそんな話をききながら、どうにかしてこの美しいブロンドにいいところをみせたいと思っていたんだ。すると店内のジュークボックスからシナトラの曲が流れてきた。ぼくにとっては神であるシナトラは、彼女にとってはさらにもうひとりの恋人、ひとり目の夫だ。彼女はシナトラやその家族、ゆかりの地であるパーム・スプリングズやラスベガスにまつわる話や逸話を星の数ほど持っていた。

ぼくはだれを知ってる？　ミッキー・ローズ。彼は『泥棒野郎』と『バナナ』の脚本の共同執筆者で、ぼくが二塁を守っていたときの三塁手、街中にツナの缶詰を置いてまわっていた。マーシャル・ブリックマン。彼は面白い男で、散歩中にぼくが「スタイルのいい女は、通りかかった車の運転手が顔をみようとしてきたとき、どんなふうに顔を背ければいいか無意識に分かっているんだ」と話したら、困った顔をした。そして、デイヴィッド・パーニシュ。彼は今にもナチスの暴動が起こりそうだと疑っていて、自宅のどの部屋にも一丁ずつ、弾の入った銃を手の届くところに置いていた。ミアは、名作詞家コンビのコムデン&グリーンやスティーヴン・ソンドハイムとも知り合いだった。ぼくが知っているのは、キートン、彼女の妹たち、彼女の祖母のホール《グラミー・ホール》、それから下宿人のジョージ。ジョージは、人生における幸運の量は限られているのだから、クラップス・テーブルで自分の幸運を使うのはもったいないと、ラスベガスでサイコロを振ろうしなかった。おっと、話がそれてしまった。『私の中のもうひとりの私』の撮影は進み、当時のぼくにとって唯一意味のある出来事が起きた。間もなく、ミアがサチェルを産んだんだ。彼女はサチェルを次の映画の撮影期間には現場に連れてくるようになった。

『私の中のもうひとりの私』のあと、ぼくは『ニューヨーク・ストーリー』という映画に参加した。三つの短編から成るオムニバスで、それぞれ違う監督が担当した。フランシス・コッポラ、マーティン・スコセッシ、そしてぼく。突如、ぼくはふたりの偉大なる映画監督と関わりあうことになった。プラザホテルの前で三人そろって撮った写真があるが、「この写真の間違いはどこでしょう?」とキャプションを付けるべきだと思う。ずっと憧れていた映画監督のふたりが提供した作品のなかに、ぼくの短いコメディが紛れこんでいるなんて。ぼくは数多くの偉大な映画監督に会ったことがある。そのうちのだれかと親しくなったことがあるとはいえないが、いろんな監督と過ごした束の間のひとときをとても楽しんだ。

ぼくはベルイマンと食事をし、幾度となく長電話をして、ただとりとめのない話をした。彼はぼくらみんなが持っているのと同じ不安を抱えていた。撮影現場に出てくると、どこにカメラを置けばいいか分からなくなって、急にパニックに襲われるという。生涯最高の映画監督だと思っている彼が、ぼくと同じ恐れを持っていた。彼でさえどこにカメラを置けば最も効果的なシーンが撮れるのか分からないのなら、どうしてぼくに分かるだろう。だが、どういうわけか、ぼくらはそうした不安にもかかわらず、なんとか毎回、適切な場所をみつけだしている……というか、少なくとも彼はみつけている。何度かベルイマンから彼が暮らしている島に招待されたが、そのたびに逃げてしまった。彼のことを芸術家として崇拝していたが、だれがちっぽけな飛行機に乗ってロシア統治下の島にいきたいなんて思う? 羊しかいないし、昼飯はヨーグルトだ。ぼくはそこまで一途になれない。

タレント・エージェントのスー・メンガーズの家で、フランソワ・トリュフォーにも会った。同じ外国語教師から、彼は英語を、ぼくはフランス語を習っていたんだ。結果、ふたりとも互いの言語からほんの少しの単語を学んだだけだった。ぼくらは暗闇のなかですれ違った船のようだった。これぞグレート〝ランゲージ〟バリアリーフ〔グレート・バリアリーフはオーストラリア東岸沖に広がる世界最大のサンゴ礁〕。だが、彼はぼくの映画を気に入ってくれていたし、いうまでもなく、ぼくは彼の映画に夢中だった。少しの間だがジャン＝リュック・ゴダールと仕事をしたこともあるし、アラン・レネと会って食事をしたこともある。ミケランジェロ・アントニオーニとはたくさんの時間をともに過ごした。彼はカルロ・ディ・パルマの親友で、冷たいところもあるけど一流の芸術家だ。ユーモアはないが、才能にあふれている。彼からきいた話だが、コメディのアイデアが浮かんで、ジャック・ニコルソンにその役をやってもらおうとその話をしたそうなんだ。すると、ニコルソンは大笑いした。「そんなに面白いかい？」とアントニオーニがたずねると、ニコルソンは、「いやそうじゃなくて、その話がコメディだって思っている君がおかしくてさ」

ジャック・タチと会ったときには、俳優御用達の老人ホーム送りにならないよう、金を貯めておくようアドバイスをもらった。彼は老人ホームにいる友人に会ってきたばかりだったんだ。フェデリコ・フェリーニとは会ったことはないが、長電話を楽しんだ。その経緯は次のとおり。ぼくは、自分のくだらない作品のプロモーションでローマにきていた。ホテルにいて、インタビューやマスコミへの対応に追われるなか、電話が鳴った。ぼくのアシスタントが電話に出て、フェリーニからだという。会ったこともなければ、言葉を交わしたこともなかったから、いたずら電話だと思った。ぼくは「追っ払ってくれ」といい、彼女はそうした。いくらもたたないうちに、また電話があった。フェリーニからだった。ぼくは「電話番号を確認してくれ。こちらから折り返すから」といった。かけ直す前に、本当にフェリーニの電話番号か確かめるつもりだったんだ。「外の公衆電話を使っているようです」と彼女はいった。これでペテンだと分かり、ぼくは「切っていいよ」といった。五分後、また電話がかかってきた。この厄介者とはもう永遠に関わりたくないと思ったが、その男は自宅の電話番号をアシスタントに伝え、明日の朝、電話をかけてほしい、といった。そのときになって、ちょっと不安になってきていた。ぼくは崇拝する映画監督のひとりを追っ払ってしまったんだろうか？ 映画界の偉大なる芸術家のひとりを？ 本当にフェリーニだったら、ぼくはなんて無礼なことをしたんだ？　そんなことを思いながらも、なんでフェリーニが一度も会ったことのないぼくみたいな間抜けに電話をかけてくるんだ、しかも公衆電話から？

まあとにかく、ぼくはカルロ・ディ・パルマに確認して、その電話番号がフェリーニのものだと分かった。ぼくは早い時間にローマを発《た》つ予定だったから、抜かりないよう出発前に電話をかけたんだけど、当然ながら、彼を起こすことになってしまった。こういうわけでぼくは、ひどく眠そうな映画の天才と電話で話すことになったんだ。いうまでもないが、ぼくはバツが悪くて、赤信号みたいにまっ赤になった。ぼくらは長電話をした。彼はぼくの映画が好きだといってくれた（ひょっとしたら、お世辞だったのかもしれないが、起こされたばかりにしてはちゃんとしゃべっていた）。また、ぼくらのバックグラウンドにはたくさんの共通点があるように思った。今度、ぼくがローマにきたときは、きっと電話を差し上げますので、お会いして下さい、と約束をしてかの地を去ったが、その機会が訪れたときには彼はもう亡くなっていた。たぶん、ぼくが本気だと勘づいたんだろう。

みんな逝ってしまった。トリュフォーも、レネも、アントニオーニも、ヴィットリオ・デ・シーカも、エリア・カザンも。少なくともゴダールは存命だが、彼は常にわが道をいっている。どこもかしこも景色が変わってしまい、ぼくが若い頃、うならせたかった男たちはみな深淵に消えていった。その場所はもうそのへんにみえているように思う。ここにきて、厭世《えんせい》的な気分に漬かりはじめてしまったが、読者をうろたえさせては申し訳ない、スコセッシとコッポラとぼくの三つの短編の話にもどろう。

ぼくの短編「エディプス・コンプレックス」では、ミアが主演女優を、ぼくが主演男優を務めた。撮影監督はスヴェン。キュートな作品になったと思う。なんとか引けを取らないよう頑張った物語は、マジックショーで箱のなかに入ったきり消えてしまった口うるさい母親が、息子を安心させようとマンハッタンの空にふたたび現れ、空の上から悪口をいって彼の面目をつぶすというという話だ。ミア演じる異教徒の女性に捨てられたユダヤ人のぼくは、最終的に、母親が満足する交際相手、つまりジュリー・カウナー演じるセム人の女性と付き合うことになる。みんな撮影を楽しんでいた。ただし、この映画の資金を工面した人たちは別だ。ディズニーだったと思うけど、アンソロジー物は興行的にうまくいかないことをまたもや証明してしまったようだ。

さて、『重罪と軽罪（*Crimes and Misdemeanors*）』の登場といこう。まだ幼くて可愛いかったモーゼズは『重罪と意地の悪い人々（*Crimes and Mister Meaners*）』と呼んでいた。この作品もまた脚本に問題ありだった。これはふたつのストーリーが平行して進んでいく。ひとつはシリアスなドラマで、もうひとつはコミカルで風刺に富んだストーリー。マーティン・ランドーの出ている殺人の物語はうまくいって撮影も楽しかった。打ち合わせの際、マーティンに兄役の台詞を読んでもらって、最終的にその役を演じてもらった。台本を読んで、彼自身もその人殺しの役を演じたいといってくれたんだ。ぼくら（ぼくら、というのは、ジュリエット・テイラーとぼく）は「演じられそうですか？」とたずねた。役者はみんなそうだが、彼もまた「ええ」と答えた。彼は演じられたし、実際にうまくいった。これまでいろんな役者と組んできたが、なかでもマーティンはぼくの書いた台詞を、ぼくの頭のなかにきこえるままに読んでくれた。ニュアンスも抑揚もすべてぴったりだった。あとから彼がぼくの家から数ブロック先で育ったと知った。どうりでぼくらは同じようなしゃべり方をするわけだ。

ぼくはふたつの物語を絡ませたことを後悔した。マーティンが主役の物語だけに絞って話を膨らませ、ぼくが主役の物語は捨てればよかった。特に出だしでつまずいたときにそうしていれば。この映画で、ぼくが演じるドキュメンタリー監督は老人ホームを題材にした〝価値ある〟ドキュメンタリーを撮っており、一方、それとは対照的な、実入りのいい低俗なテレビ番組を制作しているのはぼくの義理の兄で、彼は金もあり、周囲から尊敬されている。クランクインから間もなく、ふたつのプロットのうちぼくのほうの物語は、ツェツェバエに刺されたみたいになることに気づいた。眠気に襲われるんだ。ぼくの義理の兄はアラン・アルダが演じた。彼とは過去にも数回組んだことがあった。登場人物を面白くしてシーンを成立させるために必要なものを理解し、アランはただ演技をこなすだけじゃなく、彼の持っているものを付け足して映画をよくしてくれる。悪党であれ、ロマンチックな主人公であれ、コメディアンであれ、彼は常にリアルに演じてみせる。驚くほど才能ある俳優だ。

それでまあ、老人ホームでミアとぼくのシーンを山ほど撮ったあと、老人ホームのアイデアを捨てて、ぼく演じる男はアラン演じる傲慢なテレビ・プロデューサーの伝記ドキュメンタリーを撮っている設定に変更した。こうしたプロットの変更は高くつくが、おかげで映画はたちまち軌道に乗った。しかし、もう一度撮り直すことになったら、やはりぼくの物語を外して、ランドーの物語を長くして映画を作っただろう。ミアはとても巧みに、アラン・アルダの偽りの名声と成功にまどわされる美しいテレビ局の制作助手を演じてくれた。アンジェリカ・ヒューストンも出演してくれてその後、光栄にも、ふたたび一緒に仕事をする機会に恵まれた。彼女はとても迫力のある演技で、マーティンの感情的な愛人役を演じた。以前、彼女が出ている映画をみたことがあって、きっと迫真の演技をみせてくれるだろうと思っていたところ、期待どおりだった。彼女はぼくよりずっと背が高いから、ぼくらが共演した二作目の映画のキスシーンでは、彼女に座ってもらわなくちゃならなかったけど。まあとにかく、彼女はコミカルなシーンも、ロマンチックなシーンも、精神的に追い詰められたうえマーティンに殺される愛人の役も、どれも美しく演じることができるんだ。

この映画は半分をシリアスなドラマにしたおかげで、ぼく個人にとっては意義のあるものだった。ぼくは自分にもこういうテーマを扱えるという確証が持てたんだ。雑誌に悪気なく「名もなき小さなお笑い商人」と書かれたことについては、掘り下げないでおく。『重罪と軽罪』が完成したとき、ぼくはあるアイデアを思いついた。そのアイデアがぼくの頭に舞い降りてきたいきさつは次の通りだ。ジーン・ドゥーマニアンは前々から代替医療にはまっていた。ちなみにぼくは興味がない。彼女はしょっちゅう中国人鍼師のもとを訪れ、薬草を煎じた怪しい飲み薬を処方してもらっていた。ふくよかな体型を気にしてのことだ。ぼくはそれが昔ながらのインチキ療法で、スリーカードモンテ

〔三枚のカードから特定の一枚を当てさせる賭博ゲーム〕となんら変わらないペテンだと分かっていた。彼女はよく酢で野菜を洗ったり、『マクベス』第四幕の冒頭部分に出てくるような怪しげな飲み物を一気に飲んだりしていた。泡が出るまで煮てなかったのが不思議だ。

まあそれで、あるとき、ぼくはたいして害はないがうっとうしい呪いに悩まされるようになった。両まぶたに霰粒腫《さんりゅうしゅ》という小さなぶつぶつができたんだ。このせいでひどくいらいらさせられ、ずっと濡《ぬ》らしておくか、注射針で膿を出さなくちゃならなかった。こんなことを事細かにきかされても退屈かもしれないけど、ぼくは何カ月にもわたって、この癪の種を取り除こうと従来の治療法をいろいろ試しているうちに、ジーンから、一度だけでも彼女の担当医に診てもらったらどうかと提案された。その先生には不思議な力があるから、ぼくの苦痛を取り除いてくれるはずだといわれた。そんなくだらないトンチンカンな話に踊らされると考えただけでも我慢ならなかったが、日ごとに悪化していたから、一度診てもらうよ、と答えた。主なきっかけは、彼女からその医師がぼくの家を訪問してくれるときいたからだ。それなら、ぼくがおんぼろの階段を上がってチャイナタウンの診療所を訪れる必要はないし、一階の窓際に不恰好に足を伸ばして吊るされている死んだアヒルの前を歩かずにすむ。こういう経緯で、ある土曜、五番アヴェニューにあるぼくの洒落《しゃれ》たペントハウスに、ジーンが白髪の賢者のような風貌のアジア人紳士を連れてやってきた。役者を手配してくれるセントラルキャスティング会社が連れてきそうな男だった。ぼくが彼に向かってお涙頂戴の物語を披露すると、彼はぼくの目を調べた。

「分泌腺が詰まってます」といわれて同意すると、彼は「子猫のヒゲを使いましょう」と続けた。

「なんていいました？」

「子猫のヒゲです」とまた彼はいい、銀色のケースを開け、子猫のヒゲが並んだなかから一本抜き取った。詐欺事件対策班に電話をかけたい気持ちをこらえていると、彼が近づいてきた。そして手際よく、猫ヒゲを涙管に差しこんで前後に動かした。ぼくはパニックに陥らないよう努めて平静に、じっとしていた。

「おしまい」と彼は猫ヒゲを抜いた。「もう大丈夫」

謝礼を渡すと、彼は立ち去った。銅鑼《どら》が鳴り響けばいうこととなしだ。もちろん、よくはならなかった。この話をかかりつけの眼科医に話すと、「涙管にものを入れさせるなど慎んでください。ましてや猫のヒゲなんて」といわれてしまった。こんなわけで、ぼくは『アリス』を書こうと思ったんだ。

思いがけず、ぼくの監督する映画でケイ・ルークに出演してもらうことになった。子どもの頃、映画館の席で夢中になって、『チャーリー・チャン』シリーズで彼が演じる中国人警部の一番目の息子をみていたんだ。ところで、『アリス』は映像がとてもきれいなんだ。プロダクション・デザイナーのサント・ロクァストの偉業だよ。サントには悪いと思っている。ぼくはあの舞台美術の天才に、しょっちゅう解決できない難問を課してきたんだ。その分の報酬はないが、彼はそれでよしとして、すべての問題を解決し、見事なセットを作ってくれる。たとえば、様々な場所を舞台とする映画を撮ることになった。ニューヨーク、ニュージャージー、ロサンゼルス、アメリカ中の小さな町、ハリウッドの撮影所、丘の上、農地のただ中――三〇年代の設定で、その時代のポスター、車、建物、店が必要だった。ぼくはわずかな予算でサントに依頼した――しかも、ぼくはマンハッタンをたった一日でも離れたくなかった。この映画の話はまだしてないんだけど、もしショーン・ペン主演の『ギター弾きの恋』をみたことがないなら、ぜひみてくれ。こうした条件をサントがすべてクリアしてくれているから。また、彼のおかげで『アリス』はとても可愛らしい作品になった。あの小さな赤い帽子も素敵だっただろう？　老舗百貨店ブルーミングデールズの売り場で、ひったくるようにして買ったんだ。

衣装デザイナーのジェフリー・カーランドもサントと同じ問題に悩まされていた。予算はないのに、二〇年代や三〇年代や四〇年代の美しい衣装をキャストのために快くデザインしてくれたんだ。ドレス、ガウン、百人ものエキストラが着る水兵や兵士の軍服、ナイトクラブのシーンに出てくる百人のギャングスターやショーガールが着るまちまちの衣装。そうそう、ケータリングのデニッシュを追加注文しなければならなかったせいで、衣装の予算がさらに減ったんだ。それでも、彼はやってくれた。撮影に入ると、主要な登場人物もエキストラも一九二〇年代の衣装に身を包んだ。女たちはクローシュ帽にフラッパーが好む膝丈のスカート、男たちはクーンスキンのコート。ジェフはユーモアのセンスが抜群で面白い性格だった。また、キャスティングのときや、デイリー〔編集用の下見フィルム〕試写のときに、ぼくがそばにいてほしいと思う数少ない人物のひとりでもあった。彼の意見はとても参考になったんだ。意見の一致、不一致にかかわらず、上手にコミュニケーションがとれる人だったし、彼の陽気さは、ぼくの落胆や憂鬱な気分が忠実な臨時スタッフにじわじわと伝わっていくなかで、ありがたい日の光になった。『アリス』では、アレック・ボールドウィンと初めて仕事をしたが、彼はいつまでもかしこまってぼくをミスター・アレンと呼ぶんだ。最初にアレックの存在に気がついたのは『愛されちゃって、マフィア』をみたときで、ぼくは「この男はだれだ？　素晴らしい」と口にしていた。その後の彼も変わらず素晴らしかった。考えてみると、実際、アレックはかなりの逸材といえる。彼は両極端の役を見事に演じることができるんだ。望まれるままに、劇的で迫力のある役も、茶目っ気のある愉快な役も、ロマンチックな役も、ユーモアたっぷりの役も、どれも非の打ちどころがない。『アリス』はまあまあの映画だと思う。『市民ケーン』とくらべれば明らかに劣っているが、ぼくの人間性を気に入ってくれる人なら、楽しめるかもしれない。ぼくは映画の仕事に向いてないと考えている人なら、自分の考えは正しかったと改めて思うだろう。

　人生のこの時点で、ぼくはちょっと立ち止まって、ほかの監督の映画に出演した。ジェフリー・カッツェンバーグ〔当時はウォルト・ディズニーのプロデューサー〕が、ポール・マザースキー監督『結婚記念日』のベット・ミドラーの夫役の話を持ってきたんだ。出演料はかなりの額だったが、それよりも、前にもいったように、マザースキーと仕事がしたくて引き受けた。彼は『敵、ある愛の物語』で賞をとったばかりで、概してぼくは彼の作品が好きだった。打ち合わせの際、彼はぼくと会って緊張していると告白した。思い当たる節がない。彼こそ優れた監督で、いい役者で、とても話し上手で、知的で博学なのに。一方のぼくは静かで、礼儀正しい、まともな映画監督ではあるが、黒澤でもなければ、評判のいい役者でもなく、だれかを緊張させるような人間じゃない。ましてやマザースキーを。思うに、まわりが気まずくなるのは、ぼくが気まずくなるせいで、不注意にも相手を居心地悪くさせているせいかもしれない。まあそれで、ぼくはもちろん喜んでマザースキーのもとで演じ、指示に従うことにした。それはつまり飛行機でカリフォルニアへいくことを意味した。カッツェンバーグは、ぼくがマンハッタンの外へ出るのが（それも四百メートル上空をいくなんて）嫌いなことを知っていたから、ぼくのためにディズニーが所有する飛行機を用意してくれるという。それまで社用機に乗ったことがなかったから、カリフォルニアでの撮影終了後、帰りも乗せてくれるのか、とたずねた。カッツェンバーグは笑いながら、もちろんだ、と答えた。ぼくは前々からカッツェンバーグに好感を持っていて、仲よくやっていたから、彼が約束を守る映画製作者（一般的にハリウッドでは矛盾した表現だ）であることは分かっていた。

というわけで、ぼくはディズニーの社用機、ガルフストリームに乗ってカリフォルニアに飛んだ。ぼくの記憶が正しければ、G−2だったと思う。スピーカーから流れてきた、シートベルトや救命胴衣といったフライト中の安全に関する機内アナウンスはすべて、ミッキーマウスの声だった。なんて心細い話だ、ネズミが操縦席にいるなんて。ところで、マザースキーのやり方はぼくと真逆だった。彼はリハーサルをまずはテーブル席で行い、さらに床に目印用のテープを貼って行い、そのあと実際のロケーションで行う。ワンショットごとにプランを立て、毎朝どのシーンから撮影を始めるかも正確に把握していた。ぼくはといえば、決してリハーサルをしないし、計画を立てることもない。現場にきてその日の台本を渡されるまで、何を撮るのか自分で分かっていないなんてことがしょっちゅうあった。自分の台本さえ持ってきていない日もあったほどだ。

こうしたぼくのやり方は撮影監督のゴードン・ウィリスのやり方とも正反対だったが、ぼくらは気が合ったし、ふたりともある程度は妥協して自らが本能的に信じるやり方を控えていた。大体にして、妥協するのはぼくだったけど。カルロ・ディ・パルマの場合、話がまったく違ってくる。カルロは偉大な撮影監督だが、とても自由奔放な性格で、ぼくに似たタイプだった。彼は現場に出てくると、照明の具合を確認しながら、歩きまわり、やがて直感に従ってどこにカメラを置いてどんな照明を使うかを決めるやり方を好んでいた。だから、カルロとぼくが現場に出てくるとこんな感じになる。カルロは午前七時から一杯のモーニングビールをちびちび飲んでいる。ぼくはセット内をだらだら歩く。彼もだらだら歩く。そのうちぼくが「どのシーンを撮ろうか」と声をかける。こんなふうに、一日の料金メーターが十五万ドルまでだらだら上がっていくなかで、ようやくぼくは自分が撮りたいものをつかむ。カルロはそれに同意する。ときには微調整を提案してくることもあって、ゴードンならいわないようなことをいう。「あのクソみたいなシーンは撮らないよ。大げさだ」。そのくせ、どういうわけか、ぼくらは一緒に映画を作った。

マザースキーのおかげで、ぼくらはリハーサル中ずっと笑いっぱなしだった。彼は笑い話のレパートリーが広く、どの話も見事に語りきかせてくれた。彼から役作りのためにポニーテールにしてほしいと頼まれたんだ。その髪型は当時カリフォルニア州に住む一部の人々の間で流行していた。気が進まなかったが、監督は彼だったから、ぼくは彼を満足させたかったし、すべてのシーンに指示を出してほしかった。それでまあ、あのポニーテールにしたというわけ。

ベット・ミドラーに好感を持ってはいたが、彼女のことを知れば知るほど好きになった。ベットがマザースキーと登場人物や物語の動機について延々と話しているのをみて、とことん分析を楽しむ人なのかなと思った。ぼくには時間の無駄に思えるんだ。マザースキーはそんな会話をうまくさばいていた。ぼくはというとそっぽを向いて椅子《いす》に腰かけ、新聞のスポーツ欄を読んでいた。演技に関していえば、ベットは本当に素晴らしかった。彼女が素晴らしかったのは、言外の意味、背景、動機に関して延々と無駄話をしたおかげじゃない。彼女が素晴らしいからだ。目覚めたときから素晴らしい。彼女にはどんな会話も必要ない。ぼくらはともに演技を楽しんだ。ぼくはいつもと同様、楽しい仕事相手だったと思う。マザースキーからいわれたことはどんなこともすべてやったし、ベットからいわれたことまですべてやった。時間どおりに顔を出し、期待に応え、指示どおりに動いた。
この映画はみていないが、あまりよくなかったときいた。思うに、ベットとぼくはまあまあで、マザースキーはいい監督だった。失敗したのは、脚本にだれも気づかなかった欠点があったからだろう。あるいは違うかもしれない。夫婦で俳優だったアルフレッド・ラントとリン・フォンタンならうまくいったのかも。だけど、ぼくはマザースキーとベットのふたりと一緒に仕事ができて光栄だった。おまけに大金も手に入ったし、ミッキーマウスが操縦する社用機で空を飛ぶという最高の経験までさせてもらった。あと、映画でぼくが演じた男が着ていたような服をその後も選ぶようになった。ぼくはニューヨークに降り立ったとき、もう絶対に自家用ジェット以外で空を飛ばないと誓い、以降その誓いを守っている。どうやって、ぼくのようなただの男がそんな金のかかる誓いを立てて、実現したのかという話は、〝厚顔無恥博物館〟にもってこいの資料になるだろう。

その後、興行成績の自己最低記録を更新し、できるだけ多くのファンを遠ざけるための努力の一環として、ぼくが書いた『クラインマンズ・ファンクション』という一幕物の戯曲を『影と霧』のタイトルで映画化することにした。一九二〇年代のある夜のドイツを舞台に、実存主義的なちょっとした物語をモノクロで撮ってみたいと考えたんだ。物語の大部分は外のシーンだったが、ひとつのセットで全シーンをスタジオ撮影した。興行成績の見こみを予想するには、ただ破産法の基本を学べばいい。まあそれで、サント・ロクァストはヨーロッパの街を建てはじめた。ぼくの知るかぎり、カウフマン・アストリア・スタジオに建てられたセットのなかで空前絶後の大きさだ。数カ月間、スタジオ内で働いていると閉所恐怖症になりそうで、街に出て外で撮影をしたくてたまらなかったよ。そうそう、ブライアン・ハミルというスチールカメラマンがいるんだけど、友人でもあり、ぼくのたくさんの作品に携わってくれた。ぼくはニューヨークの街で撮影するのが大好きだった。彼と道いく人々や魅了的な女性を眺めて楽しんでいた。そうした女性の多くはブライアンのことを知っていて、よく立ち止まってくれた。ブライアンは彼女たちの写真を撮ったり、デートをしたりしていたよ。ぼくに寄ってきたのはたいてい物乞いの男だったのに。

ブライアンの兄ピート・ハミルは、ぼくがあの虚偽の告発を受けたとき、雑誌や新聞でぼくの側についてくれた最初のジャーナリストだった。弟のデニスもまたジャーナリストで、何度も何度もあの告発からぼくをかばってくれた。ブルックリン生まれのハミル兄弟はアイルランド系で誠実で親しみやすく、インチキを見抜く目を持っている。彼らはすぐに何が起こっているかを察し、デニスはあの騒動について「デイリー・ニューズ」に熱のこもった記事を書いてくれた。映画の話にもどると、路上撮影のマイナス面は気候の寒さや通りの喧噪《けんそう》、雑踏のせいで、思いどおりに進まないことだ。だからぼくは照明や音をコントロールできるスタジオ撮影をしたいと思ったんだ。だが、スタジオでやってみたら、今度は閉じこめられたような気分になった。長年ずっと家族からは慢性的に不満を抱えている人間だといわれているが、確かにぼくはしょっちゅう、今いる場所じゃないどこかにいたいと思ってしまう。つまり、たとえば、ある美しい秋の日曜、アッパー・イースト・サイドを散歩していたとしよう。そうだな、セントラルパークにしようか。そばにはスン・イーがいる。なんて素敵な時間。それなのにぼくはこんなことを考えてしまう。ああ、この瞬間、パリやヴェネツィアにいられたら最高だろうなって。ほかの場所ならもっと幸せだったのに、という空想は、ロマンチックな夢へと膨らんでいき、海辺に別荘を買い、ビーチを散歩して打ち寄せる波をみながら、水平線の向こうを眺めている自分の姿を思い浮かべる。ぼくの頭のなかは、もうちょっとユーザーフレンドリーな宇宙がどこかにあるだろうという期待でいっぱいなんだ。

実際、何年も前にぼくはロングアイランドのサウサンプトンの大西洋岸に、夢にみた海辺の別荘を購入した。二年の歳月と大金を費やし、家の修繕をした上で、泊まりにいった。木を何本も植え、各部屋のカーペット、家具をそろえ、いろんなモールディングやフィニアルといった装飾材、網戸を入念に選んだ。壁紙やタイルも選択した。ぼくは想像しうるかぎり最も美しい家を作り、ようやく、すぐにでも住めるようになった。ある美しい秋の土曜の朝、ぼくはミアと子どもたちを連れてそこを訪れた。子どもたちははしゃぎまわっていたよ。海辺を散歩していると、星がちらちらみえはじめた。海岸に打ち寄せる波の穏やかな音をききながら眠りについた。翌日、車でマンハッタンにもどると、ぼくはその家を売りに出して、二度といかなかった。眠りにつこうとするときに、だれが海岸に打ち寄せる波の音をききたいなんて思う？　完成に二年もかけたが、ひと晩で、砂浜を散歩しながら海の向こうの水平線を眺めるのは、好みじゃないと悟った。はっきりいって、水平線なんて好きでもなんでもない。ちゃんと近づいてみたことはないけど。

　ミアと付き合いはじめた頃、同じような出来事があったのを覚えている。この上なく素晴らしいある秋の日、マーサズ・ヴィニヤード島にある彼女の家に強引に連れていかれたことがあった。ぼくがひとり孤独に、その家の窓からタッシュムー湖を眺めていている間、ミアはシベリウスのバイオリン協奏曲の第二楽章をかけるというとんでもない過ちを犯した。ブドウ園の静かな秋の美しさのなかでその音色に耳を傾けていると、シベリウスの耐えがたいほど張りつめた演奏がぼくの魂をフィンランド、スウェーデン、ノルウェー、フィヨルド、巨大な浮氷、長く暗い冬へと運んでいった。そして、ぼくは五十四番ストリート周辺でしか買えないチョップト・レバー・サンドイッチを猛烈に食べたくなるという体験をしたんだ。

『影と霧』の撮影は、出来不出来は別として問題なく終わった。重役がぼくの映写室に集まって映画をみた。たいてい、このあとの展開は決まっていて、大げさなくらいの高揚感に包まれているか、ぼくの監督としての優れた能力について社交辞令や形式的な褒め言葉を並べたてるかのどちらかだ。上映が終わって明かりがついたとき、四、五人のお偉方は全員、まるで毒矢にやられて体が麻痺してしまったかのように、座ったまま動かなかった。出資金がフェードアウトのように闇のなかへ消えていく光景を脳裏に浮かべながら、ようやく我に返ってなんとか思いを言葉に出した。彼らのうち最も意識がしっかりした男が甲高い声で、「まったく、君は新しい映画を撮るたびに、ほんとにびっくりさせてくれるね」といったが、思うように言葉が出てこないようだった。次は、彼らのうちのだれかがぼくとの契約書をポケットから取り出し、シュレッダーにかけるんじゃないかと思った。彼らが教養人であることは確かだから、ぼくはてっきり哲学的な意見を交わしたあとで、この映画における明らかな実存主義的な主題について議論がはじまるものと期待していたんだ。その代わりにぼくの耳に届いたのは、ヘブライ語の呪いのような言葉だったが、そのうちのいくつかは度を超していたと思う。オライオンの社長エリック・プレスコーが、自分は近所に住んでいて山刀《やまがたな》を持っているとか、口にするのをきいた気がしたんだ。この映画に対する批判的なコメントは差し控えられていたが、海映画館の映写技師が上映用フィルムを抱えて走り、海にそれを投げこんだという根も葉もない噂《うわさ》が流れた。記憶が正しければ、「養鶏業者ジャーナル」には、かなり好意的なレビューさえ掲載されていたように思う。失敗作に余分な金をつぎこみたくなかったオライオンは、路面ペイントシートを使った控え目な宣伝をすることに決めた。

ミアと作った最後の映画が『夫たち、妻たち』だが、もう知ってのとおり、撮影が終わる前に、例のポラロイドがぼくの家で発見され、西洋文明の流れを変えることとなった。あるいは、そこまでではないにしても、ぼくの寿命は縮まった。この映画はぼくのお気に入りの作品のひとつで、というのも、撮影テクニックを気にせずに作ったんだ。ジャンプカットも画面方向、その他、洗練された映像を作るためのルールもすべてどうでもよかった。ほとんどのシーンは手持ち撮影で行い、ほぼ即興で撮ったんだ。最終的に出来上がった映画からはある種のエネルギーが感じられたし、出演者全員の演技も見事だった。ぼくは映画が完成したら、自作をみなおすことはないから、もう長くこの映画もみていない。今も当時のように夢中になれるのかどうか分からない。ただ、確かめたいとも思わないんだ。

第14章

ミアがエイハブ船長のごとく復讐心《ふくしゅうしん》に駆られて巻き起こしたあの騒動のいきさつを事細かに話したわけだが、どうやってこの苦難を乗り越えたのか？――そう、あれは苦難だった。虚偽の告発、いまわしい報道、莫大な弁護士費用。ぼくは数百万ドルをつぎこんで、自分の娘ディランに会おうとし、判事の偏見をなくそうとも試みたが、失敗した。一方、ミアはぼくのディランとモーゼズとの養子縁組を無効にしようとして別の訴えも起こしたが、女性の判事はすぐにミアの意図を見透かした。数週間におよぶ裁判を経て、ミアはその判事が自分のだませる相手じゃないことを痛感し、おとなしく撤退した。ぼくは人前に出るときは必ず変装用の鼻眼鏡をつけるようになったことは別として、ただただ自分のやるべきことをこなし働いていた。しつこく追いまわされ、中傷され、打ちのめされながら働いた。無実だから気にする必要はない、そう思った。勝手にやらせておけばいい。野蛮人の群れが飯の種にしている間違った判決に、貴重な仕事の時間を犠牲にするつもりはない。少年野球チームで二塁を守っていたとき、審判から間違った判定を受けたことがあっても、ぼくは負けなかった。そう、これも同じだ。乗り切ってみせよう。そのためのコツは間違った判定を受け入れ、前へ進むことだ。

毎週ジャズを演奏し、ステージに穴を空けたことは一度もなかった。戯曲を書いて、デイヴィッド・マメット、エレイン・メイと一緒にオフ・ブロードウェイで一幕物を同時上演した。映画も一本撮ったし、ぼくのジャズバンドはヨーロッパ・ツアーを行った。その間ずっと、私生活についてどんなばかげた話が世間に流れようと現実逃避を決めこんでいた。つまり、猛攻撃が続いた一年か一年半、自分に関する話を一切読むこともみることもしなかった。どうせ中傷記事だと分かっていたから、新聞は貨物の着荷情報を除いてほとんど読まなかった。どのテレビ番組でも、キャスターや様々な専門家が起こってもいない出来事についての仮説やデマを交換しあっていた。みんな自信たっぷりに自分の洞察力をひけらかし、まるで事実かのように話していた。ぼくはさっさとニュースやトーク番組に見切りをつけて、スポーツや映画をみて、普段どおり働いた。執筆も続けた。

この虚偽告発の自明性は、問題を細部にわたって積極的に追求しようとする人の目には明らかになるだろうし、最終的には万事解決するだろうと思っていたんだ。ところがいつまでたっても、世の中には理解していない人々がいて、なぜか、当たり前の論理を無視して、理解しようとも思っていないようだった。そういう人は、ぼくがミアの知的に遅れた未成年の子どもをレイプしたとか、自分の娘と結婚したとか、ディランに性的ないたずらをしたとかいった考えから抜け出すことができないらしい。そのうち、常識や理性や証拠はとことん鈍重な愚か者のところにまで届くものと信じていたんだ。まあしかし、ぼくだってヒラリー・クリントンが勝つと確信していたしね。

そうしている間に、スン・イーとぼくはふたりの女の子を養子に迎えた。生まれてまもない子で、ひとりは韓国人、ひとりはアメリカ人だ。ちなみに、ふたりの子ども、しかも女の子を、児童性的虐待で告発されたことのある男に引きわたすにあたり、ふたりの判事が絶対に赤ん坊を性犯罪者の手に渡すことにならないよう個別に徹底的な調査を行った。判事たちの厳しい審査の結果、ぼくに対する告発は根も葉もないことだとされ、なんの問題もなく養子縁組が認められた。幸いなことに、ふたりの娘は悪魔と呼ばれた父親に傷つけられることなく成長して大学に進学し、判事たちによる養子縁組許可の決定が適切なものだったことが証明された。ぼくはあのペントハウスを永遠の住まいにしようと誓っていながら、引っ越しをした。ひとり目の子とベビーシッターを迎えるには狭すぎたんだ。ぼくらは九十二番ストリートにある大邸宅に引っ越した。二万平方フィートもある驚くほど広大な豪邸で今度は狭すぎず、大きすぎた。リビング（少なくともぼくらはその部屋がリビングだと思っていた）は巨大な舞踏室で、そこを家具、ソファー、数カ所の談話スペース、ピアノで埋めた。ビリヤード室があり、寝室やキッチンがいくつもあり、エレベーターは二台――ほんとに、桁《けた》外れに大きかった。

　その家で育ち、当時は五番アヴェニューに住んでいたミセス・ダグラス・ディロンというご婦人（夫の元財務長官はすでに亡くなっていた）があるとき、昔の家が懐かしくてひと目みたく、なかに入れてくれませんか、といってきた。もちろん、ぼくらは歓迎した。そのとき初めて、彼女の家族はその巨大なリビングには何も置かず、扉を閉めたままにして、盛大なパーティーを開くときだけテーブルや椅子《いす》をセッティングして使っていたことを知った。一方、ぼくら家族は友人を家に呼ぶと、談話スペースから談話スペースへと移動しながらリビング中をめぐり歩き、その空間を隅々まで活用した。そして数年後に引っ越した。次の二年間はみすぼらしい賃貸用の物件を借りた。そこは以前、不倫関係にあった男女の逢瀬《おうせ》の場所として使われていたが、男がついに相手の女の夫を殺してしまった。男はロングアイランドの建設業者で、その哀れな配偶者の頭を眠っている間に殴打したそうだ。扇情的な事件としてテレビでも報道されたから、きいたことがある人もいるに違いない。

　ようやく、ぼくら家族にぴったりの完璧な家をみつけた。ペントハウスを出たときより経験を積んでいたから、自分たちにとって何が必要で何が必要でないかは分かっていた。一軒家とアパートメントはだいぶ違う。ニューヨークのアパートメントはなにかと便利だが、一軒家は自分たちの城だ。いつでも好きなようにリフォームできるうえ、手を入れるたびに管理組合の許可をもらう必要もない。ある朝、目を覚ますと窓の外に足場が組まれていて、三カ月間景色をさえぎられることもない。終日、水道が止まるから、鍋に水をためておくよう通告されることもない。

また、とりわけ共同住宅の場合は、やっとのことでその物件を買いたいという人をみつけても、買い手に問題がないかそこの理事長と取巻き連中にお伺いを立てなければならない。一軒家なら、こうした面倒はない。良くも悪くも自分の裁量で進められる。ただ、ドアマンはいないから、一月、氷点下摂氏二十度になってもタクシーを呼んでもらえないし、雪かきもやってもらえない。疲れて雪かきを怠っていたら、家の前の歩道で骨盤を骨折した通行人から訴えられかねない。うっかりエレベーターで香水を浴びるほどつけたご婦人と乗り合わせてレプリークを嗅ぎ続けることもなければ、ご婦人のもぞもぞしたペキニーズをみて「かわいいワンちゃんですね」とお世辞をいう必要もない。ぼくらが手に入れたのは、想像できるかぎり最も美しく魅力的で完璧なタウンハウスで、百二十五年前に建てられた屋敷にはいたるところに独特の細かい装飾が施され、いくつもの暖炉があり、美しい庭もある。毎朝、ぼくは重い足取りで階段を下りる。酒を飲んでもいないのに、なぜか二日酔いのような倦怠感《けんたいかん》を覚えながら、一階のブラインドを開けると、デイモン・ラニアン的な活気に包まれたニューヨークの街が広がる。天候に恵まれれば、どんより曇って霧がかかっている。頭のなかでアルフレッド・ニューマンの「ストリート・シーン」の旋律が鳴り響き、「この伝説的な島の小片をこのぼくが実際に所有しているんだ」と自分にいいきかせる。固定資産税のことが頭に浮かんで、関節炎に悩まされるのはあとの話だ。『アニー・ホール』で、アニーとアルヴィがどの街区に住んでいるかを決める必要に迫られてぼくが選んだのは、並木道があって画面映えのする、アッパー・イースト・サイドで最も美しいと感じた街区だった。まあそれで、今はそこに住んでいる。アニー・ホールが住んでいた家から通りを隔てた真向かいだ。

こんなふうに、ぼくはスン・イーと生活を続けた。彼女は今や母となり、日常生活で娘たちが、ちょっとしたトラブルを起こすたびに適度に腹を立てたり、娘たちにアートやフランス語や音楽を習わせたりしていた。ぼくはポイントスプレッドの読み方を教えた。映画を作り続け、虚偽の告発という苦難はすべての調査報告書によって永遠に過去のものになったと考えていた。調査員が一致して信頼のおける結論を出したのだから。いったん中傷を受けたら、常に攻撃の対象になるなんて思いも寄らなかった。もともと、『マンハッタン殺人ミステリー』はミアとぼくでやる予定だったが、その後、ふたりの関係が凝固してロックフォールチーズのようになったせいで、どう考えても、ぼくらはもう二度と一緒に映画を作れるはずはなかった。だがミアはその映画に出たいといって周囲を驚かせたうえ、自分を役に使わないなら訴えると脅してきたんだ。これは、彼女が世間に対して、ぼくがスン・イーとディランをレイプした、性的虐待したと断言したあとの話だよ。演技が体に染みついているんだろう。

いずれにせよ、ぼくはキートンを雇い、彼女は東へ飛んだ。まるで昔にもどったみたいだった。ぼくにとって、完全に自己満足的な映画だ。子どもの頃、ぼくは殺人ミステリーものに夢中だった。主人公が粋《いき》な台詞《せりふ》を吐き、臆病で愉快な男が好奇心旺盛な女のせいでふたりそろって事件に巻きこまれるんだ。ぼくはただ男のそばに付き添って気の利いた台詞の応酬をするような女よりもしょっちゅう男を言い負かすような女が大好きだった。そして、ぼくはいつもキートンにかなわなかった。これまで手掛けたなかで傑作のひとつだ。楽しくて、ストーリーもジョークもいい感じだし、気取ったところもない。それに、幼い頃から親しんできた映画に携わりたいという思いを満たしてくれた。キートンとぼくが演じた都会的な夫婦はマンハッタンに暮らし、謎解きにどっぷりはまっていく。実存主義的なテーマも悲劇的なクライマックスもなければ、ためになる教訓もない。はっきりいって機内の暇つぶしに読むようなミステリーだ。天才監督の撮影現場は常に情熱にあふれ、厳しい局面もあれば、激しい気性が爆発することもあるが、もうお分かりだと思うけど、ぼくはそうした天才監督じゃない。それはたぶん、ぼくが穏やかな性格で、脚本も監督もやって作品全体を自分で決め、どんなに優れた役者でも問題があれば決して雇わないからだろう。

いずれにせよ、人生で最高に幸せだったときはいつかときかれたら、あの出来事からの数年間と答えるだろう。ぼくはスン・イーを熱愛した。彼女を求めたためにずいぶんと激しい批判を浴びせられながらも、そうしてよかったと毎秒感じていた。状況が悪化し、どこへいっても中傷を受けていた頃、ときどき、「こうなることが分かっていたら、スン・イーと親しくならなかったんじゃないか」ときかれたことがある。そのたびに、ためらいなく同じことをしたよ、と答えた。人生で最も満足感を得られたのは映画ではなく、スン・イーを悲惨な状況から解放し、開花する機会を与え、自分の可能性に気づかせたことだ。彼女はもう二度と石鹸《せっけん》を食べたり、ぎゅっと抱きしめられたいと願ったり、受話器で殴られたりすることはない。

ミアとは世間の想像するような恋人ではなくなったから、ぼくはもっと意味のある関係をだれとだって築ける時期だった。その相手は女優、秘書、スウェーデン映画の好きな歯科衛生士だってありえただろう。もちろん、切腹傾向の強いぼくは、スン・イーを選んだわけだが。まあ、確かにぼくの彼女への愛はロバート議事法に準拠するものではないけれど、二十五年の間、毎秒、大切に想い合ってきた。ぼくは、彼女がまだ小さかったとき、初めて彼女に話しかけて、「なりたいものはある?」とたずねたときのことを覚えている。

「ボス」と彼女は答えた。「なんのボス?」とたずねると、彼女は「ボスならなんでもいいの」といった。ふたりの生活で実際にどっちがボスかはいいたくないが、こんな言い方ならできるかな。金を運んでくるのはぼく。家を切り盛りし、子どもを育て、社交の予定を立てるのは彼女。ぼくらは旅をし、長期間を外国で過ごす。パリ、イタリア、スペイン、南フランスのコート・ダジュール。夏にはロンドン、ロードアイランド州ニューポート。素敵だろう?

だけど、年が違いすぎじゃないか、といわれそうだな。なんの話をしてるのかって? なんだって話すよ。たとえば、ぼくは彼女に「レイプされたことがある、知恵遅れの未成年として、経済に関する見解を教えてくれ」ときくこともできる。また、彼女は若いから、ぼくが写真家のウィージーや野球選手のレオ・ドローチャーの話題を出してもだれのことか分からないかもしれない。そんなときはちゃんと説明するようにしている。けんかをするのかときかれれば、スン・イーは真っ先にこう答えるだろう。二十年以上の結婚生活のなかで、意見の相違はたくさんあったが、ぼくが正しかったことはただの一度もない、と。付き合いはじめの頃、彼女はぼくにとても悲しいことをいった。「これまでの人生で一度も、だれかの一番大切な存在だったことはないの」。ぼくは大家族のなかの一番大切な存在として、みんなから愛情をたっぷり注がれていた。自分をスン・イーの立場に置いてみて、彼女をぼくの一番大切な存在にすることに決めたんだ。溺愛し、奉仕し、甘やかし、褒《ほ》め称《たた》え、どんな望みでも絶対に否定せず、彼女の人生の忌まわしい最初の二十二年間をなにがなんでも埋め合わせようと決心した。彼女もこの提案に異存はなく、二十四時間ずっと彼女の好きなようにさせる特権をぼくに与えてくれた。五歳にして路上で生き延びる必要に迫られた彼女は驚くほど有能に成長し、一方のぼくはマドラーの使い方も分からないままだ。それでも、ぼくのことを何はなくとも面白いことのできる人として尊敬してくれているうえ、なんとかと紙一重の天才とか——なんていってたかな。

ぼくらの楽しみは？　娯楽は？　純粋な楽しみでいえば、たぶん、スン・イーはふたりの娘——出自は分からないけど、ジューク家系〔犯罪者が続出したある一家の仮名で、悪質遺伝の典型として研究対象とされた〕なのは確かだ——の子育てに追われていないときは、読書を楽しみ、劇場、美術館、映画館に足を運び、ショッピングが好きで、バーゲンやサンプルセールに目がない。五百ドルの品が百ドルで手に入ると無上の喜びを感じてしまう。いつか、安かったからといって、必要もないのにトラクターを持ち帰ってくるんじゃないかとひやひやしている。ぼくはといえば、医者にいって、血圧をチェックしてもらい、レントゲン撮影にポーズを決め、医者から「問題ないですよ」といってもらうのが楽しみだ。「白シャツの黒いしみは黒色腫じゃなくて、ボールペンのインクですね」

典型的な一日を語ってみよう。以前は子どもたちの学校への送迎もここに含まれていたが、ふたりが大学生になってからは役割が逆転し、今ではぼくがふたりを必要とするようになった。なぜだかぼくのせいでテレビ画面に何も映らなくなったときには、娘たちに画面を元にもどしてもらわなくちゃならないんだ。

スン・イーもぼくも早起きだ。だいたい六時半。ふたりで朝食をとり、適度な運動をする。彼女はとても運動熱心で、一週間のうちに、ルームランナー、ヨガ教室、ジャイロトニック、エクササイズ教室、ピラティスをこなし、まるで米海軍特殊部隊《ネイビーシール》のように健康だ。ぼくはルームランナーを使い、ゴムバンドを引っ張って、ジャコメッティの彫刻みたいな体型を維持している。さて、ふたりで朝の運動を終えると、彼女は家の仕事、子どものこと、学校のこと、夏の計画、家政婦への指示、各請求書の確認、折り返しの電話対応、それから夕食の予約をしてぼくとのデートに備える。彼女は「ニューヨーク・タイムズ」をほぼ全ページ読んでいる。ぼくらはいつも、互いに興味のありそうな記事や面白そうな記事を切り抜いているんだ。ぼくは執筆をして、昼食を一緒にとりながら、議論になるような新鮮な話題をみつけられたかどうかたずね合う。昼食後、ぼくは執筆にもどり、彼女は家の仕事をさらにこなすか、もし暇があれば、友人と美術館や映画にでもいったり、ぼくと散歩に出ることもある。その後、彼女はジェット機の爆音も遮断できる空港職員用の耳あてを装着し、ぼくはクラリネットの練習をする。夜はだいたいふたりでレストランへいき友人と会うけど、そうでなければ家で彼女は読書、ぼくはテレビでスポーツをみて過ごす。ターナー・クラシック・ムービーズで『欲望という名の電車』をやっていればもちろんそっちだ。

『欲望という名の電車』は生涯で出会った最高の芸術作品だから、テレビでやっていれば必ずみるようにしているんだ。問題はこの映画があまりにも完璧すぎるせいで、このバージョンでないと見劣りしてしまうことだ。同じような問題は映画『ボーン・イエスタデイ』にもある。この作品の決定版は、ジュディ・ホリデイとブロデリック・クロフォードによるものだ。ジュディ・ホリデイは映画史上最高のコメディエンヌだと思う。エレイン・メイがもっとたくさんの映画に出演していたら、どうだったろう。もちろん、ダイアン・キートンは最高のコメディエンヌたちと肩を並べている。だが、実をいうと、一般観客の趣味と違って、ぼくはキャロル・ロンバードは、面白くみてはいたが夢中にはならなかった。さらにいえば、彼女が嫌いというわけじゃないけど、笑えないんだ。イヴ・アーデン、それからアリソン・スキップワースやマリー・ドレスラーは、ちょっと面白いと思う。どういうわけか、もっと一般にもてはやされているコメディエンヌのスターはぼくには笑えなかった。もちろん、ジーン・ハーロウはすごいと思うよ。だけど、こんな話はどうでもいいか。すまない。まあそれで、ぼくはスン・イーと一緒になり、キノコ雲も消えかかった空の下、人生で初めて本物の結婚生活、本物の恋愛関係を楽しみながら、映画を作り続けた。その話をこれからしよう。やがて、また、この楽園が新たな狂気に蝕《むしば》まれるまで。

『ブロードウェイと銃弾』を書いた。この作品はぼくの最高傑作に数えられる作品となったと思う。脚本はダグラス・マグラスとの共作だ。ダグがいなければ、決して書けなかっただろう。共作は好きじゃないが、ミッキー・ローズやマーシャル・ブリックマンのような相手となら、親しい友人だし、真に面白い人間だから、楽しくやれる。マーシャルは並はずれて頭がよく、妥協知らずで、おかしなアイデアやすごい台詞をどんどん思いつくから、共同執筆はとてもうまくいった。だから、また別の面白くてとても頭の切れる友人、ダグラス・マグラスと脚本を書くことにしたんだ。共同執筆は、激しい孤独を癒してくれる。ダグの結婚相手はぼくの元アシスタント、ジェーン・マーティンで、ぼくは彼女とは十年以上にわたって一緒に仕事をした。ふたりはスン・イーとぼくの近しい友人である。非常にウィットに富んだふたりに、同様のスン・イーと、体を張ったコメディの才能があるぼくが加わると、ディナーテーブルはかなりにぎやかになる。ぼくは共同執筆する作品のアイデアをいくつか持って、ダグのもとを訪れた。ぼくのなかでは政治風刺物のアイデアが一番で、『ブロードウェイと銃弾』のアイデアはリストの下のほうにあった。ぼくは政治がらみのアイデアを推した。ぼくのほうが古参で年上で脚本家としての経験もあったから、先輩風を吹かして、政治風刺物のアイデアが一番だという考えを通そうとした。ところが、彼はそれに興味を持たず、『銃弾』に閃めくものを感じ、その信念を貫いた。これは、ギャングのボスが舞台の出資者となるが、ボスは自分の女を主演に使うよう脚本家に要求してくる、という内容だ。ぼくは、ちょっと陳腐かなと思ったんだけど、ダグの理屈抜きの自信に屈した。結局、彼の意見を尊重してよかったと思っている。

いつものように、ジュリエットのおかげでそうそうたるキャストを迎えることができた。まずはジョン・キューザック。彼もまた非の打ちどころのない演技をする男だ。それからジャック・ウォーデン、ジェニファー・ティリー、チャズ・パルミンテリ、例によってすばらしいダイアン・ウィースト、ハーヴェイ・ファイアスタイン、メアリー＝ルイーズ・パーカー、ジム・ブロードベント、トレイシー・ウルマン、ロブ・ライナー。ああ、これほどのキャストがそろった映画を見逃せるわけがないだろう⁉　ひとり残らず期待に応えてくれた。ダイアン・ウィーストはぼくの映画で二度目のオスカーを獲得した。それから、カルロの撮影、セット、ジェフリー・カーランドの美しい衣装。ぼくはこの映画を誇りに思った。しかも、名優アラン・アーキンと一緒に仕事をする機会にも恵まれたのだが、彼のシーンは映画全体に対して長すぎたためにどうしても入れられなかった。自分でも信じられない思いだが、あんなに偉大な演者と組める機会を持ちながら、泣く泣く彼のシーンをカットしたんだ。

別の映画でヴァネッサ・レッドグレイヴが出てくれたときも同じことがあった。ぼくはヴァネッサ・レッドグレイヴを映画からカットした唯一の監督かもしれない。いうまでもなく、彼女の演技のせいではなく、ぼくの下手くそな脚本のせいだ。それでいえば、ぼくはジョン・ギールグッドに役から降りてもらったことがある。想像できるかい？　世界に名だたる役者だというのに。『カメレオンマン』のナレーター役の予定だったが、彼の声は重厚で立派すぎたんだ。ずいぶん骨を折って引き受けてもらいながら、変更せざるをえなかった。あとになって彼とラルフ・リチャードソンが『インテリア』の大ファンだと知り、ぼくの誇大妄想はますますひどくなってしまった。キャスト交代の話でいえば、ルース・ゴードンに降りてもらったときには、記録的に異例な交代劇となった。彼女はただ単純に仕事相手として難しすぎた。のちに親しい間柄となり、何度も一緒に食事をするようになったんだけど、いいかい――ぼくが彼女に代わって起用したのは、背の高い黒人男性で魅力的なカリプソダンサー、ジェフリー・ホールダーだったんだ。ルースとは似ても似つかないだろう。

じつは、その役は『誰でも知りたがっているくせにちょっと聞きにくいSEXのすべてについて教えましょう』のワンシーンに登場する魔術師で、エキゾチックな人物になればどんな外見でもよかったんだ。ルースはエキゾチックで刺激的で派手な演技をしてくれた。だけど、ぼくらは彼女と衣装の件で折り合いがつかず、別の派手でエキゾチックなタイプを探すことになり、ジェフリーがぴったりだった。ルースとは友人として別れ、形ばかりのハグを交わした。のちに、ミアがルース――『ローズマリーの赤ちゃん』で共演していたんだ――と夫のガーソン・ケニンを誘って〈ロシアン・ティールーム〉で夕食の席をともにするようになった。ふたりとも最高の食事相手なんだ。すごい人たちのすごい話をたっぷり披露してくれ、しかも話にはいつもすごいオチまでついていた。ガーソンは彼自身がサマセット・モームから受けた助言をぼくに授けてくれた。「人は忘れてしまうものだから、なんでも書き留めておくといい」。ありがたい助言だが、ぼくはあまり気にかけていなかった。今思えば確かに、ぼくはこれまでぼくの身に起こった最高に面白い出来事をたくさん忘れている――覚えてるなら、話は変わってくるけれど、まあ、この本を読んで判断してほしい。映画のアイデアは書き留めているが、それも二言三言のメモ書き程度だ。

まあそれで、のちに『ブロードウェイと銃弾』がミュージカルとして舞台化された。スーザン・ストローマンの演出と振付の手腕は最高だった。最初はしぶしぶ脚色の話を受け入れたんだけど、スーザンの手掛けた舞台をみて、感動したし誇らしかったね。妻は映画よりもずっと気に入っていた。しかしながら、批評家の評価とぼくの熱い感動にはずれがあり、たった半年で打ち切りになった。サルトルは「地獄とは他人のことだ」といった。ぼくならこう付け足したい。「地獄とは他人の好みのことだ」

ブロードウェイ劇場といえば、ニール・サイモンのコメディ舞台が『サンシャイン・ボーイズ／すてきな相棒』としてテレビ映画化されたとき、出演依頼を受けた。ジョージ・バーンズとウォルター・マッソーによる映画版は、ハーバート・ロス監督の傑作だ。もちろん主役のふたりも最高だった。テレビ版ではぼくとピーター・フォークが共演することになった。この才能あふれる役者はいつも話し相手としては楽しいが、度重なる要求や気まぐれな行動で、ディレクターを少しばかりいら立たせていた。ぼくはといえば、例によって天使のように振る舞った。生意気な口答えも質問もなしに、台詞を覚えた。さあ、どこに立てばいいですか、どうすればいいですか、ぼくはベストをつくします。サラ・ジェシカ・パーカーは、当時まだ注目を集める前だったが、もちろんその頃から才能があり、ヒロインを美しく演じた。撮影では、おさえのショットをたくさん撮るために、各シーンをあらゆる角度から、可能なかぎり様々な画面サイズで、何度も繰り返して撮影していた。

もうみんな、ぼくが映画監督として完全主義者ではないことを分かってくれているかと思う。ぼくは何度も何度もシーンを撮り直したり、様々な角度からおさえのショットを撮ったりするのが、どうしてもだめなんだ。まあ、そういうカットはあとあと編集の段階で非常に重宝な存在なのは確かなのだが。ぼくはシーンをひとつ撮ったら、次のシーンに進み、撮り終えたら、撮影現場から一目散に退散したい。家に帰って、スン・イーを抱きしめ、子どもたちを可愛がり、夕飯を食べ、スポーツ中継をみたいんだ。横顔のショットや予備のクローズアップにこだわったり、スター俳優からもっとうまくやれるかもしれないといわれて、もうワンテイク撮ったりするのも本当に気が進まない。映画作りは好きだが、スピルバーグやスコセッシのような献身的姿勢もなければ、もちろん、ほかの才能があるわけでもない。ひたすら撮影に時間をかける日々を送るほど、映画に興味が持てないんだよ。バスケットボールの試合開始や娘たちの寝かしつけに間に合わなくなるかもしれないからね。

しかしながら、大半の映画は責任ある大人たちによって作られるもので、そうした映画の場合は、おさえのシーンを撮っているおかげで、あとから編集室で哀れな編集者が物語の辻褄が合わないといって、床で身もだえするようなことにはならない。監督によって、フィルムを編集者に渡して繋《つな》ぎ合わせてもらい、出来上がってはじめてそれを確認しにやってくる者がいる。また、撮り終わったそばから編集者にフィルムを編集してもらう者もいる。そうしておけば、足りないシーンがあったり、新しいアイデアが浮かんだりしても、キャストやスタッフはまだ集まったままで、世界中に散り散りになったりしていない。ぼくの好みは次の手順だ。まず、撮影が終わるまで編集をしない。撮影後、編集者とともにＡＶＩＤ（テレビサイズのスクリーンをみながら編集できるソフト）の前に座り、最初のシーンから順に映画全体を編集していく。

ぼくは今までずっと聡明で才能ある映画編集者たちと仕事をしてきた。ラルフ・ローゼンブラムが去ったあとは、長年にわたってスーザン・Ｅ・モースが入ってくれた。彼女はぼくとともに解決不可能に思えた編集の問題点をたくさん解決してくれた。彼女のあとを埋めてくれたのが現在の編集者であるアリッサ・レプセルターで、二十年来の仕事仲間だ。彼女は果敢にぼくとの共同編集に参加してくれていて、ときにはぼくに賛同し、ときにはぼくの人生を救おうと意見を戦わせるが、ふたりとも目指す目標は常に同じで、最初に描いたビジョンを形にし、そこにあるかぎりのフィルムを使って最高の映画を目指している。たいていの場合、ぼくらは充実したレコード・コレクションからレコードを選んで流している。ぼくの不注意かつ無責任な撮影方法のせいで、しょっちゅう問題に直面しているが、追い詰められた末に思いつく自然発生的な解決策はしばしばクリエイティブなひらめきへ導いてくれる。たとえば『ハンナとその姉妹』では、インタータイトルを使うつもりはなかったが、編集に行き詰まって一箇所だけインタータイトルを入れてみた。一箇所だけだとぎこちないので、もう一度考え直し、ほかに六箇所ほど入れてみたら、様式化されたちょっとした品格が作品に付け加わったんだ。

『サンシャイン・ボーイズ』はみていないが、ニール・サイモンからお褒めの言葉が書かれた素敵な手紙が届いたんだ。ぼくは彼のことをずっと尊敬していて、個人的にも大好きだったし、彼の作品も高く評価していた。もっといえば、その功績に対して彼は過小評価されていると思っているくらいだ。それは彼がいかにも楽々と笑いを書いている印象を与えるせいじゃないだろうか。おかしな台詞がよどみなく流れ、最高に面白いんだ。まあでも、その称賛の手紙を額面どおりには受け取れなかった。ジョージ・バーンズとウォルター・マッソーによる映画版をみていたから、彼がピーター・フォークとぼくの演技にしかめ面をしたとしか思えなかったんだ。だけど、親切な言葉に感動したふりをして、お礼状を送っておいたよ。

　ピーター・フォークを初めてみたときのことを覚えている。ホセ・キンテーロの洗練された演出によるユージン・オニールの舞台『氷屋来たる』をダウンダウンでやったときに、彼が舞台にいたんだ。ぼくは、当時結婚間近だったハーリンを連れてみにいったんだけど、その戯曲と演出の素晴らしさに圧倒されたし、主演のジェイソン・ロバーズが何者なのかも気になった。群を抜いてよかったんだ。ピーター・フォークはバーテンダーを演じていた。端役といえば端役だったが、才能あふれる役者として記憶に残った。ぼくは彼と親しくしている俳優のボブ・ディッシーの前で、彼のことを絶賛した。そのときぼくが「フォークはちょっと話し方に難があるよね」というと、ディッシーは「彼をみての感想が、それかい？　彼、死にたくなっちゃうよ」といった。ぼくは彼がどれほど優れた役者かも気づいていたし、つまらないことばかり気にしていたわけじゃないんだが。のちに、エマ・ストーンと仕事をした。ぼくがそれまで出会った女優のなかで、トップクラスの最も美しく魅力的な女優のひとりだ。彼女の話し方もまた特徴的だと思った。ピーター・フォークとも違って、むしろアニメのキャラクター、シルベスター・キャットみたいだったが、彼女が口を開くと、あっという間に人をひきつけるんだ。

　それで『サンシャイン・ボーイズ』の仕事を終え、報酬として十分すぎる額の小切手を持ち帰り、自分のベッドで眠れる日々にもどり、初めての下品な映画『誘惑のアフロディーテ』に取りかかった。ギリシャ悲劇風の設定で、合唱隊《コロス》と機械仕掛けの神《デウス・エクス・マキナ》〔古代ギリシア劇で最後に登場してすべてを解決する神〕まで備えた作品を作ってみたかったんだ。ぼくの共演相手は、とても頭が切れて才能もあるミラ・ソルヴィーノだった。ミラとの仕事は最高だった。彼女に何か欠点があるとしたら、自分にどれだけ才能と魅力があるか分かっていないところだろう。ぼくはオスカーだって彼女ひとりの力で獲得したと思っている。彼女とのシーンを撮るとき、よく彼女に笑わせてもらった。ふたりで立ち位置にスタンバイして、助監督が「アクション」と叫ぶのを待つ間、彼女は全力で演技に臨んですぐに役に入りこめるよう、本番前にちょっとした架空の即興劇を始めるんだ。素晴らしい。ただ、彼女はぼくにも一緒にやってほしかったようだが、ぼくはひとり言をいう彼女をみてどうかしちゃったのかと思った。

もちろん、本番の彼女は美しかった。撮影地はニューヨークとシチリア島。エトナ火山を背景にして撮った。火口から煙が立っていなければ、心配しなくて大丈夫といわれていたものの、煙が立っていた。不安で、家に帰りたくてしかたなかった。美しい振付はグラシエラ・ダニエル。また、ヘレナ・ボナム・カーターと仕事をする機会にも恵まれた。洗練された美しい、頭の切れる魅力的な女優だった。ぼくはロンドンにある彼女の家を訪ねたことがある。彼女はそこで両親と暮らしており、母親はとても聡明な精神科医だった。ほんとに素敵な時間だった。ただ思い返すと、『誘惑のアフロディーテ』は下品すぎてぼくの好みに合わない。撮り直して、もうちょっと品よく作りたい。というか、ぼくの映画はどれも撮り直せばよくなる。これまでデートしたことのある女性の何人かともやり直せればと思っているんだけど、悲しいかな、時すでに遅し。彼女たちがぼくに合わせて歌ってくれるとは思わない。

ところで、歌といえば(強引な話の流れだけど)、ぼくはずっとミュージカルをやりたいと思っていた――シャワーを浴びながら歌う程度に歌える人が出てくるミュージカルを撮りたかったんだ。『世界中がアイ・ラヴ・ユー』のキャスティングをしたとき、わざわざ男優や女優に歌えるかなんて質問したくなかった。彼ら彼女らなりに最善をつくしてくれるだろうと思っていた。第一級のミュージカルを作りたいわけでも、新境地を開拓したいわけでもない。ぼくはただ、アッパー・イースト・サイドを舞台に、四季を通してニューヨーカーたちが気持ちの高揚に合わせて昔からある魅力的な定番曲を歌う映画が作りたかった。ゴールディ・ホーンというすごくすごく才能のある女優――ふたつの「すごく」がつく――には、そんなにうまく歌わないでくれとお願いしたところ、ちょっと戸惑っていたよ。非の打ちどころのない俳優エドワード・ノートンは歌を歌わされるなんて思いもしなかったようだ。みんながみんなうまく歌えたわけじゃないが、ぼくが気にしていたのはフィーリングだけだった。

ドリュー・バリモアだけは断固として歌うことを拒否したが、ぼくは彼女の作品の大ファンだったし、彼女を憂鬱《ゆううつ》にしたり、緊張させたりするくらいならと、彼女の要求をのんだ。スン・イーの学校の友人オリビア・ヘイマンに吹き替え役を頼んで、うまくいった。この映画のおかげで、ぼくはヴェネツィア、パリ、マンハッタンで撮影し、ジュリア・ロバーツにキスをすることができたんだよ？　最初から最後まで、至福の時だった。ジョン・ラーは、「ニューヨーカー」に嬉しい記事を書いてくれたが、ほかの批評家はそれほど熱狂的な記事を書いてくれず、キャストの多くがろくに歌えていないと批判した。もちろん、これこそがこの映画の魅力のはずだったけど、読みが外れてしまい、歌えないことが魅力だと考える人は、思いのほかいなかった。映画はアメリカではまずまずだったが、ヨーロッパ、特にフランスでヒットした。

ぼくは依然として、自分が心から愛しているいろんな街で撮影を行い、マンハッタンの四季を描くことに満足していた。どの季節を撮るのも楽しかった。こういう理由でぼくは、自分にとっての映画ビジネスの楽しみは映画を作っている時間だけにあるといっているんだ。映画作りとは、働くこと、早起きすること、撮影すること、才能ある男性や女性との交流を楽しむこと、解決し損なっても死にはしない問題を解決すること、洗練されたファッションや音楽に触れること。すべてが終わって映画が完成すると、ぼくは必ず自分にこう問いかけて作品を評価する。両手を広げてベッドに寝転がりながら必死になって登場人物や設定を考えていたときの夢がどれくらい果たせて、実現できたか？　アイデアの五十パーセントは表現できたか？完全に的外れだったか？　ぼくはひとつの映画が終われば、必ず次に取りかかる。終わった映画は考えることも、観直すことも、記念品や写真を手元に置いておくこともないし、自分用に録画を残しておくこともない。ターナー・クラシック・ムービーズが人を集め、『アニー・ホール』の上映とディスカッションを行う企画を立てたとき、ゲストとして出席依頼をもらったものの――ぼくはこの映画専門チャンネルが大好きなんだが――断った。席について、過去をあれこれ振り返ることには興味がないんだ。

こんなことをきかれることがある。「朝起きて、自分が面白くなくなっていたらどうしようと不安になることはありませんか」答えはノー。面白さっていうのは、シャツみたいに身につけるものじゃないんだ。シャツだったら、目覚めてすぐにはみあたらないことだってあるだろう。でも面白さは、単に本人が面白いやつか否かというだけで、面白いやつは、面白い。物やいっときの熱狂と違って、失うことはない。もし目が覚めて、面白くなくなっていたら、それはぼくじゃない。だからといって、朝起きて、気分が悪いとか、世界が憎いとか、人類の愚かさが腹立たしいとか、虚ろな宇宙が気に入らないなどと思うことがないわけじゃない。というか、じつは毎朝、ぼくはそう感じているんだ。でも、だからといってユーモアがかき消されるわけではなく、そこからぼくのユーモアが生まれてくるんだ。バートランド・ラッセルと同じように、ぼくは人類を心から憂えている。バートランド・ラッセルと違って、ぼくは長い割り算はできない。そしてたぶん、自分の苦しみを偉大な芸術や哲学に変えることもできない。だけど、みんなの束の間のうさ晴らしになるような、面白いジョークなら書ける――ビッグバンが引き起こした無責任な結果に対して、ささやかな救済となるような笑いを生み出すことならば。

血のつながりが子どもの役に立つと思ったことはない。そもそもこの世界に子どもを送り出してよいものか。ソフォクレスは「最善は生まれ出ぬこと」といった。もちろん、もし彼がバド・パウエルのピアノで「水玉模様と月の光」をきいたことがあれば、そういったかどうかは分からないが。スン・イーとぼくが養子縁組を選んだのは、太陽を巡るこの精神科病棟にすでに置き去りにされていた、ふたりの孤児の人生をよくしようと考えたからだ。そして、ぼくらは目的を果たした。ぼくは愛情深い父親で、ふたりを楽しませている。スン・イーは娘たちに厳しすぎるのではないかとぼくはいつも思っているが、彼女のほうではぼくのことを寛大すぎると思っているようだ。とはいえ、スン・イーはぼくよりも生き延びるためのコツを分かっているし、現実的な考え方をする。たとえば、ぼくは入浴スポンジ《バフパフ》なしでは一週間も強制収容所にいられないけど、スン・イーなら二日後には、ゲシュタポにベッドまで朝食を運ばせていると思う。

それで、大切なことはすべて――子どもたちの教育からサマーキャンプ、夏休みのアルバイト、旅行、医者、家庭教師、レッスン、お泊まり会まで、スン・イーはプロイセンの効率性でさばいていた。彼女の頬に決闘で負った傷跡があれば完璧だ。ぼくは基本的に娘たちを抱きしめ、まめに小遣いを渡し、何に対しても決して「だめ」といわなかったが、ただひとつ心配なのは、いつか眠っている最中に、何かしらの遺伝的な精神疾患のせいで、娘たちにスン・イーともども殺されるんじゃないかってことだ。スン・イーは学校の集まりや行事には毎回必ず出席するんだけど、そういう場所はぼくには退屈だ。ぼくは親としての務めを果たしているふりをするのはやめ、教師がダラダラと話しているとき、心ここにあらずで、陪審義務をさぼるための新しい言い訳を考えてしまう。だってきかされることといえば、たとえば、マンジーあるいはベシュが次の学期に何を習うのか、とかなんだ。娘が授業でジョージ・エリオットの『サイラス・マーナー』を読もうと、カエルの解剖をしようと、どうでもいいじゃないか。ぼくがおとなしく座って、あの昔馴染みの退屈と無駄な戦いをしている間、教師たちは熱弁を振るう。やがて、ついに話がすべて終わり、ぼくはチャイナタウンに駆けこんで螞蟻上樹《マーイーシャンシュー》〔ひき肉入り麻婆春雨〕を頬張りたくてそわそわしているのに、必ずといっていいほど首を絞めたくなるような親どもがいて、いろんな質問をするもんだから、ごちそうがおあずけになってしまう。「理科の授業で、生殖について教えるのはひとつの理論だけでしょうか、それとも同等の信憑性《しんぴょうせい》をもってコウノトリについてもあつかうのでしょうか？」。「子どもたちは読み書きができなくても卒業できますか？」。「娘が自爆テロをやりたがっているんですが、楽器を習わせるべきでしょうか？」。もちろん、自分の子どもがハンドベルのコンサートで演奏する姿はみてこそ、人生というものだ。みる価値はある。だって、とても可愛いんだ。

ところで、きかれてもいない質問に答えてしまうが、ぼくはユーモアのセンスを失っているかもと考えパニックになって目覚めることもなければ、創作の壁《ライターズ・ブロック》にぶちあたって悩むこともない。だが、『地球は女で回ってる』の主人公の作家ハリー・ブロックはスランプに苦しんでいる。ぼくはこの映画が好きだった。キャスト一覧をチェックすれば、才能ある男優や女優のオールスターチームのように思えるはずだ。そのなかには以前ぼくが一緒に働いたことのある人もいるし、光栄にも初めて映画に出てもらった人もいる。そうそう、撮影前にマリエル・ヘミングウェイがぼくの編集室に立ち寄って、俳優業に復帰したいといってきた。彼女は独身に戻っていて、人生のハイライトは映画『マンハッタン』だった。すぐには彼女に合う役が思いつかなかったが、端役でもいいならまだ決まってない役があった。彼女はそれでかまわないというので、ぼくは役を振り、彼女は相変わらずいい仕事をしてくれた。彼女にまた会うことができて本当に嬉しくて、数年後、再会を果たし、〈チプリアーニ〉で夕食をともにした。

彼女は健康的な生活にどっぷり浸かっていた。それは彼女自身のためでもあったし、周囲の人にとってもよかった。思い出すのは、彼女がアイダホ州ケッチャムに招待してくれたときのこと、山と雪に囲まれ、窓の外をみると、彼女が雪の庭にある大きなトランポリンの上で飛び跳ねていた。彼女は身長百八十センチ、美しく、健康的で、才能ある、アスリートのように引き締まったブロンドの女神だった。ぼくは、この場にレニ・リーフェンシュタール〔一九三六年ベルリンオリンピックの記録映画『オリンピア』の監督〕がいてくれたらなあ、なんて考えていた。ふと、彼女の祖父のことが頭に浮かんだ。そこからほんの少ししか離れていない場所で、彼はある朝、目を覚ますと散弾銃を手にとり、頭に当てて、引き金を引いた。ルイーズとぼくはその話を口実に会って話をして、盲目的に恋に落ちて、彼女はぼくの妻となった。そしてぼくはマリエルの家を訪れ、アーネスト・ヘミングウェイの息子とバスルームを共有することになった。男とバスルームを共有なんてしたくないのに。彼の父親がどれほど多くの立派で勇敢な闘牛の死を目撃していたとしても、その気持ちは変わらない。自分でもこの話がどこに向かっているのか分からないが、ひとつだけいえるのは、人生はあまりにも皮肉で手に負えないということだ。

『地球は女で回ってる』でふたたびジュディ・デイヴィスと仕事をすることができた。彼女とは『夫たち、妻たち』で組んでいたが、あれは冷や汗物の体験だった。なんでかって？　明らかに彼女がとても名女優だったから、ずっと怖気《おじけ》づいていたんだ。彼女に何かいって、真実を見抜かれたくなかった。つまり、ぼくが退屈極まりない、底の浅い、期待外れな男であることは、ぼくを知れば分かっちゃうからね。だから一度も彼女に話しかけなかったし、彼女のほうも本能的に話す価値もないと勘付いて、話しかけてきたことは一度もない。こういうわけで、衣装合わせで写真を数枚撮ったときも、ぼくは唇に薄い笑みを浮かべて彼女に会釈しただけで、次に会ったのは彼女が撮影現場に出てきたときだった。「アクション」の合図がかかれば、彼女はつねに素晴らしく、つねに刺激的で、セクシーで、予測不能な演技をする。「カット」。ぼくはいう。「素晴らしい。どんどんいこう」。そのあと彼女は撮影場所を出る。次に彼女と撮影現場で顔を合わせるのはその日のうちか、翌日か、翌週か、いずれのときもぼくらの間には同じ沈黙が流れていた。超一流の役者を雇い、格別の演技をしてもらう。これがぼくのやり方だ。

ぼくはルネサンス的教養人と書かれたことがある。当然ながら、イタリア・ルネサンスではなく、インドの地ゴーヴィンド・ガートのルネサンス。原産種の山ヤクが大きな群れをなして氷に覆われた山腹にもどってきた時代だ。それでも、そうした文化的イメージに合わせて、ぼくはジャズバンドのメンバーとヨーロッパ・ツアーに乗り出すことにした。ぼくは熱心なジャズ愛好家よろしく、ジョージ・ルイス、ジョニー・ドッズ、アルバート・バーバンク、シドニー・ベシェといった偉大なるニューオーリンズのクラリネット奏者をスタイルの手本にした（というか、盗んだ）。問題は、ぼくが単にフィーリングも耳もリズム感もないまま演奏するだけじゃなく、謙虚さを持たず、まるで自分には実際に表現したいことがあるかのように、大胆な演奏をすることだ。それでも、観客はきてくれた。そして、バンドの真のリーダーにして一流バンジョー奏者のエディ・デイヴィスがヨーロッパをめぐるコンサートツアーをしようと提案したとき、ぼくは自分がどれほど下手か分かっていないおめでたい愚か者だったから、まるっきりの無知からくる自信で、すぐさまその提案に飛びついた。ぼくは練習に練習を重ね、いろんなマウスピースやリードを試した。道具のせいで、アンフェタミンをのんだ雄鶏《おんどり》のような音が出ているわけではないことが分かっていなかった。確か、ジーン・ドゥーマニアンの発案だったかと思うが、このツアーを記録してドキュメンタリー映画を作ることになって、ジーンは、映画界でトップクラスのドキュメンタリー作家、バーバラ・コップルを雇った。彼女はツアーに密着して舞台上から舞台裏までぼくらの姿を捉えてくれた。いつスミソニアン博物館からタイムカプセルに入れて保存したいとリクエストがきても大丈夫だ。

　こうして完成したのが『ワイルド・マン・ブルース』だ。はたして、ぼくの演奏にもかかわらず、コップルは本当にいいドキュメンタリーを作ってくれた。みたんだけど、かっこよく面白く正確に撮れていたよ。たぶん偏った意見だろう。というのも、ぼくがひどく嫌なやつには映ってなかったから。そこに映っているのは、現実のぼくのように、害はないが、そこそこ面白い男だった。ぼくの演奏に関していえば、コップルは慎重に小麦ともみ殻を分け、少量の小麦を使って、まずまずのリック〔ジャズ用語でいう短いフレーズ〕を作ってくれた。

　ハイゼンベルク〔不確定性原理を提唱した理論物理学者〕の生徒ならだれでも知っているように、四六時中カメラについてこられると、普通の人間だから、いつもと違ったふうに演じたりもするし、ときにはうっかりして不器用な道化みたいになったところを撮られてしまう。幸い、編集の奇跡によって、ぼくの粗野な部分は最小限に抑えられた。スン・イーもいい感じに撮られていたよ。「ニューヨーク・タイムズ」の映画評では、ぼくら夫婦のイメージが一新されている。ぼくは年上で物を知っているから、ふたりの関係において主導権を握っている側と思われがちだが、実際は、スン・イーこそが、その記事の言葉を借りれば、女帝のように映し出されている。実際、スン・イーはとても寛大で強い人だし、ぼくらの生活における重要な事柄はすべて彼女が決めている。住む場所、子どもの数、会う友人、金の使い道。とはいえ、宇宙旅行に関しては変わらずぼくが決定権を持っている。

ジャズ・ツアー自体は大成功だった。どの会場でもチケットは完売。会場は大きくて美しい、オペラハウスやコンサートホール。ぼくの泊まったホテルの前にはやじ馬が集まっていた。その集団が罵詈雑言《ばりぞうごん》を浴びせるつもりがないものと判断したぼくは、ひとりひとりに挨拶しにいった。どのコンサートでも何度もアンコールの声がかかった。ミラノで、停電になったことがあり、そのときは電気が消えた暗いなかで演奏を続け、盛大な拍手をもらった。その翌日の夜、ぼくはあたかも勇敢な行動をとったかのように、地元の消防署から盾を受け取った。消防署長から盾を手渡されたとき、もちろん、ぼくはボブ・ホープさながらに英雄を演じてこういった。「会場にいた腰抜けたちは今夜、何をしているんでしょうね」。だれも笑わなかったのは、きっと言葉の壁のせいだろう。

空を背景にニューヨークの街並みをみるといつだってわくわくする。ぼくはツアーからもどると、すぐにジュリエットとキャスティングに取りかかった。映画のタイトルは『セレブリティ』に決定し、モノクロで撮った。どんな重役も、モノクロ映画を撮りたいと伝えると、大赤字に震え上がるが、『レイジング・ブル』、『シンドラーのリスト』、『マンハッタン』など、ほんの数例をあげればいい。観客はどういうわけか、製費を削るためにモノクロで作られたと感じるようだが、実際そこには芸術的な意図がある。費用も同じくらいかかる。『セレブリティ』の撮影はスムーズに進んだ。最終日あたりで、才能ある女優メラニー・グリフィスが彼女の夫を演じる男と並んで映画館の席に座るシーンがあった。この夫は数秒間、彼女の隣に座っているだけで台詞は一切ないし、この映画のほかのどのシーンにも出てこない。ぼくらは映画館を満席にし、夫として彼女の隣に座る適切なエキストラを選んだ。ところが本番になって、彼女はぼくらの選択に不満を示した。そんな男と結婚するはずないというんだ（そのことは彼に伝えていない）。ぼくは彼女に、本当に結婚しろとも、残りの人生を彼と過ごしてくれともいってない、と説明したけど、納得してもらえなかった。役者がそれほど深く自分の役に入りこむ姿にはほれぼれするし、よくあることだと思う。まあそれで、彼には席を替わってもらい、彼女に新たなエキストラの結婚相手をあてがったところ、ふたりは末永く幸せに暮らしましたとさ。また、光栄にもケネス・ブラナーとも働けたし、ついにジョー・マンテーニャとも仕事をする機会に恵まれた。彼が出演した、デイヴィッド・マメットの舞台『摩天楼を夢みて』をみたことがあって、とても気に入っていたんだ。ジュディ・デイヴィスはいうまでもなく素晴らしかった。彼女とはそれまでに何本かの映画で一緒に仕事をしたことがあったから、挨拶しようと心づもりをしていたのに、彼女はぼくを覚えてくれてなくて参っちゃったよ。

ところで、何年もの間ずっとショーン・ペンは、ぼくと仕事をしたいと思っているといってくれていたが、ぼくが何度出演を依頼しても受けてくれなかった。そしてある日、複雑な性格を持つ名ジャズギタリストが主人公の脚本を渡したところ、ようやく気に入ってくれた。ショーンが恋に落ちる口のきけない小柄な娘を演じたのはサマンサ・モートン。また、ショーンは待ちに待ったアカデミー主演男優賞に初ノミネートされた。『ギター弾きの恋』は、サントの作ったセットのおかげで、アメリカ各地で撮影したようにみせることができたが、すべてマンハッタンで撮った作品だ。家から離れてホテルで眠るのがいやというわけじゃないんだ。もちろん、シーツは柔らかなコットンの極上の肌触りのものでないと困るけど。ぼくが床に就くとすぐ、妻は細胞という細胞をすべてぼくに押し付けてくるんだが、そのときの姿勢はまるでソール・ベローがかつて鮮やかに描写した二本くっついたスプーンそっくりなんだ。ぼくらが交際を始めてから、つまり、ぼくのところに彼女が越してきた最初の日から、ぼくらは二十五年間ひと晩たりとも離れて過ごしたことはない。別々に食事をとることもほぼない。朝食も、昼食も、夕食もほぼ毎日一緒に食べている。それじゃあしばらくは、話すことがないんじゃないかと思うかもしれないが、絶えず変化する天気と同じで、会話に困ることは決してない。

夕食はだいたいいつも、子どもか友人と一緒に、どこかのレストランでとる。スン・イーは公衆衛生局長官による健康的な食生活のすすめをいっさい無視してメニューを注文するが、ぼくは健康に気遣い、舌を喜ばすものは食べないよう注意している。家に帰ると、ぼくはベッドのそばで祈り、神に向かって、そこにおられる印として、二、三回、競馬に勝たせてくださいますことを、と懇願する。スン・イーはもちろんバスルームで夜のお浄めに余念がない。儀式に用いられる大きな瓶にはイモリの目玉でも入っているのだろう。やっと電気を消すと、ぼくは彼女を抱きしめて笑顔で眠りに落ちていく。もしぼくが六千年前に北極圏で生まれて鯨《くじら》の肉が好物だったら、どんな人生だったろう、などと思いながら。

ぼくはこれまでの人生で、ナイトクラブのコメディアンのためにジョークを書き、ラジオのために書き、自分で演じるナイトクラブの寸劇を書き、テレビ番組のために書き、クラブやコンサートやテレビに出演し、映画の脚本を書いて監督し、舞台の戯曲を書いて演出し、ブロードウェイで主役を演じ、オペラを演出した。テレビ番組でのカンガルーとのボクシング試合から、プッチーニのオペラの演出まで、とにかくなんでもやってきた。おかげで、ホワイトハウスの夕食会に招待され、ドジャー・スタジアムでメジャーリーガーと試合をし、パレードやニューオーリンズのプリザベーション・ホールでジャズを演奏し、アメリカやヨーロッパの各地を旅し、国の指導者たちに会い、様々な才能ある男性や女性、ウィットに富んだ男優、魅力的な女優に会うことができた。ぼくが書いた本も出版されてきた。もし今すぐに死んだって、文句はいえない——ぼくの死に文句をいってくれる人もあんまりいないだろう。

第15章

映画監督のほかに唯一興味があった職業は、ギャンブラーや賭け玉突き師《ハスラー》やペテン師といった犯罪者の人生だった。それもあってぼくは、コメディ映画『おいしい生活』でけちな泥棒を演じることにした。『おいしい生活』ではトレイシー・ウルマンの夫役を演じる機会にも恵まれた。ぼくが褒めちぎらなくても、彼女が並外れた才能を持つコメディエンヌであることはだれもが知っていると思う。また、泥棒仲間のごろつきを演じてくれたのはじつに面白い連中だ。ぼくの脚本に付き合ってくれた役者たちは次のとおり。ぼくの大好きな役者のひとりマイケル・ラパポート、ジョン・ロヴィッツ、そしてもちろんエレイン・メイ。エレインのことは、彼女が相方のマイク・ニコルズとニューヨークにやってきた頃から知っている。ぼくらはマネージャーが同じで、ジャック・ロリンズだった。ぼくがコメディアンになる前、エレインとニコルズのコンビにネタを書きたかったんだけど、ふたりはぼくを必要としていなかった。ぼくが初めて監督した映画『泥棒野郎』を撮ったときには、エレインに出演依頼をしたが、「首にコルセットを巻いているから、無理」といってあっさり断られた。だけど、彼女とぼくの人生は長い間に何度か交わっている。劇場で一緒に仕事をしたこともあって、夜の舞台でデイヴィッド・マメットと三幕劇をやったときも、その後にイーサン・コーエンと三幕劇をやったときも、ともに一幕ずつ脚本を担当した。それはともかく、エレインは『おいしい生活』に出てくれたし、その後も、ぼくが手がけたテレビ番組で一緒に仕事をした。何がいいたいかというと、彼女は真に面白い、数少ない人々のひとりだということ。

コメディで生計を立てている人は多い。面白い人もたくさんいるが、なかには天才とされていながらさっぱり面白くない人もいる。天才の評判はあてにならないんだ。そして、真に面白い人がいる。もちろんこれは好みの問題で、人それぞれで違ってくる。ぼくは自分がおおいに笑わせてもらったからといって、その人をほかの人に押し付けようとは思わない。ほかの人が面白いと思う人を知りたいとも思わない。無駄な意見を戦わせたりせず、それぞれお気に入りのコメディアンを楽しめばいい。この回顧録では覚書として、ぼくにとってのお気に入りの名前をざっとあげておきたい。グルーチョ・マルクス、W・C・フィールズ、エレイン・メイは間違いなく面白いし、S・J・ペレルマンは同時代の地球でもっとも面白い人類だと思う。ああ、あと忘れちゃならないのが『ポゴ』。ウォルト・ケリーが描いたこのコミック・ストリップは天才のなせる業《わざ》だ。ほかにもあるが、次の話題へ移ろう。

さて、『おいしい生活』の悪漢は、ヒュー・グラントが見事に演じてくれた。とても優雅に相手に取り入る、計算高くて、いかにも物腰の柔らかい、完璧に魅力的な悪党だった。映画の出来はまあまあかな。観客はぼくの犯罪物を楽しんでくれたようだった。

テネシー・ウィリアムズが「この暗闇の行進」と呼んだ道のどこかで、ジェフリー・カッツェンバーグから電話があって、アニメーション映画『アンツ』の主役のアリの声をやってくれないか、とオファーがあった。ずいぶん前に、ぼくは精子の役をしたことがあったが、どうもそのせいで、虫の役にぴったりな役者はだれか話し合っているとき、ぼくの名前が挙がったようだ。ジェフリーいわく、「君がこれまでやった仕事のなかで一番簡単だし、おまけに楽しいよ。ただレコーディングスタジオで台本を読んでくれればいいんだ」。ジェフリーにはいつも好感を持っていたし、喜んで彼の頼みをきくことにした。蓋《ふた》を開けてみれば、簡単じゃないし、楽しくもなかった。大変なうえ、長丁場で、うんざりした。終わったとき、もう絶対にやらないと誓い、実際二度とやってない。ジェフリーのことは好きだけど、またぶらりと現れて別の虫ケラの声をオファーしてきたときには遠慮させてもらった。虫役といえばぼく、みたいに思われてもね。

使えそうだと見込まれて声がかかれば、ぼくはカメオや端役でも引き受けることにしている。カメオ出演でいえば、スタンリー・トゥッチ、友人のダグラス・マグラス、さらには縁もゆかりもない人の作品にも出た。パリのあるフランス人女性から彼女が監督をしているフランス映画にぼく本人の役で出演してくれないかと頼まれたことがある。彼女にとって初の映画で、撮影は一時間で終わるというので、ぼくがパリにいるときに現場に駆けつけて、指示どおりにやった。ぼくは映画に出ている自分をみるのは好きじゃないから、どの映画もみていない。フル出演した映画『ヴァージン・ハンド』もみていないが、二〇〇〇年年度アカデミー驚異のフィルム無駄使い賞間違いなしだったことは分かっていた。

その映画でシャロン・ストーンと共演できたのは興味深いめぐりあわせだった。シャロンは『スターダスト・メモリー』にほんの少しだけ出ていて、のちにはジョン・タトゥーロの映画『ジゴロ・イン・ニューヨーク』でもぼくと共演している。ぼくはこの映画で大役をもらった。シャロンとは三本の映画で一緒になったけど、彼女は最初っからあなたとロマンチックな関係に発展することは決してありませんという雰囲気を発散させていた。前々から彼女のことをいい女優で、とても美しい人と思っていたけど、なぜ彼女がぼくの撮影の日に現場にくるといつも壁を作るのか不思議だった。ジョン・タトゥーロが監督する現場は楽しかったよ。彼自身とてもいい役者だから、役者のディレクションが分かっていて、ぼくは信頼してすべてを任せることができた。この映画はみた。というか、逃げられなかった。タトゥーロにぜひみてくれといわれ、彼は映写室でぼくの隣に座っていたんだ。明かりがつくと、ぼくは激励の言葉をかけた。それに十分値する作品だった。

『スコルピオンの恋まじない』のキャスティングにはとても苦労した。主役をオファーした役者からことごとく断られたんだ。しかたなくぼくが主役を演じ、その挙句、この作品のお荷物になってしまった。ぼくのほかは魅力あるキャスト揃いだった。ダン・エイクロイドとヘレン・ハントが重要な役を引き受けてくれて、期待どおり素晴らしかった。また、シャーリーズ・セロンも役の幅がとても広い、天性の女優だった。ところが、このなかにぼくが入ってしまった。ジャック・ニコルソンが必要だった。あるいはトム・ハンクスでもはまったかもしれない。それなのにぼくが挑戦して、結局役に合わなかった。この映画は、ぼくが足を引っ張ったにもかかわらず、まあまあ好意的に迎えられた。それにしても映画の受け取られ方が国によってかなりまちまちなのは興味深い。スペインでは、大ヒットしたんだ。同じ作品に対する反応が文化によってさまざまなのは面白い。アルゼンチンで大ヒットした作品が、イギリスではヒットしないこともある。ドイツで大当たりしたのに、オーストラリアでは閑古鳥《かんこどり》が鳴くこともある。日本では絶賛された作品が、ブラジルでは酷評される。こんな見解を披露していたら、夕食の席に誘われることが少なくなってしまった。まあとにかく、『スコルピオンの恋まじない』はなぜか、スペイン人にかなり響いたようだった。

ぼくにとって、『さよなら、さよならハリウッド』は最も残念な作品だ。面白い映画だと思うのだが、いい作品にならなかった。物語の前提は面白かったし、ぼくはうまく形にしたと思う。主演女優のティア・レオーニは素晴らしかったし、脇を固めるキャストも期待に応えてくれたし、アイデアは可能性に満ちていた。主人公の映画監督は、再起をかけた映画のクランクイン直前に、心因性の失明状態に陥るが、チャンスを失うわけにはいかないからはったりで切り抜けようと、目がみえるふりをする。チャップリンかバスター・キートンの手にかかれば、傑作になっていたに違いない。ぼくが作っても面白くできたんだから……と、せめてまわりにはそういい続けている。

この映画でハスケル・ウェクスラーを解雇した。以前から彼は天才的なカメラマンだと思っていたが、幼稚できわけのない子どものようなところがあって我慢できなくなったんだ。撮影早々からぼくは、すべてのショットの前後で彼との間にタルムード的な意見の不一致が起こるようなら、何カ月もスケジュールに遅れが出るだろうと察知していた。降りてもらうのは忍びなかった。あれほど才能ある男と仕事ができるのを楽しみにしていたからね。まあでも、相性が悪かった。

そうそう、あれからずいぶんたったというのに、気づいたら、ぼくはいまだにルイーズのことを書いていた。その映画のタイトルは『僕のニューヨークライフ』。クリスティーナ・リッチは、欲望の曖昧な対象となるような女性をとても魅力的に演じてくれた。ジェイソン・ビッグズは若い頃のぼくをモデルにした役を愛嬌たっぷりに演じ、ぼくはデイヴィッド・パーニシュを誇張した役を演じた。パーニシュは、タミメントで幾夏かをともに過ごした放送作家だ。ぼくがそこで仕事をしていたとき、彼から非常にいい影響を受けて、ふたりで人生や愛や芸術や死について思いめぐらしながら時を過ごした。ふたりの繊細な詩人はこの憂《ゆう》鬱《うつ》な天体に渦巻く疾風怒濤《シュトルム・ウント・ドランク》に対して為す術なく、ふたつの失われた魂は答え、あるいは益する哲学を探し求め、やがて、喜劇の女神タレイアの導きにより、ささやかな慰みを見出す、だがそれは刹那、悲しいかな、とめどなく流れる精神的出血を止めるにはあまりに短し（ぼくは若きウェルテルのようになってきたらしい）。だがわれら、道を誤ったふたりの愚か者は、我がちに手がかりを求め、ひとりはすでに拘束衣に自由を奪われ、もうひとりもおそらくは同じ運命が待っているが、遺伝子の出来が悪いおかげで救われている。

ぼくにとって人生は悲劇でもあり、喜劇でもあり、それはそのときどきの血糖値によって左右されるが、一貫して意味のないものだと思っている。自分のことをスタンダップコメディアンの体に閉じこめられた悲劇作家のように感じていた。言葉なき無名のミルトン。ミルトンといっても、コメディアンのミルトン・バールのことだが。

ちなみに『僕のニューヨークライフ』の興行成績はあまり振るわなかった。次に取りかかった映画『メリンダとメリンダ』では、複数の人物によるひとつの物語を喜劇と悲劇のふたつの観点から捉えようとした。映画はまあまあで、傑作ではないが、駄作でもなかった。その一方、ぼくの作る映画があまり儲からなくなってきたせいで、製作費の援助を受けられなくなってきた。それでも、ぼくは指揮者トスカニーニのように、全体を仕切る権利を要求し続けた。ぼくと仕事をしたいといってくれていたいくつかの映画制作会社は去っていった。自分たちは銀行じゃないんだから、作品についいて何も分からないのは困るというんだ。どんなストーリーなのか？　どんな役者が出るのか？　せめてこちらの意見を最後まできいてほしい、ともいわれた。だけど、そういわれても、ぼくはそれを考慮することはない。そうまでして映画を作りたくないんだ。映画制作会社の重役たちは、創作のなんたるかがまったく分かっていないが、これは彼らの罪じゃない。制作側のわれわれもほぼ何も分かっていないからね。映画作りは精密科学じゃないから、映画を作るたびに、それぞれの映画固有の問題と新たに向き合うことになる。頭と経験を使えば、ある程度はなんとかなるが、たいていは直感に頼ることになるんだ。

だけど、少なくとも芸術家は不安でいっぱいだし、自分が何も分かっていないことを知っている。資金を出す側のほとんどは、何も分かってないうえに、直感も働かない。それなのに、しばしば自分たちのほうが芸術家よりずっと分かっているとさえ考える。制作中の作品を切り裂き、滅茶苦茶にした挙句、どうにかして観客に受けようともがき、最終的に芸術家ひとりに任せていた場合の十倍はひどいものを作ってしまうことはよくある。芸術家の裁量に任せて、沈ませるか、泳がせるかしておいたほうがいいんだ。ごくたまに、まったく思いがけない幸運で、重役が芸術家よりもよい選択をして、プロジェクトが興行的に成功を収めることがあって、この手の話はありがたい教えのように語り継がれていく。これはまれなケースで、たいていの場合、スーツに身を包んだ男たちが干渉すると作品は台なしになる。

ここでは一般的な商業映画について話している。もしその映画監督が、たとえばベルイマンやフェリーニといった偉大な芸術家なら、その芸術家の魂のほかに何もいらない。スーツの皆様だって、それくらいは承知して引き下がる。分不相応な話だが、ぼくは常にこうした芸術的な映画監督と同類であるかのように振る舞い、決して意見を曲げず、比較すべき対象を誤ってはいるが、本物の巨匠たちが受けるべき敬意を得ていた。「それでも」ぼくは主張した。「ぼくの映画に出資したいなら、茶色の紙袋に現金を入れて置いて帰ってください。映画が完成したらフィルムを持ってうかがいます。そのときには、配給権はそちらのものですから、好きにしてください」。だが、ハリウッドは変わりつつあり、ぼくには手堅い実績があったけれど、超大作《ブロックバスター》志向が高まる時流にはついていけなくなってしまった。こういうわけで、ぼくはニューヨーク、ハンプトンズ、パームビーチを舞台にした『マッチポイント』の脚本を用意したものの、茶色い紙袋に金を入れた買い手は現れなかった。

そんなとき、ロンドンから電話があって、ロンドンで撮影するなら、ぼくの次回作に資金を出すといってきた。彼らは、アメリカ人の権力者と違って、映画制作について知ったかぶりをすることもなく、銀行家とみられることを恥じていなかった。すかさずぼくはペンを握りしめ、ニューヨークをロンドンに、ハンプトンズをコッツウォルズに、車のフードをボンネットに書き換えた。登場人物はビッグマックとおさらばして、スポティッドディックを注文することになった。

『マッチポイント』の主役ジョナサン・リース・マイヤーズの相手役にケイト・ウィンスレットをキャスティングしたものの、撮影一週間前、彼女から断りの電話があった。そんなに長く子供たちと離れることはできないし、体力的にも心配だし、家族と同じ空間にいたいから、とのことだった。ぼくは彼女の優先順位を理解した。またいつか一緒に働ければいいと思っていたし、実際、のちの作品で組むことになったんだ。一刻の猶予もないなか大あわてで代役を探していたところ、スカーレット・ヨハンソンという若手女優のスケジュールに空きがあるという。テリー・ツワイゴフの傑作映画『ゴーストワールド』でみた彼女は最高だったから脚本を送ってみた。すると、二十四時間以内に出演承諾の連絡がきた。『マッチポイント』のとき彼女はまだ十九歳だったが、すでにすべてが揃っていた。刺激的な女優、生まれついての映画スター、本物の知性。頭の回転が速く、ユーモアもある。彼女と会うときには、必死でそのフェロモンに抵抗しなければならない。才能があり美しいだけじゃなく、セクシーな放射性物質を発散しているんだ。彼女といると、今にも手をとって笑みを浮かべて、「本当に私たちにそれをやってほしいと思っているなら、私がなんとかします」といおうとしているように感じる。数本の映画に出てもらったが、どれも素晴らしくて、もう一度彼女と仕事ができたらと願うばかりだ。死ぬ前に、あるいは耄碌《もうろく》して、よだれを垂らしだす前に。といっても彼女の上じゃなくて。

ロンドンでの映画制作は、とてもいい意味で、学生の映画作りのようだったと思う。みんなが率先して協力し合うんだ。配膳係の男性が椅子《いす》を片づけてくれるし、だれもストライキを呼びかけたりしない。残業代なしで数分働くことになっても、この世の終わりみたいにならない。メイク担当の女性は同業組合に所属してなくても、さっさと通行人役にメイクをしてくれる。それに、あの天気。灰色の空は信じられないほど美しく、撮影には最高だった。『マッチポイント』は何をやってもうまくいった。ケイト・ウィンスレットの代役をあわてて探すことになったとき、だれをみつけた？　スカーレットだ。雨がほしいときには、雨が降った。晴れてほしいときには、太陽が照った。まるで映画の神々が、幾度もぼくを翻弄してきたことの埋め合わせをしようとしているかのようだった。

あと忘れられないのは、撮影前日に冒頭シーンの、ジョナサン・リース・マイヤーズのモノローグを録音しにスタジオへいった日のことだ。彼がぼくのアシスタントのセアラ・アレンタッチを相手に読みあわせするのをきいていたぼくは、セアラに「それってぼくが書いたんだっけ？」とたずねた。だって、彼のアイルランド訛《なま》りがあまりに美しくて、まるでぼくがひとかどの作家で、ただの平凡な作家じゃないように思えたんだ。ディラン・トマスかジェイムズ・ジョイスにでもなった気がした。帰宅後、彼のように朗々と、叙情的に、軽快に台詞《せりふ》を読んでみようとしたんだけど、スン・イーから、アニメのエルマー・ファッドみたい、といわれてしまった。この映画でエミリー・モーティマーとも組めたんだ。彼女にはスカーレットが演じる役と対照的な物静かな女性をやってもらったんだが、見事に演じてくれた。『マッチポイント』では、端役もふくめてすべての男優と女優が本当の意味でこれほどまでによくやってくれたことは驚くべきだと思う。ぼくにとってもとても楽しい仕事だった。これまで作った映画のなかでぼくの野望を超えた作品は限られているが、この作品はそのひとつに数えられる。

　とても楽しい撮影だったから、さらに三度の夏をロンドンで過ごし、スカーレットと『タロットカード殺人事件』を、ユアン・マクレガー、コリン・ファレルと『夢と犯罪』を撮った。『夢と犯罪』でぼくは、サリー・ホーキンズを発見した。発見といったのは、ファレルの妻役を探しているとき、いろんな女優の映像をビデオにまとめて送ってもらったなかに彼女がいたからだ。ただただこう思ったね。「何者なんだ？　彼女で決まりだ」。『タロットカード殺人事件』では、刺激的な男優ヒュー・ジャックマンとスカーレットのふたりと組めて楽しかった。ぼくはスカーレットと話し合って、彼女の演じる役をどんくさそうで地味な見た目にしようと決めた。彼女のような美しい人は、眼鏡をかけた変わり者の役を演じても不安にならないものだ。ぼくは主役を演じたが、本当の主役はイアン・マクシェーンが演じた記者だ。ぼくは昔から記者という職業に憧れていた。カウボーイ、ジャズ・ミュージシャン、FBI捜査官、私立探偵、ギャンブラー、マジシャンだけでなく、ぼくは新聞記者となった自分のこともよく想像して楽しんでいた。凄腕の事件記者になって、しつこく調査をして記事を書き、市庁舎内の汚職を暴いたり、絞首刑をいい渡された無実の男を救ったりする。あるいは、スポーツライターになって、憧れのジミー・キャノンのように、アスリートたちの詩的なルポを書くのもいい。

　だが、悲しいかな、運命はぼくに別の人生を用意した。それでも、とても素敵な思い出もあって、そのひとつがジャーナリストのレナード・ライオンズとブロードウェイを歩きまわった一夜だ。ライオンズはニューヨークで活躍するコラムニストで、報道担当者から渡された情報に頼らず、自ら夜の街を巡り、街の有名人に関するすごい逸話を何百と集めていた。ある晩、ぼくはライオンズ夫妻から夕食に誘われ、ベレスフォードのアパートメントを訪れた。ぼくが売り出し中のコメディアンだった頃のことだ。夜十時頃、彼の仕事が始まる。妻にいってきますのキスをして、ぼくを連れてマンハッタンの夜の街へと繰り出した。〈サーディーズ〉、プラザホテルの〈オーク・ルーム〉、〈トゥーツ・ショアズ〉、そのあと〈ウォルドルフ〉、〈リンディーズ〉を渡り歩き、どこへいっても彼は作家や男優や女優やプロデューサーと雑談し、話に耳を傾けた。ぼくはブルックリンのアヴェニューJで育った少年時代には夢でしかなかった夜を経験した。ときどき、ベッドに横になりながら眠れない夜、自動車プレス機に押しつぶされたり、ニシキヘビにのみこまれたりと、自分の死に方を思い描くのに忙しいほんの束の間、レナード・ライオンズと街を歩いたあの夜のことを懐かしく思い出すことがある。

去りにし昔、ブロードウェイは午後八時四十分に幕が上がった。初日の舞台を欠かさずみにくる人々は黒の蝶《ちょう》ネクタイを身につけ、生き生きとした芝居好きの人々がミュージックボックス劇場、ブロードハースト劇場、ロングエーカー劇場、ブース劇場を埋めつくしていた。舞台はほどよい時間にはじまるから、先に食事をすませて、十一時のピークを過ぎてからナイトクラブに立ち寄ってもいい。中流階級がニューヨークからいなくなって、タイムズスクエアを観光客に開け渡す前のこと。丸っこいイエローキャブに折りたたみ式補助席がついていた頃、ろくでもない歩行者天国が始まる前、自転車が横行する前のことだ（過越の祭りについての聖書の記述をちゃんと読めば、十の災いのくだり、イナゴ、カエル、腫れ物の記述のすぐあとに、自転車についての記述がある）。ニューヨークは徒歩が似合う街だ。それはそうと、当時は二百ドルあれば、スーツを新調したうえ、一階前列の上等席の舞台チケットまで買うことができた。ところで、レナード・ライオンズは、フィリップ・ロスの著書『ポートノイの不満』の映画化権をどこかが取ったとき、それをジョークにして活字化するくらい度胸のある最初で最後のコラムニストだった。彼はこう書いた――「どうやってあんな本を映画にするんだ？」とだれもが信じられないというようにたずねたところ、頭の切れるやつが「小型カメラで撮るんだろ」と返した。お上品な時代だったが、レナード・ライオンズは黙っていられない性格でね。まあそれもいいんじゃないか。

『夢と犯罪』のあと、しばらくロンドンを離れ、その後『恋のロンドン狂騒曲』のためロンドンにもどってきた。この映画では、ジョシュ・ブローリン（何本かの映画でみて、とてもいい演技をしていた）、ジェマ・ジョーンズ、ナオミ・ワッツと仕事をする機会を得た。ナオミはじつに素晴らしい女優だ。彼女とは会ったこともなければ、ひと言も言葉を交わしたこともなかった。彼女が現場入りした朝は、撮影スケジュールの中盤あたりだった。初っ端から、特に難しく非常に感情的なシーンを演じることになっていた。彼女は緊張してもいなければ不安を感じている様子もなく、自信満々だった。簡単に挨拶をすませて握手をしたあと、彼女は造作もなくその難しいシーンを完璧な演技でさっさと片づけ、あらゆる激しい感情を表現してみせた。あとはフィルムをカットして、現像すればいいだけだった。彼女は笑顔でいそいそとランチへ出かけていった。ぜひいっておきたいのは、ナオミは最高の映画スターで、とても美しいだけでなく、ショービジネスで最もセクシーな二本の上前歯の持ち主だということ。

ロンドンで四本目の映画を撮る前に、二本撮っていた（分かってるよ。話があちこち飛んでいる。でもどうか、ついてきてくれ）。ぼくはスペインでひと夏を過ごし、『それでも恋するバルセロナ』を撮り、スカーレット、ペネロペ・クルス、レベッカ・ホール、パトリシア・クラークソン、クリス・メッシーナ、ケヴィン・ダンと仕事をした。もちろん、映画界で最も素晴らしい俳優のひとり、ハビエル・バルデムとも。すごいキャストだろう。ぼくは神経衰弱になり、フランスの都市オルレアンでイングランド軍を制圧するよう神のお告げをきいたが、そのときを除けば元気そうにみえていたと思う。ペネロペは優れた女優で、細かく複雑な演技ができるだけじゃなく、地球上で最もセクシーな人間のひとりだ。彼女とスカーレットを一緒にしたことで、それぞれのエロティック原子価が三乗された。当然、ペネロペはアカデミー助演女優賞をとった。ぼくらはこの映画をR指定にしようと思っていたが、映画協会はPG指定にした。ふたりの女性のセックスシーンがとてもセンスがいいという理由だった。ぼくのセンスのよさが興行収入に悪影響をおよぼしたといって責められたのは、これが最初で最後だ。

ぼくは家族とバルセロナで最高の夏を過ごし、〈カ・リシドレ〉での食事を胃袋が許すかぎり何度も楽しんだ。これだけでもいい経験になったよ。何シーンか撮影したオビエドは小さな街で、ロンドンのような天気だったし、楽しみもあった。初めてオビエドを訪れたとき、ぼくはアストゥリアス皇太子賞に選ばれたという知らせを受けていた。最初は断ったんだ。賞に興味がないからっていうのもあるし、あと、ぼくに賞をくれるなんて親切な人を侮辱する気はさらさらないが、出席を条件に授与される賞は受け取らないことにしているから。

数年後、ゴールデングローブ賞から生涯功労賞を贈りたいと連絡をもらったときも、授賞式に出席しなければ賞をもらえないといわれて断った。すると二日後また連絡があり、出席しなくてもいいから、賞を受け取ってほしいといわれた。それなら異論はない。ぼくはどんな授賞式も絶対にみないが、もし出席したり中継をみたりしなくても、賞を贈りたいといってくれるなら、もちろん賞に文句をつけるような無礼なことはしない。生涯功労賞はダイアン・キートンがぼくの代わりに受け取ってくれた。エマ・ストーンはとても感じよくキートンを紹介したそうだ。一度もその授賞式をみていないけど、ふたりとも完璧な人生を送ってきた人だし、きっとその式でも完璧だったと思う。話をもどすと、もともとぼくはアストゥリアス皇太子賞を辞退したんだ。オビエドなんてきいたことがなかったし、いくつもりもない。どうか放っておいてくれ、スポーツ中継をみるんだから。ところが突然、スペインの映画配給会社があわてた様子で電話をかけてきて、辞退なんてありえない、といわれた。それはスペインで最も権威ある賞で、ヨーロッパ全体でも栄誉ある賞だというんだ。皇太子と女王が授与し、スペインのノーベル賞と呼ばれている。ははあ、分かったぞ、事務方のミスだな。かわいそうに、インクの染みでもつけた担当者は、ぼくの名前を誤って受賞者リストに載せたせいで、ひどく叱られることになるだろう。

だが、そうじゃなかった。いくら調べても、ミスはなかったんだ。話を当日まで飛ばすと、タキシードを着てその栄誉を受けることになった。ぼくの横にはインターネットを発明した人、経済理論を考えた人、それから芸術の分野では、クラシック音楽の象徴的存在ダニエル・バレンボイム、そしてアーサー・ミラーがいた。そう、ぼくは『セールスマンの死』の著者と同じ名誉にあずかろうとしていたんだ。きっと何かの間違いに違いない。これはいったいどういうことだ？ぼくの家族はスペインの女王に会うことになったし、またのちに皇太子がニューヨークにあるぼくの家を訪れて夕食をともにすることにもなった。ぼくはこうした人たちと何をすればいい？　とてもじゃないが手に余る。東九十二番ストリートにあるぼくの家の前には車が何台もとまって、シークレットサービスが家の地階、屋根、庭を確認した。そのあと、のちにスペイン王となる皇太子がディナーにやってきた。だけど、これはまだ先の話だ。

ところで、オビエドにいるとき、アーサー・ミラーから昼食に誘われて、ふたりだけで数時間ひたすら雑談をして過ごしたことがあった。思いがけず、ぼくが食事をすることになったこの相手は、ブルックリンにあるぼくの家の特別な祭壇にテネシー・ウィリアムズと並んでいる劇作家だった。そうなんだ、どうやら人生はそれほど不公平ではなかったようで、ぼくがもらった芸術分野の業績を表彰する賞は、彼がもらったのと同じものなんだ。アーサー・ミラーとのランチなんて、子どもの頃、青年の頃、いやもっといえば一週間前にだって夢物語でしかなかった。百万個ぐらい質問したし、彼がぼくに、人生はじつに無意味なものだ、とはっきり答えてくれたときのことをとても鮮明に覚えている。ぼくは死すべき運命についての自分の感覚を、たとえ話を交えて彼に語った。人は毎朝規則正しく決まった時間に起きることに慣れている。仮に八時としよう。ある日に限って七時に予定が入ったことで、六時には起きて身支度をすませ、時間どおりに約束の場所にいかなければならなくなったとする。そうすると、ぼくはひと晩中、早起きしなくちゃならないことや、目覚まし時計が六時に鳴りだすことが気になって、熟睡できなくなる。たとえ眠りにつけたとしても、一夜の睡眠は完全に台なしになってしまう。こんなふうに、ぼくの人生もまた台なしにされ滅茶苦茶になっている。いつか目覚まし時計が鳴り響き、逝くときがくると考えると、とたんに不安に襲われ、自分の存在を確認しながらずっと、何度も寝返りを打ちながら、時計が鳴る瞬間を待つことになる。ぼくはこんな話を偉大なる劇作家に説明した。ぼくが隠喩《メタファー》を紡いでいる間、彼の思案はデザートのプロフィトロールに手を伸ばすべきかとさ迷っていた。思い起こせば、何年も前、彼から連絡があり、彼が脚本を書き、ヴァネッサ・レッドグレイヴが出演するテレビドラマ『ファニア歌いなさい』の監督を頼まれたことがあった。ぼくはユナイテッド・アーティスツと独占契約を交わしていて、その仕事を受けられなかった。でも、彼はぼくの作品を気に入ってくれていたんだ。とても幸せなことに、ぼくが憧れてきた人々はほぼみんな、ぼくの作品を楽しんでくれていたように思う。グルーチョ、ペレルマン、イングマール、テネシー・ウィリアムズ、ミラー、カザン、トリュフォー、フェリーニ、ガルシア＝マルケス、ヴィスワヴァ・シンボルスカ、ほかにもまだまだいる。みんなでグルになって仕組んだ何かのジョークでなきゃいいけど。うーん。たとえばオビエドの人々が街の広場にぼくの銅像を建てたときみたいにさ。何もきかれず教えられず、気づけば、ぼくの銅像が立ったとき、まるで『ノートルダムのせむし男』のようだと感じた。愚か者の結婚式みたいなお祭り騒ぎの場面があって、その哀れな男が公の場で祝福されながら、みんなに笑われているんだ。あの年の哀れな男はだれだったろうね。

もしぼくの話が冷笑的で悲観的で厭世的にきこえるとしたら、それは、ひねくれた洞察力にかけては名人級のラリー・デイヴィッドのそばで仕事をしたからじゃないかな。『人生万歳！』の撮影現場で、彼とスタンダップコメディについてちょっとだけ語り合ったことがある。ナイトクラブで働いていたときのことを思い返せば、今のコメディアンやコメディエンヌはぼくのずっと先をいっているといわざるをえない。ただ気になる点もいくつかある。まず、むやみに下品な言葉が多い。いいかい、問題は**むやみに**という点だ。笑いの役に立つ下品ならいいが、そうした言葉は六〇年代に解放されているから、今さら目新しくもない、いわゆる下品な言葉を合いの手のように入れられたら、きいているほうが恥ずかしくなる。どうも、今のコメディアンはそうした言葉を使うことで、流行に敏感とか鋭いとか、逸脱とか自由とか、そういったセンスをアピールできると信じているらしい。実際、いつものネタを堂々としゃべって、そこに下品な言葉を差しはさめば、簡単に狙いどおりの笑いが取れると思っているようだが、たいていは、ずいぶんわざとらしく、ぎくしゃくしたものになってしまう。それから、ネタに入るときのお決まりパターンが新たにできた。ぼくの若かりし頃、コメディアンたちは「紳士淑女のみなさん、こんばんは」といって登場するのがお約束だった。演者のほとんどは男で、たいていタキシードを着ていた。如才ない男たちが袖口からカフスをのぞかせながら、コント作家から買ったジョークを披露したあと、歌でオチをつけたりする。「というわけでぼくはこういうんです——君微笑《ほほえ》めば……」

今の典型的なコメディアンは登場すると、まずマイクをスタンドから外して手に持ち、ネタをしゃべりながら舞台の上を歩きまわり、なんと、舞台中央にある椅子かテーブルまでいって、そこに置かれたペットボトルの水をちょくちょく飲む。そんなに喉が渇くなんてどこからきたんだ？　脱水症状で倒れた独演者なんてきいたこともない。役者たちはシェイクスピア劇を数時間かけて演じるが、ハムレットもリア王もこっそり舞台袖にはけて、ポーランド・スプリングのペットボトル飲料水をがぶ飲みすることはない。ところがテレビをつけると、芸人がいきつもどりつ、「うんざりしたよ——あのクソな《ファッキン》カリブ海クルーズっていったことある？　あれってマジ最悪《ファッキン》でさ」なんていいながら水を求めている。飲まないと、ステージ上で干からびて砂漠の骸骨みたいな亡骸《なきがら》をさらすことになるのだろう。ぼくは扁桃腺《へんとう》をうるおす芸人が待ちきれなくて、いつもチャンネルを替えてしまう。もっとましなのがみたいからね。インヴィクタの腕時計のショッピング番組とかさ。

近年、スタンダップコメディをやるはめになった。アメリカ映画協会がダイアン・キートンにＡＦＩ生涯功労賞を授与することになり、その式に出席するようにいいくるめられてね。「きてくれるでしょう」とキートンがいうんだ。ぼくは「お祝いのビデオレターを送らせてくれ」と懇願した。「ダメ、ばかいわないで、きてちょうだい。ああ、あと、私に賞を授与するのはあなたなんだから」「けど……」とぼくはうろたえた。「それから悪いけど、クローゼットに眠っている正式な夜会服できてね」。まあこういうわけで、ぼくは式に出て、いくつかジョークを飛ばして笑いをとり、思い知った。もしまたスタンダップコメディをすることがあれば、コメディアンになりたての頃の失敗をもう繰り返さない。あの頃は、面白くもないジョークを連発したり、あわてて舞台袖にはけたり、かわい子ぶってそわそわしてみせたりしていた。ずるい手を使ってたわけさ。だけど、あれ以来、もうスタンダップはしていない……あれ、なんの話をしてたっけ？

海外で作った映画が何本か成功すると、いろんな国から、うちにきて映画を作らないかと誘いを受けるようになった。しかも、一切口を出すことなく支援してくれるというんだ。そんなふうに働けるのは願ってもないことで、妻も子どもたちと外国で暮らし、本当の意味でいろいろな文化を吸収できる機会が持てるから大喜び。いいことづくめだ。ただしロケ地の街が、三、四カ月におよぶ撮影の間、まともな暮らしができるような場所ならってことだが。ロンドンはごほうびで、バルセロナは夢だった。そうだな、インド南部にあるティルワナンタプラムからオファーをもらったとしたら、間違いなく遠慮していただろう。パリが手招きしてくれて、全面的な協力のもと、そこでの映画撮影をしやすくすると約束してくれたときには、ご想像どおり、ぼくはとんでもない早さで後ろポケットから契約書を取り出してサインしたよ。

その結果が『ミッドナイト・イン・パリ』だ。おかげでブリストルの広々としたスイートで四カ月過ごすことになり、ひたすらクロワッサンやトリュフを食べ、あの通りを散歩し、屋上から街を眺めてばかりいた。この映画の主人公は、ある東洋の知識人を想定して書いていたが、オーウェン・ウィルソンをキャスティングする機会に恵まれて、彼に合わせて書き直した。また別の偉大な女優、マリオン・コティヤールとも一緒に仕事をすることができた。彼女がこの経験に満足したとは思わないけど、ぼくは楽しかった。とても魅力的な人で、間違いなく自分がどれほど素晴らしいか分かっていないと思う。彼女のように撮影現場で泣いている女優と一緒に仕事をしたことはなかったし、涙の理由も皆目見当がつかなかった。どのシーンも見事に演じてくれていたし。ひょっとしたら、ぼくがあんまり彼女に話しかけなかったせいかもしれないが、それはただ、いうべきことがなかったからだ。それほどすべてを完璧にこなしてくれた。だが、どういうわけか彼女は自分の演技に満足していなかった。ぼくはといえば、撮影現場ではとても親切で優しい男だったと思う。彼女の才能にほれぼれしていたし、全面的に彼女の演技を信頼していた。いずれにせよ、彼女がぼくの映画に出演してくれたのは光栄だったし、それ以上望むべくもない見事な演技をしてくれた。

オーウェンもまた素晴らしく、出演してもらえて楽しかったよ。彼はよくぼんやりと座って、しょっぱい混合飲料をぐびぐび飲んでいた。ただ、それが緑色なんだ。たぶん、寿命を延ばすためのものかなと思うんだけど、そんな緑の液体を飲み続けてまで、長生きしたいもんだろうか？　ぼくはなんとか、若き日のサルバドール・ダリ役をエイドリアン・ブロディに演じてもらうことができた。彼のシーンはこの映画の見せ場のひとつなんだ。あと、コリー・ストールが演じたアーネスト・ヘミングウェイのシーンもそう。それからレイチェル・マクアダムズにも出てもらった。どんな台詞も自然にいえる女優で、どの角度からみてもとても美しく、オーウェンのあまり感じのよくない婚約者を演じてくれた。さらに思いがけない幸運に恵まれ、レア・セドゥと出会えた。ぼくは彼女の名前も知らなかった。撮影の中盤で、急遽《きゅうきょ》、役者が必要になった。出番は少ないが重要な役だ。たくさんの女優をテープにまとめたものを送ってもらってみていたところ、「これはいったい何者だ？」という瞬間が訪れた。レアには人をひきつける魅力があった。彼女が紛れもなく一流の女優であることは、長年かけて、あらゆる役をこなしてきたことで証明されている。ぼくらはすぐに彼女を雇った。初めて彼女に会ったときは、ただただ目が離せなかった。単に美しいというだけじゃない。つまり、十点満点でいえば満点より少し上くらいだったが、いかにも人目をひく並はずれた美しさを備えていた。人としてもとても魅力的で、まるでルノワールとラファエロが共作したかのような、生き生きとした表情をしている。深夜の撮影中、凍えるような寒さのなか、何時間も外に立っているうちに、彼女は鼻水をたらしはじめていたが、それでもぼくが今までみたなかで最高に美しい女性のひとりだった。ここ何年も彼女の仕事ぶりをみてきて、別の映画でキャスティングしたくなったが、アメリカ人の登場人物を演じるにはちょっとフランス語訛りが強かった。たぶん、もしぼくの運がよければ、今後のぼくの映画で彼女にぴったりの役が生まれるかもしれない。たとえば、彼女が愛に飢えた孤独な主婦を、ぼくが彼女のパーソナル・トレーナーを演じるなんてどうだろう。

街を撮るのが大好きだ。喧噪《けんそう》のなかで暮らす人々。雨の降るなか、とても不機嫌そうな人々。映画のオープニングシーンでは、シドニー・ベシェの音楽をバックにパリのモンタージュ映像を使うことができた。ベシェのクラリネットはフランス人の精神を完璧に捉えたと思う。ぼくはただ、お気に入りの音楽で、いろんな街のモンタージュ映像を引き立たせることができれば嬉《うれ》しい。パリで働く。パリで生きる。どうしてぼくは『子猫チャン』の撮影後、パリにとどまらなかったんだろう？　まったく違った人生になっただろうな。スタンダップコメディアンにもならなかっただろう。スン・イーと出会うこともなかったはずだ。彼女を愛したために大きな代償を払った。それだけの価値はある。可愛くて、セクシーで、頭がよくて、ユーモアのある、完璧な妻。あとは忘れることなくぼくを火葬してくれればいうことなしだ。『ミッドナイト・イン・パリ』の制作準備期間に、ぼくらはフランス大統領ニコラ・サルコジとカーラ・ブルーニ夫人に招待されて、エリゼ宮殿でブランチをとった。あまりの緊張に、ジョイ・ブザー〔手に隠し持って握手すると、相手にショックを与える、いたずら用のおもちゃ〕を持っていくのを忘れてしまったくらいだ。それでまあ、みんなでしばらく歓談したあと、ついにぼくは勇気を振り絞り、カーラ・ブルーニに向かって映画出演に興味がないかたずねてみたんだ。彼女は楽しくて魅力的な人だし、ショービジネスで歌の仕事をしていたのを知っていたからね。彼女は夫をみて、薄汚い庶民と関わることについてどう感じているのか、彼の気持ちを読みとろうとしたが、彼は、何も問題はないよ、といったので、彼女は引き受けてくれた。あのときのマスコミの反応ときたら、宇宙船が着陸したといわんばかりの騒ぎようだった。ヨーロッパ全土でトップニュースになったんだ。撮影に入ると、彼女は完全にプロだった。時間どおりにやってきて、演技をし、見事にこなした。

ぼくらはみんな感動したよ。台詞も自分のものにして美しく演じ、とっさに機転を利かせたり、臨機応変に台詞を足したり引いたりすることもできた。仕事相手がみんなそんなふうならいいのにね、と母ならいったかもしれない。

　もちろん、彼女の夫、サルコジ大統領はある夜の撮影をみにきた。フランス人クルーの興奮ぶりが目に浮かぶだろう。手に持っているものをうっかり落としてギロチンにかけられないよう、細心の注意を払っていたよ。映画は大ヒットした。ぼくがこの映画のアイデアを思いついたのはずいぶん前だ。タレント・エージェントのアーヴィング・ポール・〝すばしこいやつ《スウィフティ》〟・ラザールと偶然顔を合わせるたびに、ケーリー・グラントがぼくと仕事をしたがっている、ときいていたもんだから、彼を想定してアイデアを練ったんだ。もともとの思いつきでは、真夜中、現代のニューヨークで一台の車が止まり、ケーリー・グラントに「乗れよ」と声をかけられて、ぼくが車に乗りこみ、ふたりで一九二〇年代のニューヨークにタイムスリップし、ギャングスターやショーガールといった映画でおなじみの連中が集まったパーティーへいくという話だった。パリが手招きしてぼんやりと目の前に現れたとき、タイプライターで「サットン・プレイス」を「ヴァンドーム広場」に打ち直すのはたいした手間じゃなかった。

　オーウェン・ウィルソンとケーリー・グラントのふたりなら、最強のコンビになるはずだった。実際一度、ケーリーに声をかけたんだ。だけど、ケーリーがぼくと仕事をしたがっているという、スウィフティ・ラザールの話はもちろん嘘だった。ぼくらが脚本を送っていいかたずねたところ、ケーリーは「冗談だろう? もう引退したよ」と返してきた。のちに、映画監督で脚本家のガーソン・ケニンから、スウィフティが何かいい話を持ちかけてきたら、それは嘘だから、といわれたよ。

　実をいうと、ケーリー・グラントがぼくの映画に出てくれるかもしれないと信じるに足る理由があったんだ。彼はぼくの大ファンだったんだよ。自慢しているわけじゃないけど、まずその事実について触れないことには、話が進まないからさ。ケーリーがファンでないと、この話は成り立たない。どういうことかというと、この脚本の話が出る前、ケーリー・グラントが、あのケーリー・グラントが、ぼくのジャズをききにニューヨークの〈マイケルズ・パブ〉にやってきたんだ。それもひとりでやってきて、ひとりでかなり前のテーブル席に座っていた。しかも、ぼくの本を全部持ってきていて、サインしてくれと頼まれたんだ。ぼくは、演奏の合間の一時間、彼の席にいた。彼は次の演奏もぜひききたい、といってくれた。自然と映画の話になったが、彼はぼくの作品のことをよく知っていた。そうそう、あのときは不思議だったよ。彼は何時間もそこにいて、店は満席状態だったのに、だれひとり彼に声をかけて、「ケーリー・グラントさんですよね？」といってサインを求めることはなかったんだ。夜も更け、ぼくらは別れの挨拶をして軽くハグをした。数年後、スウィフティ・ラザールから、ケーリーがぼくとの仕事を熱望しているときいたとき、それを信じたぼくの気持ちも分かるだろう。だが、彼は引退していた。優しくて、お世辞のうまい人だったけど、倹約家でも知られていた。それで思ったんだ。ひょっとしたら、本にサインを求めたのはインターネットオークションに出品できるからじゃないかって。

『ローマでアモーレ』はひどいタイトルだ〔原題は*To Roma with Love*（ローマへ愛をこめて）〕。もとは『大事をよそにバイオリン（*Nero Fiddled*）』だったけど、ローマの出資者たちが卒中を起こさんばかりに怒った。せめてタイトルにローマを入れてくれと頼みこまれた。結局のところ、ベルルスコーニ〔イタリアの元首相であり、また『ローマでアモーレ』の製作・配給を手掛けた会社メドゥーサを所有していた人物〕は誤解したんじゃないだろうか。当初、アメリカでぼくはもとのタイトルに固執していたが、けんかするまでもないと思った。特権を振りかざして押し通すこともできたが、イタリアの支援者はみんないい連中だったんだ。ちょっとタイトルを変更すれば、彼らがベルルスコーニに暗殺されずにすむのなら、助けてあげるのは当然じゃないか。

こうしてぼくは今ローマでふたたび、ペネロペ・クルス、それからジュディ・デイヴィスと一緒に仕事をしている。相変わらずジュディと話すことはないんだけど、今回はイタリア語だから。アレック・ボールドウィンも出演してくれた。彼に出演してもらえるのはいつだって名誉なことだ。エレン・ペイジ〔のちにエリオット・ペイジに改名」、グレタ・ガーウィグとも仕事ができた。監督にも進出したグレタは見事な映画を作った。のちにエレンとグレタはぼくを非難し、ぼくの映画に出たことを後悔していると発言することになる。このことについてはあとで話すが、ぼくはふたりに出演してもらえてとても楽しかったし、ふたりとも素晴らしかった。映画の半分はイタリア語だったが、そのおかげで、とても感動したことがふたつあった。ひとつは、イタリア語の映画を監督したこと。デ・シーカ、フェリーニ、アントニオーニをみて育ったぼくがイタリア語の台詞を話すイタリア人俳優の映画を撮ることになるなんて。字幕付きになるから、興行成績に影響が出ることは分かっていた。アメリカ人の多くは字幕付きの映画をみるのが好きじゃないからね。まあこの映画の字幕は半分だけだが。もうひとつは、一流俳優のロベルト・ベニーニを演出する名誉にあずかったこと。彼のすごさは筆舌につくしがたい。彼は英語が話せないし、ぼくはイタリア語が話せないから、ぼくの演出で彼の演技を損なうこともなかった。映画をみれば、ぼくが何を絶賛しているのか分かると思う。おおいに感銘を受けた。ちなみに、相手の言葉が分からなくても、演技の良し悪しは判断できる。雰囲気、体の動き、顔の表情、声のトーンに表れるものだ。撮影が終わったとき、ぼくはベニーニに珍しい本を記念に渡した。彼はそういうのが好きなんだ。『サテュリコン』だったと思うけど、自信はない。イタリア語の本だからね。

　よし、じゃあここで秘密をひとつ打ち明けよう。ばればれだったかもしれないが、ぼくはずっとテネシー・ウィリアムズになりたかったんだ。若かりし頃から憧れていたもうひとりの偉大なアメリカ人劇作家アーサー・ミラーは常に社会派で、政治的、倫理的、道徳的な問題を深く掘り下げている。とはいえ、『セールスマンの死』はそれだけではなく、『みんな我が子』はぼく好みの詩的な作品だ。『橋からの眺め』の舞台は、リーヴ・シュレイバーが主役を演じ、彼の愛情を一身に受ける姪《めい》の役をスカーレット・ヨハンソンが演じたものだけが最高だった。ぼくは初演もふくめて四種類のバージョンでみている。映画版もかなりみごたえがあり、それもそのはず、モーリン・ステイプルトンが出ていたうえ、監督は大好きなシドニー・ルメットだった。

おっと、テネシー・ウィリアムズの話だった。ここでちょっと休憩、幸せな気分に浸らせてくれ。ぼくは彼に憧れて育ったんだ。十八歳のとき、エイブ・バロウズから「執筆について、会って相談してみたい人はいるか」ときかれて、テネシー・ウィリアムズです、と答えた。彼は「テネシーはそう簡単に膝を突き合わせて雑談できるような男じゃない」といった。ぼくは彼の戯曲も本も全部読んでいる。十八歳のぼくが一番大切にしていた宝物はふたつあった。装丁の立派なハードカバーの『片腕』と『ハード・キャンディ』だ。

彼の劇を何度もみたし、お気に入りの戯曲や作品もある。前にも夢中でしゃべったが、『欲望という名の電車』の映画版はぼくにとって、どこをとっても完璧な芸術作品だ。ただエンディングだけはいただけないが、あれはD・H・ロレンスがいうところの「愚かな検閲」に屈したせいだろう。これほど完璧に、脚本、演技、演出が融合した作品をみたことがない。映画評論家のリチャード・シッケルは、この脚本を非の打ちどころがないと称したが、ぼくもそう思う。登場人物は文句なく完璧に描かれていたし、ひとりひとりの心の機微、ひとりひとりの本質的な性格、ひとつひとつの台詞は、既知の宇宙に存在する最良の選択肢を選んだ結果だ。どの役者の演技にも圧倒された。ブランチ役のヴィヴィアン・リーはずば抜けていて、どんな実在の人間よりも存在感があり生き生きしていた。また、スタンリー役のマーロン・ブランドは生きた詩だ。彼の登場によって演技の歴史は変わった。魔法、舞台装置、ニューオーリンズ、フレンチ・クォーター、雨の多い蒸し暑い午後、夜のポーカー。彼は文句なく、芸術的天才だ。

さて、ぼくの話だ。駐車場ネタを得意とするジョークの御用達、どういうわけか映画監督に成り上がった二流の男、勤勉に働き、時と場所に恵まれ、奇跡的な幸運に恵まれただけの人物。そんなぼくはかなりの成功を経験している。それで、アイスキュロス、ユージン・オニール、ストリンドベリ、テネシー・ウィリアムズと肩を並べるような作品を作りたいと望むことが何を意味するだろう。シリアスなドラマに初挑戦したのはベルイマンの影響による。ベイルマンはぼくの敬愛してやまない映画監督だ。ぼくは『第七の封印』や『野いちご』を作りたくてたまらなかった。その代わりに手探りで作ったのが『スリーパー』、『愛と死』、『アニー・ホール』。たぶん面白いとは思うけど、ぼくが目指す方向とは違うんだ。『インテリア』は、まあ、がんばったよ。満員御礼の映画じゃないが、はっきりいってぼくの映画はゴールデンタイム向けじゃない。こうしてぼくは、生まれつきの才能と正反対のものを作ろうと無駄な努力を積み重ねてきた。『セプテンバー』、『私の中のもうひとりの私』。そして、ターナー・クラシック・ムービーズで『欲望という名の電車』が放送されるたびにテレビにかじりつき、自分にこういいきかせるんだ——よし、ぼくだってやれる。こうして挑戦しては失敗して、出来上がったのが『ブルージャスミン』だ。これは、惜しかったと思う。ケイト・ブランシェットというとても魅力的な女優に恵まれ、精いっぱい努力して、彼女にふさわしい物語を作り、ドラマチックで力強い作品を目指した。この映画のアイデアはぼくの妻から生まれた。いい思いつきだが、あまりにもテネシー・ウィリアムズに寄りかかりすぎていた。その傾向はのちの『女と男の観覧車』にもみられる。あれは今のところぼくのベストだが、ぼくは南部の影響から抜け出さなければならないね。

なんにせよ、『ブルージャスミン』は成功し、ケイト・ブランシェットはアカデミー主演女優賞を獲得した。ああ、あと『女と男の観覧車』ではケイト・ウィンスレットも同じくらい見応えのある演技を披露してくれたが、あのいまわしい性的虐待の虚偽告発の第二波が吹き荒れ、公開直後から物議をかもした。その話はまたあとで。ところで、ぼくはテネシー・ウィリアムズじゃないし、近づくことさえできないとだけはいっておこう。みんなとっくに気づいていたと思うけど、ぼくの口からそのことを告白して、その通りだよとちゃんといっておきたかったんだ。

補足として——ある夜、〈エレインズ〉で支払いをすませて店を出ようとすると、声をかけられた。だれに？　そう、テネシー・ウィリアムズだ。彼は友人たちと食事中だった。何杯か飲んでいたようで、店を出ようとするぼくを引きとめ、「君は芸術家だ」といった。ぼくはきょろきょろまわりをみて、本物の芸術家が後ろにでも立っているのかと確かめた。だが、違ったんだろう。彼はぼくのことをいっていた。だれと勘違いされた。ハロルド・ピンター？　クリスト・ヴラディミロフ・ヤヴァシェフ？　ぼくは顔をまっ赤にして、しどろもどろに、へつらうような言葉を並べて、扉に向かって後ずさり、中国人の宦官《かんがん》のように何度も何度もおじぎした。彼の褒め言葉は、ミントジュレップの飲みすぎか、人違い、あるいはショービジネスの世界でよくあるお世辞と考えることにした。話を数年後に飛ばすと、どこかのライターが彼の本を執筆するために、数カ月間、彼のそばで過ごし、彼との会話記録を膨大に残した。そのライターは信じられないほど親切な人で、ウィリアムズの死後、テネシー・ウィリアムズがぼくについてコメントしたときのメモを送ってくれた。恥ずかしくてここに引用なんてできないが。それに、ひょっとしたら、何もかも、そのライターが仕掛けたいたずらだったのかもしれないし。だけど、配偶者の貞節と同じで、そのまま信じてあまり深く掘り下げないことにしようと思う。そのメモは家にある。ぼくは『ワンス・イン・ア・ライフタイム』の批評を読むモス・ハートのように、そのメモにひとつとおり目を通すと、しまいこみ、二度と読み返さなかった。

プラス面としては、ベルイマンやウィリアムズの影響で、女優の役をたくさん書き、なかにはかなり魅惑的な役もあったことだ。実際、熱狂的な #MeToo 運動の人たちから非難を浴びている男のなかで、ぼくの異性に対する姿勢はかなりまともなほうだと思う。

たとえば、ぼくの広報係のレスリー・ダートは次のような事実をあげてくれた。ぼくは五十年の映画人生のなかで、何百人もの女優と一緒に働いてきて、主要な役に百六人の女優を抜擢し、六十二回、女優賞にノミネートされている。そして、女優のだれに対しても不適切な行動をとった様子はまったくみられない。また、エキストラやスタンドインのだれに対しても。さらに、ぼくが制作会社を立ち上げて独立してからは、二百三十人の女性を、カメラの後ろに立つ主要クルーメンバーや、もちろん女性編集者やプロデューサーとして雇っており、給料は常にぼくの映画に携わっている男性とまったく同じだ、と。

ちなみにレスリー・ダートは一流の広報係で、何十年もの間、ぼくの広報を担当してくれた。彼女はぼくのチームと運命をともにする契約を交わしたとき、それが何を意味するかなんて露知らず、きっとインタビューの準備をしたり、映画を宣伝したりするものだと思っていたはずだ。まさかぼくが三十五も年下の女性を好きになり、しかもその相手がたまたまぼくのガールフレンドの娘だなんて予想していたはずがない。あのハッピーなニュースが表に出て大変なことになった瞬間から、彼女はずっと神経をすり減らしていて、最近になって友人たちに「彼の広報担当になれて光栄だったけど、早死にしそう」なんて話したらしい。

なんだか『ブルージャスミン』の話が出ては消えるが、この映画で、ふたたびアレック・ボールドウィン、さらにサリー・ホーキンズと仕事をすることになった。それから、あの偉大な女優ケイト・ブランシェットとも。ぼくの人生は続く。変わらず素敵な妻スン・イーと、どんどん成長する子どもたちとともに。宿題を手伝うときには、ぼくは代数のテストで九十八点をとったことがあるけど、それはテスト三回分の合計点であることを娘たちに念押ししている。こうして夏がめぐってきて、ぼくはアレン一家を南フランスに連れていき、初めてエマ・ストーンの魔法を体験することになった。

端的にいって、エマはすべてを持っている。単純に美しいんじゃなく、独特の美しさで、それゆえにみる者を楽しくさせ、彼女を本物の映画スターにしている。しかも演技ができるだけじゃなく、どんな役もこなせる。本物の面白さを備えたじつに印象的な女優だ。彼女とは撮影現場でいろんな話をして過ごした。ぼくがそうやって話せる相手は限られているが、彼女は特別チャーミングだし、一緒にいて笑いが絶えなかった。彼女にメールの打ち方を教わって、撮影後も何度もメッセージのやりとりをした。しょっちゅう彼女をからかったが、そのたびにやり返されていたよ。なんのために映画を作るのかたずねられたとき、ぼくははっきりこう答える。金のためでも、称賛のためでも、注目されるためでも、賞のためでもない。すべてくだらないし、そんなものをねらっても作品がクズになるだけだ。ぼくがいつも繰り返しいうのは、映画は作ることにこそ価値がある、ということだ。創作し、それに命を吹きこむ。そして、ぼくは南フランスで早い朝を迎え、撮影現場にいき、エマ・ストーンのようなだれかと挨拶を交わし、一日ともに仕事をする。この生活は新陳代謝にも驚くほど効果がある。『マジック・イン・ムーンライト』では、とても洗練され、優れた才能もあるコリン・ファース、アイリーン・アトキンス、サイモン・マクバーニー、それから陽気なジャッキー・ウィーヴァーとも仕事をすることができた。

マジックをプロットに盛りこんだ映画がもうひとつある。何年も前、洞察力の鋭い女性の評論家がぼくの映画に繰り返しみられるテーマであるマジックについて本を書いた。以来、歴史が彼女の見解の正しさを証明している。ぼくには、人類にとっての唯一の希望はマジックにあるように思えるんだ。ぼくは常に現実がいやでたまらないけど、現実という場所でしかうまい鶏手羽は食べられない。太陽がさんさんと照りつける南フランスでの撮影は厳しく、朝早くから撮影を始めてもすぐに中止してずっと待たされ、夜の六時頃に撮影を再開することもあった。撮影期間が長引いたせいで費用はかさんだが、出資者たちはぼくが芸術的な達成感を得られるならかまわないといってくれた……こんな話を真に受けた読者には、ぜひお勧めしたいお買い得な橋があるんだ〔詐欺師ジョージ・パーカーはブルックリン橋を売りに出すといって、人をだましていた〕。

次の映画は哲学がテーマだった。『教授のおかしな妄想殺人』という作品で、ロードアイランド州で撮影したが、興行的には振るわなかった。なぜだろう。大衆受けする面白い殺人物語だったと思うし、エマ・ストーンは彼女の魅力を発揮して、才気あふれるホアキン・フェニックスの相手役を演じてくれたのに。ホアキンは感じがよく、なんというか、変わった性格だが、とてもプロ意識が高くて、とても好感が持てる人物だ。彼がこれまで出演してきた映画をみれば、優れた役者であることが分かってもらえるだろう。エマの功績としては、極めてドラマチックなシーンのいくつかで、ホアキンの情熱にひけをとらない情熱的な演技をしたことだ。だから、観客動員数の少なさには驚いた。映画の利点をひとつあげると、フィルムという触れることのできる塊が存在しているから、見逃しても、いつでもみられるところだ。軽視され真価を認めてもらえていなかった作品が、そのうち名作として認められることもある。もちろん、ぼくには当てはまらない。ぼくの映画のなかには公開されたとき、真価を認めてもらえなかったとか、軽視されていると感じたものもあったが、そうした状況に変わりはなかった。ただ、成功した作品のなかで再評価され過大評価だったと見直されたものはひとつ、ふたつあったかもしれない。『教授のおかしな妄想殺人』の撮影中、もうひとつ嬉しいことがあった。ニューポートでひと夏を過ごすことになったんだけど、想像どおりの魅力的な場所だったんだ。ぼくの家族は巨大な家を借りて住むことになった。スン・イーは広々としたキッチンを生かし、そこで手に入る美味しい食材を使って、その映画のために働いてくれている人たちに何度か夕食を振る舞っていた。ぼくは彼女の料理は一種の犯罪だと思う。レパートリーがあまりに限られているんだ。まあ、日に三回、トマトソース缶をかけたスパゲティを食べたい人にとっては、理想のシェフかもしれないけれど。夏だったこともあり、天気は快適だった。ぼくはなぜ世紀末前後のいろんな大富豪がニューポートをヨットの停泊場所として選んだのか納得がいった。

エマと組んだ二本の映画や、頻繁なメールのやりとりがほぼゼロになったことを考えてみると、半熟卵の一件で彼女はよそよそしくなったのかもしれない。彼女との雑談中、どういうわけか半熟卵の話題になったことがあって、ぼく流の食べ方を話したんだ。まず、普通サイズのコーヒーカップに半分までライスクリスピーを入れる。次に、卵二個を三分半ゆでて、鍋から取り出し、殻を割り、中身をクリスピーの入ったカップに入れる。それに塩を加え、どろどろになるまでかき混ぜる。ただし混ぜすぎないこと。そして、熱いうちにティースプーンですくって食べる。エマは自分の耳を疑い、そんな混ぜ物を人間が食するなんて頭がおかしいと思ったようだ。その後、ぼくらの関係は瞬く間に冷めた。彼女は社交辞令として、しかたなさそうに、試しに作ってみるといってたが、たぶん作ってないと思う。

そのうちに、メールのやりとりもなくなった。数年後、たまたま共通の友人に会ったとき、エマが何かいっていなかったか気になってたずねてみたんだ。その友人は笑いながらこういった。「ああ、かわいそうに。

半熟卵のせいだって気づかなかったのかい？　二度と思い出したくもない話題らしいよ」。残念だ。ぼくには彼女の懐かしい思い出しかないのに。

　南フランスでのある週末、スン・イーとぼくは、友人のラリー・ガゴジアンと昼食をとった。スン・イーは卒業後すぐ、ラリーのギャラリーで働いていたんだ。まあそれで、雑談中、ラリーがなんとはなしに、ロマン・ポランスキーの話をした。次の年プラハで映画を撮る予定だという。ラリーとロマンはとても親しい友人なんだ。ぼくはロマンを知っているのかって？　うん、知り合いだけど、四十年会っていない。最後に彼と社交的な付き合いをしたのは、ロンドンでプロボクシングの試合をみにいったときだった。彼、シャロン・テート、チャールズ・ジョフィ、ヴィクター・ラウンズと一緒に、モハメド・アリが勇敢なヘンリー・クーパーをリングに沈めるところをみたんだ。ラリーはこういってきた。「今日、フランスを発《た》つんだけど、数週間後にもどってくるから、ロマン・ポランスキーと一緒に夕食にいかないか」「いいとも」とぼくはいったけど、こうした誘いに乗るときはいつも、その日は絶対にこないと確信している。約束していた相手に好感を持っていても、直前になると、決まって家にいたいと思ってしまうんだ。ぼくらはデザートをたいらげて別れた。さて、その三週間後。ガゴジアンは船で街にもどってくると電話をかけてきて「ロマンの家でちょっとした夕食会があるけどスン・イーと一緒にくるかい？」といった。スン・イーはいつものごとく社交イベントに熱心で、早々にアンサンブルの洋服を準備していた。観念して、ぼくはこう考えることにした。ロマンとは数十年会ってないけど、彼は素晴らしい映画監督だから、映画について話せるだろうし、六〇年代ロンドンの思い出にふけってもいいんだから、そんな悪い話じゃないだろうって。ただその日がやってきて、人付き合いをしなくちゃならないと考えるとたんに落ち着かなくなった。けど、愚痴もいわずに耐えた。当然、監督としてもロマンに引け目を感じていたから、気が軽くなるはずもない。とうとう、ぼくらは南フランスのキャップ・ダンティーブにある彼の家へ車を走らせた。正直、ものすごい家だった。緑豊かな土地に大きくて美しい屋敷が堂々とそびえ、地中海を一望できるんだ。使用人たちがぼくらの車を取り囲んだとき、スン・イーがぼくにいった。『「ローズマリーの赤ちゃん」の総興行収入はどれだけすごかったのかしら』「これほどの豪邸は一本の大ヒットだけじゃ建たないよ。きっとすごく儲かる投資でもしているんだろう」とぼくは断言した。スン・イーのおかげで、なんとか入室恐怖症を克服してなかに入ると、やがて、とても美しい女性が挨拶にやってきた。

「ようこそおいでくださいました。ロマンの妻です」と彼女はいった。ところで、ぼくはこの夫婦の出会いのきっかけとなった映画をみたことがあり、彼女がとても美しい女性だったと記憶していた。「ロマンはもう降りてきますから。シャンパンにします？」と彼女。ぼくはいつもの居心地の悪さと格闘するうちに、ついはしゃぎすぎて、むやみに周囲の注目を集め、神経質な口調で無駄口を叩《たた》きはじめた。「ロマンとは古い付き合いでして」とぼく（煙草があれば完璧だ）。「そうなんですか？」とセクシーな奥さんがいう。「はい。ロンドンで一緒に過ごしました。何ものにも代えがたい思い出ですよ」。なんてことをべらべらとまくし立てた。とんだばかだよ。今や小さな人の輪ができていたが、ぼくの不安定な補聴器か、神経の震えか、あるいは愚かな血のせいか、ロマンの名をきいた気がした。スン・イーは彼に会ったことがなくどんな見た目か知らなかったから、手を差し出して「はじめまして」といっていた。そのグループの会話は、ヨットだか自家用機といったほかの話題に移っていった。その傍らで、スン・イーがぼくをひじでそっと突ついて、小声でこういった。「あの人がロマン・ポランスキーよ。昔からの友人に妙な態度とったりして」「あいつは違う」。ぼくは競馬場の予想屋みたいに口の端から言葉を押し出すようにしていった。「違わないわよ」とスン・イーは返し、夫婦がよくやるようにこっそりぼくをつねった。「まさか。ぼくは五十年前からロマンを知ってるんだ」「奥さんがたった今紹介してくださったじゃない。あなたベートーヴェンみたいな耳だから、きこえなかったのよ」。それでも「あいつは違うよ」と断言したら、「恥かかせないでよね」だってさ。

一方で、まわりの人たちは彼のことをロマンと呼んでいる。結局、その男はロシアの新興財閥《オリガルヒ》で超大富豪のロマン・アブラモヴィッチだったんだ。豪華な住まいにも納得がいったよ。いやまったく、庭の維持費のほうが『ローズマリーの赤ちゃん』のチケットの売り上げよりもずっと高くつきそうだった。ラリー・ガゴジアンが到着したのでその話をすると、彼はどうしたらそんな勘違いができるのか理解できない様子だった。ぼくは彼に説明した。「ロマン・ポランスキーの話をしていたら、君が、今度、街にいるときにロマンも一緒に夕食にいこうっていったんじゃないか。それで、君が街にもどってきて電話をくれて、『ロマンの家の夕食会にいかないか？』といったんだ。まさかロマン・アブラモヴィッチだなんて思わないよ。ぼくはそんな男、全然知らないんだから」。親愛なる読者諸君はどう思う？ きっとぼくと同じことを考えたはず。ぼくみたいに難聴でなかったら、もっと早く気づいたかもしれないけど、間違えて当然だろう。いずれにせよ、この話はコレラのように広がり、ぼくはコート・ダジュールの社交場で世間知らずの烙印を押されてしまった。ショービジネス界でぼくを嫌っている無数の敵からばか笑いされたのはいうまでもない。この話はスン・イーとぼくに一生ついてまわることになった。これがぼくの人生、最悪の出来事かって？ いや。最悪は胃腸炎になったこと。あるいは常備薬のアデロールなしでワーグナーの『さまよえるオランダ人』を最後までみたこと。なんであれ、続きを話すとしよう。

第16章

ずっと、一九三〇年代後半のニューヨークを舞台にした映画を撮ってみたいと思っていたが、『カフェ・ソサエティ』でそのチャンスを得た。メインキャストはクリステン・スチュワート、ジェシー・アイゼンバーグ、スティーヴ・カレル。美術担当のサント・ロクァストが一九三九年のマンハッタンとハリウッドを再現してくれたうえ、ついにヴィットリオ・ストラーロという、また別の天才カメラマンと仕事をする機会にも恵まれた。ぼくはとてもラッキーだ。これまでいい絵が撮れてきたのはカメラマンのおかげだから。まずはデイヴィッド・ウォルシュ、それからゴードン・ウィリス、スヴェン・ニクヴィスト、ツァオ・フェイ、ヴィルモス・スィグモンド、ハリス・サヴィデス、カルロ・ディ・パルマ、ハビエル・アギーレサロベ、レミ・アデファラシン、そしてヴィットリオ・ストラーロ。映画撮影に通じた人なら分かるはずだが、まるで一九二七年のヤンキースのような最強メンバーだ。『カフェ・ソサエティ』はぼくのお気に入りの作品なんだ。小説のような映画を作りたくてね。タイトルも当初『小説ドーフマン（*Dorfman: The Novel*）』だったが、理由があって使えなかった。

次に撮った映画もタイトルを変えた。もともとは『女と男の観覧車』じゃなかったんだ。この頃にまたあの問題が持ち上がった。この映画を作っていたとき、ぼくはまたテネシー・ウィリアムズの領域に立ち返っていたんだけど、キャスト陣とヴィットリオとサントのおかげで、いい仕事ができた。ぼくは撮影地のコニー・アイランドからそう遠くないところで育てられたこともあって、映画にはギャングスターや学校嫌いで環境に適応できない子どものほかに、ぼく自身のこともたくさん盛りこんだ。また、ぼくらは色によって詩的な表現を用いることにして、ヴィットリオが映画の半ばで照明を変えて感情を強調し、このシリアスなドラマをスタイリッシュなものにした。だが、ぼくはオリジナルの創造的な作品をたくさん作ってきたにもかかわらず、つま先か足首から下をフレンチ・クォーターにつっこんだままだった。『女と男の観覧車』、とりわけケイトとヴィットリオ（全キャストにもいえることだと思うけど）はひどい状況に置かれて不当な仕打ちを受けた。その話をこれからしよう。だけどその前に、この映画のもともとのタイトルが『コニー・アイランド・ホワイトフィッシュ（*Coney Island Whitefish*）』だったことに触れておこう。地元の専門用語だがその由来をご存じない人のためにいっておくと、これは、夜中に木の遊歩道《ボードウォーク》の下のあちこちでおこなわれるセックスを意味する。行為後、使用ずみのコンドームは大西洋に投げ捨てられ、やがて上げ潮に乗って岸に流れつく。これをもともとは「コニー・アイランド・ホワイトフィッシュ」と呼んでいたというわけ。このささやかな魚類学的知識を解説するシーンを映画からカットして、『女と男の観覧車』のタイトルをつけてくれたのは編集者のアリッサで、おかげで事無きを得た。

さて、残念だがここから、例の虚偽の告訴に関する退屈な話題にもどらなければならない。でもぼくのせいじゃないからね。まさか彼女がこんなにも執念深いとは。今回の主な犠牲者は『女と男の観覧車』に出てくれた非凡な才能を持ったキャストと天才撮影監督だ。ぼくをふくめなかったのは、この映画制作をとても楽しんだうえにかなりの報酬をもらっていたから、タブロイド新聞や誹謗中傷には慣れていたから、どんな証拠や常識があっても、現実はびくともしないという事実をあきらめて受け入れていたからだ。今回の復讐《ふくしゅう》の筋書は、ディランがもう七歳ではなく三十歳を越えた大人の女性だったために、予期せぬ展開をみせた。いいかい、ぼくは二十三年間、ディランに会うことも話すことも連絡をとることも許されなかった。彼女がぼくに関して耳にしてきたことはすべて、やっと七歳になったばかりの頃からミアに教えられてきたことなんだ。

一方で、モーゼズが痛々しく語っているように、ミアはスン・イーとぼくに対する自分の激しい怒りを一家の生活のなかで家族全員の中心に据え、その怒りを焚きつけ、ディランがぼくに性的いたずらを受けていたという作り話をディランにも刷りこんでいった。ディランだって大人になれば自分が母親に利用されていたことに、どうにかして気づいてくれるだろう、ぼくはずっとそう願っていた。ミアは、彼女が幼く無防備だったのを十二分に利用して、彼女から父親を奪った。それがぼくに対する一番確実な復讐であることが分かっていたから。ぼくは、ディランもまた兄モーゼズのように、いつかぼくと心を通わせる日がきてくれることを願っていた。きっと、ディランはぼくがどれほど彼女を心から、心の底から愛していたか、どれほど必死になって彼女と会うために、せめて話だけでもできるように闘っていたか、思い出してくれる、そうなれば、ぼくに会いたがってくれる、そう思っていた。せめて何が起こったのかすべて話し合って広い視野からみつめ直そうと思ってくれるだろう。遅かれ早かれ、性的虐待の筋書きの信憑性《しんぴょうせい》について、ディランが少なくとも調べてみる気にはなってくれるだろうと思った。ひょっとすると、夫のサポート、さもなければ単なる好奇心に後押しされ、別の意見をきいて、筋が通っているのか確かめる時間をとろうと思ってくれるかもしれないと期待もした。もしかして、夫同伴のもと、あるいはもしいるなら彼女の精神科医も同席して、ディランとの話し合いの場を持つことに何か不都合でもあるんだろうか。母親から教えられた話のあらゆる矛盾点を指摘した調査結果をすべて見直してくれさえしたらいいんだけど。いや、もう分かってる。ラスベガスのオッズメーカーならそんな話し合いが行われるかどうかの賭け率は百万対一にするだろう。それに、ぼくがディランに会えるかどうかは、ディラン次第なんだ。ディランは大人になり、父親と会わない選択をした。会えば心に残る傷になるだろうからというのがその理由だった。

ミアは、実際ディランにぼくと会うように勧めたとさえいうかもしれないが、どんなふうに勧めていたか、彼女に与えられた選択の自由がどんなものだったのかは想像に難くない。モーゼズは三十歳のとき、ミアにぼくと連絡をとりたいと話し、そのせいでひどい仕打ちを受けて家族から締め出された。「兄は死んだも同然です」とディランはいった。それで思い出すのは、ミアが家中を歩きまわり、狂気に襲われたかのように壁にかかっていた家族写真のすべてからハサミでスン・イーの顔を切り取ったことだ。気味の悪いシュールな家族写真。幸いにも、モーゼズは嫌がらせを無視し、ミアから、たとえぼくが彼の父親で、彼がぼくに対して思い入れがあったとしても、永遠に関わりを持たないよう、強くいわれていながらも従わなかった。ミアは、どんな形であれ、ぼくと接触すれば裏切りとみなすと明言していた。彼女の頑《かたく》なな態度のせいで、モーゼズはまたほかの養子が自殺するかもしれないという考えに付きまとわれ、とうとうセラピストに勧められて、ぼくに電話をかけてきてふたたび連絡を取るようになった。予想どおり、すぐさま彼は母親の目には存在しない人となり、いうまでもなく、ブラックリスト入りは家庭内の方針となった。すなわち、「兄は死んだも同然です」。カルト教団にみられるような服従が子どもたちに強いられているとしか考えられないじゃないか。とにかく、ディランから再会を拒絶されたばかりか、〝公開書簡〟でぼくから性的虐待を受けたと書かれたときのぼくの悲しみを想像してみてくれ。〝公開〟であることが肝心なんだ。公にして何かを解決しようとしているんじゃない。その裏にはぼくを叩きつぶそうというミアの魂胆がはっきりみえる。#MeToo 時代の到来により、その書簡によってディランが「声を上げた」と世間に思いこませ、その社会的に正しい運動を利用することができた。虚偽の告発を後押しすることは、本当に虐待されハラスメントを受けた女性にとってマイナスになるという事実はどうでもいいようだ。

長い間、スン・イーは声を上げて事実を話すよう求められてきたが、子育てに忙しかったし、そもそも、あんな母親をまともに相手にしたくなかったのだと思う。なにしろ母親から知恵遅れと呼ばれ、彼女が愛する夫にレイプされたという嘘を広められ、生みの母は売春婦だったという話を捏造《ねつぞう》されたのだから。最終的に、スン・イーは声を上げたんだけど、この話はあとにしよう。補足だが、ミアは激怒したふりをして未成年の娘がレイプされたとあれだけ嘘を振りまいていながら、ロンドンへ飛んでロマン・ポランスキーの弁護のために証言を行っている。ポランスキーは未成年の少女相手の淫行を実際に認めていて、拘留もされた人物である（正真正銘の被害者であるその女性は、すでに成人しロマンを許している。だが、ミアの本性を見抜いていて、ミアがツイッターでポランスキーのために証言したことを謝罪してきたとき、こう返している。「謝罪なんて必要なかったし、求めてもない。だれかさんのウディ・アレンへの個人的な復讐に利用されたように感じました」）。ローナン・ファローはいつも公の場で女性に声を上げるよう促しているが、スン・イーが実際に発言すると、彼はその内容に耳を傾けようとしなかった。女性が真実を語るのは構わないが、ママの語る真実に矛盾してはならないようだ。

ところで、ディランがテレビに出て涙を流したことは、マスコミや世間に大きな影響を与えた。モーゼズが書いていたことをどうか思い出してほしい。どんなふうにしてミアが彼に嘘をつくための練習を繰り返させていたか語っていただろう。それから、ジュディ・ホリスターという、カントリーハウスで家政婦をしていた女性に泣いている理由をたずねられたときにディランが、「ママがうそをつけっていうの」と答えたことも思い出してほしい。また、興味深かったのは、だれも、当時行われた徹底的な調査により、ディランが性的虐待を受けていないとはっきりした結論が出たことに関心を持たなかったことだ。どういうわけか、この事実はいつまでも不都合な真実のままである。この事実を無視し、熱心にといっていいほど、性的虐待の主張を支持したがっている人がこんなにいるのには興味をそそられた。なぜ、ぼくを児童性的虐待者とみなすことがそんなに重要なんだろう？　ぼくの汚れのない人生とまったく不合理な申し立てを考え合わせれば、性的虐待の主張に対してもっと懐疑的な目を向けて当然ではないか。

新たに、性的虐待の物語に新鮮かつ独創的な装飾が施された。それは、かつての数カ月にわたる調査期間中、ディランに対して何度も行われた面談のなかで一度も出てこなかった内容だった。つまり、ディランは突然、屋根裏部屋で電動式の電車のおもちゃがぐるぐる回っているのを眺めているときに性的ないたずらをされたと主張しだしたんだ。まるでぼくが彼女にぐるぐる回るおもちゃの電車をみつめさせて催眠術でもかけたみたいじゃないか。モーゼズは次のように書いている。「あの屋根裏部屋に電動式の電車セットなんかありませんでした。それどころか、あそこで遊ぼうとしても無理なんです。急勾配の切妻《きりづま》屋根の下にある、仕上げのされていないクロールスペース〔天井裏などにある、這って入れるほどの空間〕で、床の根太や釘、グラスファイバーの断熱材がむきだしで、そこら中にネズミ捕りや糞が散らばり、防虫剤の臭いが立ちこめ、おさがりの服や母の昔の衣装を詰めこんだトランクでいっぱいでした。とてもじゃありませんが、こんな屋根裏の床の上に電動式の電車のレールを円形に敷き広げていたと考えるのは理屈にあいません」。明らかに、この予期せぬ展開はあとで付け足されている。作り話に少しばかりの独自性を持たせ、詳細を語ることで、多少は信頼できると思わせたかったんだろう。

　ディランが七歳になるたった数週間前のことで、現実的に考えれば、ディランは新しい人形か大好きなマイリトルポニーでももらうことで、ミアによって仕組まれた卑劣なネガティブキャンペーンに乗せられたのかもしれない。だがもし、ミアが作り上げた話でもディラン本人が嘘と気づけずに受け入れてしまうなら、ぼくにはお手上げだ。というのも、ぼくがディランにパリ旅行や映画出演を持ちかけたという話が出てきたんだ。いい加減にしてくれ、そのわずか数週間前、彼女は六歳だったんだぞ。ディランはパリのことなんて知るわけもないし、どうでもいいはずだろう？　確かに、パリや芝居の仕事はミアにとってはうまみのある餌《えさ》になるのかもしれないが、母親に利用されたかわいそうな娘はヨーロッパにいきたいとも、映画の仕事をしたいとも絶対に願っていなかった。

　ところでぼくは、ディランが性的ないたずらをされたとか、ぐるぐる回る電車をみていたとかいった物語を暗唱しても、嘘をつくなと彼女を責めようとは思わない。このことはかけらも疑わないでほしい。この恐ろしい話については、何人かの医師に相談したが、医師もぼくも、ディランは母から吹きこまれ、長年にわたって刷りこまれたことを信じているだけだと確信している。ディランも弟のサチェルも純真な子どもで、ディランはとりわけ無防備だった。ある元検察官が述べているように、ディランに嘘を植えつけたことこそ真の罪である。いろんな精神科医に、ディランは結婚して子どもがひとりいるけれど、ああした刷りこみをされて育ってきて大丈夫なのだろうかとたずねてみたんだが、みな一様に確実に悪影響を受けているだろうと答えた。

　一方で、ディランのテレビ出演により、マスコミがいよいよぼくが有罪だという確信を深めた。それだけではすまず、男優たち女優たちまでも、実際にぼくが性的虐待をしたかどうかまったく分かりもしないのに、彼女をサポートするために立ち上がってぼくを非難し、ぼくの映画に出たことを後悔しているし、もう二度と出演しないと発言した。なかには、汚れた金を受け取るのはいやだからと、ギャラを慈善団体へ寄付する者まで現れた。これは見掛けほど称賛に値する態度じゃない。というのも、こちら側は俳優組合の最低賃金しか支払う余裕がなかったからね。もし映画業界で標準とされているギャラ――たいていはかなり高額だ――を支払っていたら、こうした俳優は高潔にもぼくと二度と仕事はしないと断言することはあっても、たぶんギャラの寄付はしなかったのではないか。実際、こうした男優も女優もあの訴訟の詳細を調べたこともないのに（調べていたら、そんなに確信を持ってそんな結論に達するわけがない）、確固たる信念を持って公然と声を上げ続けた。常に女性側に立つことが今の業界の流れだという人もいた。分別のある人々はたくさんいるはずなのに単純な思いこみがまかり通っている。それなら、スコッツボロボーイズ〔白人女性をレイプしたとして虚偽の告発をされた九人の黒人少年〕に話をきいてもらうしかないってことなんだろうか。

　善意の一般人は、道徳的義憤に駆られて、知りもしない問題に対して堂々と意見を述べることで、ただ喜びを抱いていた。多分、こうした勇敢なる戦士たちは、ぼくがドレフュス事件のような冤罪の犠牲者か、連続殺人犯にでも思えるのだろう。どっちなのか見分けがつかないだろうけど（ミア側の弁護士でさえ、性的虐待があったのか、ディランの想像なのか分からないと公言していたんだ)。それでも依然として、先を争って勇気ある態度を示そうとする男優や女優はあとをたたなかった。絶対に児童性的虐待は許さない、とためらうことなく発言していた。とりわけ、物理学の分野で女性は常に正しいという新たな科学的発見がされたことが事態に拍車をかけたようだ。

ここでひとつ一考に値する興味深い話がある。ファロー一家はこの間ずっと、ミアの弟が刑務所に入る原因となった性的虐待の被害者たちに手を差し伸べることはなく、男優や女優に電話をかけまくり、公の場で恥をかくことになると脅して、ぼくをブラックリストに載せるよう圧力をかけた。正直、たくさんの仕事仲間がドミノのように倒れていったことに驚いた。たぶん、それは個人的な信念か、あるいは、恐怖のせいだろう。そうでなければ、政治的に正しい立場をとることでリスクから逃れ、安全圏に身を置けるよい機会として好都合だったのかもしれない。ぼくがかつて出演した『ザ・フロント』はマッカーシー時代を舞台にした映画だったが、今回非常に多くの人々が怯《おび》え、日和見主義の人々が男も女も理不尽な行動をとるのをみて、劇作家リリアン・ヘルマンが「眠れない時代」と呼んだものがどんなものか身に染みて分かったよ。こんな話を持ち出したのはただ、大勢の俳優やショービジネス業界の人、さらにはいろんな友人が、内輪の会話では、ぼくへの明らかに不当で不快なバッシングに愕然《がくぜん》としているし、絶対にぼくの味方だといってくれたのに、なぜ声を上げてぼくのために発言してくれないのかとたずねると、皆一様に仕事への影響が怖いと認めたからなんだ。皮肉な話だと思ったよ。これって、女性が様々なハラスメントの加害者に対して、長年にわたって声を上げられなかった理由とまったく同じじゃないか。彼女たちも仕事がなくなることを恐れていた。事件の詳細が曖昧だったから、あまり興味を持たなかった人もいる。ショービジネス業界の人にも自分の生活や悩み事があるしね。だけど、ぼくと仕事をしないことが流行《はや》りだと聞くと、それに乗った。まるで、ケールが健康食品として流行ったときみたいに。

一方で、マスコミはぼくを性的虐待者として扱った——何度もたくさんの女性に性犯罪や性的嫌がらせを行って罪に問われ、有罪判決を受けたり自ら罪を認めた数多《あまた》の男たちと一緒くたにされたんだ。だが、ぼくの場合は、告発内容に事実性は認められないと繰り返し判断されていた。それなのに仲間の俳優に背を向けられただけでなく、アマゾンはぼくとの契約を反故《ほご》にし、一緒に仕事をしたくないといってきた。複数の学校が授業でぼくの映画を扱うのをやめた。カーライルホテルのドキュメンタリーからも、米公共放送ＰＢＳの詩に関するシリーズ番組からも、ぼくのシーンはカットされた。ぼくの新作『レイニーデイ・イン・ニューヨーク』は完成していたが、アメリカでは配給されないまま放置された。ただ幸いにも、ほかの国はそこまで間抜けではなかった。一歩離れてみれば、これらすべての人々があたふた駆けまわって、気の触れた女の復讐計画に手を貸そうとする様をみるのは、正直、かなり愉快だったよ。目が離せないし、さっきもいったけど、風刺ネタとしてはそう悪くない。

マッカーシー時代にブラックリストに載ってつぶされた、多くの哀れな魂と違って、ぼくはそんなにやわじゃなかった。その理由のひとつは、食うに困っていないうえ、作家として自分で自分の企画を作りだせるからだ。白状すると、ぼくはロマンチックな空想にふける癖があって、そのなかではたいていぼくが主役を演じるんだけど、そのときのぼくはノンフィクションドラマに出てくる濡れ衣《ぬぎぬ》を着せられた無実の主人公になっていた。針のむしろに座っているような日々のなかで、ぼくは映画のヒーローになりたいという空想におぼれ、中傷された哀れな男に扮したぼくが、最後のシーンではもちろん勝利を収めるところを想像した。当然、ハリウッド映画とは違うから、ジェームズ・スチュアートやヘンリー・フォンダが突然現れて、ぼくの依頼を引き受け、不正を正してくれるわけもない。だが現実世界にも、恐れることなく立ち上がって、信念に基づいて行動する人もいた。

アレック・ボールドウィンは勇気を持って、ぼくのためにはっきり堂々と声を上げてくれた数少ないひとりだ。ハビエル・バルデムもまた歯に衣を着せない物言いで、公開リンチだといって怒りをあらわにしてくれた。ブレイク・ライヴリーはソーシャルメディアに酷評されるリスクを負いながら、ぼくを擁護してくれた。スカーレット・ヨハンソンは一切ためらうことなく擁護してくれたが、彼女はいつも不当な行いに対して勇敢に対処する人なんだ。テレビでは、ジョイ・ベハーがスカーレットを支持し、きっぱりとした口調でぼくの側に立って意見を述べてくれた。ウォーレス・ショーンは早い段階からぼくの状況を気にかけてくれ、嫌がらせを受けてもおかしくない時期に、勇気を持って熱のこもった文章を書いてくれた。ぼくの味方をしたらソーシャルメディア上で大炎上するおそれがあったけれど、実際にはだれもひどい目にあわずにすんだ。ぼくと人生をともにした女性たちはみな、ぼくの支えになってくれた。ひとり目の妻ハーリン、キートンはもちろん、ルイーズ、スティシーも。少し考えれば分かると思うが、彼女たちはぼくという人間をよく知っていて、何年も一緒に暮らしたことまであるんだから、もしぼくが幼児に性的いたずらをしかねない、あるいは関心を抱いている男ならば、なんとなく感づいていたはずじゃないか。正直、「ニューヨーク・タイムズ」の反応には失望した。そう感じたのはたぶん、子どもの頃から大好きな新聞で、毎朝、食事をとりながら読むのを楽しみにしていたし、その理性的で人道的で勇敢な報道姿勢に尊敬の念を抱いていたからだ。

とにかく「ニューヨーク・タイムズ」は、真っ向からぼくを否定する立場で、ぼくが娘に性的虐待したという主張を明らかに受け入れていた。愚かな男優や女優が湧いて出て、ろくに考えもせずにぼくと仕事をしたことを後悔していると吹聴したときには、そんなこともあるかと思ったが、「ニューヨーク・タイムズ」までが――ぼくがみるに、大変分別ある男女が集まり、ぼくが注目している問題ではいつも正しい立場をとっている新聞が――そんな態度をとるとはほんとに驚いた。しかも、何度となく、ぼくが悪いことをしたとにおわせた、あるいは決めてかかった記事を掲載し、その都度、ぼくが娘に性的虐待をして訴えられていると書き、ときには、ぼくが性的虐待、あるいは、告訴の事実まで否認するだろうと付け加えていた。「タイムズ」が把握していながら決して触れなかった事実がある。それはぼくがふたつの異なる主要な調査機関によって徹底的に調べられた結果、告訴が完全に却下されたということだ。それなのに、記事内ではこの事実を無視して、まるでぼくの無実が明らかにされていないかのように告訴についてのみ盛りこんでいる。実際にはすでに明らかにされていたというのに。というか、「彼は容疑を否認した」とはどういうことだろう？　アル・カポネは否認した。ニュルンベルク裁判の被告も否認した。性的虐待をしているのに、ぼくもまた否認したとでもいいたいのか。それにさっきもいったように、「タイムズ」は非常に信頼のおける調査機関が、性的虐待は起きていないと結論づけたことを把握している。以前、「ニューヨーク・タイムズ」はぼくに意見を述べる機会を与えてくれたが、それ以来、ぼくを非難する記事を数多く掲載し、比較的最近にブレット・スティーヴンズがぼくを擁護する立場で書いた記事が唯一の例外として、ぼくを支持するような記事は載せるつもりはまったくないようだ。そこで、あの質問に立ちもどりたい――なぜ、マスメディアや映画界にいる非常に多くの人が積極的に、むきになってぼくを傷つけようとするのか？　長年にわたって、ぼくが自分で気づいている以上に相手の神経を逆なでしてきたせいで、みんなうっ積した怒りやいら立ちを吐き出しているとしか思えない。もしそうでないなら、じつに非常識でおおいに疑わしい訴えに対して、なぜぼくには疑わしきは罰せずという当然の判断さえしてもらえないんだろう。なぜぼくがこういった人々の悪意を醸造していったのかはよく分からないが、犬は自分の尻尾《しっぽ》をみられないものだからね。

さて、信念に基づいた態度をとった人々の話題を終える前に、ロバート・B・ウィードについてはぜひとも触れておきたい。アレック・ボールドウィンやハビエル・バルデムはまさにヒーローのような容姿で、映画でもそういう役を演じているが、ウィードは昔の戦争映画に出てくる近視のチェコ人愛国者にそっくりで、ナチスに連行され射殺されるときになっても、口を閉じずに最後には民主主義が勝利するといい続けるような男だ。実際、彼はコメディ・シリーズ『ラリーのミッドライフ☆クライシス』のプロデューサー兼監督で、初めて会ったのはグルーチョのドキュメンタリーを制作中の彼から簡潔なインタビューを受けたときのことだ。それから彼とは会うことも話す機会もなかったが、のちに、ＰＢＳ放送の伝記ドキュメンタリー・シリーズ『アメリカン・マスターズ』のある回でぼくを撮ってくれた。どういうわけかウィードは、不誠実で卑劣な仕打ちを受けているぼくの窮状を知ってすぐ、なんの得にもならないのに最初の頃から勇敢にも声を上げてくれた。ＰＢＳのドキュメンタリーは放送され、反響もよかった。彼があの件に関して書いた記事は大きな支持を集めたが、その一方で、罵詈雑言《ばりぞうごん》に加えて、奇人からの殺害予告まであったけど、世の中にはこういう人間もいるんだ。ドキュメンタリーの制作にあたって、ウィードはぼくの過去を入念に調査し、事の真相を徹底的に探り、すべての記録に目を通し、その不当な仕打ちに激怒した。

ウィードはあのときの状況について書き、冷静かつ十分な資料に裏付けられた事実をあげて、あの訴えが嘘であることを白日の元にさらしてくれた。彼はエミール・ゾラではなかったから、耳を傾ける人はほとんどいなかったうえ、彼を口汚く中傷するような記事に対して反応する機会も与えられなかった。彼は自身のブログで発言するしかなくなったが、逆境に負けず、大義名分のために戦っているという確信以外になんの得もないのに主張し続けた。ぼくらは親しい間柄でも、社交上の付き合いがあるわけでもなかったから、仲間を助けにきたというわけでもない。それでも、過ちは徹底的に正したいという思いしか頭になかったのだろう。それは善良な市民による良心に基づいた純粋な良識による行動であって、やすやすと嘘を丸飲みする無責任な群衆による非難の嵐との戦いだった。そのうち、もし真実が理解されたなら――ここで〝明らかになったなら〟といわなかったところに注意してほしい、真実は何年も前から明らかになっているんだ――この不快な事件の正しい側に立っていたウィードは少なくとも個人的には悪いあと味を味わわないですんでくれると思う。それに対し、彼が説得できなかった大多数の人々は間違いなく、あれこれ取り合わせたでっちあげの屁理屈のなかで溺れるに違いない。もし天国があるなら、ウィードには特等席が用意されているはずだ――もちろん禁煙スペースに。

事件の全体像を伝えるために、ぼくはできるだけたくさんの記録を残そうとしている。だから、ここに書いた事実の数々には単にぼくの見解だけじゃなく、調査員による公的文書、モーゼズの目撃談、そしてモーゼズの話の裏付けになるスン・イーによる実体験もふくまれている。イェール＝ニューヘイヴン病院とニューヨーク州児童福祉局の調査報告はそのまま引用し、裁判所が任命した観察者の証言も上訴裁判所の裁判官が記録したとおり正確に引用した。ミアの家で働いていたふたりの女性はそれぞれ、目の当たりにした数多くの出来事について、いくつかの恐ろしい証言を残している。ふたりの証言もまたモーゼズの話の裏付けになっている。だが、こうした証拠のほかに、ぼくは人々の常識そのものに訴えた。といっても、他人の考えを変えることができるなんて幻想は抱いてない。きっと、もし今になって、ディランとミアが前言を撤回し、何もかも大掛かりなジョークだったといったとしても、それでも多くの人々はぼくがディランに性的いたずらをしたという考えから抜け出せないままだと思う。人間は自分が信じたいものを信じるもので、その理由があることもあれば、自分でも分かっていないこともある。だから、ぼくがこの件――ミアの弁護士のアラン・ダーショウィッツが自身の著書で〝告発による罪〟〔虚偽の告発や #Me too 運動について問題提起した本の書名〕と呼んだものだ――について書くことは、ぼくの半生を書いた本書のなかでもドラマチックな効果を上げてくれるくだりだからにすぎない。願わくは、この件に関して正しい側に立って声を上げてくれた良識ある人々に、いくらかでも自信を与えることができますように。彼らは正しい選択をしたのだから。

ところで、こうしたことをぼくはどう受け止めていたのか？　なぜ非難を浴びせられたとき、めったに声を上げることもなければ、ひどく動揺している様子もみせなかったのか？　なんというか、無目的な宇宙における悪意に満ちた混沌《こんとん》を思えば、そんな世界の仕組みのなかでこんな小さな虚偽の告発なんてどうってことないじゃないか。それに、厭世家《えんせいか》の人生にも救いはある――まわりに失望させられることがない。

結局のところ、無実の立場から物事をみると、罪を犯した男とはまったく違った見方ができる。綿密な観察も調査も恐れるに足らず、むしろ楽しめる。だって何も隠すことはないんだから。嘘発見器のテストから逃げるなんてとんでもない、ぜひ受けさせてくれ。それはポーカーの場で、ロイヤルストレートフラッシュを手にしているのに似ている。全員が賭けて、手札がオープンされるまで待ちきれない感覚。だが、もしぼくにカードを出すチャンスが与えられなかったら？　チップをかき集める前に死ぬとしたら？　うーん、遺産《レガシー》にまったく興味がない人間として、なんと答えればいいだろう。ぼくは八十四歳。人生はほぼ半分終わっている。この年になれば、ポケットマネーでプレイしているようなもんだ、リスクなんてない。あの世を信じていないから、ぼくが人々の記憶に映画監督として残ろうと、小児愛者として残ろうと、あるいはまったく記憶に残らなくても、たいした違いがあるとはとても思えないんだ。ぼくの遺灰を薬局の近くでまいてくれれば、それでいい。

クレイジーな質問をひとつ。濡れ衣を着せられて何か面白いことはあるか？　しかも、それが性犯罪ならどうか？　この質問については、面白い補足情報がある。ルイ・C・Kとごたごたがあったんだ。ルイはとても愉快な男で、『ブルージャスミン』にちらっと出てもらった。ぼくは前々から、彼と共演してコメディ映画を撮りたいと思っていた。適当な脚本があれば、相乗効果で面白くなると思っていたんだ。彼も同意してくれた。ふたりして脳みそを酷使し、アイデアを絞り出そうとした。ぼくはずいぶん時間をかけたけど妙案は浮かばず、彼も考えてくれたけど、形になりそうなものは何も出てこなかった。こうして数年たち、彼から連絡をもらった。脚本が書けたからぼくに出てほしい、ぼくのために重要な役を用意したという。それで読んでみたら、ぞっとした。ひどい出来だったからじゃない。話としては面白い。ただ、ぼくの役はある伝説的な映画監督で、子どもに性的いたずらをしたか告発されたかの過去を持つ人物だったんだ。しかもその監督は自分の娘と親密すぎる関係にいまもある。

ぼくが「ルイ、この役はできないよ」というと、「なぜ？」と彼。「だって、ぼくはずっとこの虚偽の告発と闘ってきて、周囲もずっとそのことについてあれこれ書いたり、発言をしたりしているんだから、この映画に出たら野蛮人の恰好の餌食《えじき》になるだけじゃないか」「君のためになるだろう」。そういわれても、理解できない。「イメージがよくなるはずだ」。ぼくはルイがとても好きだし、彼がぼくを助けようとしていることは分かっている。だが、彼は何か悪いものでも吸ってるのか？　ぼくは彼の健闘を祈り、その話には乗らなかった。「これは撮らないでくれ。ぼくを傷つけることになる」とは決していわなかった。だって彼は何カ月も費やしてその脚本を書き上げ、監督のチャンスをつかんだんだから。それに個人的な不快感を理由に、ほかの人のプロジェクトをぶち壊すなんてできるはずがない。当然ながら、この映画の封切り前に試写をみたメディアは、ディランとぼくをめぐる状況ばかりに着目して、手当たり次第にぼくを中傷するネタとして使った。その後、運悪く、哀れなルイは突然、彼自身の現実のハラスメント問題を抱えることとなり、映画の公開はなくなった。彼は集中砲火を浴び、続々と襲いかかってくる問題の対処に追われていた。O・ヘンリー並みのひねりの効いたオチにはびっくりしたよ。O・ヘンリーじゃなきゃ、間違いなくモンティ・パイソンだな。

無数の中傷や卑劣なPR活動にもかかわらず、実際のところ、のけ者になってほんの少しいいこともあった。一例をあげると、各種の依頼がほとんど舞いこまなくなった。講演、本の推薦文、鯨《くじら》の救済、卒業式のスピーチ——まあ、そもそも合衆国憲法については修正第二十一条しか知らないような男に、生徒を鼓舞するスピーチを頼むのは得策とは思えないが。ヒラリー・クリントンは、スン・イーとぼくからの大統領選挙戦への寄付を受け取ろうともしなかった。もしあと五千四百ドルあれば、ペンシルヴェニア州かミシガン州、オハイオ州を制することができたんじゃないかと思わざるをえない。

偉大なる劇作家モス・ハートは、彼の魅惑的な自叙伝『アクト・ワン』のなかで、劇作家が第一幕で問題を抱える場合と、終幕で問題を抱える場合にはどんな違いがあるかについて書いている。第一幕の問題のほうがずっと簡単に解決できる。終幕の問題、すなわちエンディング、結末、クライマックスは、脚本家として思春期前か否かを区別する指針になるそうだ。本当にそのとおりで、ぼくはとるに足らない自分の人生の概略を走り書きしながら、終幕で問題を抱えていることに気づいた。ぼくの老後。冬のゴキブリ野郎。

相も変わらず、ぼくは仕事を続けている。『レイニーデイ・イン・ニューヨーク』という映画を作った。ずっと前から雨のマンハッタンが撮りたくて、雨の降る一日に繰り広げられる物語を作ったんだ。ぼくにとって雨ってなんだろう。朝起きて、ブラインドを開けたとき、雨が降っていたり、灰色の霧雨だったり、空がどんよりしているだけでも、気分がいい。晴れていると、気分が落ちこむ。雲に覆われた空の下、雨の降るニューヨークは本当に美しい。どうしてだろう。天気はぼくの心の状態を示す客観的相関物だといわれたことがある。ぼくの魂は雲で覆われている。

キャストには、エル・ファニング、セレーナ・ゴメス、ティモシー・シャラメ、リーヴ・シュレイバー、ディエゴ・ルナ、ジュード・ロウ、そしてあの素晴らしいチェリー・ジョーンズを迎え、一風変わったロマンチックな物語を作った。ある週末、ニューヨークを訪れた大学四年生カップルのロマンスを描いたんだ。

当然ながら、『レイニーデイ・イン・ニューヨーク』という映画だから曇り空や雨がほしいのに、毎日太陽が出ていたため、雨のシーンはすべて、雨降らしの装置と貯水槽を使って撮影された。こうした調整はすべてヘレン・ロビンに一任した。彼女が映画制作に必要なことすべてをこなしてくれるんだ。スタッフやキャストを雇うための予算立て、撮影場所の許可どり、各組合との良好な関係、みんなの食事の手配、片づけなければならないあらゆる撮影後《ポストプロダクション》の編集作業――編集、音楽、現像、レイティング審査。さらにはぼくの脚本のタイプ打ちまで、四十年間ずっとやってくれている。本当に一日二十四時間、週七日、一年三百六十五日、ひたすら危機といら立ちばかりの仕事。だが、いら立ちがないと、彼女は心配できなくなる。そして、もし心配できなくなれば、彼女は人生の楽しみを失ってしまうんだ。彼女の前は、長年にわたって、ロバート・グリーンハットがやってくれていた。彼もまたよくやってくれた。予算やらスケジュールの見直しやら撮り直しやらの心配事にしょっちゅう頭を悩ませていたのを思い出すよ。彼も心配事がなければ、有酸素運動の効果をまったく得られなかったと思う。

『レイニーデイ・イン・ニューヨーク』の主役三人はみな素晴らしかったし、一緒に働けて光栄だった。のちにティモシー・シャラメは、ぼくの映画に出たことを後悔している、出演料は全額寄付する、と公に表明したが、ぼくの妹にはそうする必要があったんだと打ち明けた。『君の名前で僕を呼んで』でオスカーの候補になり、彼と彼のエージェントは、ぼくを非難すれば賞を獲得できる可能性が高くなると考えて、実行したらしい。いずれにせよ、ぼくは彼と仕事をしたことに後悔はないし、自分のギャラを一セントたりとも返すつもりもない。セレーナ・ゴメスは魅力的な女優だった。どんな無理難題にも応えて、美しく演じてみせた。エル・ファニングはキートンのように、とにかく類《たぐ》いまれなる天性の才能を持っている。記者たちが彼女にプレッシャーをかけ、なんとかして、ぼくの映画に出たことを後悔しているというコメントを引き出そうとしたとき、彼女は、その告発があったとき自分はまだ生まれてもいないから、なんともいえないと述べた。正直な答えだ。多くの人もそう答えるべきだった。「はっきりいって、すべての事実を把握しているわけではないので、判断は控えさせていただきます」と。だれも「この告発は徹底的に調査され、真実でないと証明されています」なんて発言は求めていない。というか、ジョイ・ベハーはテレビでそう指摘している、と人からいわれたことがあるんだ。その他、ぼくの気づいた範囲で、ぼくを擁護するために公の場に出てくれた人たちの名をあげておきたい。レイ・リオッタ、カトリーヌ・ドヌーヴ、シャーロット・ランプリング、ジュード・ロウ、イザベル・ユペール、ペドロ・アルモドバル、アラン・アルダ。ぼくが知らないだけで、きっともっといると思う。少なくとも、そう願っている。とにかく、全員に感謝の気持ちを伝えたい。声を上げてくれて本当にありがとう。自分の発言を恥じるようなことには絶対にならないから安心してほしい。

今のところ、アメリカの配給会社がついてくれないかぎり、アメリカ国内で『レイニーデイ・イン・ニューヨーク』が公開されることはない。幸いにも、ほかの国は正気をたもっているから、世界中で公開されてかなりの成功を収めた。自分がアメリカ以外のすべての国で公開される映画を作っていると思うと笑ってしまう。こんなふうに考えたらどうだろう。もしぼくの作る映画の出来が悪ければ、アメリカの大衆は苦労して稼いだ金を駄作にカモられずにすむ。一方で、もし楽しめる映画だったら、見逃して残念かというと、そうでもない。だれにとっても痛くもかゆくもない。白状すると、ぼくは不当な扱いを受けて自分の作品を祖国で発表できず、外国での公表を余儀なくされた芸術家となったことで、詩的な空想を刺激された。まるでヘンリー・ミラーやD・H・ロレンス、ジェイムズ・ジョイスじゃないか。彼らと一緒に挑むように立つ自分が目に浮かぶ。ちょうどこのあたりで、妻がぼくを起こす。「いびきがうるさいんだけど」

『レイニーデイ・イン・ニューヨーク』のあと、次の映画に取りかかったが、キャスティングに難航した。次から次へと、男優からも女優からも出演を断られたんだ。なかには、ぼくが性的捕食者だと心から信じている人もいたはずだ（いまだに、どうしてそこまではっきり確信できるのか理解できないのだが）。明らかに、多くの役者はぼくの映画への出演依頼を断るのが高尚なことだと思いこんでいた。こうした振る舞いは、ぼくが本当に罪を犯していたなら意味があるかもしれないが、ぼくは潔白なんだから、ただ無実の男を苦しめ、ディランに植え付けられた記憶を助長しているにすぎない。しかも無意識のうちに、ミアを陰で応援したことになる。のちに、数多くの役者たちがこっそりと、この件を注意深く追ってみたら、ぼくがとても不当な仕打ちを受けていると分かった、と打ち明けてきた。みな口々にメディア〔夫に裏切られ復讐の鬼と化した古代ギリシャ悲劇の王女〕、マクマーティン保育園裁判、サッコ・ヴァンゼッティ事件〔いずれも有名な冤罪事件〕などを引き合いに出しながら――例にあがらなかったのはスターリン時代のモスクワ裁判くらいだ――虚偽の告発を激しく非難した。だが、ことの理不尽さに理解は示しても、世間の反発を招いたら職業安定所の列に並ぶはめになるから、ぼくの映画には出演できないという。「この電話をこれまでずっと待っていましたが、今はこの仕事を引き受けられないんです」と何人かからいわれた。気の毒に思ったよ。だって、自分たちがブラックリスト入りするリスクを冒していると本気で信じているんだから。実際、声を上げた人々にきけば分かるが、そんなリスクはなかった。ここだけの話、もう少し仕事仲間から助けてもらえることを期待していた。たいしたものでなくとも、ひょっとしたら数回にわたってデモでもして、もしかしたら一部の過激な仕事仲間が徒党を組んで行進し、ちょっとした暴動を起こして、数人が車に火をつけるかもしれないなどと思っていた。なにしろ、ぼくはクリエイティブなコミュニティで名の通ったメンバーだったから、この苦境を知れば、組合の同業者や仲間の芸術家は激怒すると信じていたんだ。何百人もの市民がぼくのためにデモを入念に計画したこともあったけど、その日が海水浴日和だったせいで、実現に至らなかった。ところで、ジュリエット・テイラーがウォーレス・ショーンの名前を出したとき、ピンときたんだ。ぼくはずっとウォーレスという役者にほれこんでいた。彼の演技はとてもリアルで、ユーモアもあり、また心を打つと思っていたし、その知的な雰囲気はぼくがスペインで撮ろうと準備していた映画の主人公にぴったりだった。

理想的な状況であっても、まともな映画を作ろうとしたら、無数の地雷を避けながら進めなければならない。そのうえ複数の障害があるとなれば、ゴールポストはどんどん向こうへ遠ざかっていく。相変わらずの低予算は別にしても、繰り返しになるが、厄介な人物と喜んで運命をともにしてくれる役者はそうそうみつからない。ありがたいことに、ウォーレスは例外だった。だが、スペインで撮影する際には税法の関係で、出演者のうちかなりの比率をEUの役者にあてる必要がある。素晴らしい役者はたくさんいるが、〈リンディーズ〉で飛びかうような気の利いた台詞《せりふ》を英語で話せる役者はめったにいない。しかも、ぼくはアマゾンに対する訴訟のせいで身動きが取れなくなっていたうえ、マスコミからはしょっちゅう犯罪者のように書かれていた。いつもは理性的で分別ある「ニューヨーク・タイムズ」の言葉を引用すれば、ぼくは〝モンスター〟なんだ。どこかで、カフカがにやにや笑っていたよ。まあとにかく、これほど多くの障害があるなかで馬を走らせて、まともにレースができるものだろうか？　つまり、非難を浴びて気が散っている監督が、そもそもベルイマンでもないのに、これほどまでに不利な状況に立たされて、楽しめる映画を作りだせるだろうか？　突如として、映画制作への挑戦がいっそう刺激的なものになってしまった。それで、ぼくのスペインでの新作『リフキンズ・フェスティバル』はどうなるかって？　さあ。だけど間違いなく映画作りは楽しかったし、ウォーレスの口からぼくの書いた台詞をきくのは最高だった。教訓があるとすれば、追いつめられて成長できる人もなかにはいるってことじゃないだろうか。当然だが、ぼくはそのなかには入らない。もしこの映画がうまくいけば、奇跡だろう。

それでこれから先、ぼくの〝黄金時代〟の映画は今やあらゆる国で上映されながらもこの国——ここでぼくは正直で高潔な、税金逃れの市民として通っている——で上映されることはないのか？　さあ。どうでもいいさ。ぼくだけじゃなく、きっと観客も気にしないだろう。楽しませてくれるいい映画はほかに山ほどあるんだ。

こうして夏がやってくると、ぼくは自分のジャズバンドとヨーロッパ中をまわって演奏し、いく先々で観客から温かく迎えられた。毎回、大盛況だったよ。理由をきかれても分からない。ニューオーリンズ・ジャズの演奏は、何年やっても上達していないんだ。それでも毎晩、ものすごい数の人がききにきてくれて、ぼくらはステージから下りられなかった。もし「いつか君は八千人のファンの前で『マスクラット・ランブル』を演奏するだろう」という人がいたら、ぼくはその人の正気を疑っていただろうな。その後、ぼくはミラノに移り、オペラの演出をやった。というか、ぼくが以前ロサンゼルス歌劇場で成功させたプッチーニの歌劇を再演したんだ。これもまた、もしぼくがフラットブッシュでふたつ並んだ下水管に向かってゴムボールを投げて遊んでいたとき、「いつか君はスカラ座でプッチーニをやって拍手喝采を浴びながらお辞儀するだろう」という人がいたら、ぼくに「いつか『マスクラット・ランブル』を演奏する」といったやつとまとめておつむの施設に送りこんだだろうな。翌日、スペインのサン・セバスティアンに発《た》って数カ月間におよぶ映画撮影にとりかかり、ちょっとした天国気分を味わいながら、ウォーレス、ジーナ・ガーション、エレナ・アナヤ、ルイ・ガレルとレイバー・デーまで仕事をした。ぼくのふたりの娘は撮影の手伝いをしてくれ、スン・イーはというと、夏の平均気温摂氏二十二度のなか、毎日、ハイキングに出かけたり、至るところを観光したりしていた。一方で、『レイニーデイ』は封切りとともに、ヨーロッパ各地と南米でかなりの成功を収め、間もなく極東でも公開されることとなり、そのせいかアメリカではちょうどフォード社が新型車エドセル〔史上最悪の失敗作と評された〕を発表したときみたいに、この映画の公開に強い関心が示された。ぼくはスン・イー、娘たちとともに飛行機でパリへもどって、魅力的なブリストル・ホテルに滞在し、ミュージカルに出てくるアメリカ人みたいに通り《リュ》や並木道《ブルヴァール》へ繰り出した。実際に繰り出したのは、ぼくの愛する家族だけで、ぼくはといえば、ホテルにこもって、『レイニーデイ・イン・ニューヨーク』の宣伝活動に勤しんでいた。

　ところで、この本の執筆についてほかにいえることはあるかって？　読書界にとってはアマンダ・マッキトリック・ロスの傑作『アイリーン・イドデズリー』やブラム・ストーカーの『白蛇の巣』と肩を並べる必読の一冊だ。ぼくに対する虚偽の告発にかなりのページ数を割かざるをえなかったのは残念だが、こうした状況はすべて作家にとって飯の種になるうえ、かなりありふれた人生にドラマチックで興味をそそる要素を添えてくれた。アッパー・イースト・サイドを散歩するのが一日の一番の楽しみである男にとっては、どぎつく煽情的なスキャンダルに巻きこまれるなんて間違いなくアドレナリンが全身を駆けめぐる体験だ。かつてフランシーヌ・デュ・プレシックス・グレイはぼくにインタビューをしてこう記したが、ぼくも彼女の意見に同意する。「ウディ・アレンにまつわる面白いエピソードはありません」

　この本のゲラをチェックしていて、ぼくが一番いいなと思ったのはロマンチックな思い出や、我を忘れて夢中になった素晴らしい女性たちについて書いたところだ。ぼくのキャリアについて面白そうな話はすべて盛りこんだけど、あまりにも順調だったから、数々の華やかな逸話が生まれることなどなかった。映画制作の技術面については詳しく書かなかった。そんな話は退屈だと思ったし、ぼくは照明や撮影については学びたいと思うほど関心がなかったから、仕事を始めたときから知識量は今も変わっていないんだ。撮影前、カメラのレンズキャップを取らなければならないってことは重々承知しているけど、技術的な専門知識はそこまで。監督として、ぼくは自分の望むものが分かっている。というか、もっと重要なこと、つまり、自分の望まないものは分かっている。

映画を学んでいる学生に、特に伝えることはない。ぼくの撮影スタイルはのんびりしていて規律もないし、技術だって、映画学科を落第して退学になったくらいだから、推して知るべしだ。脚本に興味のある読者にはこんな話をしておこう。ぼくは起きて朝食をとったあと、ベッドに手足を投げだして横たわり、黄色のリーガルパッドに思いついたことを書き留めていく。一日中働くこともあるが、たいていの場合、毎日少しでも仕事の時間を確保するようにしている。ワーカホリックってわけじゃなく、働いていれば、ぼくの一番嫌いな場所のひとつである世間のことを考えずにすむからだ。ぼくは引き出しから、メモを引っ張りだしてくる。そこに一年を通して、アイデアを記したメモをためこんでいるんだ。メモをみながらじっくり考えても、そこから何も浮かんでこなければ、たとえ数週間かかっても、なんとか物語を絞りだして脚本を書く。この工程が一番大変だ。くる日もくる日も部屋のなかでひとり、座ったり歩きまわったりして、一心に考え、セックスや死について思いを巡らし脇道に逸れることがないようしなければならない。そのうち、ひらめく、というか、形になりそうなものを決めてしまう。赤ん坊には新しい靴が必要だから。

ぼくは撮影よりも脚本を書くほうが好きだ。撮影は暑かったり寒かったりする天候のなかで、とんでもない時間帯でも行うきつい肉体労働だし、ろくに知らない問題に対して無数の決断をしなければならない。突如として、カメラアングルやテンポ、女性のファッションやヘアスタイル、家具、自動車、音楽、色について采配を振るわなきゃならなくなるんだ。当然、撮影がはじまると料金メーターは常に動いているから、一日におよそ十万か十五万ドルかかり、もし一週間遅れれば五十万ドルはドブに捨てることになる。ようやく撮影が終わると、何カ月間も昼夜を問わず神経をすり減らしながら一緒に仕事をした仲間たちはあっという間に散り散りになり、さみしさがこみあげ、心にぽっかりと穴が空いた心地になりながら、変わらぬ愛を誓って、また一緒に仕事ができますようにと願う。ぼくはいつも、さよならの挨拶がわりにキャストと握手をするくらいで、頬に大げさなキスをしたり、外国でよくある頬と頬を合わせる気取ったキスをしたりはしない。次の朝には、どんな親密な感情も霧散し、早速だれかさんの悪口をいっているもんだしね。

編集者と一緒にフィルムを繋《つな》ぎ合わせる作業は楽しい。特に好きなのは、コレクションのなかからレコードを選んで流し、その音楽の効果で、映画が実際よりもぐんとよくなる瞬間だ。映画作りは好きだが、次の一本が作れなかったとしても別にかまわない。戯曲を書くのは嬉しい。もしプロデューサーがつかなかったら、本を書きたい。もし出版社がみつからなくても、喜んで自分のために書くよ。出来がよければ、きっといつか発見されて、読んでもらえると思うし、出来が悪ければ、だれにもみられないほうがいいんだ。ぼくの死後、自分の作品がどうなろうとどうでもいい。死んでしまえば、神経に障るものはほぼないだろう。近隣の人たちがリーフブロワーで落ち葉を吹き飛ばして掃除をするときの耳障りな騒音だって気にならないはずだ。ぼくは常に動いているのが好きだったし、報酬はよかったし、才能もカリスマ性もある男性や、才能ある美しい女性に囲まれて働くこともできた。自分にユーモアのセンスがあってラッキーだったよ。さもなきゃ、変わった仕事に行き着いていたと思うんだ。たとえば、泣き屋とか見世物小屋の芸人とか。ぼくは自分のことを本質的に作家だと自負していて、それを幸せに思っている。作家というのは他人に与えられた仕事に頼るんじゃなく、自ら仕事を生みだし、スケジュールも自分次第だからね。たまに、ステージに上がって、もう一度スタンダップコメディをするのは楽しいだろうなんて考えたりもするけど、そんな考えはすぐに消えてなくなる。

ところで、ぼくは中流階級の生活を送り、クラリネットを練習している（母からはよく「まったく、あの子が寝室にこもって、笛をぴゅーぴゅーやっているせいでひどい頭痛がするんだよ」といわれていた）。ぼくは脚本を書き、スン・イーを溺愛し、子どもたちに二十ドル札をやる。それで子どもたちは映画をみにいけるんだ。ぼくが十二セントでみていたほどいい映画じゃないが。自分の人生をまとめると？　幸運だった。多くの愚かな過ちを犯したが幸運に助けられた。最大の後悔？　何百万ドルもの製作費を与えられ、芸術的な面での指揮権もすべて委ねられていたのに、偉大な映画を一本も作れなかったことだ。もし、自分の才能と引き換えにほかのだれか――生きている人でも故人でもいい――の才能を手に入れられるとしたら、だれを選ぶ？ 迷うまでもなく、バド・パウエル。フレッド・アステアも捨てがたい。歴史上で最も尊敬する人は？ シェーン。架空の人物だが。女性では？ 尊敬する女性はたくさんいる。一般的なところでいえば、エレノア・ローズベルトとハリエット・タブマン。それからメイ・ウエストといとこのリタ。そしてやはりスン・イー。彼女について触れないと、彼女が麺棒《めんぼう》で膝をねらってくるからというわけじゃない。五歳にしてひとり、よりよい生活を求めて危険な街に飛び出し、恐ろしい障害がいくつも立ちはだかるなか、自力で人生を切り開いた人だからだ。一番やってみたかったことは？『欲望という名の電車』みたいな作品を書きたかった。一番やりたくないことは？ 牧草地ではしゃぐのはごめんだ。人生をやり直して、別の選択をできるなら？ テレビで男が宣伝していた、驚きの野菜スライサーは絶対に買わないだろうな。あと、本当に芸術家としての遺産《レガシー》を残したくはないか？ この質問についての答えはほかで引用されたことがあるんだけど、その言葉で締めくくるとしよう――ぼくは人々の心や頭のなかで生き続けるよりも、自分の家で生き続けたい。

訳者あとがき

本書は、映画監督ウディ・アレンの自伝、*Apropos of Nothing*（2020, Arcade Publishing）の全訳である。

原題は直訳すると、「ところで」「突然に」「出し抜けに」といった意味だが、ウディ・アレン本人になぜこのタイトルにしたのかたずねてみたところ、次のような回答があった。

「ぼくの人生なんてたいしたもんじゃないし、一貫性もないからね。書き終わってからふと思いついただけなんだ」

彼はニューヨークという街にこだわり、独自のスタイルで映画を作り続けてきた。そして今では、アメリカ映画界を代表する監督のひとりでありながら、ハリウッドから遠ざけられているというなんとも皮肉な存在だ。

そんな彼が、生まれる前や幼少の頃のことから、ギャグライター、コメディアン、そして映画監督としてキャリアを重ねてきた半生を思いつくままに書き綴ったのがこの本だ。家族や友人との関係、手品やジャズに興味を持ち、やがて映画にはまった少年時代、気になる女の子にふられまくった青年時代、さらにはハリウッドから締め出されるきっかけとなった例のスキャンダルまで。

アレンはコメディアンとしての輝かしい道が用意されていたにもかかわらず、決して現状に満足することなく、映画人生を突き進み、大きな成功を手にした。本人自身、あまりにも順調だったから、語るに足るエピソードはないと述べているように、なるほど、絵に描いたような出世街道を歩んできたように思える。うだつのあがらなさそうな容貌。人見知りな印象。だが、多くの人がそんな彼の可能性を信じて、手を差し伸べた。その理由のひとつとして考えられるのは、彼の話術ではないだろうか。

機会があれば、アレン自らが朗読している本書の英語版オーディオブックを聞いてほしい。当時八十四歳の彼が、年齢を感じさせない語り口で、若かりし頃と同じように圧倒的なスピード感をもって、しゃべり倒している。ジャコメッティの彫刻のような細い体から底知れぬパワーを感じさせられる。

家系もあるのかもしれない。彼のユダヤ系の両親もタフな生き方をしていた。本書の冒頭でも語られているように、父親は第一次世界大戦中、乗っていた船が砲弾を浴びて沈没したあと、海を泳いで大西洋の藻屑《もくず》となる運命を逃れ、百歳まで生きた。母親もまたしっかりした人で、職を転々と変える父親にかわって一家を支えた肝っ玉母さんだ。両親について興味がわいた方は、アレンのヨーロッパ・ジャズツアーを記録したバーバラ・コップル監督の『ワイルド・マン・ブルース』のラストに少し出演しているので、観ていただきたい。母親がグルーチョ・マルクスに似ているかどうかは各人で判断してほしいところだが、とにかくいえるのは、ふたりとも元気いっぱいで口が達者ということだ。

アレンの話はあちこちに飛び、読者を翻弄する。うろ覚えで話している部分もあるようで、たまに記憶違いなのでは？　と思われる箇所もあって、事実確認に難儀したが、それでも彼のしゃべりは魅力的で、いやおうなく続きを読まされてしまう。読んでお分かりのとおり、どんなに重い話題にさしかかってもユーモアや興味深いエピソードをちりばめて、読者に笑いを提供するサービス精神を忘れることがない。それに加えてチョイスするワードが独特。こういうワードセンスが人気の秘密なのだろうが、そこが訳者にはつらい。いくらインターネットで検索しても、ウディ・アレン以外に使っている人はみあたらないのだから。そういう表現に関しては、出版社を通して、アレン本人にメールで質問を投げた。あのウディ・アレンがこまごまとした質問に答えてくれるとはあまり期待していなかったので、すぐに返事がきたときには驚いた。ちなみに、二度もつたない英語で質問を投げてしまったのだけど、いずれも速攻で返事がきた。

本書の出版経緯

アレンは、例の事件、つまり、のちに結婚して最愛の妻となるスン・イーとのスキャンダルに端を発する、幼児性的虐待疑惑についてもあけすけに語っている。本人も、「それが読みたくてこの本を買ってくれたのでなければいいんだけど」とも述べているように、もちろん、本書は暴露本の類《たぐ》いではないし、長々とこうしたゴシップネタについて書くのははばかられるのだが、彼の人生を語るのにこの点について触れないわけにはいかないだろう。

本書は出版当初から物議を醸した。二〇二〇年、ニューヨークを拠点に置くアシェット・ブック・グループ(HBG)傘下のグランド・セントラル・パブリッシングが、アメリカ、カナダ、イタリア、フランス、ドイツ、スペインなど各国で順次販売することを予定していた。だが、二〇二〇年三月二日、出版発表が行われると同時に反対の声が上がり、HBG従業員ほか、多くの人々が同社のニューヨークオフィス前にて抗議運動を行った。その勢いに押され、出版元のHBGは同年三月六日(米国時間)に出版中止を決定した。

出版中止は奇しくも、元映画プロデューサー、ハーヴェイ・ワインスタインがセクシャル・ハラスメントで有罪判決を受けてからおよそ十日後のことだった。#MeToo運動を牽引《けんいん》し、出版中止の引き金となったのは、アレンの息子、ローナン・ファローだ。ジャーナリストとなった彼は、ワインスタインのセクハラ問題について綴ったノンフィクション本『キャッチ・アンド・キル』を、HBG傘下であるリトル・ブラウン・アンド・カンパニーから出版している(邦訳は文藝春秋より二〇二二年刊)。出版日は二〇一九年十月十五日。グランド・セントラルがアレンの自伝の出版権を取得したのは同年三月。つまり、HBG社内において、彼の本と、アレンの自叙伝のふたつのプロジェクトが同時進行していたのである。ローナンは、アレンの自叙伝が出版されることを知って激怒し、ツイッターで猛烈に批判した。

HBGは事態を重く受け止め、ファローに対し、同じ社内であってもほかの部署のプロジェクトのことまではわからないのだと弁明したそうだが、ファローの怒りは収まらなかった。さらには、養女ディラン本人がHBGを強く批判するコメントをツイートした。こうした経緯があって、HBGの従業員の間でもボイコットが起こったのである。報道によると、ボイコットでオフィスを出ていったスタッフは七十人以上だったそうだ。

しかしアレンの自叙伝はこうした危機を乗り越えて、新たな出版元を獲得した。出版元は、ニューヨークに拠点を置くアーケード・パブリッシング(スカイホース・パブリッシングの商号《インプリント》のひとつ)。この発表に際して、同社の共同創立者であるジャネット・セーヴァーが次のような声明を出している。

「アシェット社がウディ・アレンの自叙伝を出版しない

ことに決めたという事実は尊重しますが、われわれはその立場を取りません。それは言論の自由を保障することが重要であるとかたく信じるからです。物語の一面のみにしか耳を傾けないことは非常に危険であり、著者が語る権利を握りつぶすことはさらに危険だと思います」

性的虐待疑惑について

アレンは、養女ディランに対する性的虐待疑惑がかけられた経緯について事細かに説明しているが、少々複雑であるし、話があっちこっちに飛び（そこが彼らしいといえば彼らしいのだが）、分かりにくい部分もあると思うので、簡単に整理しておきたい。

複数の養子の名前も突然出てきたりするため、まずはミア・ファローの婚姻と子どもについてまとめておく。ファローには、四人の実子と十人の養子がいる。

一九六六年、二十一歳のときに歌手のフランク・シナトラと結婚、六八年に離婚。七〇年、ピアニストのアンドレ・プレヴィンと再婚、七九年に離婚。プレヴィンとの間には、三人の実子と三人の養子がいる。

一九七〇年、マシュー・プレヴィンとサーシャ・プレヴィンの双子の男子が誕生。七四年、三男のフレッチャー・プレヴィンが誕生。養子としては、七三年にベトナム出身の女子、ラーク・ソング・プレヴィン（当時は乳児）、七六年にベトナム出身の女子、サマー・〝デイジー〟・ソング・プレヴィン（当時は乳児）、七八年に韓国出身の女子、スン・イー・プレヴィン（当時五〜七歳頃）を迎えた。

離婚後の一九八〇年、韓国出身の男子、モーゼズ・ファロー（当時二歳。脳性麻痺）を養子に迎える。アレンとの交際を始めた当時、ファローには三人の実子と四人の養子、計七人の子がいた。

一九八五年、アメリカ出身の女子、ディラン・ファロー（当時は乳児）を養子に迎える。八七年、アレンとの間にサチェル・オサリヴァン・ファロー（のちにローナン）が誕生。九一年十二月、養子縁組が成立して、アレンはモーゼズとディランの養父となる（ファローとの共同親権。このときまで、養子のうちモーゼズとディランのふたりには父親がいなかった）。

一九九二年、ファローはベトナム出身の女子、タム・ファロー（当時十三歳頃、盲目）とアメリカ出身の男子、イザイア・ファロー（当時は乳児、麻薬中毒患者から生まれた子）を養子に迎える。この年の一月にアレンとスン・イーの関係が発覚するが、養子をとる準備は前年より進められていた。その後も九四年にアメリカ出身の女子、クインシー・ファロー（当時は乳児。腕に障碍）、インド出身の男子、サディアス・ウィルク・ファロー（当時十二歳頃。ポリオで対麻痺）、九五年にベトナム出身の女子、フランキー・ミン・ファロー（当時四歳頃。盲目）を養子に迎えている。

なお本書でアレンも指摘しているとおり、ファローの養子のうちふたり（タムとサディアス）は自殺の可能性が疑われ、最初の養子ラークは、貧困の末エイズにより三十五歳で亡くなっている。

一九九二年より、性的虐待疑惑の刑事捜査と、アレンの起こした親権裁判とがほぼ同時に進行している。このせいで、性的虐待疑惑の捜査が、裁判に発展したと勘違いしている人も多い。以下、おもな出来事を時系列順に記す。

一九九二年一月、ミア・ファローが、スン・イーのポラロイド写真をアレンの家で発見。

一九九二年八月四日、アレンがミアの別荘を訪れる。このとき、アレンがディランの膝に顔を載せていた、とベビーシッターが報告。このあとすぐ、ミアはディランを医師のもとへ連れていくが、ディランはアレンにいたずらされたとは証言しなかった。

一九九二年八月六日、ミアは再びディランを医師のもとへ連れていく。このとき、ディランはアレンにいたずらされたと証言。この三日後、性的虐待の痕跡がないか検査が行われたが、証拠はみつからなかった。

一九九二年八月半ば、刑事捜査開始。アレンは嘘発見器テストを受けパスする。

一九九二年九月以降、ニューヨーク州ではニューヨーク市の児童福祉局が、コネティカット州ではイェール＝ニューヘイブン病院の児童性虐待クリニックが、それぞれ捜査を開始。

一九九三年三月、イェール＝ニューヘイブン病院の調査チームは、性的虐待はなかったと報告。報告書の出た翌日、三月十九日、アレンの起こしたモーゼズ、ディラン、サチェルの親権をめぐる民事裁判が始まる。

一九九三年六月、民事裁判の判決が下り、ミアに単独親権が与えられ、アレンとディランの面会は禁止、サチェルとは監視付きの条件のもとで面会が許可される。その後、アレンは二度上訴し、二度とも敗訴。

一九九三年九月、コネティカット州は捜査を打ち切る。

一九九三年十月、ニューヨークの児童福祉局は、信憑性のある証拠がないことから事件性はないと判断する、と報告。

つまり、アレンはコネティカット州とニューヨーク州の両方で起訴を免れている。にもかかわらず、この約二十年後、暗雲が再びたちこめた。二〇一四年、ディランが「ニューヨーク・タイムズ」紙に公開状を寄稿し、そこに当時の証言になかった、「屋根裏部屋にあったおもちゃの電車で遊んでいるときにいたずらをされた」という情報を付け加えたのである。さらに二〇一七年十月、「ニューヨーク・タイムズ」紙と「ニューヨーカー」誌でハーヴェイ・ワインスタインを告発する記事が発表され、#MeToo 運動が巻き起こる。「ニューヨーカー」誌の取材記事を書いたのがローナンである。#MeToo のハッシュタグがSNS上で飛び交い、多くの男たちが槍玉にあげられるなか、アレンはその象徴的標的になってしまった。アマゾンはアレンと新作映画四作品の出資と北米配給の契約を結んでいたが、二〇一八年、すでに完成していた『レイニーデイ・イン・ニューヨーク』のアメリカでの公開を無期限延期とすることに決定し、残る三作品についても契約をキャンセルした（アレンは不当に契約を破棄されたとしてアマゾンを相手に訴訟を起こすが、同年十一月に和解）。

以上、アレンの言葉によれば、法的に不起訴となり無実を証明された男が、#MeToo 運動によって矢面に立たされ、業界から干されてしまっていることになる。アレンはいう、人間は自分が信じたいものを信じる、と。

ウディ・アレンの映画人生

アレンは一九六五年に『何かいいことないか子猫チャン』の脚本を書き、出演をつとめ、映画人生をスタートさせた。初監督作品は『泥棒野郎』。機会があれば、アレンの初々しい姿をみてもらいたい。当初のラフカットは散々な仕上がりで、テスト上映では客席が静まり返ったという。だが彼はそんな失敗のひとつやふたつにひるむことなく、映画監督としての道を着実に歩んでいき、二〇二〇年まで、ほぼ年に一作のペースで映画を世に出している。近年、そのペースが乱れたのはあのスキャンダルが起こったためだ。出演のみの映画を含めるとその数は七十に及ぶ。彼には常に新しいことに挑戦したいという飽くなき探求心があるらしく、作品ごとの創作意図が明白で、チャレンジ精神を感じさせる。やりたいことがあり、それを形にしていく強い意志には感服するほかない。

本書は、大枠としては、ほぼ時系列でアレンが自身の映画人生を語る構成になっている。ここでは目次代わりに、各章で取り上げられる内容やおもな作品名を列挙するとともに、印象的な作品については私見を交えていくつか挙げておきたい。

第1章――アレンの両親、いとこのリタほか家庭環境から、生い立ち、ブルックリンですごした少年時代。

第2章――十三歳でユダヤ教徒成人式《バルミツヴァ》を迎えてから高校卒業頃まで。マジックへの傾倒。ジャズとの出会い。初めて自分の名前が新聞に。映画遍歴からウディ・アレンのペンネームにまつわるエピソード。

第3章――ギャグライター時代。ハーリン・ローゼンとの結婚。

第4章――スタンダップコメディアンとしてデビュー。ルイーズ・ラッサーとの出会い。ローゼンとの離婚。

第5章――スタンダップコメディアン時代。ルイーズとの結婚。

第6章――映画初脚本・初出演作『何かいいことないか子猫チャン』(*What's New, Pussycat?*, 1965/クライブ・ドナー監督作)、『どうしたんだい、タイガー・リリー?』(*What's Up, Tiger Lily?*, 1966/日本映画『国際秘密警察 火薬の樽』と『国際秘密警察 鍵の鍵』のでたらめな吹替版。日本未公開)、『007/カジノ・ロワイヤル』(*Casino Royale*, 1967/アレンは出演者のひとりとして参加)。

第7章――舞台『ドント・ドリンク・ザ・ウォーター』(*Don't Drink the Water*, 1966/のちにアレン以外の監督によって『水は危険・ハイジャック珍道中』『トラブルボックス/恋とスパイと大作戦』として映像化)、初監督作『泥棒野郎』(*Take the Money and Run*, 1969)。ルイーズとの離婚。

第8章――ダイアン・キートンとの出会い。舞台『ボギー!俺も男だ』(*Play It Again, Sam*, 1969/一九七二年、ハーバート・ロス監督により映画化)、『ウディ・アレンのバナナ』(*Bananas*, 1971)、『ウディ・アレンの誰でも知りたがっているくせにちょっと聞きにくいSEXのすべてについて教えましょう』(*Everything You Always Wanted to Know About Sex * But Were Afraid to Ask*, 1972)、『スリーパー』(*Sleeper*, 1973)、『ウディ・アレンの愛と死』(*Love and Death*, 1975)、『ウディ・アレンのザ・フロント』(*The Front*, 1976/マーティン・リット監督作)、『アニー・ホール』(*Annie Hall*, 1977)、『インテリア』(*Interiors*, 1978)。

『アニー・ホール』は不朽の名作だ。過去の作品と比べると、同じ監督が作ったとは思われないほどの飛躍的な成長をみせている。この映画でアレンは、恋人同士のすれ違う心情を可視化するために、字幕を使ったり、画面を二分割にすることで異なる場面を同時進行させたりと、斬新な表現方法を用いている。この時期の探求心はその後の彼の映画人生の基盤になっているといっていい。

第9章——『マンハッタン』(*Manhattan*, 1979)、『スターダスト・メモリー』(*Stardust Memories*, 1980)。

アレンは『マンハッタン』でも大ヒットを飛ばした。オープニングシーンは、たまたま花火があがることを知って、急遽予定を変更し、撮影禁止のアレンの自宅から撮られた。ガーシュウィンの「ラプソディー・イン・ブルー」に合わせて上がる花火は、観ている者の気持ちを高揚させる。記憶に残る素晴らしいオープニングで、このシーンだけでも何度も巻き戻して観たくなってしまう。本書でアレンはたびたび、運に助けられてここまできた、と述べているが、幸運が舞い降りたときに、それを受け止めるフットワークの軽さ、行動力があってこそともいえる。

立て続けにヒットを飛ばしたアレンだが、次の作品『スターダスト・メモリー』で大コケする。世間はコメディ要素の強い作品を期待していたが、彼は成功を手にした映画監督が苦悩し、ファンをどう見ているかを描いてみせた。当時の観客は裏切られたと感じたようだが、印象的なシーンが多い映画だと思う。たとえば、冒頭の列車のシーン。憂鬱《ゆううつ》な顔をしたアレンが他の客達と列車に揺られている。向かう先はゴミ溜めだ。アレンはどんな人も行き着く先はゴミ溜めだという。どんな栄光を手にしても、心が晴れることのない彼の心情を表しているような作品である。

第10章——ミア・ファローとの出会い。『サマー・ナイト』(*A Midsummer Night's Sex Comedy*, 1982)、『カメレオンマン』(*Zelig*, 1983)。

『カメレオンマン』は周囲に合わせて、自分を捨てて姿を変え、群れに加わり馴染《なじ》んでいく男の物語。政治的な映画は作らないという彼だが、本作ではそんなポリシーを捨てて、大多数の意見に流されていくファシズムの危険性を説いている。また今回は、ドキュメンタリー風にフィクションを撮影することに挑戦し、アレン作品に新たな彩りを加えてみせた。撮影技術にも驚かされる。一九二〇年代、三〇年代の時代背景に合わせた場所や衣装を再現し、古いレンズやカメラを使用して撮っている。昔のドキュメンタリー映像に仕立てるためにわざと映像を劣化させる加工も施した。また、アレンが黒人になったり、でぶになったりするのだが、なんの違和感もないのも驚きだ。そうそう、出演陣がまた豪華で、思想家スーザン・ソンタグ、批評家アービング・ハウ、作家ソール・ベロウなども登場している。

第11章――スン・イーとの馴《な》れ初《そ》め。事件発覚。

第12章――スキャンダルの顛末《てんまつ》。スン・イーとの結婚。

第13章――ミア・ファローと組んだ時代の作品。『ブロードウェイのダニー・ローズ』（*Broadway Danny Rose*, 1984）、『カイロの紫のバラ』（*The Purple Rose of Cairo*, 1985）、『ハンナとその姉妹』（*Hannah and Her Sisters*, 1986）、『ラジオ・デイズ』（*Radio Days*, 1987）、『セプテンバー』（*September*, 1987）、『私の中のもうひとりの私』（*Another Woman*, 1988）、『ニューヨーク・ストーリー』（*New York Stories*, 1989／マーティン・スコセッシ、フランシス・フォード・コッポラとの三監督によるオムニバス映画で、アレンは第三話「エディプス・コンプレックス」（*Oedipus Wrecks*）を担当）、『ウディ・アレンの重罪と軽罪』（*Crimes and Misdemeanors*, 1989）、『アリス』（*Alice*, 1990）、『結婚記念日』（*Scenes from a Mall*, 1991／ポール・マザースキー監督作）、『ウディ・アレンの影と霧』（*Shadows and Fog*, 1991）、『夫たち、妻たち』（*Husbands and Wives*, 1992）。

『ブロードウェイのダニー・ローズ』は、ミア・ファローが古い殻を破った作品となった。この映画で彼女は一度もあの印象的な大きなサングラスを取らず、いつもとは対照的な、大胆で勝気な女性を演じる。それにもかかわらず、サングラスの下の表情が目に見えるように分かる圧巻の演技を披露している。一方、本作の主人公である冴えないタレント・エージェント役のアレンも最高に面白い。

『カイロの紫のバラ』は、映画のなかの登場人物がスクリーンから飛び出してきていて、主人公と恋に落ちるというロマンチックなストーリー。ハッピーエンドにしたらもっとヒットするといってきた映画関係者をいなして、アレンらしいラストでまとめている。現実と虚構のはざまに揺れる主人公は、さながらアレンのようだ。

『影と霧』は、外のシーンも含めた全シーンをスタジオ内（二千五百平方メートルという大規模なセット）で撮影した実験的な作品。一九二〇年代のヨーロッパのある街で、人々は霧の夜に現れる連続殺人犯に怯えている。アレンが扮する冴えない男クラインマンは、殺人犯の容疑をかけられ、街のなかを逃げ回る。クラインマンはユダヤ人の典型的な名前で、会計係というユダヤ人的な職業についている。そんな彼が街中の人々に追い回される構図に、ホロコーストのテーマが見え隠れする。ただ、一般的な評価は低かったようだ。個人的には、アレンが真っ暗な街をコミカルに逃げ回る姿は面白く、お気に入りの作品のひとつなのだが。

第14章――『マンハッタン殺人ミステリー』（*Manhattan Murder Mystery*, 1993）、『ブロードウェイと銃弾』（*Bullets Over Broadway*, 1994）、『誘惑のアフロディーテ』（*Mighty Aphrodite*, 1995）、『世界中がアイ・ラヴ・ユー』（*Everyone Says I Love You*, 1996）、『地球は女で回ってる』（*Deconstructing Harry*, 1997）、『ワイルド・マン・ブルース』（*Wild Man Blues*, 1997／ウディ・アレンのドキュメンタリー映画）、『セレブリティ』（*Celebrity*, 1998）、『ギター弾きの恋』（*Sweet and Lowdown*, 1999）。

映画監督としての進化は、スキャンダル後もとどまることを知らなかった。彼はスン・イーとの関係が明るみにでたあと、養女への性的虐待疑惑をかけられている。とりわけ性的虐待疑惑に関しては、自らに恥じるところがないから、迷いなく突き進めたのかもしれないが、世間からのバッシングの嵐を考えれば、ここで潰れていてもおかしくない状況だったはずだ。しかも、一九九二年にはオライオン・ピクチャーズ（アレンが「ぼくをここまで導いてくれた恩義がある三人のうちのひとり」という、ユナイテッド・アーティスツのアーサー・クリムが共同経営者たちとともに設立した映画会社）が破産し、アレンは危機にさらされていた。独立した彼が従来どおり、自分の思い通りに仕事を続けるためには、失敗は許されない。そんなプレッシャーのなか、ダグラス・マグラスと組んで、大ヒット作『ブロードウェイと銃弾』の脚本を手掛けた。これはミュージカルにもなり、日本でも上演されているほど人気のある作品だ。なにしろストーリーが面白い。本作の主人公の劇作家デビッドは劇の資金を得るためマフィアと取引きし、マフィアの愛人を起用するのだが、彼女はとんでもない大根役者で舞台はめちゃくちゃになってしまう。この窮地を救ったのが、彼女のボディーガード、チーチ。デビッドは、裏社会で生き、教養もないはずのチーチが舞台に口を出すたびにいやそうにしていたが、やがてチーチに芸術家としての本物の才能があることに気づき、自分自身の芸術家としての在り方に疑問を持ちはじめる。本作品は、アカデミー賞の監督賞、脚本賞、助演女優賞、助演男優賞にノミネートされ、ダイアン・ウィーストは助演女優賞を受賞している。アレンは本作品をもって華々しいカムバックを遂げた。

第15章――『おいしい生活』(*Small Time Crooks*, 2000)、『アンツ』(*Antz*, 1998／アニメーション映画)、『ヴァージン・ハンド』(*Picking Up the Pieces*, 2000／アルフォンソ・アラウ監督作)、『スコルピオンの恋まじない』(*The Curse of the Jade Scorpion*, 2001)、『さよなら、さよならハリウッド』(*Hollywood Ending*, 2002)、『僕のニューヨークライフ』(*Anything Else*, 2003)、『メリンダとメリンダ』(*Melinda and Melinda*, 2004)、『マッチポイント』(*Match Point*, 2005)、『タロットカード殺人事件』(*Scoop*, 2006)、『ウディ・アレンの夢と犯罪』(*Cassandra's Dream*, 2007)、『それでも恋するバルセロナ』(*Vicky Cristina Barcelona*, 2008)、『人生万歳!』(*Whatever Works*, 2009)、『恋のロンドン狂騒曲』(*You Will Meet a Tall Dark Stranger*, 2010)、『ミッドナイト・イン・パリ』(*Midnight in Paris*, 2011)、『ローマでアモーレ』(*To Rome with Love*, 2012)、『ブルージャスミン』(*Blue Jasmine*, 2013)、『ジゴロ・イン・ニューヨーク』(*Fading Gigolo*, 2013)、『マジック・イン・ムーンライト』(*Magic in the Moonlight*, 2014)、『教授のおかしな妄想殺人』(*Irrational Man*, 2015)。

その後もアレンは波に乗り続けた。なかでも『マッチポイント』、『ミッドナイト・イン・パリ』、『ブルージャスミン』は素晴らしい。初期の作品の多くはウディ・アレン本人の独特のキャラクターで成立していたが、これらの作品はストーリーが抜群によくできている。『マッチポイント』は、シオドア・ドライサーの『アメリカの悲劇』を彷彿とさせるストーリーだが、最後の最後で、アレンらしい皮肉の利いたラストが待っている。本作品は全世界で大ヒットした。『ミッドナイト・イン・パリ』では、三度目のアカデミー脚本賞を受賞し、彼の長いキャリアのなかで最も興行成績がよかった。これは旅行中のアメリカン人男性が一九二〇年代のパリにタイムスリップし、憧れの作家たちと出会い、作品について語り合うという、ロマンチックで夢のある物語だ。また、『ブルージャスミン』はアレンが大きな影響を受けたテネシー・ウィリアムズの『欲望という名の電車』と接点を持つ作品で、夫の不正で没落した女性が、過去の栄光を忘れられず、現実に目を背けて、さらに破滅していく様子をコメディ・タッチで描いている。

第16章――『カフェ・ソサエティ』(*Café Society*, 2016)、『女と男の観覧車』(*Wonder Wheel*, 2017)、『レイニーデイ・イン・ニューヨーク』(*A Rainy Day in New York*, 2019)、『リフキンズ・フェスティバル』(*Rifkin's Festival*, 2020／現在、日本未公開)。

アレンに二度目のカムバックのチャンスは訪れるのだろうか。二〇二〇年の『リフキンズ・フェスティバル』を最後に、彼は映画を撮っていない。現在、八十六歳。依然としてハリウッドから干されたままだ。こうした状況について、彼はこう語っている。

「映画作りは好きだが、次の一本が作れなかったとしても別にかまわない。戯曲を書くのは嬉しい。もしプロデューサーがつかなかったら、本を書きたい。もし出版社がみつからなくても、喜んで自分のために書くよ」

彼の創作意欲が今も衰えていないことにほっとする。ウディ・アレンの一ファンとして、どんな形であれ、彼の新作が世に出ることを切に願っている。

本書の訳文において、映画や書籍、ラジオ・テレビ番組などのタイトルは、邦題のないものは原則的にカタカナ表記を用いた。アレンの作品の邦題は、劇場公開時やビデオ・DVDなどのソフト販売時には「ウディ・アレンの」と冠されていることも多いが、本文中においては「ウディ・アレンの」については省いた。

翻訳にあたっては、随時、金原瑞人と協議しつつ中西史子が訳し、最終的に金原の文責により脱稿した。訳者あとがきについても同様である。

最後になりましたが、訳し始めたときから様々なご相談にのってくださった編集の伊藤靖さん、原文とのつきあわせをしてくださった折原淳之介さん、原文の件で色々と教えてくださった滝沢カレン・アンさん、著者への質問の仲立ちをしてくださったイングリッシュ・エージェンシー・ジャパンの服部航平さん、そして、いつも速攻で返事をくださった著者に心からの感謝を！

二〇二二年十月　　訳者

ウディ・アレン（Woody Allen）

一九三五年、ニューヨーク生まれ。本名アラン・スチュアート・カニグズバーグ。映画監督、脚本家、俳優。高校時代よりギャグライターとしての活躍を始め、スタンダップ・コメディアンを経て、一九六九年、自身の脚本・主演による『泥棒野郎』で監督デビュー。アカデミー賞に史上最多の二十四回ノミネートされ、『アニー・ホール』でアカデミー監督賞・脚本賞、『ハンナとその姉妹』『ミッドナイト・イン・パリ』でアカデミー脚本賞を受賞。その他の監督・脚本作に、『マンハッタン』『ラジオ・デイズ』『マンハッタン殺人ミステリー』『ブロードウェイと銃弾』『世界中がアイ・ラヴ・ユー』『マッチポイント』『ブルージャスミン』他、多数。小説に『これでおあいこ』『羽根むしられて』『ぼくの副作用』『ただひたすらのアナーキー』他。クラリネット奏者としても活躍。

金原瑞人（かねはら・みずひと）

一九五四年、岡山県生まれ。翻訳家、英文学者。訳書は一般書、児童書、ヤングアダルトもの、ノンフィクションなど六百点を超える（共訳を含む）。著書に『翻訳家じゃなくてカレー屋になるはずだった』『翻訳エクササイズ』他。訳書にＪ・Ｄ・サリンジャー『彼女の思い出／逆さまの森』、サマセット・モーム『月と六ペンス』、カート・ヴォネガット『国のない男』、アレックス・シアラー『青空のむこう』、トーベン・クールマン『リンドバーグ　空飛ぶネズミの大冒険』、エディ・ジェイク『世界でいちばん幸せな男』他、多数。

中西史子（なかにし・ちかこ）

兵庫県生まれ。英国ウェスト・ヨークシャー州リーズ大学修了。金原瑞人に師事。医療翻訳やゲーム翻訳、翻訳会社勤務を経て、翻訳家に。訳書にジョン・エイジー『かべのあっちとこっち』、ハイディ・マッキノン『おともだちたべちゃった』他。

Apropos of Nothing
by Woody Allen

唐《とう》突《とつ》ながら
ウディ・アレン自《じ》伝《でん》

二〇二二年一一月二〇日初版印刷　二〇二二年一一月三〇日初版発行

著者　ウディ・アレン
訳者　金原瑞人・中西史子
発行者　小野寺優
発行所　株式会社河出書房新社
〒一五一-〇〇五一　東京都渋谷区千駄ヶ谷二-三二-二
電話　〇三-三四〇四-一二〇一（営業）
　　　〇三-三四〇四-八六一一（編集）
https://www.kawade.co.jp/
印刷　株式会社亨有堂印刷所
製本　小泉製本株式会社

Printed in Japan　ISBN978-4-309-20870-1